"博学而笃志，切问而近思。"

（《论语》）

博晓古今，可立一家之说；

学贯中西，或成经国之才。

主编简介

漆多俊，中南大学终身教授，博导。现兼任中国经济法研究会副会长。主要著作有：《经济法基础理论》（独著，四版，法律出版社）、《转变中的法律》（独著，法律出版社中文简体版、台湾元照出版社繁体版）、《国民经济的法律调整》（独著，河南人民出版社）、《经济法学》（主编，高等教育出版社，国家规划教材和14门核心课教材之一）等。

博学·法学系列

经济法学

漆多俊 主编

復旦大學出版社

内容提要

本教材论述经济法产生和发展的社会根源和沿革，经济法的概念、特征、调整对象、价值、功能和立法理念、基本原则、立法体系、实施制度，论述作为经济法体系三个方面基本构成的市场规制法、宏观引导调控法、国家投资经营法的原理和主要法律制度。重点论述中国经济法的立法和实施问题，论述推进中国经济法治建设途径。本教材理论观点先进，总论与分论各章在理论观点和结构体系上有机关联。本教材联系中国实际，结构完整，逻辑性强，详略得当，文字简练，适合教学需要。

主　编　漆多俊

副主编　徐士英　颜运秋

撰稿人　（按撰写章节次序排名）

漆多俊（中南大学法学院教授、博士生导师）

徐士英（华东政法大学教授、博士生导师）

颜运秋（中南大学法学院教授、博士生导师）

孙光焰（中南民族大学法学院副教授）

韩灵丽（浙江财经学院法学院教授）

漆　丹（江西师范大学法学院副教授）

前　言

经济法是19世纪末20世纪初以后出现的一个新法律部门。生产社会化引起社会经济调节机制和国家职能的变化，国家调节产生。国家经济调节需要有法律依据、法律保障和法律对于国家调节权力的规制，于是作为规范国家经济调节之法的经济法便成为现代各国法律体系中一个十分重要的法律部门。经济法学也因此成为法学体系一个新的重要分支学科。

经济法学以经济法为研究对象，研究其产生和发展的一般规律、本质特征及其他各种基本原理，研究国家的经济法立法和实施各项制度和规定。它一般包括经济法基础理论（总论）和经济法体系中各部门经济法学（分论）；后者主要包括市场规制法、国家投资经营法和宏观引导调控法三大部分。

本教材力求全面、系统和准确地论述经济法的本质属性和基本特征，阐述科学的经济法体系。在总揽世界各国经济法的立法与实施及法学研究的经验基础上，重点论述中国经济法问题，理论联系实际，阐明经济法同国家经济发展、经济体制改革和国家民主法治建设的密切关系。教材既依据现行立法，又摆脱注释法学窠臼。同时也注意到尽量满足教学实践对教材的要求。但可以肯定本教材还会存在许多不足甚至错误之处，诚恳地希望读者们提出批评意见。

本教材共16章，其中1—5章为总论；6—16章为分论。写作分工如下：漆多俊撰写1、2、3、4、5章；徐士英撰写6、7章；颜运秋撰写8、9章；孙光焰撰写10、11、12章；韩灵丽撰写13、14章；漆丹撰写15、16章。全书最后由漆多俊、徐士英、颜运秋统稿。

复旦大学出版社和张炼等编辑对本书的出版给予大力支持，在此深表谢意！

漆多俊

2010年6月30日

目　录

第一章　经济法的概念和调整对象

第一节　经济法的概念

一、经济法的本质和特征

经济法是19世纪末20世纪初以后出现的一个新法律部门。它的出现引起了传统法律体系的重大变革和社会生活的重大变化，也引起了社会各界人士，特别是法学家们的密切关注和研究热情。由于是新事物，人们对其认识需要有一个逐步深化的过程；加上各国的经济、政治制度和法律文化传统等存在着差异，所以人们对经济法的认识，包括对其本质属性和基本特征的把握，并不完全一致。但经济法毕竟是一种客观存在，中外学者的看法也总有许多基本的共同点和相似处。并且随着各国经济法的不断发展和在现实生活中作用的彰显，人们的认识也在逐渐趋于深刻和准确。

对事物本质属性的研究有多种方法，其中，探本溯源不失为有效方法之一。在人类社会发展史上，原有法的体系中并没有经济法，为什么后来出现了，它调整何种为原有法律（如民商法、行政法等）所不能调整的特定社会关系，它有着怎样特殊的价值、功能和使命，这些问题弄清楚了，则经济法的本质属性便会一目了然。

从世界范围来看，经济法乃是在19世纪各主要资本主义国家完成产业革命，实现生产社会化之后才出现的。生产社会化使得社会经济的调节机制呈现二元化，即原来一元化的市场调节机制不足以有效调节，而需要新的调节机制即国家调节加以辅助和配合。国家经济调节既是一种新的经济调节机制，同时也是一种新的国家职能。国家调节活动需要有相应的法律依据、法律保障和对于这种权力的法律规制。这种专门规范国家经济调节活动之法便是经济法。原有法的体系中其他部门法（包括民商法和行政法）不能担当此种调整任务，经济法是一种新的法律。

对于认识经济法来说，在社会化背景下"国家调节"作为一种新的经济调节机制和一种新的国家职能的出现，这是一个十分关键的因素，是了解经济法本质的中心环节，抓住了"国家调节"这个关键因素和中心环节，经济法的各种本质特征都可以由此引申出来。

法律是一种行为规范。经济法是国家经济调节中有关人们的行为规范，包括各调节主体实施经济调节行为的规范，与各被调节主体有关的经济行为或经济管理行为的规范。

经济法通过对国家经济调节过程中有关人们行为的规范，调整在国家调节中有关人们之间的社会关系，即国家经济调节关系，确立国家经济调节中有关主体间的权利义务关系，形成国家经济调节法律关系。

国家调节的作用和目的是通过国家必要的职能活动，调整、影响社会经济的结构和运行，以使之实现国家所预期的目标。这决定了经济法的基本任务、作用和宗旨。

国家调节是国家意志的体现。并且就应然性而言，国家经济调节作为国家的一项新的职能，它实际上是在履行一种社会公共职能，因此，国家调节的意志既是国家意志，也代表着全社会民众的意志，是社会意志的体现。从法律的意志性方面来说，经济法是国家意志的体现，并且也应当是社会意志的体现。

对于经济法的本质属性和特征还可以从其他许多方面来分析，而它们都同国家调节密切相关。综合上述各种特征，我们对于经济法的定义可以作如下表述：

经济法是调整在国家调节社会经济过程中发生的各种社会关系，促进社会经济实现国家意志预期目标的法律规范的总称。

上述定义中"在国家调节社会经济过程中发生的各种社会关系"，即为"国家经济调节关系"，所以，定义也可以简要表述为：

经济法是调整国家经济调节关系，实现国家经济调节意志的法律规范的总称。

这一定义有如下特点。

第一，定义由两部分构成：第一部分揭示经济法的调整对象，第二部分揭示其任务与作用。定义揭示经济法的调整对象，是在国家调节社会经济过程中发生的各种社会关系，即国家经济调节关系。这同其他部门法的调整对象明显不同，因而使经济法同其他部门法相区别。定义揭示经济法的基本任务与作用，是确保国家调节依法作用于社会经济，影响经济结构和运行，使其实现国家意志所预期的目标。

上述所谓社会经济结构，是指经济体系中的各方面，再生产的各环节之间的比例关系，包括产业结构、行业结构、产品结构、地区结构等。经济运行是指经济的总体性运动和发展变化，是动态的、纵向的。在一般情况下，或者说国家调节按其本来的使命，是希望维护和促进社会经济的结构和运行能够协调、稳定和发展。所谓协调，主要指社会经济内部各种结构和比例关系的大致均衡；所谓稳定，主要是指避免经济停滞、过速增长或大起大落；所谓发展，是指经济在质和量上的提高和增长。社会经济协调、稳定和发展，是一个健康的社会经济体的内在要求，也是经济法的应有宗旨。

当然，这里讲的是应然性，历史和现实中往往存在有时候有某些国家调节，其国家意志发生偏离的情形，即那种国家调节的目的并非真正为了社会经济的协调、稳定和发展，而是为了使经济服从国家统治者某种政治的、军事的目的和需要。在这种情况下，国家调节往往扰乱社会经济正常的结构和运行，致使之畸形发展。因此需要具体分析各国、各时期的各种国家调节活动的真实意图及其经济法立法所真实体现的目的和宗旨。

第二，这是经济法最一般性、较为宽泛的定义，它只揭示经济法最基本的属性，适用于各个国家各个不同发展阶段的经济法。也就是说，一方面，凡具备该定义上述基本规定性的，便属于经济法范畴；否则不能算作经济法。另一方面，由于各国各发展阶段情况不尽相同，其经济法的各种特性有明显差异，需要具体分析，甚至可以作出不尽相同的经济法定义。

首先，在法的调整对象方面，各国各发展阶段的国家调节职能活动的发达程度、任务、范围、基本方式等是不尽相同的，经济法调整对象虽然必定是国家经济调节关系，但这种调整对象的种类、性质等有所不同。例如有的国家开始时只是市场规制（特别是反垄断）关系发达，而宏观引导调控关系尚不发达（因此便有人认为经济法只是或主要就是反垄断法）；有的国家对经济生活重在运用行政的甚至政治性、军事性方式进行指令性管制，国家调节带有浓厚的行政管制色彩（因此人们便认为经济法就是国家对经济的管理法或管制法）。

其次，在法的任务和作用方面，各国各阶段制定的经济法也有所不同。如前所述，有的主要在于通过国家调节以影响、改变社会经济的结构和运行，使社会经济协调、稳定和发展，并进而解决其他社会问题；有的则是通过影响经济结构和运行以达到其他（如政治、军事等）目的。这些都影响到各国经济法的性质，并可以引起定义上的差异。但即使这样，“调整国家经济调节关系”和“实现国家经济调节意志”这两个基本任务和作用，是不管哪个国家、哪个时期的经济法都具备的。

再次，法有应然法与实然法之分，经济法也如此。如前所述，经济法按其产生和发展的社会根源和历史使命，它是规范国家经济调节，通过调整国家经济调节关系，影响社会经济结构和运行，实现维护和促进社会经济协调、稳定和发展的目标。但现实中的经济法却存在同上述目的和宗旨并不一致的情形。按照国家的经济调节职能和经济法的应有属性，这里的国家调节应当代表社会意志，实际上应当是一种“社会调节”。这里的“国家”应当已经是“社会性国家”，而并非过去那种纯政治性国家了。因此，经济法应当是社会全体民众意志的体现，是社会性法。但是，现实中经济法所体现的有时却并非社会意志，而只是某些政治统治者们狭隘的阶级、集团利益和意志而已。鉴于上述情况，如果分别按照经济法的应然性和实然性来下定义，两者可以有所不同。但是，本书的上述定义由于是最一般性和宽泛性定义,因此应然与实然两者都可以涵盖。由于各国的实然法从发展趋势看是应当和必然向着应然法趋近的,本定义可以容纳各国实然法的发展进化过程。

二、国内外关于经济法概念诸说

据迄今史料所载,"经济法"一词最早是法国空想共产主义者摩莱里在1755年出版的《自然法典》中提出的。在该书第四篇,作者拟制了"合乎自然意图的法制蓝本",其第二部分标题为"分配法或经济法",共12条。从所含条文内容上看,所谓"分配法或经济法",是指在作者所设想的未来理想的公有制社会(作者"遗憾"地认为"现在确实几乎无法建立这样的共和国"),用以"调整自然产品或人工产品的分配"的法律规定。在这里,"经济法"自然还不是以现实生活为基础的科学概念,而只是一种唯理论①的对于未来的主观构想。

1842年,法国空想共产主义者德萨米出版《公有法典》,该书第三章标题为"分配法和经济法",其含义与摩莱里的大致相同。德萨米在分配问题上接受了摩莱里的思想,但德萨米的"经济法"概念包括的内容比摩莱里的更广,涉及各种经济法律制度。实际上他的所谓"经济法"是泛指各种经济方面的法律,而不是今天人们所特指的调整某一定社会经济关系的经济法。因为在德萨米看来,社会各种经济关系都应当是由一个公共权力部门统管的。

1865年,法国小资产阶级激进派蒲鲁东在其《工人阶级的政治能力》一书中也提到"经济法",并认为"经济法是政治法和民法的补充和必然产物"。尽管蒲鲁东所谓的"经济法"仍不脱离空想的窠臼,但其含义显然大大前进了一步,他似乎已经模糊地触及经济法概念的一些本质属性。

1906年创刊的《世界经济年鉴》中,德国学者莱特(Ritter)使用"经济法"一词,表示有关世界经济的各种法规。

现代经济法概念的形成始于第一次世界大战前后的德国。当时德国颁布了一系列国家干预经济的法规,有些法规直接以"经济法"命名,如1919年颁布的《煤炭经济法》、《碳酸钾经济法》等。这些法规有一个共同的显著特征,即国家对于社会经济的干预。按其规定,国家以自己为一方主体同其他社会主体发生权利义务关系,它突破了历来自由主义经济的自由放任原则,与确保个体自由的民法显著不同。同时,它也不同于传统的行政法,它重在影响和调节社会经济的结构和运行,促进社会经济的协调、稳定和发展。这引起了德国法学界的注意,并对此开展研究

① 唯理论是唯物主义社会哲学的一个派别,它的特征是把理性制度同非理性制度对立起来,认为现存制度是非理性的,是人类理性愚昧和错误的结果,应当使理性的光芒驱散无知的黑暗,以建立合乎自然和理性的制度。包括摩莱里在内的空想社会主义者的思想中都有这种唯理论观点的因素。

和讨论。开始，有些学者认为这种法律现象同战争有关，因而将其称为“战时经济统制法”；以后，大家认识到，这类法规的出现并不只同当时的战争相关联，而有着更为深刻的社会经济根源，即使战争结束以后，国家对经济的许多干预措施仍不可缺少。于是许多学者把这类法规统一称为“经济法”。20 世纪 20 年代，德国学者撰写了大量经济法论著，对经济法的概念和其他理论问题进行了广泛的探讨。经济法概念就这样首先在德国流行开来，后陆续传播到国外，被越来越多的人接受和使用，终于成为世界各国通用的新的法律概念。

经济法概念从其形成起，人们就有不同的理解。德国继“战时经济统制法”之后，又陆续出现多种不同的学说，有所谓集成说、对象说、机能说、世界观说和方法论说等。①

德国的经济法学说不久便传入日本。在第二次世界大战结束前，日本的经济法研究受德国学说影响很大，基本上是照搬德国的经济法概念。这种情况与两国当时实行的经济体制和所奉行的基本政策相近似有关。战前日本的“对象说”主要受基尔德斯密特的“对象说”影响，并兼具“机能说”特点，认为经济法是独立的法律分支，而与公法、私法三分鼎立。日本的“否定说”否认经济法的独立存在，认为它只是分属于历来的公法、私法等法律领域的各种经济法令的汇集综合名称而已。此外，有的学者主张避免使用引起争论的“经济法”一词，而以“经济统制法”表示有关经济统制的实体法的汇集。

第二次世界大战以后，日本的经济体制发生重大变化，根据美国旨意制定了一系列经济民主化的法律，如财阀解散法、垄断禁止法等。以后日本的自由经济体制就是以此为起点建立起来的，这种情况对日本的经济法学说产生重要影响。这一时期日本的经济法学说，主要有金泽说、今村说、高田说、丹宗说、正田说等。②

日本的经济法学说主要围绕国家统制经济和反垄断以揭示经济法中心概念。有的学说认为经济法主要就是指反垄断法，如丹宗说、正田说；有的学说则认为，反垄断法虽然属于经济法的重要内容，但经济法不限于反垄断法，金泽说、今村说、高田说属之。金泽良雄认为，经济法是“适应经济性即社会协调性要求的法，也就是主要为了以社会调节的方式解决有关经济循环中所产生的矛盾和困难（市民法自动调节作用的局限）的法。换句话说，经济法也就是在资本主义社会，为了以‘国家之手’（代替‘无形之手’）来满足各种经济性的，即社会协调性要求而制定的法”。经济法“是为了弥补民法调整所不及的法律空白状况，即其中包含的与市民社会私人方面相对的公共（社会）方面的法”。经济性即社会协调性的要求，由于时代和社

① 详见漆多俊著：《经济法基础理论》，法律出版社 2008 年第 4 版，第 72—76 页。
② 同上书，第 76—77 页。

会的不同而有各种不同表现，有时表现为卡特尔助长法，有时则表现为竞争秩序维持法。①

丹宗昭信认为，经济法是“国家规制市场支配之法”。所谓“市场支配”，即指垄断和限制自由竞争。认为国家为了维持竞争秩序而介入市场的法，就是本来意义的经济法，它以“市场支配”这一独立的社会经济生活事实为其规制对象，从而与民商法、劳动法、行政法等法律部门相区别。②

英、美国家有较为发达的经济法，并且出现较早。它们颁布了较完备的反垄断法，制定了大量干预、参与和指导、促进社会经济活动的法律、法规。美国于19世纪末20世纪初颁布的反垄断法，是现代经济法最初的典型的表现形式；而20世纪30年代罗斯福新政所颁布和实施的大量关于国家调节社会经济的法律，则更标志着美国经济法体系的完备。但是，在迄今的长时期内，这些国家不流行“经济法”这一概念，不仅立法中不使用它，而且学术界也很少使用这一概念。但学者们一般都知道，所谓经济法在他们那里主要就是指反垄断法等法律。

苏联的经济法研究早在20世纪20年代就开始了。30年代后期遭到批判，沉寂了一段时间。50年代末，经济法学重新兴起。在长期研究过程中，苏联法学界先后出现多种经济法学派，主要有两成分法说、战前经济法说、战后经济法说、综合部门说、经济行政法说等。③ 其中最重要、影响较大的当属战后经济法说。它由B·B·拉普捷夫等人在50年代末60年代初提出。认为“经济法调整社会主义组织及其内部单位之间在领导经济活动和进行经济活动时形成的关系”，包括纵向经济关系（即经济管理关系）、横向经济关系和内部经济关系，并认为纵向经济关系与横向经济关系及它们所反映的计划关系（或组织关系）与财产关系是统一的，这是“经济法作为部门法的理论基础”。④

经济法概念流传到中国的时间较晚。20世纪70年代末，中国法学界开始进行经济法研究，并逐步形成自己的各种经济法概念。1979年6月，在全国人大五届二次会议上，中央领导人提出：随着经济建设的发展，我们需要制定各种经济法。⑤ 随后，在国家和中共中央许多正式文件中越来越多地使用经济法概念。80年代，中国经济法学界形成了许多学派理论观点，关于经济法概念，众说纷纭，莫衷一是。80年代初，主要有纵横经济关系说、纵横统一说、综合说、经济行政法说、学科经济法说和国家经济管理关系说等。1986年以后，出现密切联系说即管理协作说。1992年国家决定建立社会主义市场经济体制以后，人们又分别提出了经济协

① 金泽良雄：《经济法概论》，甘肃人民出版社1985年版，第24—29页。
② 参见丹宗昭信等编：《现代经济法入门》，群众出版社1985年中文版，第5—7页。
③ 参见莫斯科大学、斯维德洛夫法学院合编：《经济法》，中国人民大学出版社1980年版，第22页。
④ 见B·B·拉普捷夫主编：《经济法》，群众出版社1987年版，第4—15页。
⑤ 彭真：《关于七个法律草案的说明》，1979年7月，第五届全国人民代表大会第二次会议。

调关系说、需要干预经济关系说、经济管理与市场运行关系说、宏观调控说、行政隶属关系说等。

鉴于中国的经济法概念之争基本上围绕着经济法调整对象问题进行，因此，关于经济法概念诸说的内容及本书作者对它们的评论，拟在后面章节详细论述。

统观上述各国学者对于经济法概念的理解和表述，可以发现有以下一些较为明显的特点。

首先，西方各资本主义国家的经济法概念的外延较小，而实行公有制和计划经济体制国家经济法概念外延较大。在西方国家，经济法概念大多突出或围绕国家对社会经济的“统制”、“规制”、组织或约束，即国家对经济的干预、调节和组织管理这一中心，有的甚至将经济法概念进一步限定在“国家对垄断和市场的统制”（如日本的丹宗昭信等学者）。他们的经济法概念一般都不同民法相混杂。而苏联、东欧国家及中国的情况则不同。自 20 世纪 30 年代苏联的“战前经济法”开始，人们扩大了经济法调整对象的范围，把“各社会主义组织之间的关系以及公民之间的关系”（E·B·帕舒卡尼斯）或“社会主义组织及其内部单位之间在领导经济活动和进行经济活动时形成的关系”，即纵向经济关系、横向经济关系和内部经济关系（B·B·拉普捷夫）都纳入经济法范围。他们把应归民法调整的平等主体的公民和法人之间的经济关系也视为经济法的调整对象。这是一种“大经济法”观点。在中国，这种大经济法观点也曾十分盛行。1992 年以后，许多学者纷纷改变了观点，提出了一些新的主张，但仍在不同程度上留有一些“大经济法”观点的痕迹。两种社会制度的国家在经济法概念上出现这样的明显差异，不是偶然的，其原因同这两种类型的国家所实行的经济体制和国家经济管理体制，以及这些国家在经济法兴起以前的立法背景相关。

其次，我们发现中国在 20 世纪 80 年代的许多关于经济法概念的主张，同苏联的一些观点十分相似，有些如出一辙。例如中国的“纵横说”或“纵横统一说”，简直就是中国版的拉普捷夫观点。其后的“密切联系说”或“管理协作说”也基本上不脱离其窠臼。究其原因主要是因为 70 年代末 80 年代初，我国经济法兴起的时候，当时的苏联、东欧国家的政治、经济制度同我国基本相同，我国的法学思想理论和立法长期受苏联影响，所以，人们最容易接受苏联的学术观点，无需作大的修改即可拿来运用。中国经济法研究前期之模仿苏联，同日本“二战”以前之仿效德国，情况十分相似。当初日本的经济法概念和其他理论主张基本上是引进德国的研究成果；至“二战”后，由于社会情况发生变化，法学家们需要独立思考，对经济法有关问题进行再认识，形成了新的经济法概念和理论。中国 1992 年经济体制改革进一步深化，且此前苏联、东欧国家先后发生了剧变，原来仿效苏联的一些经济法观点已站不住脚，逐渐为越来越多的人所反对，有关的经济法学家也纷纷改变观点。

此外,就中国国内的各种经济法概念及其发展演变而言,我们发现,它同国家经济体制改革的各个发展阶段密切相关。改革初期,同计划经济体制和高度集中统一的国家经济管理体制相适应,"大经济法"观点流行。随着改革的不断深入,国家实行"有计划的商品经济",人们对于经济法的概念的理解逐渐缩小其范围。到了1992年国家决定建立社会主义市场经济以后,"大经济法"观点在我国经济法学界的主流地位才彻底动摇。

当然,早在20世纪80年代初,我国也有学者持同"大经济法"观点完全不同的意见,一开始就突出了经济法的国家经济干预、调节和管理这一本质,①但这种意见长时间内未受到足够重视。90年代初开始被越来越多的学者所注意,对于动摇"大经济法"观点在中国长达十余年的主导地位和推动我国经济法理论研究,发挥了不可忽视的作用。

第二节　经济法的调整对象

一、经济法调整对象的特定性

经济法是规范国家经济调节之法,其调整对象是在国家调节社会经济过程中发生的有关主体之间的社会关系,即国家经济调节关系。

法律是调整社会关系的,作为经济法调整对象的国家经济调节关系,也是一种社会关系即人与人之间的关系,但是,它同其他法律调整的社会关系比较有不同特点,它是一种特定的社会关系:(1) 这种社会关系发生在国家调节经济过程中,是由国家调节引起的社会关系。例如在反垄断过程中发生的以代表国家的反垄断主管部门同垄断企业之间的关系;在国家实行财政税收或金融调控过程中发生的国家机关同企事业单位和个人之间的关系等。如果不是发生在国家调节经济过程中,不是由国家调节引发的社会关系,例如是在普通的国家行政管理过程中由行政管理引发的国家行政管理关系,或者是在一般商品交换中发生的商品交换关系,则不由经济法调整,而由行政法或民商法调整。(2) 这种社会关系的主体即当事人有一方为国家或代表国家的机关,他们担负着国家经济调节职能,是一种调节、管理主体;而相对方则为被调节、被管理主体,有接受国家调节的义务。因而主体双方地位是调节(管理)与被调节(被管理)关系,具有不平等性。这同民商法所调整的平等主体之间的社会关系是不同的;同行政法所调整的属于普通行政管理与被

① 漆多俊:《国民经济的法律调整》,河南人民出版社1986年版,第1—47页。

管理关系也有区别。(3) 这种社会关系因而也不是当事人之间完全自愿协商的关系，而具有一定强制性；国家调节主体有时也需要运用协商机制，并尽量让被调节主体自觉自愿，但并不以协商和自愿为原则。而民商法主体之间是以自愿协商为原则的；行政法一般并不依靠经济政策和经济杠杆对当事人进行引导和约束。

下面进一步论述国家经济调节关系同民商法、行政法等部门法所调整的社会关系的联系和区别，以论证经济法调整对象特殊的质的规定性。

（一）国家经济调节关系与民间社会经济关系——经济法与民商法

国家经济调节引起的社会关系是涉及经济领域并具有经济性内容的一种社会关系。经济领域或涉及经济领域，并具有经济性内容的社会关系，有各种不同情况，可分为不同类型。首先，可分为民间社会经济关系与国家经济管理关系两大类；其次，国家经济管理又可分为一般性行政管理与国家为调节经济的目的而实行的国家调节。国家调节也是一种管理，可称之为国家经济调节管理。在国家经济调节中发生的以国家为一方主体的社会关系，是一种国家经济调节管理关系。

所谓民间社会经济关系，是指民间社会的自然人和法人从事经济活动，相互之间发生的经济关系。此即我国通常所称的"平等主体间经济关系"。这类经济关系的基本特征是：(1)（在主体身份和地位上）当事人以平等身份参与经济交换活动，任何一方均不以国家调节管理者身份出现，二者间不是调节管理与被调节、被管理关系；(2)（在经济关系内容上）是互利、有偿和等价关系；(3)（在经济关系形式上）是自愿、协商关系。当然在阶级社会，生产力诸要素被少数剥削阶级垄断，剥削阶级同被剥削阶级在生产、分配领域，实际上是不平等、不等价、不自愿的，但往往采取平等、等价、自愿的形式，法律为其披上"公正"的外衣。在商品经济社会，这类民间经济关系主要表现为商品货币关系。

民间经济关系的特性决定，用以调整它们的法，其基本任务是保障民间主体在平等经济交往中的正当权益，维护正常的（自由主义的）经济秩序；其立法主旨以个体权利为本位；其基本调整原则是平等、自愿、公平、诚实；其基本调整方法是以采取任意性规范为主，辅之以强行性规范，对于法律后果则主要采取等价补偿方式。这类性质的法在人类历史上很早就产生了，后来从法的体系中分立，成为独立部门，这便是民法（和后来再分立出来的商法）。民间经济关系是民商法的调整对象。

国家经济调节关系同民间经济关系无论在主体身份、地位和社会关系的内容、形式和处理原则等，都有着显著不同。社会关系性质和类别不同，决定用以调整它们的法有所不同。民商法调整民间社会经济关系，而不能调整国家经济调节关系；经济法调整国家经济调节关系，而不能调整民间社会经济关系。把一些民间经济关系当做经济法调整对象来看待，夸大经济法调整对象的范围，这是不妥的，是一种"大经济法"观点。相反，把应属经济法调整的国家调节关系纳入民法范畴，否认经济法是一个独立部门法，认为经济法没有存在必要，这同样是错误的，曾被人们称之为“大民法”观点。①

当然，经济法同民法在调整对象上也存在着密切联系和某些交叉，这特别表现在国家直接投资经营这一领域。当国家投资开办和经营国有企业时，国家既是经济调节主体，又是投资主体和企业经营管理主体。从其基本性质上说这是国家经济调节的一种基本方式和活动，所发生的是一种国家经济调节关系，原则上属于经济法调整对象范畴；但从投资经营活动来说，国家又以一种同其他民间经济主体平等的身份出现，所发生的社会关系具有与一般民间社会经济关系相同的性质。例如民法关于物权、债权、合同等的规定，对于国家投资和国有企业来说，也基本适用。特别是当国有企业实行租赁、公司制等民营方式时，不仅国家同企业经营者之间适用民商法有关规定，而且对于该种企业的内部关系，国家基本上放开由企业自主处理，基本上适用民商法或劳动法等有关规定。此外，国家发行政府债券的行为，一方面，它作为国家调节经济的一种必要措施，发生的是国家经济调节关系，属于经济法范畴；但同时这也是一种民事行为，国家是债务人，同作为债权人的债券认购人之间发生债权债务关系。这种债的关系虽然具有特殊性，对其特殊性需由经济法加以规定，但基本上适用民法债的规定。即使在国家运用计划和经济政策对社会实行引导调控时，国家也不免采取民事方式，例如为落实某些计划指标而采取订货合同形式，同社会各方发生合同关系。在诸如以上国家各种经济调节活动中，本为调节管理主体的国家，却以一种特殊民事主体身份出现，同社会有关各方发生一种特殊民事关系。这种关系基本上适用民法，经济法只对其中具有特殊性的方面作出特别规定。

（二）国家经济调节关系与国家行政管理关系——经济法与行政法

经济法同行政法在调整对象及与其相关其他方面的关系，是一个较经济法同民法的关系更为复杂和难以区分的问题。经济法作为一个部门法或作为一门学科，从其出现开始就主要面临两个问题（两条理论战线）的争论：一是同民法的关系问题；一是同行政法的关系问题。在中国（苏联、东欧国家亦同），经济法兴起前期，主要是经济法同民法的争论，而经济法同行政法之争这条战线却远为冷清，但这方面的争论一直在进行。当经济法同民法关系基本明朗以后，同行政法的关系问题就突出起来。

如前所述，经济法所调整的国家经济调节关系也是一种国家经济管理关系。行政法所调整的是国家行政管理关系。国家行政管理中一部分涉及经济领域，并具有经济性内容，因此这也是一种国家经济管理，其所发生的社会关系也是一种经济管理关系。所以，经济法与行政法的调整对象有着密切联系和相同之处。但是

① 在我国有些学者把经济法调整对象笼统地称为“经济关系”，没有区分是民间平等主体间经济关系还是国家经济调节关系，这是“大经济法观点”的表现。

也有明显区别，它们所各自调整的虽然都属于一种“国家经济管理关系”，但这是不同性质和类别的两类经济管理关系。行政法所调整的经济管理关系属于国家行政管理关系，作为国家行政管理，是国家为了维护社会、治安或政治秩序，保障国家行政管理职能实现，而对于社会经济活动以及对国家机关自身的经济活动和经济管理活动实施的日常性管理；经济法所调整的则属于国家经济调节关系，这是国家为了调节社会经济的结构和运行，促进社会经济协调、稳定和发展，而对于社会经济所实行的某种特定形式的强制干预、直接参与或引导调控。这两种国家经济管理及由其产生的经济管理关系在管理目的、管理方式、原则、内容和深度、侧重角度、主体等方面均都是有所区别的。①

综上所述，经济法的调整对象是国家经济调节关系，它不同于民法、行政法等其他部门法所调整的社会关系，而具有特殊质的规定性。这种社会关系不适合由其他部门法调整，只能由经济法调整；另一方面，经济法也只调整这种社会关系，而不调整其他社会关系，其他社会关系应由其他部门法调整。这就是经济法调整对象的特定性。

二、经济法调整对象的范围和分类

经济法所调整的国家经济调节关系既然有其特殊质的规定性，其外延也就具有确定性，不能随意把别的社会关系也视为国家经济调节关系而由经济法调整。但是，国家经济调节关系本身在不同国家、不同时期其发达程度是不同的。这主要同各国各时期社会经济发展程度和运行状况，以及国家所实行的经济体制和经济管理体制相关。如果在某个时期社会经济运行特别需要国家加强调节措施，而国家也确实加强了这种调节，则这时国家经济调节关系较为发达，涵盖的范围较为广大；否则，发达程度稍次，涉及范围稍窄。如果国家实行计划经济体制和高度集中统一的经济管理体制，则国家调节和管理范围极广，反之稍窄。中国原来对于国民经济，国家管理既严格又广泛，使整个国民经济都置于国家直接控制之下。经济体制改革后，逐步引入市场调节机制，国家对经济干预管理的方式、程度和范围发生了一些变化。如今国家经济体制正在向市场经济过渡，国家的管理将进一步控制在必要范围，以满足国家对经济的必要调节为限。因此，我国的国家经济调节关系的内容和涉及范围发生了变化。

尽管各国各个时期的国家经济调节关系的发达程度和涉及范围有所不同，但现代国家都十分重视和加强对社会经济的国家调节。现代社会国民经济是社会经济各部门、各环节、各地区密切关联的有机整体，牵一发而动全身。国家调节重在

① 参见漆多俊：《经济法基础理论》，法律出版社 2008 年第 4 版，第 91—96 页。

从国民经济总体和全局角度着眼，并需将各种调节措施落实到微观领域，因此，必然涉及国民经济的各个方面和环节中。只是并非对它的各个方面和环节中的所有问题事无巨细一律都管，而只是关心其中同国民经济总体和全局(结构和运行)相关需要国家调节和管理的一些问题。后者才是经济法的调整对象，国民经济中其他方面的问题，则由其他部门法如民法、行政法等去处理。

作为经济法调整对象的国家经济调节关系，按照不同标准，可划分为不同的种类。

(1) 按照国家调节经济的基本方式，可分为市场规制关系(或称国家对市场障碍排除关系)、国家投资经营关系和宏观引导调控关系。

市场规制关系，是国家运用强制干预性调节方式，反对市场垄断和不正当竞争以及其他不公平交易关系所发生的一种国家经济调节关系。国家以自己(它的代表机关)为一方主体，另一方主体主要是实施或可能实施垄断、不正当竞争或其他不正当交易行为的经营者。它们在关于垄断、不正当竞争和其他不公平交易行为的调查、处理和制裁等方面发生的社会关系，由市场规制法调整。

国家投资经营关系，是国家直接经济活动，直接投资经营国有企业或从事其他商业或金融活动过程中发生的各种社会关系。它包括国家投资决策和实行过程中各有关国家机关之间、国家机关同社会组织之间发生的关系；在国有企业设立、组织与经营管理活动中国家主管部门相互之间、主管部门同企业之间和企业内部(后者主要是指在实行“国营”情况下)等方面的关系。

宏观引导调控关系，是国家运用以引导为主的经济调节方式所发生的社会关系。在国家对社会经济引导和调控中所发生的社会关系主要包括国家计划的制定和实施过程中各国家机关、国家机关同企业、事业单位和其他社会组织之间的关系；国家各项经济政策制定和实施中有关各方之间的关系；国家在运用各种经济调节手段和政策工具(例如税率、利率、汇率等经济杠杆)过程中有关各方面之间的关系。

(2) 按照国家调节经济目标和任务所主要侧重的方面，可分为经济运行调节关系与经济结构调节关系。

调节宏观经济运行，主要是控制国民经济各种总量增长变化的规模和速度，保障社会总供给与总需求的平衡，防止和克服国民经济停滞、过速增长或大起大落。控制各种经济总量需要将各种总量指标进行分解，落实到各经济部门、行业、地区和有关企业、事业等社会单位。在这个过程中发生国家机关之间、国家机关同企业事业等社会单位之间的各种社会关系。

调节宏观经济结构主要是协调各产业、各行业、各地区等之间的发展比例关系。在这方面发生国家机关之间和(国家机关)同社会各方的社会关系。

(3) 按照社会经济的宏观与微观、总体与局部关系，国家各种经济调节措施所引发的社会关系,可以分为宏观经济调节关系与微观经济管理关系。

宏观经济调节,是指国家对国民经济总体发展及其经济总量变化进行全局性和综合性的规划、组织、引导、控制和监督;微观经济管理,本书在这里是指国家对各个具体的市场和企业等基本经济活动单位实行的管理。

国家经济调节从本质上说是宏观性的,但是,微观经济单位是国民经济的基本细胞,是国民经济活动的基础。微观经济单位的生机与活力,最终决定着整个国民经济发展的效益和成果。宏观经济调节必须落实到微观经济单位的经济活动上。国家宏观经济调节是否卓有成效,不仅取决于其本身的是否正确、得当,更取决于微观经济单位对于宏观调节措施是否作出积极、恰当的反应。因此,国家经济调节必须包括微观管理。宏观调节与微观管理,是国家经济调节相辅相成的两个方面,两者既有矛盾,又是统一的。正确的方针应是宏观管好与微观搞活相结合。国家在微观经济管理过程中同有关方面发生的经济管理关系,也属于国家行政管理范畴,但同时具有经济法性质。在这里发生经济法同行政法调整对象的交叉。

(4) 按照国家经济调节实施环节,可分为经济决策管理关系、组织实施管理关系、对国家经济调节过程的监督和对于纠纷与违法的调处关系。

国家经济决策,是指国家机关对于国家未来经济发展目标及实现目标的措施、步骤等所作的选择和决定。经济决策管理,是指国家对有关国家机关和人员经济决策权限与责任的划分和监督,它包括经济信息管理、预测管理、目标管理与计划管理等。其主要形式是编制经济计划,制定经济政策,确定经济项目,拟订重要措施。近代以来,各国重大经济决策权掌握在国家权力机关手中,行政机关在宪法和法律规定权限范围内也享有较广泛的经济决策权,如制定经济方面的政策性文件和行政法规、编制经济计划和国家预算等。地方权力机关和地方政府依据国家法律和中央政府授权,享有在本辖区内的经济决策权。各级国家机关应该严格按照经济决策权限分工决策,不得超越规定权限,不得滥用或随意放弃决策权,不得因渎职、懈怠而造成决策失误,否则,应承担相应责任。另一方面,对于国家各项经济决策,各有关单位和人员必须遵照执行。可以提出意见或建议,但不得违反,否则,也应承担责任。这就是因经济决策而发生的经济决策管理关系。

国家的经济决策确定以后,大量的工作是组织实施,它涉及各级政府、政府各部门及其工作人员,以及企业事业单位、公民等社会各主体,涉及社会经济生活的各个方面,围绕国家的各种经济调节管理活动,发生各种调节与被调节、管理与被管理的关系。

对于国家的经济决策,特别是对其组织实施过程,国家的权力机关、行政机关,特别是司法机关,要实行检查监督,并对其中发生的争议与违法行为进行调解、仲裁和诉讼,肯定和奖励模范遵守执行者,否定和制裁其违反者。在以上过程中,有关各方之间发生的关系,也是国家经济调节关系的内容,属于经济法调整对象范畴。

(5) 按照经济成分的种类,国家经济调节可分为国家对国有经济的调节管理和对非国有经济的调节管理。

对于非国有经济,国家以政权体现者身份实施调节管理。管理方式主要是要求它们遵守国家政策法律,照章纳税;完善市场体系,维护竞争秩序,反对垄断和不正当竞争行为,排除市场障碍;通过国家指导性计划、经济政策和各种经济杠杆等宏观引导调控手段,对其经济活动进行引导、鼓励或限制。此外,也通过建立各种社会保障体系、发展各种公共事业等,为其创造良好的外部环境并提供服务。国家对非国有经济一般不下达指令性计划,不干预其内部生产经营、劳动人事、工资分配等事务。

对于国有经济,国家以政权和财产所有权人双重身份实施调节管理。除以政权身份实施管理同对非国有经济相同以外,作为财产所有人,首先需要确定国有资产的投资方向、规模和经营形式;其次,它的主管机关应清查、考核国有企业财产保值、增值情况,按照所实行的不同经营形式,确定国家与企业之间的收益分配方式、比例或定额,拟订企业财务会计制度,并对企业财务进行审查和审计监督,决定或批准企业的设立、合并、分立、终止、拍卖,批准企业兼并和破产申请,对于采取股份制经营形式的公司,国家有关主管机关需委派代表行使股东权。

在上述对国有经济和非国有经济的调节管理过程中,国家机关之间及其同各经济单位之间发生的社会关系,属于经济法调整对象。

(6) 根据调节领域国家经济调节关系可分为国内经济调节关系与涉外经济调节关系。

涉外经济是国民经济的一个重要的有机组成部分。对涉外经济的调节是国家对整个国民经济调节的一个重要领域。国家对涉外经济和国内经济调节管理中所发生的社会关系,都是属于经济法调整对象范围。

此外,国家经济调节关系还可作其他多种分类,如:按照国家调节所涉及国民经济的各职能方面(如计划、财政、税收、金融等)和各行业部门(如工业、农业、商贸、运输、通讯等),可分为各种相应的国家调节关系。按照国家政治、经济和其他社会形势,可分为平常时期国家调节关系与特定(非常)时期国家调节关系;后者如作为战争、经济危机、大自然灾害等的对策所实行的国家调节及其中发生的社会关系。

三、关于经济法调整对象各种主要观点评介

关于经济法调整对象,国内外众说纷纭。国外诸学说的观点,本章第一节关于经济法概念部分已经涉及,这里只对中国法学界在经济法调整对象问题上的各种

观点进行评介。

中国的经济法研究起步虽晚，但一开始就“百家争鸣”，特别是在经济法调整对象问题上，争论尤为激烈。人们提出了各种各样的观点和主张，并陆续形成诸如“纵横经济关系说”、“密切联系说”、“管理协作说”、“经济管理关系说”、“综合说”、“学科说”等较为系统并有一定影响的学说。各家在经济法调整对象的种类、性质和范围上意见各不相同。为了简明起见，我们可以按照所主张的调整对象的范围大小，将这些观点分为全、大、小、无四类，分别介绍。

所谓“全”，是指主张经济法调整一切经济关系。例如，有人认为：“经济法是国家为调整经济关系而制定的法律规范”，“是调整经济关系的法规的总称”①。

有人说：“经济法是调整社会经济关系的法，它调整的是经济关系，包括国内经济关系和对外经济关系”。有人说：“经济法是调整国民经济关系的法律规范的总称”。

鉴于民法也调整一定的经济关系，上述主张经济法调整一切经济关系的人，如何看待经济法与民法的关系呢？基本上有两种态度：一是“取消论”，即认为既然经济法调整各种经济关系，民法的调整对象便只剩下婚姻家庭关系和与婚姻家庭关系密切相关的一些财产关系。“那么，民法的传统体系就被打破了，民法的本来涵义改变，因此，再使用‘民法’一词就没有必要了”，可以“建立我国的婚姻家庭法”。二是“归并论”，即主张把民法归并于经济法之中，成为经济法的一个核心部分或作为经济法的基本法。这可表示为：

经济法＝民法＋各种部门(或单项)经济法规

例如有人认为：“在民法之外，相应地制定一系列单行的经济法规——与民法彼此配合，相互补充。只有各种经济法规与民法结合起来，才能构成一个完整的调整经济关系的法律体系。”至于民法被归并于经济法之中以后，民法的地位怎样，又有两种意见：一是认为民法不再为宪法下面的一级独立部门法，而只是属于经济法之中“调整基本经济关系”、“相当于经济法总则”的一个部分；二是认为民法仍然为独立部门法。不过，第二种观点实际上是否认经济法为独立部门法，只把经济法作为民法的一个别称(把其中的“经济法规”作为民法这个基本法的特别法)而已。

由于这些人主张的经济法调整对象包括一切经济关系，所以谓之“全”。这类观点流行于20世纪80年代初期，即中国经济法研究起步阶段。接受这种观点的人不多，影响不大。以后，很少有人再坚持这种观点了。

所谓“大”，指主张经济法所调整的对象范围过大，把应由别的部门法，特别是民法调整的范围也视为经济法调整对象。按其划分经济法调整对象标准的侧重点

① 以下所引的各种观点有些流传不广，学者们后来改变了看法，故本书不再注明其出处与作者姓名。读者可参见漆多俊著：《经济法基础理论》法律出版社2008年第4版的有关注释。

和范围大小程度，又有多种情况：有的按照经济关系所属领域，认为经济法调整生产领域的经济关系，民法调整消费领域的经济关系；有的按照经济关系主体类型，认为经济法调整社会组织（或仅指“经济组织”，或仅指“社会主义”的组织或经济组织，或还包括国家机关，等等）之间的经济关系（或还包括上述组织与公民之间的经济关系），民法则调整公民之间（或还包括公民与社会组织之间）的经济关系；有的将上述两种标准（即领域与主体）结合起来，认为经济法调整的是社会组织之间在生产领域中的经济关系，民法则调整公民之间在消费领域的经济关系；有的除了依据主体标准外，还提出了“经济管理”和“经济活动”标准，认为经济法调整国民经济管理和各种经济组织在经济活动中发生的经济关系；有的则不分主体，主张经济法调整国民经济管理和生产经营活动中发生的经济关系；有的则把经济关系区分为“纵向性”与“横向性”（此外还有“内部性”），认为经济法调整纵向、横向另加内部经济关系，此即所谓“纵横说”；有的则在“横向”经济关系中分出“与纵向关系密切联系的横向关系”，或者“与纵向关系（或经济管理关系）密切联系的协作关系”来，此即所谓“密切联系论”或者“管理协作论”等。

上述各种观点和主张，其经济法调整对象的范围都过大，但按其大的程度，又可分为两类：一是以“纵横说”为代表，其范围更大一些；二是“密切联系论”和“管理协作论”为代表，其范围有所缩小，但仍偏大。“纵横说”出现于20世纪80年代初期，当时影响较大。“密切联系论”和“管理协作论”则是80年代中期以后（1986年中国《民法通则》颁布以后）提出的，出现以后，立即取代了“纵横说”的主导地位，而被中国经济法学界多数人接受，并在其后一段时间内居于主流地位。

“密切联系说”同原来“纵横说”最大的区别，在于放弃了经济法“调整社会组织之间在经济活动中所发生的社会关系——横向经济关系”的主张，而改为主张经济法只调整上述经济关系中的一部分，即与经济管理关系（或说纵向经济关系）“密切联系”的那一部分，或者把横向经济关系改为“经济协作关系”。其实，所谓与纵向关系“密切联系”的横向关系，毕竟是一种横向关系，即平等主体之间的关系；所谓与经济管理关系“密切联系”的经济协作关系，毕竟是一种协作关系，协作关系也是一种横向关系，它们与其他横向经济关系在基本性质上是一致的，因此应归民法调整。有些人把“经济协作”与“组织经济协作”这两个不同的概念混淆了。经济协作，是平等主体之间的关系，必须贯彻平等、协商、有偿和等价原则，适用民法的调整方法。组织经济协作，则是国家主管机关同下属的地区、部门或单位之间的关系。国家为了实现对国民经济的宏观调控职能，需要组织、协调各有关地区、部门和单位进行经济协作，因而发生以国家（它的代表者）为一方主体同有关各方的组织经济协作关系。组织经济协作关系属于国家经济调节管理关系，它由经济法调整。例如，国家主管机关依据国家计划，组织甲、乙进行经济协作，国家与甲和国家与乙之间是组织协作关系，归经济法调整；而甲与乙之间是协作关系，应归民法调整。总之,“密切联系说”和“管理-协作论”,仍然夸大了经济法调整对象的范围,仍然属于一种“大经济法”观点。

所谓“小”,这里主要是指主张经济法调整对象同各种经济管理关系相关的各种观点。有三种代表性意见:一种意见认为经济法调整“经济管理关系”,包括宏观经济管理关系和微观经济管理关系(经济组织内部管理关系)。它排除各种横向经济关系于经济法调整对象之外,却未能区分国家对经济的管理(国家经济管理)与非国家(非政府)的属于企业内部或行业协会内部的管理,后者乃是一种企业或行业协会的自律性管理,这一般属于民商法范畴,不是经济法的调整对象。

另一种意见认为经济法调整政府经济管理关系。它进一步把社会组织自身进行的自律性管理排除在经济法之外,但未能很好地界定经济法同行政法的关系,把大量的国家行政管理(特别是一些经济领域的行政管理)纳入了经济法范畴。

此外的一种意见认为,经济法调整同国家调节社会经济相关的国家经济管理关系,或者称之为国家经济调节关系,或国家经济调节管理关系。这种意见早在20世纪80年代初期就被学者提出,但当时并未受到学术界重视,直至90年代特别是国家决定实行社会主义市场经济以后,才被越来越多的学者所注意和接受。①

所谓“无”,是指认为经济法并无特有的调整对象,人们所谓的经济法调整对象,其实都是其他部门法的调整对象。例如,横向经济关系是民法调整的,纵向经济关系应归行政法调整,因而他们认为,经济法不是一个独立的基本部门法。持这种观点的人中许多人也同意使用“经济法”这一概念。对于这一概念的涵义,有的认为它是分属于其他各部门法的调整各种经济关系的法律规范的综合概念,此即“综合经济法说”;有的则认为它只是一门法律学科,这门学科的任务是“研究经济法规运用各个基本法手段和原则对经济关系进行综合调整的法律”,此即“学科经济法论”。他们中也有人不同意使用“经济法”这一概念,认为人们所谓经济法的调整对象应部分或全部地属于行政法的调整范围。对于这一部分经济关系,或归行政法调整,或在行政法之下设立一个新的行政法分支,即“经济行政法”。后种主张被称为“经济行政法论”。

中国法学界20世纪80年代关于经济法调整对象的各种观点,人们统称之为“经济法诸论”。

1992年下半年,国家决定实行社会主义市场经济体制。搞市场经济,需要以市场调节作为社会经济结构和运行的基本调节机制,政府应减少对社会各经济主体的直接指令性干预。平等主体间经济关系将更加发达,需要民法加以调整。“密切联系说”等“大经济法”观点受到严重挑战,人们再次深深陷入困惑之中。许多人

① 参见漆多俊著:《国民经济的法律调整》,河南人民出版社1986年版,及漆多俊著:《经济法基础理论》,武汉大学出版社1993年版及1996年、2000年修订版。

纷纷重新修正和更新原有的经济观念，提出了各种新的主张。择其要者，有“经济协调关系说”、“国家干预经济关系说”、“经济管理与市场运行关系说”、“间接调控说”，此外，还有“行政隶属经济关系说”等。

“经济协调关系说”认为，“经济法是调整在国家协调经济运行过程中发生的经济关系的法律规范的总称”；并认为，所谓经济协调关系，包括四个方面内容：(1) 企业组织管理关系；(2) 市场管理关系；(3) 宏观经济调控关系；(4) 社会经济保障关系。①

“国家干预经济关系说”认为“经济法是国家为了克服市场调节的盲目性和局限性而制定的调整需要由国家干预的具有全局性和社会公共性的经济关系的法律规范的总称”。或者简言之，“经济法是调整需要由国家干预的经济关系的法律规范的总称”。认为经济法调整的对象分为下述四个部分：(1) 微观经济调控关系，其中又包括国家对经济组织的调控关系及经济组织内部的调控关系；(2) 市场调控关系；(3) 宏观经济调控关系；(4) 社会分配关系。②

“经济管理与市场运行关系说”认为：“经济法是国家为了保证社会主义市场经济的协调发展而制定的有关调整经济管理关系和市场运行关系的法律规范的统一体系。”该党将经济法的调整对象具体界定为四类：(1) 国家经济管理关系；(2) 市场运行关系；(3) 组织内部经济关系；(4) 涉外经济关系。并认为前两类关系是经济法调整对象的基本内容。③

有学者鉴于曾在我国广为流传的“大经济法”观点的不合理性，提出了“行政隶属性关系说”。认为经济法是“政府管理经济的法律”，“经济法调整行政隶属性经济关系”，“经济法是调整政府在调控社会经济运行、管理社会经济活动中而形成的经济关系的法律”④。

有学者力图从“宏观经济”与“微观经济”角度来区分经济法与民法的调整对象和任务。例如有的主张：“‘加强宏观经济管理’，正是经济法的任务，而‘规范微观经济行为’则是民法的任务”⑤；有的提出：“我国经济法是国家对国民经济进行宏

---

① 关于“经济协调关系说”的各种论点，请参见杨紫烜、徐杰主编：《经济法学》，北京大学出版社 1994 年版，第 21 章及其他有关章节；还可参见杨紫烜主编：《经济法》，北京大学出版社、高等教育出版社 1999 年版，第 27—32 页。

② 关于“国家干预经济关系说”的各种论点，请参见李昌麒：《经济法——国家干预经济的基本法律形式》，四川人民出版社 1995 年版；李昌麒：《论社会主义市场经济与法制观念的更新》，载《现代法学》1994 年第 1 期；李昌麒主编：《经济法学》，中国政法大学出版社 1994 年版，第 2 章及其他相关章节。

③ 关于“经济管理与市场运行关系说”，请见刘文华主编：《新编经济法学》，高等教育出版社 1993 年版，第 1 章第 2 节及其他相关章节。

④ 关于此说具体内容，请见李中圣：《经济法：政府管理经济的法律》，《吉林大学社会科学学报》1994 年第 1 期。

⑤ 谢怀轼：《论建立适应社会主义市场经济的民法经济法体系》，《法学研究》1993 年第 1 期。

观间接调控的部门法。”①

以上这些20世纪90年代以后提出的各种观点，人们称之为中国经济法“新诸论”，以同80年代的“老诸论”相区别。“新诸论”有着如下一些共同的特征：人们正在大力抛弃在计划经济体制和高度集中的国家经济管理体制影响下形成的“大经济法”观点和其他偏见，日益趋向于更加准确地把握经济法的本质属性。持此类观点的学者把经济法明确定义为同国家协调、干预、管理或调控社会经济相关的法律，尽管各人提法不同，却都在突出经济法的国家调节和管理社会经济这一基本属性。这些反映了我国经济法理论研究的进步。总的看来，当前我国经济法学界的各种理论主张是逐渐接近和趋同了；但也还存在着一些分歧。有些意见虽然看来改变了提法，但毕竟缺乏深刻和系统的研究和论证，在论述具体问题（例如关于经济法调整对象所应包含的基本方面）时，时常显露出“大经济法”观点和其他偏见的痕迹。这些需要我们大家作进一步研究和探索。

【复习思考题】

1. 试述经济法的定义和基本属性。
2. 为什么说“国家调节”是理解经济法各种基本属性的关键？
3. 经济法的调整对象是什么？它同民商法、行政法的调整对象有哪些区别？
4. 简述国内外法学界在经济法调整对象上有哪些主要观点？你对这些观点有何评论？

① 王希仁：《经济法概念新论》，《河北法学》1994年第2期。

第二章 经济法的产生和发展

第一节 经济法产生的社会根源

一、生产社会化与“市场失灵”

经济法产生和成为独立部门法最深刻的社会根源，在于生产高度社会化引起的经济调节机制和现代国家职能的变化，即国家经济调节机制和国家经济职能的形成和发展。由此产生对于规范国家经济调节的法律部门的需要，经济法于是应运而生。

人类社会经济形态经过了漫长的自然经济阶段，于近代进入资本主义商品经济阶段。商品交换关系和作为其载体的市场迅速地发达起来。在商品经济社会，市场成为人们各种经济活动的枢纽环节，连接着从生产到消费的社会再生产全过程。用以交换的商品种类不断增多，不仅原已存在的消费品和生产资料这些传统商品市场更加繁荣，还陆续出现了资本市场、劳动力市场、技术市场、信息市场等各种生产要素市场。并且，各类市场互相关联，有机结合。从地域来说，在一国（或一大地区）范围内，打破了割裂封闭状态，各地方市场互相沟通交流，逐渐形成统一的全国（或大地区）大市场体系。各地方、各行业的生产经营者和消费者，可以自由出入这个统一的市场，进行各种商品交换，并开展自由竞争。这就是市场所具有的统一性和开放性。

在统一和开放的市场中，广大生产经营者自由而充分地竞争，使价值规律充分发挥作用，不仅从微观上调节各生产经营者间的利益关系，而且在社会经济的宏观和总体上调节资源的配置和资本的流向，调节社会经济的结构和运行。价值规律的这种调节作用，是通过市场实现的，因此又称为市场调节。市场调节是社会经济本身具有的内在机制。在一国范围内，社会经济何以能够维持大致协调的各种结构比例关系，并能从总体上维持比较稳定的运行；原因正是市场调节这只“无形之手”在悄悄地发挥作用。资本主义社会初期，国家一般不介入经济生活，国家经济职能不发达，社会经济基本上全靠市场这一种调节机制。

由于市场在商品经济社会中的极端重要性，以及市场机制对社会经济的充分调节功能，人们把这时的社会经济又称为市场经济。所谓市场经济，其实就是指发达的即上升为社会经济主导地位的商品经济，亦即商品经济社会的商品经济。商品经济相对于自然经济和“产品经济”而言，主要是从生产目的是否为了交换以及交换是否按价值尺度进行这一角度划分的。市场经济相对于计划经济而言，主要是从社会经济驱动和调节的机制模式即经济体制角度划分的。我们说，商品经济社会建立于封建社会末期，而资产阶级政治革命的成功使之从政治和法律上得以确立，这同时也是市场经济体制的形成和确立。市场经济最基本的特征是以市场调节为基础性调节机制。特别是在市场经济刚刚建立及其发展的第一个阶段，市场调节简直可以说是唯一的调节机制。此即调节机制的一元化。在市场经济第一个发展阶段，市场调节的作用是充分有效的。

当然，市场调节机制其实也并非万能，它有其局限性，此即市场缺陷。市场调节要充分发挥作用，必须具备一定条件。在一定条件下，市场缺陷不显露，不造成严重后果；但若条件不具备，或条件发生了变化，则市场缺陷立即显露，并造成严重后果，表明市场的作用不再充分有效，这时人们称之为“市场失灵”。

市场缺陷可以从多方面来分析和归纳，从造成市场失灵的原因分析，市场缺陷可以主要归纳为下列三种：一是市场障碍，即在自由竞争的市场上总会存在着一些阻碍市场机制发挥作用的因素，使得有些经济领域，市场机制不能进入施展其作用；二是由于市场机制具有唯利性，因而它是一种非理性的调节，有些经济领域民间投资不愿进入，市场机制也不能发挥调节作用；三是市场调节具有被动性和滞后性，它是一种事后调节，往往造成资源严重浪费和经济社会动荡衰退之后它才慢慢地发挥作用，使经济逐渐恢复正常。①

所谓市场障碍，即市场调节机制实际发挥作用的障碍。也就是说如果市场机制能够正常发挥作用的话，有些问题就不会出现；可是市场机制常常会遇到障碍，使它不能正常发挥作用，因此才引起经济及其相关其他社会问题。市场可能遭遇的障碍多种多样，例如有市场本身固有的障碍和非市场本身的障碍。后者如国家公共权力、社会和国际因素设置的障碍，它们也会阻碍市场机制正常发挥作用。我们这里主要分析市场本身固有的障碍，它又可能包括两类情形：一是市场本身发育不完备、不健全，使市场机制不能顺畅地发挥作用（本书后面要分析一些体制转型国家的市场就一度存在此种情形）；二是即使在统一市场体系建立和完善的情况下，由于竞争秩序和不正当交易行为问题也产生障碍，妨碍市场机制发挥作用。竞争本是市场不可缺少的因素，它同市场相伴生，是市场机制发生作用的前提和基

① 国内外经济学界、法学界关于市场缺陷有多种分析表述，常见的有诸如垄断、外部性、公共产品、信息不对称等。这些提法所指的内容都可以分别归并到本书的“三缺陷”之中。“三缺陷”是从造成市场失灵的原因和为什么还需要国家调节这一角度来分析的，具有逻辑性和周延性；特别是它符合近一百多年来各国市场和社会经济的实际情况。

础。没有竞争就没有动力,资源配置和资本流动就会呆滞,价值规律和市场机制便不能启动。但市场竞争不可避免地存在两种不良倾向:一是限制竞争,二是不正当竞争。限制他人竞争使自己谋取和维持对商品价格和市场的操纵地位,便能赚得超额利润,其他经营者则大批亏损。进行不正当竞争和采取其他不正当交易行为,也使他们获取非法利润。这些无序竞争和交易行为的结果,使得商品价格严重偏离价值,价值规律被扭曲。从微观上说,造成各经营者和消费者个体间利益关系不公平;从宏观经济角度看,在上述现象普遍和严重时,妨碍着市场机制对整个社会经济调节作用的发挥,引起社会经济各种结构失衡,运行阻滞;并引发社会不公平和其他各种社会矛盾。限制竞争、不正当竞争和其他不公平交易行为成为市场机制正常发挥作用的障碍。

能限制他人竞争,自己支配市场,获取超额利润,这是许多经营者梦寐以求的。但实现这一点谈何容易!除非拥有特权或凭仗强力(包括国家权力和社会强力)等非市场因素,否则就只有靠自己拥有雄厚的经济实力和庞大的生产经营规模,在竞争中把别人挤垮或撵走。在资本主义初期,生产力水平和生产社会化程度不高,经营者规模较小,中小业主居多,谁也不足以拥有市场支配地位,无法凭借经济实力限制他人竞争。并且当时妨害竞争的封建特权和其他政治因素已被资产阶级革命予以清除,新建立的资产阶级政府奉行不干预经济的原则。不正当竞争和其他不公平交易行为虽然存在,但由于经营者规模不大,且数量众多,因此也并不产生严重后果。这些都保障着当时的市场能够实现较为充分和公平的竞争,价格能够反映价值并随着供求变化而上下波动,市场机制能够有效地调节社会经济的结构和运行,而未曾引起严重的经济和社会后果。也就是说市场的这一缺陷及其后果当时尚未显现。

市场机制的唯利性,是指投资经营者所关注的是经济利益,并往往重视眼前可实现的利益。对于眼前盈利低、无利可图甚至亏本,或者投资周期长、风险大的行业部门和产品,他们往往不愿投资。而这些领域中有些如公用和公益事业、新技术和新产品开发,及其他同国计民生关系密切,或可能制约国民经济长远发展和总体效益的行业,即使不能盈利甚至亏损,也必须进行适度投资。国家通过鼓励、引导方式往往仍不能让民间投资进入,因而难以指望市场机制发挥调节作用。也就是说,社会经济中存在着一些市场机制难以进入(不愿进入)的领域。这是市场的第二种缺陷。

在市场经济初级阶段,市场机制的上述缺陷不会造成严重后果。因为在当时生产力水平和社会化程度并不很高的条件下,需要长期投资研制开发的产品不多,为社会所必需的高风险行业也不多,公用和公益事业所需投资也很有限,所以市场唯利性这一缺陷也不会造成严重后果。相反,正是由于广大投资者对于眼前利益的追逐和相互竞争的展开,促进着经济的繁荣和发展,并从总体上调节着社会经济的结构和运行。

市场机制作用之所以具有被动性和滞后性，是一种事后调节，是因为从投资、生产运营到市场价格形成和信息反馈，需要经过一段时间。企业和个人掌握的信息不足和滞后，不能适时调整其投资经营决策，投资难免带有盲目性，往往等到市场供求严重失调、产品大量滞销过剩时才作出反应。市场的这一缺陷原来主要影响各投资经营者个体效益，造成许多个体亏损和破产。但当时经营者规模都较小，他们的亏损和破产并不影响社会全局。一批人破产了，另一批经营者又起来了，正所谓"病树前头万木春"。可见市场的这一缺陷虽然可能给某些经营者个体的经济效益和利益造成损害，但并不妨害社会经济总体，反而使社会经济不断更新，从总体上始终保持生机和活力。

市场调节的上述三种缺陷后来终于显露并引发了严重后果。这种情况在资本主义国家大致出现在 19 世纪末期，直接原因是 18 世纪 60 年代首先发生于英国，19 世纪末在法、德、美等国也相继完成的产业革命。产业革命使资本主义工场手工业过渡到机器大工业，推动了生产社会化进程。企业规模迅速扩大，新的生产部门不断涌现，社会分工和协作日益扩大，各个经济部门相互依赖和联系日益加强，市场更加融为一体。产业革命对社会各方面的影响是十分广泛而深远的，这里我们仅分析它如何使市场调节的缺陷暴露，并引起经济调节机制的变化。

首先，由于生产社会化，经营者通过资本积聚和集中使企业规模不断扩大，少数大企业具有雄厚经济实力并取得市场支配地位。这些企业独自或同其他企业结盟垄断市场，操纵价格，限制、排斥其他经营者进入市场参与竞争。如果说过去经营者凭借自己的经济实力以限制他人竞争还只是一种愿望，如今生产社会化和垄断组织的形成，则使愿望变成现实。由于垄断和限制竞争日益严重，加上各种不正当竞争和其他不公平交易行为也更加猖獗，动摇了价值规律和市场调节作用的基础，价值规律被扭曲，市场调节遇到障碍而不能有效发挥作用。这是市场机制第一个固有缺陷的显露和它所造成的严重后果。

其次，产业革命以后，科技和生产力快速发展，经济部门、行业和产品不断更新。许多行业所需投资规模大、周期长，有些需要进行较长时间的前期研究开发，短期内无盈利，甚至有失败和赔本的风险，私人投资者望而却步。而如果不作投资或投资不足，则那些未来很有发展前景并制约其他行业甚至于制约整个经济发展的行业就不能及时成长，对经济的全局和未来发展不利。随着经济发展和社会进步，要求公共设施和公用、公益事业投资不断扩大，私人投资对这些领域往往不愿涉足。私人投资者对眼前经济利益的追逐，往往很少顾及社会经济的可持续发展和其他社会效益，使自然资源和人类共同生活的环境遭到破坏，而且不愿为保护环境资源和治理污染进行投资。如此等等，说明市场机制的唯利性如今也日益暴露出其缺陷并造成严重后果，有许多领域无法指望它进行调节。这是市场机制第二个缺陷的显露。

最后,产业革命引起生产高度社会化和企业垄断形成以后,市场的第三个缺陷即市场调节的被动性和滞后性所引起的后果也十分明显了。经营者的市场信息不足和滞后,首先直接影响经营者个体经济效益和利益。过去由于经营规模不大,一些经营者亏损和破产无关社会经济大局;如今企业规模扩大,垄断企业形成,大企业对于超额垄断利润追逐的心理,往往使之忽视市场需求而不断扩大投资,以致造成生产过剩和产品大量积压。其后果不仅直接造成这些企业的亏损和破产,而且由于这些大企业的亏损和破产又直接影响市场的供求关系,引起其他企业和经济部门的连锁反应,甚至引发经济危机和社会动荡。生产过剩还造成资源的极大浪费,影响社会经济的持续发展。此外,在某些行业投资膨胀的同时,另一些行业往往投资不足,因而常常发生结构性危机。由于上述原因,19 世纪自英国开始在资本主义国家爆发了一次又一次的周期性经济危机。19 世纪末以后经济危机进一步加剧。每次危机发生后,虽然由于市场机制的作用,经济又会慢慢复苏并再次繁荣,但新一轮危机又在潜伏着。这给经济造成巨大伤害,使社会动荡不安。

综上所述,说明曾被人们认为是万能的市场调节,在 19 世纪末生产社会化和垄断形成以后,不再像从前那样充分有效了,“市场失灵”了。市场缺陷及其引起的市场失灵在造成经济上严重后果的同时,也引发一系列其他社会问题,包括失业率上升、收入分配不公、贫富差别加剧、社会矛盾激化和各种群体性运动频繁等,这些问题导致社会动荡并影响政局的稳定。这种情况迫使人们思考对策,寻求补救办法,企盼能有另外的某种力量和机制,以克服或弥补市场的各种缺陷,让社会经济的结构和运行保持协调、稳定并不断发展,让整个社会得以安定和进步。

二、国家调节机制与国家经济职能的出现

生产社会化本来是符合社会发展规律的,是社会的进步,但引起了原来社会关系和社会秩序的改变,打破了原来的平衡,引发一系列经济和社会问题。这些问题、特别是垄断、经济危机、社会不公平、阶级矛盾激化等等,引起了社会各界人士的严重关切。人们在分析其中的原因、发展趋势和后果,并纷纷提出各自的应对措施。其中对当时和后来意识形态与社会制度实际演变发生了至关重要影响的主要有如下三种人:空想社会主义者、马克思主义者及资产阶级改良派。这三种人有如下基本共同点:他们都较敏感地察觉到当时正在出现和发展的生产社会化及其引发的经济和各种社会问题;都对当时存在并日益严重的经济和社会不公平、不合理现象不满和进行抨击;都分别提出了应对方案。他们的应对方案有一个基本共同点,就是不能让经济和社会放任自流,必须通过人们(首先是其中先知先觉的先进分子)的主观能动性,并凭借某个特定的公共权力机构,自觉和主动地对经济和

社会予以调整或彻底改变(改良或革命)。

空想社会主义思潮早在16、17世纪就已经出现,19世纪发展到顶峰阶段。以圣西门、傅立叶、欧文为代表,他们批判矛头直指资本主义制度,抨击经济、政治和社会各种不合理现象及其根源,提出了构建未来理想社会的蓝图。空想社会主义者并未找到通向其理想社会的途径,未指出解决当时经济和社会问题的切实可行的办法;他们寄希望于统治阶级基于道德情感或理性自愿推行"乌托邦"计划,实现所谓理想社会蓝图。他们的这种方案严重脱离实际,是根本实现不了的,所以被称为空想社会主义。这种方案对当时以及后来的社会变革实际作用不大,但其许多思想观点却有着一定的积极意义,对后来社会变革实践也有某种间接影响。①

马克思主义是马克思、恩格斯于19世纪40年代,以《共产党宣言》问世为标志创立的学说。马克思主义创始人敏锐地察觉到了生产社会化给资本主义社会带来的各种矛盾和冲突,深刻地分析了其中根源,指出当时资本主义社会已经出现的周期性的商业危机和生产过剩的瘟疫,社会不公平及其他各种社会问题,使"社会突然发现自己回到了一时的野蛮状态"。其根本原因在于资本主义社会存在一个基本矛盾,这就是生产社会化同生产资料私人占有的矛盾。这个基本矛盾资本主义社会本身不能解决。根本解决办法只能是"废除资产阶级所有制","消灭私有制"。进行社会主义革命和无产阶级专政。② 进入20世纪后,列宁、毛泽东等革命家基本依照马克思主义创始人的上述思想,在各自国家发动了轰轰烈烈的社会主义革命,推翻了旧政权,建立了一批社会主义国家,进行了无产阶级革命和社会主义建设实践。对于各社会主义国家的经济职能和经济法情况,本书后面再专节论述。下面先来说说资产阶级改良派的方案及其实践。

19世纪末20世纪初,资产阶级及其国家统治者、思想家们,曾为当时生产社会化引发的经济和社会问题十分焦虑。他们当然地拒绝空想社会主义和马克思主义那样的两种方案。③ 可是日益严重和尖锐的经济和社会问题迫使他们必须立即拿出对策。他们提出的具体应对方案虽然各有差异,但其中一个基本思想由朦胧到越来越清晰:当时各资本主义国家存在的各种现实问题都集中地表明,过去(自由资本主义阶段)那种自由放任的传统观念和制度,不能再死抱着不放;必须借助国家力量自觉和主动地对经济、社会进行干预、调节。自由放任原则表现在经济和社会生活各个方面(当然首先和最重要的是关于经济生活——它是整个人类社会

① 马克思在《共产党宣言》中把19世纪圣西门、傅立叶、欧文等人的思想体系称为"批判的空想社会主义"。

② 马克思:《共产党宣言》,《马克思恩格斯全集》第4卷,人民出版社1956年版,第471—489页。

③ 马克思主义的传播引起了资产阶级高度警觉,在抵制和围剿的同时,也有人在思考其中的某些合理性。特别是后来社会矛盾更加尖锐化时刻,一些资产阶级学者和统治集团内部人士甚至也在思考是否真的需要走"苏联道路"和实行共产主义;他们"也变得有些粉红色了"。本书后面在论及美国罗斯福新政改革时要提到这些。

的基础)，因此国家需要介入的领域也应当包括经济社会生活多个方面，例如包括对经济的调节，对劳动和社会保障的调节(20 世纪中期以后开始的对污染和环境问题的调节)等。其中首要的是对经济的调节。所谓对经济的调节，就是在经济自身调节机制即市场调节的基础上，再加上一种新的调节力量和机制即国家调节，使其调节机制“二元化”。不能像原来那样放任“无形之手”自发调节，而运用“国家之手”配合、辅助“无形之手”。这里的国家调节首先是指一种经济调节机制；但同时它也就成了国家的一项新的职能。国家调节(无论作为一种调节机制还是国家职能)需要宪法和法律授权，需要法律保障，需要法律规制。于是一种新的法律便应运而生——这就是经济法的出现。

在市场失灵并由此引起经济和社会其他方面严重后果的情况下，为了改变经济方面的自由放任主义，能够指望什么力量和机制来发挥作用弥补市场机制的不足呢？只有国家。国家作为全社会的最高代表，它最有权威，最有力量，只有它堪当此任。虽然资产阶级国家此前是不怎么干预经济的，可如今为了国家和社会总体利益(这也是资产阶级的根本和长远利益)，人们(甚至包括那些垄断企业在内)希望国家介入社会经济，国家也不能不出面介入经济。

国家介入经济是为了对社会经济进行某种调节，以维护和促进经济结构和运行的协调、稳定和发展，并维护社会公平和稳定。这就是国家调节。国家介入社会经济怎样着手进行调节呢？由于国家调节乃是针对市场缺陷引起的市场失灵而采取的救济措施，如前面所述，市场缺陷包括市场障碍、市场唯利性及市场调节的被动性和滞后性三个方面，所以国家调节的基本方式和作法便主要是如下三种。

第一，由于市场上存在着种种限制竞争、不正当竞争和其他不公平交易行为，使市场机制不能充分发挥作用，妨害经济结构及其运行，并引起其他社会问题，国家介入经济进行调节，就必须对市场进行干预，以国家强制力反对垄断、反对限制竞争、反对不正当竞争和其他不公平交易，以排除市场障碍，让市场机制恢复其应有调节机能。这是国家调节的第一种基本方式，即国家对市场强行干预规制方式。它主要包括：反垄断；反限制竞争；反不正当竞争；规制其他不公平交易行为等。为此，国家需要明确哪些行为和情况是应当加以反对的；怎样防止和处置——通过怎样的方式和程序，适用哪些措施等。

第二，由于市场机制的唯利性，对有些经济领域，民间投资不愿进入，市场机制也发挥不了调节作用。针对这种情况，国家介入经济以后，在采取鼓励引导方式仍不能见效的情况下，便只能以国家拥有和可支配的资产直接参与投资经营，以促进那些对于国计民生和国民经济总体利益与长远发展关系重大，而民间投资不愿进入的行业、产品或地区的经济发展，借此以调节社会经济的结构和运行。这是国家调节的第二种基本方式，即国家直接参与投资经营的方式。为此，国家需要在了解整个社会经济的各种结构状况和运行态势的基础上，确定国家投资的方向、规模和重点，选取适当的投资方式和投资经营组织形式，选取适当的经营管理方式。由于国家投资经营领域主要接受国家调节，一方面，国家在进行国家投资时应当尽量考虑市场因素，尽可能引入市场机制的作用；另一方面，国家应当根据情况变化适时调整国家投资的规模、方向和重点。国家投资规模过大，或结构不合理，或某些行业、产品可以不必再由国家控制时，国家应及时缩减投资，或调整投资结构，或将某些企业交由民间经营。总之，当某些领域民间投资不愿进入而必须由国家投资时，国家投资便及时和适度进入；而当某些领域不再需要国家投资时，国家投资便适时退出，当国家投资的规模方向和重点需要调整变动时，国家便及时作出调整改革。进入与退出、调整这两个方面是国家参与投资经营这一调节方式的相辅相成的两个方面，二者需要有机结合加以运用。

第三，由于市场调节作用的被动性和滞后性，它不能预见和防止经济结构失衡、经济运行波动和经济危机的发生，不能避免周期性出现的经济和社会严重后果。针对这一情况，国家调节的任务是需要随时调查了解全社会及各部门、各行业、各地区的经济和市场情况，掌握各种经济数据和信息，作出科学分析和预测；进而制订一定时期的经济和社会发展规划或计划，制定和实施各种经济政策，运用财政、税收、金融等方面的经济杠杆和政策工具，引导或约束社会投资和其他经济活动；国家还可以给企业和其他经营者提供必要的基础设施和条件以及其他各种帮助和服务。这是国家调节经济的又一种基本方式，我们可以统称之为国家对社会经济的引导调控方式。这种引导调控方式，自 20 世纪中期特别是 80 年代以后迅速发展，形成了以“国家计划——经济政策——调节工具”为轴线的宏观引导调控体系。

上述国家调节三种基本方式的论述主要还是一种理性分析，但它确实也是现代各国的国家调节职能活动的实际情况。统观近代特别是 19 世纪末以来的社会经济发展史和各国的实际经验，可以发现，现代国家调节机制正是这样应运而生的，而国家调节经济的做法，也正是大致运用了这样的三种基本方式；只是各国国家调节方式发达和完备的程度和时间先后有所不同而已。

国家调节机制的形成及其作用，是对市场缺陷和市场失灵的救济。市场经济的调节机制仍然以市场调节为基础，国家调节应当同市场调节密切配合。国家调节可以发挥导向作用，特别是在经济危机、战争、经济改革或其他非常时期，尤其是这样，但任何时候都不能排斥市场机制的基础性作用。各国所实行的市场经济体制在特点和类型上有所不同，有的国家调节范围和力度稍大，有的稍小。但现代社会无论哪国，只要是实行市场经济体制，便会同时存在上述两种调节机制，并一般都以市场调节为基础。

国家调节的出现及其与市场调节并存，这是社会经济调节机制的二元化。调节机制二元化，标志着市场经济自其形成以来进入了第二个发展阶段，即“社会市场经济”阶段。第一个阶段(即“自由市场经济”)在调节机制上的特征是市场调节为唯一调节机制,即一元化;调节机制二元化是市场经济第二个发展阶段的显著特征。①

国家调节机制的形成和发展,意味着国家职能的演进。因为国家调节社会经济,即为国家的一种职能活动。调节机制是从经济方面说的,国家职能属于政治范畴,它们是同一事物所具有的两重属性。国家调节机制与国家调节职能都是由生产社会化引起并在19世纪末开始形成和逐渐发展起来的。国家调节职能活动也主要包括对市场规制、国家直接投资经营、对社会经济引导调控这三种基本方式。

国家担负起调节社会经济的职能,是国家职能的重大转变,也是国家性质的一种进化。其实质是国家职能逐渐“社会公共职能化”:国家由原来主要关注统治阶级及其政治集团的政治统治利益,向着为体现更多民众意志的社会利益服务方向转变。也可以说,这是“政治国家”向“社会性国家”演化的重要一步。国家调节社会经济,是社会利益之所在,实际上是国家担负的一种社会性职能。在资本主义社会,国家调节社会经济首先仍主要是维护资产阶级,特别是那些垄断资本家的利益,但国家不能迁就所有资本家个体,而要维护资产阶级整体利益。当某些资本家个体利益同社会利益发生矛盾冲突时,国家进行的调节对某些资本家个体可能不利,但有利于社会经济总体和长远发展,这是符合资产阶级整体利益的。国家调节管理社会经济的方式主要由国家(它的主管机关)实施;但这种管理既然符合社会利益,国家便也可以将部分管理事务和职权授权某些社团组织,由社会进行自律性管理。这也是国家经济调节职能社会性的一种表现。

国家经济调节职能的发生和发达,是具有时代性和普遍性的客观事实,也是现代国家的一个显著特征,无论是社会主义国家还是现代资本主义国家,概莫能外。原来在社会主义国家流行一种理论,认为只有社会主义国家才负有组织管理经济的职能,它被称作“国家第三职能”,不承认其他类型(包括现代资本主义)国家具有经济管理(调节)职能,认为其他类型国家只有对内镇压、对外侵略或抵御侵略两种职能。这显然是片面的,不符合事实。试看当今欧洲、美洲及日本等各资本主义国家,哪国政府不是把对经济的调节管理当作头等大事贯穿于政府工作的始终?如果它们忽视这种职能或者工作无成效,则该政府工作便被认为是失败的,这足以导致政府的倒台。

当然,社会主义国家的经济管理职能确实是史无前例和异常发达的,并且它在性质以及管理范围、程度和方式上同资本主义国家的经济调节管理职能有明显不

① 自20世纪中期特别是80年代以来,市场国际化趋势加快(进入“国际化市场经济”阶段),国际市场需要新的调节机制,出现“国际调节”,调节机制体系正在三元化。关于这,可参见漆多俊《市场、调节机制与法律的同步演变》,《经济法论丛》第1卷,中国方正出版社1999年版;漆多俊:《市场国际化、国际调节及相关法律问题》,《经济法论丛》第9卷,中国方正出版社2004年版。

同之处。资本主义国家的经济管理主要是一种国家调节——但调节毕竟也是一种经济管理。而社会主义国家的经济职能远远超过"调节"的本义。关于这点，本书后节还将详细加以论述。

三、法律体系的演变与经济法的产生

在西方资本主义国家，国家经济调节的产生是传统国家职能的重大转变，是国家权力的扩张，这必须有法律依据和授权，为此需要突破原有法律体系框架，颁布新的法律。①

同时，国家调节也需要相关法律予以规制和保障。虽然社会经济迫切需要国家调节，但是，由于国家长期远离社会经济生活，情况不熟，国家调节是一种新的职能活动，对于如何有效调节缺乏经验，容易发生违背客观经济规律，把社会经济结构和运行搅乱的结局。同时，国家乃是权力中心，权力如不加制约，容易随意扩张。特别是权力与经济的结合，容易产生腐败和侵犯民众正当经济权益的情形。权力部门中有些人除为了经济利益外，还为了满足自己的虚荣心，显示辉煌政绩，利于自己官场升迁，往往贪大喜功，滥用权力干预经济；或虚报浮夸，提供和发布虚假的经济信息。这些也都会给社会经济正常运行造成损害，甚至可以引发灾难性后果。可见，国家调节也有种种风险，调节不当也会发生失灵现象。这即人们所谓的"政府失灵"。有鉴于此，必须对国家调节活动加以约束和规范。当然，国家调节必然涉及被调节者的服从和接受问题，如垄断财阀们对于国家反垄断措施往往持抵触的态度。要顺利有效地实施国家调节，需要法律予以保障。

事实上，从19世纪末20世纪初以后，国家调节(机制和职能)在西方资本主义国家出现和逐渐发展的同时，关于国家调节的法律也开始出现和逐渐完备起来。

按照前面的论述，针对市场机制存在三种缺陷，国家调节采取了三种基本方式(即三种基本类型的国家调节活动)，而这三种调节活动都需要制定法律，所以关于国家调节的法律也便主要包括以下三个方面的构成。

第一，为规制和保障国家所采取的第一种调节方式，即国家对市场的干预规制，国家需要制定市场规制法。它主要包括反垄断(限制竞争)法；反不正当竞争法；其他不公平交易规制法(如消费者权益保护法、产品责任法)。这类法律需要规定其规制对象的标准和种类、主管机关的职权、处罚方式、实施程序等问题。

第二，为规制和保障国家调节的第二种方式，即国家直接参与投资经营活动，

① 例如德国1919年的《魏玛宪法》确立了政府干预经济的原则，授权政府可以采取调节管制经济措施。当时颁布了一系列相关法律。美国罗斯福新政期间采取的调节管制经济的改革措施和所颁布的法律，还曾被联邦法院判决为"违宪"(即被认为违反了美国宪法的自由放任传统精神)。

国家需要制定国家投资经营法。它主要包括国家投资法和国有企业法,其中包括国家投资和国有企业调整和改革的法律。此外还包括国家为调节市场而直接参与其他市场经营活动的法律。

第三,为规制和保障国家调节的第三种方式,即国家对经济的引导调控,国家需要制定经济引导调控法。

以上三个方面的法律有着许多共同的特点:它们所规范的都是国家经济调节活动。其应然目的和作用在于规制和保障国家调节,以维护和促进社会经济的结构和运行协调、稳定和发展,并进而维护和促进整个社会的稳定和进步。它们所调整的是在国家调节社会经济过程中所发生的社会关系,它们直接涉及社会经济领域,具有经济性内容。但是,它们同以往调整民间社会(私人)经济关系的法律有明显不同:以往的那些法律所规范的是民间社会的经济行为,调整民间社会各主体(自然人、法人)之间的平等经济关系,在商品经济社会主要是一般商品货币关系;法律调整原则是平等、自愿、等价和诚实信用等。当时国家制定这种法律主要让社会各主体遵行,国家一般不直接参加该种法律关系,不以自己为一方权利义务主体。这类法律即为民商法。而如今关于国家经济调节的法律,它们所调整的则是一种国家直接参与发生的社会关系,这种关系以国家(它的代表者)为一方主体,是有关国家经济调节与被调节、管理与被管理的关系;法律适用的原则也同民商法不同,例如它并不以平等、自愿、等价为必须遵行的准则。此外,在其他诸如调整方法、责任制度和制裁方式等方面也有许多不同。

另一方面,这些关于国家经济调节的法律虽然涉及国家管理活动——因为国家经济调节也是一种国家管理,其所调整的社会关系必以国家(它的代表者)为一方主体;但是,这些法律所规范和调整的,不是一般的国家行政管理,而是经济调节,这只涉及经济调节性管理,它涉及经济领域深层次的问题,即有关社会经济总体结构和运行问题。另外,在其他如法律的价值、功能和任务、调整原则和方法等方面,都同行政法有所不同。①

总之,这些法律是具有许多明显特征的新性质、新类型的法律。19世纪20世纪之交,这类法律在一些国家开始大量出现,人们称之为"经济法"。经济法这一新的法律部门于是产生。而上述三个方面的法律便是经济法体系的三个基本构成。②

经济法的出现使原有法律体系发生重大变革。法律体系是随社会关系的变化而演变的。在人类历史上,社会关系是不断发展的,由简单到复杂;法律体系也由单一到逐渐分立出多种部门。早期社会,法律体系中虽然也已包含调整多种社会

① 关于经济法同民商法、行政法的区别和联系,本书后面各章还将详细论述。

② 总揽本章第1、2、3节的论述,鲜明地体现这样一条逻辑线索,即:市场缺陷——国家调节——经济法。由于市场有三缺陷,所以国家调节采取三方式,所以经济法体系有三构成。在我国学界,人们将这种学说理论称之为"三三理论"或"国家调节说"。

关系的多种法律规范，但并未、也不需要分立各种法律部门，在很长时期内是所谓“诸法合体”而以刑(法)为主。封建社会末期，商品经济发达起来，市场经济体制开始形成，资产阶级政治革命成功后，各国立即大量制定和完善民商法律并编纂民商法典，民商法正式作为独立部门从浑然一体的法律体系中分立出来；与此同时，刑法也得以确立自己单一的体系。资产阶级国家实行立法、行政和司法三权分立，重视依法行政，制定了许多规范政府行政行为的法律，行政法也发展起来。到了19世纪末20世纪初以后，由于生产社会化引起社会关系和法律体系结构变革，即当国家需要从社会整体利益考量出发而对经济社会进行调节，因而国家调节职能发达起来时，经济法便产生并成为新的法律部门，这是完全可以理解的，是符合社会关系和法律体系演变规律的。

法律是人制定的。人们为什么要制定和实施法律乃至接受其立法理念支配。就经济领域的立法而言，经济法同原来法体系中早已存在的民商法都是关于经济的法律，人们为什么在有了甚为发达的民商法之后，还需要制定经济法呢？从人们的法律思想理念上来看，生产社会化以后它发生了重大转变。

在自由资本主义和自由市场经济阶段，资产阶级早期一些著名革命家和思想家的学说主张，如“天赋人权论”、“社会契约论”、“自由放任主义”经济理论、自然法学派等，直接影响着国家的立法理念，并构成当时民商法立法的主要思想理论基础。①

民商法从其萌芽产生的时候起(例如还在古罗马的市民法与万民法时代)，它就适应着商品经济的需要，调整个体(私人)之间的财产关系，重在维护个体权益。在后来的发展中，逐渐进一步确立了以个体权利为本位的立法思想。民商法虽然以个体权利为本位，重在维护个体权益，但在资本主义社会初期的自由市场经济阶段，它通过对个体经济自由等权益的维护，不仅有利于促进微观领域的公平和效率，而且由于它维持了市场的公平自由竞争秩序，使价值规律和市场机制能够充分发挥作用，因而能使社会经济在宏观和总体上得到调节，同宏观经济领域的公平和效率也并不抵触。提倡个人自由和个性解放，强调保护个体权益，从微观领域来说，有利于发挥广大民众生产经营积极性，搞活经济；从宏观上说，也有利于整个社会经济的繁荣和发展。因为对于一个有机体，如果体内众多单个细胞被激活，则整个肌体必充满生机活力，得以健康成长。正是基于这种理念，使得当时各资本主义

① 按“天赋人权”和“社会契约”等学说，认为人与生俱来就是平等的，享有各种自由和权利，包括经济自由和财产权利。人们通过契约组成国家，放弃了人固有的一些自然权利而取得约定的权利，因此仍是自由和平等的。“自由放任主义”的经济理论则认为，放任各人追求个人利益，便能达到社会的最大利益；听任资本主义自发力量发挥作用，便能使社会经济得到调节，维持均衡。而在17、18世纪盛行的古典自然法学派，同在当时盛行的“天赋人权”、“社会契约”等理论互相呼应，认为人们本来就受体现人的理性的“自然法”的支配，国家制定的“实在法”应当同“自然法”精神相一致。荷兰的格劳秀斯和洛克，法国的孟德斯鸠和卢梭等，都是古典自然法学派的代表人物。这种思想理论对资产阶级国家的政治和立法影响极大，美国独立战争以及法国大革命时期的许多政治活动家，都信奉这种学说。

国家十分重视民商法立法和实施，使这个法律部门迅速发展起来，建立了被认为是一种完整、和谐的以民商法为主，较为单一的经济法律秩序。

但是19世纪末以后，民商法的自由主义精神和个体权利本位倾向遇到了挑战。生产社会化和垄断的出现，使得个体同社会的矛盾突出起来。少数垄断组织的自由往往限制和剥夺广大中小经营者和消费者的自由，它们权利的行使往往侵犯他人的权利。特别是大企业独家或以契约、投资等办法同其他企业联合起来，对市场进行垄断，限制竞争，或者从事其他不正当竞争，使价值规律和市场调节机制失灵。垄断组织实施的限制一般并非采取特权、暴力等方式，而是按照当时法律为合法的方式，垄断同盟和其他限制性契约的订立正是利用了民法“契约自由”的原则；垄断价格的制定也符合价格自由的规定，这使民法感到困惑。其次，随着生产社会化、科技发展和整个社会的文明进步，新技术、新产品的研制开发需要进行长期投资和风险投资，社会公共和公益事业需要扩大投资。而这些领域的投资盈利率低、风险大，民间投资者往往不愿涉足；而投资自由又是无可非议的法律原则。此外，经营者唯利是图也是当时法律无可指责的。垄断组织对超额垄断利润的追逐，它们内部的组织性和计划性同整个社会的无政府、无计划状态的矛盾，引发的生产过剩、社会投资结构失调和周期性经济危机，民商法对此尤其无能为力。总之，自19世纪末以后，社会更加发展和融为一体，社会公共利益显得越来越重要，它同社会各界、各个体（包括垄断企业在内）利益直接相关，这迫使人们对于传统的民商法理念和立法原则发生动摇，也对整个自由资本主义时期立法的自由主义倾向和个体权利本位思想发生了动摇。①

在资本主义国家的法律改革中，首当其冲的便是民商法。民商法首先自己作出反应，进行自我调整和完善，使之适应时代的变化和社会化要求，这就是民商法的社会化和现代化。1896年德国颁布了《德意志帝国民法典》（1900年实施）。以后如墨西哥（1932年）、秘鲁（1932年）、意大利（1942年）等国陆续颁布了新民法典。其他多数国家虽然仍适用过去颁布的民法典，但也纷纷通过对原法典的修订，或者制定有关新的单行法，或通过发布判例和司法解释等途径，校正原来的民法原则和立法思想，注入新的法律精神和立法理念。民商法社会化的基本精神，是对自由主义和个体权利本位的绝对化倾向作出修正；社会化的核心内容，是调整财产所有权绝对性、契约自由和过错责任这些支撑传统资产阶级民法的三大基本原则（基本法律制度）。调整、修正后的民商法对个人权利和意志自由作了适当限制，强调了个人义务和对社会的责任。

① 例如19世纪末德国法学家耶林认为，法律应重视社会利益，个人原则与社会原则应求得平衡。稍后的社会学法学派代表、美国的庞德更认为，20世纪的法应是“社会化的法”，一方面促进人的主动精神；另一方面实现社会合作。

民商法的社会化是对社会性和时代发展演进的积极回应，但仅靠民商法的改革并不能解决因生产社会化和整个社会发展而引起的个体同社会之间的全部矛盾，不能满足社会和时代发展对法律的全部要求。民商法由其本身固有特性决定，它是调整自然人、法人这些个体间的财产（以及人身）关系的，个体权利和意志自由不能不成为它关注的基点——立法的基本出发点和立足点。虽然如今它需要同时考虑和维护社会利益，但也是首先从注重维护个体正当权益出发的，是从个体这一角度和侧面来兼顾社会总体和全局的。从这个意义上，我们可以说，即使现代民商法按其固有的价值取向也仍然是以个体为本位。只是在现实立法中不能再片面强调个体权利，而应同时注重个体的义务，特别是个体对社会的义务。这一点民商法（私法）同各种公法和经济法是不同的。后者虽然也不能忽视和侵犯个体权益，但毕竟首先是从社会利益出发的，立法的着眼点和立足点（关注的角度和侧面）有所不同。后者我们完全可以说是以社会为本位的。就经济领域的立法而言，这正是经济法不同于民商法的显著特征，也是 19 世纪末以来民商法尽管也社会化了而仍嫌不足，需要经济法问世，而经济法果然应运而生的原因所在。经济法出现以后，它同民商法配合，分别从个体、微观与社会总体、宏观两个不同的角度和侧面，共同协调个体同社会的矛盾，保障社会经济生活的繁荣和发展，建立和维护一种新的社会经济法律秩序。同自由市场经济阶段那种较单一民商法秩序不同，在社会市场经济阶段，这是一种主要由民商法和经济法相结合而构成的新的经济法律秩序。

19 世纪末 20 世纪初以来，由生产社会化引起的法律体系的变化还表现在其他许多部门法的许多方面。经济法的出现和成为新独立法律部门，正是在整个法的体系变化的大格局中发生的，是这个时期法的体系变化中最重大的事件之一。

综合本章所述，我们论证了经济法产生的社会根源，包括其社会经济根源、政治根源、法律根源和思想理论根源。所有这些，都表明经济法的出现是符合社会发展各种客观规律的，是一种历史的必然。

第二节　经济法产生和发展的经过

一、早期社会的国家经济管理与立法

国家自其出现，作为社会最高代表和权力拥有者，它在对社会实行全面统治和进行各种管理活动过程中，必然也对社会经济进行一定的管理。尽管在很长历史时期内，国家经济管理职能不发达，但任何时候它总是在进行着这样或那样的一些管理活动。

早期社会，国家对社会经济的管理按其适用的法律手段主要是民事、行政和刑事的管理；按其目的主要是政治性、财政性和社会性管理。为调节社会经济的结构和运行的经济调节性管理则很少实行，它尚未成为一种经常运用的独立的经济管理方式。当时的国家主要是"政治性国家"，国家职能主要是政治性的，经济管理尚未成为国家的一种独立职能。

但是，考察中外历史，发现过去的国家在其进行的各种经济管理活动中，也确实存在着许多类似现代国家调节的管理活动。这些管理的目的在于影响社会经济总体性结构和运行；其方式也有别于一般民事、行政和刑事管理方式，包括对市场的规制、国家参与经营和对民间社会经济进行某些指导、鼓励和提供帮助，以引导经济发展。可以说，本书前面指出的现代国家调节经济的三种基本方式，以及经济法体系的三个基本构成，在过去历史上都可以找到其潜在的基因，即它们的萌芽和雏形。不过，那些也仅为萌芽而已。在过去的市场和社会经济条件下，国家不需要也不可能对经济进行全面和经常性的调节。某些"调节"措施多针对某些当时较突出的问题而采行，并具有间断性。一般是在一些非常时期如战争、灾荒发生时或之后，作为对策而实施的；特别是在历史上的一些重大社会变革中，政治家们推行革命或改良，经济调节性管理措施及其立法往往大量出现。其方式也较单一，未形成各种调节方式综合运用的系统工程。其目的最终还是重在维护政治统治。手段多采用革命暴力、行政命令或刑事制裁。有关经济调节性管理的立法，多系刑法和行政法性质的法律规范。这些立法虽然具有同现代经济法相近的许多特点，或者可以说它们已具有某种经济法性质，但还不是现代意义上的经济法，更不是一个独立的法律部门。现代意义上的经济法即作为独立法律部门的经济法，只能出现在生产社会化以后的19世纪与20世纪之交。①

二、资本主义国家经济法的产生和发展

经济法以独立法律部门的面貌出现，始于19世纪末20世纪初。当时欧美各主要资本主义国家都相继完成了产业革命，生产社会化程度大大提高。俄国十月革命后建立了苏维埃社会主义国家，其生产和社会生活也社会化了（这是社会化另一种形式）。社会化引起社会经济关系及其他各种结构关系的调整和变动，引起了各种经济社会问题，促使各国经济法的产生。各国（包括东、西方国家在内）的经济法其产生和发展有着基本的普遍的规律和共同点，但又有各自不同的特点。其中某些国家相互之间更接近一些，形成各种经济法类型（模式或板块）。最为显著的

① 早期国家经济管理及其立法史实，可参见漆多俊：《经济法基础理论》，武汉大学出版社1993年、1996年或2000年版。

是中国及苏联、东欧国家等实行或曾经实行社会主义制度，后来又都进行改革和体制转轨转型的一些国家，他们的经济法同西方国家分属于不同模块——我们可以把这些国家的经济法称为“转型国家经济法”模块。即使同属西方国家，各国也并非完全相同。例如美国同德国、日本的经济法就有着明显差异，呈现不同的模块特色。但是，所有各模块和各国的经济法并不是互相孤立的，它们都遵循着经济法的普遍规律和一般原理，并且是互相关联、互相影响的。正是所有各国和各模块的经济法运动，才组成世界经济法总潮流巨大、丰富和活生生的动态景观。① 为行文方便，本书拟将东、西方国家经济法的产生和发展情况分别论述；本节先说西方资本主义国家，并且以其中最具代表性的美国和德国、日本等国的经济法为主，按照各国所共处的时代的特征和阶段性，作总体和概览性论述。

以美国和德国、日本等国经济法为代表，一个世纪以来，它们的发展历程大致可分为如下几个阶段。

（一）19 世纪末至一次大战后

这是现代经济法的出现阶段。美国 1890 年颁布的《谢尔曼法》(《反对不法限制和垄断，保护交易和通商的法律》)及 1914 年颁布的《克莱顿法》和《联邦贸易委员会法》等一批反垄断法，是经济法独立的先声，是现代经济法最早的法律表现形式。

美国自独立战争和南北战争后，全国统一市场逐渐形成，此后市场基本上按照自身发展规律演变。19 世纪后期产业革命的完成推动生产社会化迅速发展，其市场由自由竞争阶段进入社会化市场阶段。社会化使得企业迅速集中，规模扩大，市场内部联系更加紧密。这本来是好事，但垄断组织和垄断行为也由此滋生。1879 年美国出现了第一家托拉斯——美孚石油公司。不久全国掀起企业合并浪潮。至 20 世纪初，各重要工业部门都被一、二几个大托拉斯所垄断。它们通过纵向、横向联合将全国相关市场结合成一个整体，控制在自己手中，从而把持着国民经济命脉。它们垄断市场，操纵价格，排斥其他经营者特别是广大中小经营者，并肆意损害广大消费者正当权益。这破坏了美国传统的自由竞争秩序。垄断资本家不仅凭借雄厚经济实力实施垄断，还豢养政客，贿赂官员，操纵立法，渗入政治领域。这给美国传统民主政治造成威胁。工业化和城市化本来会引起社会经济结构调整和社会分化，加上托拉斯组织的横行，更加深了各种社会矛盾，社会不公平现象十分突出。许多中小企业倒闭破产，失业率急剧上升，贫富差距拉大，赤贫人口增多，企业劳资关系紧张。这些情况引起社会各界关注和不安，各地不断爆发大规模的反对托拉斯群众性运动。1890 年国会通过由上议院议员谢尔曼提出的反托拉斯法案——《反对不法限制和垄断，保护交易和通商的法律》，此即《谢尔曼法》。这是美

① 漆多俊：《时代潮流与模块互动——“国家调节说”对经济法理论问题的破译》，《经济法论丛》第 13 卷，中国方正出版社 2007 年版，第 1—42 页。

国最早的一部反垄断法，它连同后来于1914年美国国会通过的《联邦贸易委员会法》和《克莱顿反托拉斯法案》等一起，构成了美国反垄断法的主干。

在美国最早出现的经济法，由于当时基本上仅限于反垄断法；加上美国人并不注重从法理上对法的体系构成加以区分。所以对于经济法在其他国家的传播和影响当时并不突出，对经济法在世界范围内的传播和发展影响最大的要算第一次世界大战时期的德国。

德国（还有后面我们将要论及的日本）的经济法是不同于美国的另一个特色鲜明的类型（模块）①。在这里，国家权力一开始就较顺畅地介入经济领域进行多方面的干预，而无自由放任的传统拘束；其经济法一开始就涉及较广泛的内容。

德国是后起的资本主义国家，1870年普法战争前完成工业革命，战后实现统一，建立德意志帝国，全国市场开始形成。为了抵御英国等发达国家商品入侵，并迅速崛起以同发达国家平起平坐，人们希望借助国家力量干预经济。当时德国经济学家李斯特提出"国家干涉主义"，主张采取贸易保护主义政策，反对自由贸易。德国资本主义经济的发展一开始就同国家干预相关。② 20世纪初至一战前后，德国利用国家力量统制经济，使国民经济服从于发动战争和战后恢复重建。正是在这种背景下，德国政府大量介入社会经济生活对经济实行统制，颁布了大量政府管制经济的法律。同美国的情况不同，德国干预经济方式的特点，一是涉及的领域广，并采取了多种措施对社会经济进行较全面的干预，不仅仅局限于垄断这一个领域；二是对待垄断的态度，德国政府当时主要不是予以禁止和限制，而是鼓励、扶助，甚至国家参与某些垄断，只是在战后采取过一些限制卡特尔的措施。与之相适应，这个时期德国的经济法立法的特点，一是量多，经济法性质的法律法规成批涌现；二是面广，不限于垄断和竞争领域的立法；三是出现许多促进、扶助垄断和国家垄断的立法；四是强行性立法多，许多经济法规带有浓厚的行政法色彩，或简直与行政法难以区分；最后，由于当时所有立法几乎都同战争相关，其经济法的非经济性色彩十分强烈。③

---

① 漆多俊：《时代潮流与模块互动——"国家调节说"对经济法理论问题的破译》，《经济法论丛》第13卷，中国方正出版社2007年版，第1—42页。

② 德国的国家主义思潮甚至可以追溯到17世纪的"开明君主专制"，统治者借口"公共福利"可以干预民众私生活事务。

③ 在美国和德国分别出现的经济法，虽然其产生的基本原因都是生产社会化和市场缺陷，使国家干预经济成为必要，但国家干预经济的方式不同：在美国是反垄断，以维护自由公平竞争；在德国则是实行较全面的经济统制，这实为限制自由竞争。前者，国家干预措施是被动的、消极的；后者是政府的主动、积极介入。两国的上述特点，不仅在经济法出现之初如此，而且以后长时期内仍然基本保持着。有鉴于此，有些学者把以美国为代表的经济法称为"保障实质的契约与营业自由之经济法"，而把德国（还有日本）为代表的经济法称为"经济统制实施手段之经济法"。并认为这正体现了现代经济法的两项"基本性格"。参见台湾学者黄铭杰1996年在淡江大学主办的"两岸财经法律制度研讨会"上的论文：《经济法基本性格论》，载台湾《政大法学评论》1997年第58期。

这个时期德国颁布的经济法主要有：1915 年颁布的《关于限制契约最高价格的通知》，1916 年颁布的《确保战时国民粮食措施令》，1919 年颁布了著名的《魏玛宪法》和一系列"社会化法"如《卡特尔规章法》、《煤炭经济法》、《钾素经济法》等。特别是《魏玛宪法》在奉行"经济自由"、"契约自由"的同时，确立"社会化"原则，规定对私有经济实行限制的许多措施，包括对某些私人企业实行社会公有的各种形式的规定。该宪法授权政府对全国经济生活进行直接干预和管制。

《魏玛宪法》及上述各种法律，突破了传统的"公法"、"私法"的界限及其所涉及的内容和范围，确认了国家对社会经济的直接干预管理。这引起了德国法学界的注意，学者们积极开展研究，认为这是不同于以往法律的一个新部门法，他们称之为"经济法"。德国的经济法立法及法学界的研究，后来传播到其他国家，影响其他国家的立法和学术研究。对于经济法成为一个独立法律部门和成为一个独立学科，其地位在世界范围内的形成和确立，当年的德国起了十分重要的推动作用。

（二）1929—1933 年经济危机至第二次世界大战后

这是经济法在世界范围内迅速发展的阶段。

一战以后，各国政府对经济的干预曾一度稍有放松。但是几年以后，资本主义世界爆发了 1929—1933 年的经济危机。危机暴露了资本主义社会的生产社会化同无政府主义的矛盾。资本主义国家对国民经济必须进行更为全面和强有力的总体性调节。这一阶段，国家对社会经济干预管理的特点，主要表现在两个方面：一是实行资本主义国有化，国家垄断资本主义出现并得到发展。国家不仅以政权身份对私人经济进行干预，而且开始以资本所有者身份直接参与生产经营领域的活动。二是国家经济职能全面强化，运用包括财政分配和经济计划在内的多种手段，对经济进行全面、综合性和经常性的调节。主张国家干预经济的凯恩斯主义也正在这个时期产生，并被各主要资本主义国家政府相继采纳，奉为指导原则。这个时候，经济法的立法在各国都呈现迅速发展的局面。

美国虽然于 19、20 世纪之交开始采取了反垄断等国家干预措施，但基本上仍维持着自由放任方针。而工业革命和社会化进程引发的经济和各种社会问题越来越严重，社会动荡不安，人们思想混乱。1929 年 10 月终于爆发了由证券市场崩溃开始的美国历史上最严重的经济危机。经济危机把美国资本主义制度推到了崩溃边沿，美国面临向何处去的抉择：是继续自由放任，还是改革，还是革命？就是在这种背景下，1932 年富兰克林·罗斯福在大选中战胜了仍不肯放弃自由放任主义的原任总统胡佛，当选为美国总统。他上任伊始即开始了轰轰烈烈的改革。1933 年国会授予总统"紧急全权"，推行新的经济调节政策，此即罗斯福新政改革。

罗斯福新政可分为两个阶段：第一次新政的主要立法是在 1933 年 3 月 9 日至 6 月 16 日内完成（又称"百日新政"）；第二次新政为 1935 年至 1939 年。第一次新政侧重于解决当务之急，即遏制萧条，挽救业已崩溃的金融体系和濒于崩溃的农业危机，复兴工业，消除普遍的失业和饥饿。第二次新政则注重于具有长远意义的立法，确立现代银行体系，建立相对公正的税收和福利制度等。① 整个新政期间共颁布了700多部法律。其中第一次新政期间颁布的法律主要涉及：关于银行、货币和证券市场的立法，如《紧急银行法》、《证券交易法》、《格拉斯—斯蒂格高尔银行法》等；关于重建工农业之间的平衡的立法，如《农业调整法》、《土壤保持和作物调配法》等；关于对工业实行约束和调节的立法，如《全国工业复兴法》；②关于社会救济和安置贫民的立法，如《联邦紧急救济法》、《紧急救济拨款法》等；③关于国营公司的立法，主要的是《田纳西河流域管理局法案》。④

第二次新政期间颁布的法律主要包括：关于政、企、劳工关系的《瓦格纳法》；关于加强对经济宏观调控，确立美国现代银行体系的1935年《银行法》；关于标志美国同极端个人主义传统决裂、普遍福利制度开端的《社会保障法》；关于取缔和管制公用事业控股公司的《公用事业控股公司法》；关于通过税收进行财富再分配，抑制财富集中和贫富两极分化的《财产税法》；⑤此外还通过了《新农业调整法》和《公平劳动标准法》（即《工资工时法》）。

罗斯福新政彻底改变了过去自由放任全凭市场自发作用的局面，在危急关头国家充分担负起经济和社会调节职能。由于美国是法治国家，国家调节职能活动必须有法律依据，得到法律的保障，并受到法律的约束（规制），所以颁布了大量相关法律。这些法律所规范的是国家调节，调整因国家调节而发生的社会关系，从性质上说显然不同于民商法或一般行政法，而属于经济法范畴。只是由于英美法系传统，人们不重视从理论上划分部门法，没有将这些立法统称之为"经济法"罢了。

罗斯福新政期间颁布的经济法无论从立法的数量、内容和体系或其实施的社会效果和影响等各方面看，都标志着它作为事实上的一个独立部门法的成熟。它的产生及其立法上的许多特质，集中地体现了经济法这个部门法的本质属性和一般规律。作为各国经济法之中的一个模块，美国经济法是最为典型的一个范式。

德国在那次世界性经济危机期间，希特勒纳粹集团于1933年夺取了政权，开始了法西斯独裁统治。他们先用紧急命令宣布《魏玛宪法》中的关于民众权利的条款停止生效；继而颁布《消除国民与国家危机的法律》（《授权法》），规定政府可以自

① 陈明等：《相信进步——罗斯福与新政》，南京大学出版社2001年版，第75页。

② 该法规定成立国家复兴局，负责组织监督各行业制定适用于本行业的法规；规定禁止雇用童工，保证劳工合理工时和最低工资；规定了"劳工条款"（该法第7条第一款），规定劳工有权组织工会和资方进行集体谈判；还规定设立公共工程局，政府拨款兴办公共工程；规定征收超额利润税，资助公共工程局。

③ 其中包括政府投资兴办公共工程、组织民间自然资源保护队等，安置大批人员就业。

④ 田纳西河流域管理局是兼具政府与企业职能于一身，独立经营的国有企业。它从事该流域开发建设，包括防洪、发电、造林、教育等，这是那些纯粹以赢利为目的的私营企业所不愿投资的。

⑤ 1935年《财产税法》规定提高财产税，并将个人收入所得税累进税率最高额从59%提高到75%；征收公司纯收入累进所得税；增设股本税和超额利润税。

行制定同宪法相抵触的法律。这个时候先后颁布不少有关政府管制经济的法律，其中包括 1930 年、1932 年、1933 年几次修改《防止滥用经济力法令》，加强卡特尔。1933 年并制定《强制卡特尔法》，扶助和强制卡特尔的建立，利用卡特尔来统制市场。1934 年还颁布了《经济有机结构条例》等。这个时期德国颁布的许多法律虽然从广义上说也具有某种经济法性质，但更多的是属于行政法或军事法性质。这种情况一直维持到二战结束。

日本国家权力干预社会经济的传统也源远流长。1868 年明治维新是统治者自上而下发动的资产阶级革命。当时明治政府采取的政策和颁布的许多法律，就属于国家干预，例如政府出钱兴建大批工厂，修建铁路，发展邮政、电信事业，扶持私营企业等。明治维新使日本摆脱沦为半殖民地命运，使资本主义迅速发展，成为东亚强国；这反过来又勾起了日本向周围邻国侵略扩张的野心。从 19 世纪末开始由它挑起的战争接连不断，直至第二次世界大战结束。可以说整个这段时间，日本的经济都在国家"统制"之下服从于侵略扩张政策。他们颁布了大量国家统制经济和社会的法律，这些法律具有明显的"战争对策"性质。①

1929—1933 年世界性经济危机过后，在英、美等议会民主制国家，对经济的干预势头有所减弱，但在德、日、意等法西斯国家，为准备发动新的战争，进一步强化了国家对经济的统制。德国纳粹政权积极推行扶助卡特尔的政策，实行官民一体的经济统制。1936 年德国制定 1936—1940 年的"四年计划"，这是资本主义世界第一个较为正规的全国经济计划。为实施计划，设立了"德国经济总委员会"和"执行四年计划全权机关"，从而转入以战争为基础的经济总体调节体制。

日本自 30 年代后半期开始，国家对经济的干预使经济法具有经济危机对策和战时经济对策双重性；再往后，其完全转入战时经济统制。国家对生产、物资、价格实行全面管制，整编企业体制，并最后直接掌握军需企业。1938 年制定了《国家总动员法》，并以此为中心，制定了《企业整顿令》(1942 年)、《工商组合法》(1943 年)、《军需公司法》(1943 年)等，把国民经济完全置于战时国家直接统制之下。

第二次世界大战结束以后，各国为恢复经济，始终未放弃运用法律手段调节和组织经济。法国和其他西欧国家于战后建立了一批国营公司，并对战争时期同纳粹政权合作的企业实行惩罚性国有化。

二战结束后的德国被分割为两个国家。在美、英、法占领区的前联邦德国，根据占领军的指令，颁布了《德国经济力过度集中排除令》(通称为《反卡特尔法》)，禁止卡特尔和康采恩，并对大企业实行分割。

日本战败并接受波茨坦公告后，进入被占领期，经济体制发生重大变革，实行

① 日本这一时期的经济法立法，详见漆多俊：《经济法基础理论》第 4 版，法律出版社 2008 年版，第 36—46 页。

经济非军事化,确立和平经济和民主化经济。经济法立法也围绕这些变革进行。1947年颁布《经济力过度集中排除法》,它和其他一些解散财阀的法令使大批垄断企业解体。1947年又颁布了《禁止私人垄断及确保公正交易的法律》(简称《禁止私人垄断法》),旨在防止将来垄断组织的复活。这是日本反垄断的基本法律。1948年颁布《事业者团体法》,解散战时统制团体,禁止垄断行为。1949年颁布《中小企业等协同组合法》,排除大企业对中小企业的支配。

自30年代初资本主义世界经济危机至二战结束后一段时间,各国经济法立法的特点是:由于各国政府综合运用各种手段全面调节管制经济,所以立法内容和领域大大扩展。政府除大量采用行政和军事强制手段外,还大量直接参与生产经营活动,国家垄断资本主义极度膨胀;政府还运用计划组织和引导经济发展;战后反垄断措施也受到重视。现代经济法体系所包含的各个基本方面的内容都已具备。但另一方面,立法多同危机和战争相关,具有很强的危机和战争对策性质。其非经济性因素和行政法、军事法色彩十分浓烈。

(三) 50年代至80年代

这是经济法从其立法中逐渐剔除非经济性因素,立法体系趋于完备的阶段。这一阶段经济法发展的主要特点在于:(1) 各国经济经过二战后的恢复、重建而进入和平发展时期,各国政府把经济发展放在头等重要地位,国家经济调节管理职能进一步发达,经济法的立法进一步加强并日益完善其体系。(2) 经济法立法的非经济性因素减弱,经济调节性因素突出。(3) 国家调节经济的各种基本方式综合运用,作为经济法体系三个基本构成的市场规制法、国家投资经营法以及以计划法和各种经济政策法为核心的宏观调控法,都不断发展和完善。

日本于1952年旧金山和约生效后,被占领状态结束。垄断资本主义经济逐步发展和完善,经济进入20年高速成长期。这个阶段的日本经济法由逐步缓和对垄断的禁止到促进垄断,并保障国家对经济生活越来越全面的调节、管理。日本经济法立法活动日益活跃,经济法日益发达并形成十分完备的体系。

1952年日本独立后不久,即制定了禁止垄断法的适用除外规定,缓和对垄断的禁止。1953年通过修改垄断禁止法,放宽了对企业结合的规定。这时还废止了《事业者团体法》。在缓和对垄断的禁止的同时,采取了促进企业合理化措施。1952年制定《企业合理化促进法》。

1955年日本经济开始高速增长。加上当时的国际环境和日本被纳入以美国为轴心的战后国际经济秩序,日本转入开放和自由化的经济体制。在对外经济中放宽了国家限制。在国内,提倡企业自主性。这个时期,国家制定了以基本法为主的国民经济各部门法规和企业法,对经济结构和组织体制进行规范。其中重要的如:1963年制定《中小企业基本法》,1966年修正颁布《中小企业现代化资金促进法》,1963年制定《中小企业现代化促进法》和《中小企业指导法》,1967年制定《中小企业振兴事业团法》，1961 年制定《农业基本法》、《农业现代化资金促进法》，1962 年制定《石油业法》，1963 年制定《沿海渔业振兴法》，1964 年制定《林业基本法》。在对外经济方面，这个时期修改了《海外经济协作基金法》（1965 年）、《外国汇兑管理法》（1970 年），制定了《石油开发公团法》（1969 年）等。1968 年还颁布了《消费者保护基本法》。

在日本经济高速成长期，政府十分重视运用经济计划从宏观上对经济进行调控，制定了一系列经济计划，颁布了许多计划法规。

1970 年以后，日本经济出现了几个不景气的阶段，但总的来说是处于比较稳定的发展期。其经济政策的特点，是在前一阶段开放和自由经济原则下加强了国家管理。1975 年前，国家制定了对付美元危机和石油危机的一些经济法规。1976 年修改禁止垄断法，同 50 年代初修改的意向相反，这次是加强了对垄断的限制。但在对外经济上，1979 年修改的《外汇外贸管理法》则更趋向于自由。

联邦德国于占领期结束后制定了《德意志联邦共和国基本法》，实行“社会市场经济”。所谓社会市场经济，就是在基本的市场经济基础上，比较重视国家对经济的总体调节。联邦德国各届执政党认为，国家的经济管理应尽可能地维护和促进自由竞争和市场机制的作用，只是在必要和不得已的情况下国家才直接介入。他们运用经济计划和各项政策指导调控经济运行，先后推行了“景气政策”、“繁荣政策”及“结构政策”等。围绕国家对经济的规划和各项基本政策，制定了大量经济法。1967 年颁布《促进经济稳定与增长的法律》，它是关于国家基本经济政策和国家对经济实行宏观调控的一部总体性、综合性法律。在竞争法方面，联邦德国于 1957 年通过《反限制竞争法》，原则上禁止一切卡特尔，并对价格契约和支配市场等限制竞争的垄断行为予以禁止。该法后来作了多次修改（1966 年、1973 年、1976 年、1980 年、1990 年、1998 年、2005 年），主要趋向是进一步加强对垄断的限制，维护和促进自由竞争。《反限制竞争法》迄今仍在德国的经济法体系中占据重要地位。

法国于 20 世纪以来，国家对于经济的调节及经济法的立法有过三次高涨期。30 年代为摆脱经济危机，法国同其他资本主义国家一样，运用凯恩斯主义大力干预经济。二战以后，国家加强了对国民经济的综合性调节和管理，对于法国战后经济重建发挥了重要作用。1981 年以社会党为主的法国左派执政后，进一步加快了在各个领域国家对经济的干预管理。法国的国家经济管理涉及面较广，特别是十分重视对企业竞争、银行和货币、价格和工资等方面的管理。在国有化方面，法国在西方国家中甚为突出。早在第一次世界大战期间，法国就把军火制造业、运输业、保险业和粮食贸易控制在国家手中。一战后，政府把原属于德国人所有的阿尔萨斯—洛林地区的重要企业收归国有。这是法国国有化的发端。1936 年至 1937 年人民阵线时期、1945 年至 1946 年戴高乐临时政府时期、1981 年社会党的密特朗出任总统后推行“法国式社会主义”时期，进行了三次大规模的国有化运动。法国的国有化程度跃居西欧各国之首。法国重视制定和实施经济计划。1945 年成立综合计划委员会，制定了旨在恢复战后经济的蒙内特计划。从 1947 年起到 1992 年，连续制定 11 个经济计划。[①] 自二战以来，法国经济基本上按照计划预定的总目标发展。法国经济的计划性对其他资本主义国家产生很大影响。英国、日本等国也仿效法国作法，重视运用计划手段调节经济。为适应国家对经济总体调节和管理的需要，法国一方面大量修改民商法条款，强调了国家和社会利益对私人权利的限制；同时制定了许多经济法规范，对农业、工商业、外贸等实行国家调节和控制。

（四）20 世纪 80 年代至今

这是经济法体系趋于更加完善和日益国际趋同化的阶段。

进入 20 世纪 80 年代，从撒切尔夫人执政的英国保守党政府开始，在全球范围内掀起了私有化浪潮。这股私有化浪潮对于经济法的影响和意义，在于它表明：作为国家调节经济的一种方式和手段的国家投资举办国有企业，不能无节制地运用，否则反而妨害国民经济的正常运行和效益。其主要原因是国家参与或干预过多制约了市场调节机制的作用。在市场经济社会，市场调节本来应是其基础性调节机制，排斥它的作用难免使经济运行偏离正常轨道。二战结束后又经过了几十年经济和平发展，制约经济的许多非经济性因素逐渐减少。80 年代末 90 年代初世界冷战局面基本结束，经济更加需要按其自身规律运行。西方经济学界出现对凯恩斯国家干预学说修正和批判的各种流派，它们对各国政府的经济政策发生一定影响。其中有些学说被当政者采纳作为制定经济政策的基本理论基础（例如，英国撒切尔夫人 1979 年执政后全面实施“货币主义”的政策主张。美国前总统里根则推崇“供给学派”，使之成为当时政府经济政策的理论根据。而“新古典综合派”的许多经济学家曾在美国政府担任过要职，对制定经济政策起了重要作用）。当代社会经济仍需要国家调节，但应将其控制在必要的范围内，并选取更加合适的方式。这引起各国经济法立法在内容和体系上发生某些明显变化。

另一方面，由于现代高科技领域突飞猛进，国内、国际经济联系日益紧密，生产更加社会化和国际化，更加需要各国政府从全国乃至世界范围的宏观高度，来规划经济发展战略和策略，协调各种经济关系，指导和促进本国经济发展。在调节方式上需要综合运用各种手段，特别是运用计划、各种经济政策和经济杠杆，建立科学的宏观调控体系，以引导调控方式为主。要改变过去政府过多直接参与和干预的

① 1982 年法国开始改革计划体制，弱化数量指标，强化经济预测；弱化国家计划，强化国家—大区计划合同。此后逐渐放弃了计划的制订，而代之以经济发展展望（包括经济政策评估）和国家—大区计划合同。参见中国贸易促进网，2002 年 9 月 19 日文章。

作法。对于某些国内大型企业，特别是大型跨国公司来说，政府过多的直接指令，不仅是不合适的，也往往是行不通的，它们不一定就那么臣服听命。合适的作法是政府为它们提供国内外有关情报信息和各种社会服务，并给予政策性引导。对于国际经济交往，需要遵循国际准则和国际惯例，需要各国协商，各国政府行为也需要受到一定约束，更不能动辄使用强制作法。这些都是导致当代国家的经济调节方式改进的因素。加上许多年来各国在宏观调控方面已积累了丰富的经验，现在能够建立一套较为完整和科学的体系，并使之成为当前各国调节经济的主要手段。由于这些原因，这一时期各国加强了对经济宏观调控方面的立法，逐步完善其内部体系，并使这方面的立法在经济法立法体系中的地位上升，使之逐渐成为经济法体系中最主要的、起主导作用的构成部分。经济法体系中的其他方面的立法，甚至包括反垄断法和国家投资经营法，也往往被纳入宏观调控体系，予以统筹规划。这是 80 年代以来经济法立法内容和体系上又一个明显的变化趋势。

20 世纪末和进入 21 世纪以后，各国经济法发展的另一个趋势，是它日益国际趋同化。经济法国际趋同化有两层含义：一方面，人类社会发展本来有着许多基本共同点，遵循着一些基本的共同规律。当前各国、各民族地区虽仍然实行着各种不同的政治制度和社会制度，但总的说都在朝着更加文明、进步的方向发展。特别是在基本经济体制方面，越来越多的国家都在先后实行各种不同类型的市场经济，都在充分发挥市场调节作用的基础上实行一定的国家调节，而且国家调节的基本作法也相同或相近。这些都决定着各国经济法在许多制度和规定上有许多共同点，并不断互相吸收、借鉴。另一方面，当前各国市场和经济正在日益国际化和全球化，各国对于经济的国家调节及其经济法必须日益重视考虑其他相关国家和国际的各种因素和影响。

市场国际化现象由来已久，二次大战以后，特别是 20 世纪末期，这一进程加快，趋势进一步加强。市场国际化和全球化，要求有与之相适应的调节机制。在国际市场上，其基础性调节机制仍然是市场调节(这是国际市场调节)。同时，各国的国家调节也发挥重要作用。但仅凭这两种机制尚不足以确保有效调节，还需要一种新的调节机制，即国际调节。所谓国际调节，是指两个以上国家、区域性或全球性的组织机构，通过协商或以国际条约形式或借助国际惯例，对国际市场经济的结构和运行实行调节，以维护和促进国际经济总体上的协调、稳定和发展。它是同市场调节和国家调节不同的第三种调节机制。国际市场经济同时需要上述三种调节机制，它们互相配合，形成调节机制体系，综合发挥调节功能。

国际调节需要法律加以规范和保障，这就是国际经济法。国际性市场调节的法律是国际民商法。此外，还有规范各国的国家调节的经济法。当市场国际化和全球化、市场经济进入第三个发展阶段即国际市场经济以后，各国经济法的立法和实施需要越来越多地考虑国际因素，需要同国际经济法和国际民商法相协调和接轨。这一点在各国的涉外经济领域表现尤为突出。各国的涉外经济领域同时也就是国际经济,可以说,国际经济就是由所有各国的涉外经济构成的。各国对其涉外经济领域的国家调节及经济法对涉外经济的适用,显然是不能不考虑相关各国的政策法律、特别是国际性立法和惯例的。这就是当前各国经济法发展的又一个明显的特点和趋势。①

三、发展中国家的经济法

这里简要提及亚洲、非洲、拉丁美洲一些发展中国家的经济法情况。各个发展中国家的具体情况差别甚大:有些曾一度实行它们所宣称的社会主义制度,其经济体制、国家职能及法律状况,更多地接近社会主义国家;有些实行资本主义制度,更多地向一些发达资本主义国家看齐。但总的情况是不同程度地介于两类社会制度的作法之间。多数国家有较为发达的市场,市场机制发挥着重要作用,但国家政府也对经济实行着较为严格的控制和管理,政府在经济运行中往往发挥关键性作用。学者们一般认为,经济愈落后,国家干预作用愈大,而且所采方式愈带强制性。市场机制同国家干预结合愈好,经济起飞就愈快。在这些国家,国家干预的重要性在于:(1) 由于市场机制不完善,市场失灵现象较严重更需要国家调节作用来弥补;(2) 市场的发育成长需要国家的扶持和引导;(3) 加快资本积累并将有限资源集中用于某些急需发展的领域,也需要依靠国家的力量。一些发展中国家二三十年走过了欧洲发达国家一二百年才走完的路,如新加坡等亚洲国家的经济腾飞,都同强有力的国家干预、强有力的调控分不开,是国家干预同市场机制较好结合的结果。

同上述情况相适应,这些发展中国家关于国家干预和调节经济的立法也较发达,经济法事实上发挥着重要作用。其中有些国家的经济法更为健全,经济法体系中的各个基本构成,包括市场竞争规制法、国家投资经营法、国家经济指导促进和宏观调控法等都已具备,或较完善。但是它们的经济法往往带行政法色彩,或同行政法难以区别;并且,许多国家无论在立法还是学术研究上,也不重视去作这种区分。

第三节 社会主义国家的经济法

一、社会主义国家经济法产生和发展的背景与途径

20 世纪先后出现了一批社会主义国家。这些国家也有经济法。经济法作为

① 参见漆多俊:《市场国际化、国际调节及其相关法律问题》,《经济法论丛》第 9 卷,中国方正出版社 2004 年版,第 1—44 页。

国家调节社会经济之法，无论在资本主义还是社会主义国家，其产生和发展的基本原因具有一致性，这就是生产社会化和国家调节管理经济职能的出现和发达；只有如此，才需要有规范和保障国家调节管理经济这种职能活动的法律。但是，在两种类型的国家，生产社会化的原因、途径、内容和程度等是很不相同的；国家经济职能活动的性质、方式、范围和程度等也是很不相同的。这些都决定了两种类型国家经济法产生和发展的背景、途径及立法理念、价值取向、立法内容和体系等，有着明显的差异。

本书前面谈到，19 世纪及其稍后一段时间的思想家和政治家们针对社会化引起的经济社会问题，分别提出了各自不同的拯救方案，在思想理论体系上和在社会实践中产生了分野。按照马克思主义和稍后出现的列宁主义理论，首先在俄国、20 世纪中期又在东欧、东亚许多国家发生了社会主义革命，建立了一批社会主义国家。建国以后继续以该理论为基本指导思想从事革命和建设，进行各种国家管理，包括经济管理活动。各社会主义国家在革命前，无论俄国还是旧中国等，生产社会化程度本来不高，但政治革命成功后要"重新组建"社会主义经济基础，要实现生产资料社会主义公有制，因此生产社会化迅速发展起来。这里的生产社会化，主要不是由于生产力逐步发展、商品经济逐步发展引起的，不完全是社会经济领域自身矛盾运动的自发要求和必然结果，而主要是基于革命理念由国家政权力量促成的，受意识形态、政治制度等上层建筑支配。例如各社会主义国家往往采用剥夺和改造等革命措施，消灭封建的和资本主义的私人经济，并把广大的城乡个体经济组织为公有制经济；此外国家还大量投资新建国有经济。这里特别重视生产关系的社会化——生产资料所有制的公有化和不断升级、过渡。虽然在理论上也承认生产关系变革要适应生产力发展的要求，但实践中往往忽视后者，使生产关系社会化大框架严重超越、脱离生产力发展水平。社会主义国家长期实行统一的计划经济体制和中央集权式的国家经济管理体制，排斥市场机制的作用，因此这里的生产社会化是整个国民经济都被置于国家计划和政府的严密管辖控制之下，受国家统一意志支配，企业和地方缺乏经济自主性的"全国一盘棋"式的社会化模式。

社会主义国家的经济职能异常发达，但它同资本主义国家 19 世纪末以后所开始担负的经济职能也有明显区别。(1) 两者发生的原因不同。资本主义国家的经济职能是在市场经济条件下，为弥补市场调节机制的缺陷而发生的；而社会主义国家的经济职能不是为了弥补市场的缺陷，而是根据马克思列宁主义理论，在通过政治革命建立社会主义国家后，国家"重新组建"自己新的经济基础，并在其后实行全面管制使之不断发展社会主义经济基础。(2) 该两种经济职能的性质也有所不同。在资本主义国家，它是一种调节机制，即国家调节。国家调节应同市场调节相配合，国家调节不能取代市场调节基础性地位。而在社会主义国家，其经济职能主要不是作为一种经济调节机制，而是对社会经济全面的组建、组织、管理和控制。

所谓调节，一般是指对既存的社会经济施加的作用，以影响和改变其总体结构和运行。社会主义国家的经济职能远超过调节的含义。准确的说法是对社会经济的全面组织管理。传统马克思主义政治教科书，也是把社会主义国家经济职能称作“组织经济文化建设”职能。当然有时人们也把它称为国家调节或计划调节。因为社会主义国家对经济的组织管理往往都纳入统一的国家计划，实行计划经济体制，所以国家调节又被称为计划调节。但在过去很长时期内，这种国家调节或计划调节乃是社会经济几乎唯一的调节机制，基本上排斥了市场调节的作用。因此，即使称为国家调节，它同市场经济国家的国家调节也是不同的。(3) 同上述区别相联系，两类型国家的经济职能的范围、程序和行使方式也明显不同。在市场经济条件下，市场机制是基础性调节因素，国家调节被控制在十分必要的有限范围内，国家经济职能的行使受到严格限制。国家调节所采取的方式，最基本的是对市场竞争的规制、国家参与投资经营和对社会经济予以宏观引导调控。社会主义国家经济职能的范围则广泛得多，国家几乎把整个社会经济都置于自己严格控制之下，管得既宽又细又死，简直到了无以复加的地步。国家组织管理经济的方式，主要依靠革命措施、执政党和国家的文件、领袖及各级党政领导人的权威和指示以及大量的政府行政命令，实行直接的指令性管理。例如中国过去几十年中，实行农业合作化、人民公社化、大跃进、大办钢铁、工业学大庆、农业学大寨等，都是以中央号召发动，大搞群众运动的方式进行的；即使平时对生产和经济的管理，也常常采取类军事化的行政命令方式。某些时候，甚至连各地农村种植什么作物、何时割麦、插秧这些具体事情，也要凭上级指示和命令，统一进行。那时候，同计划经济体制相适应，在经济管理体制上所实行的是高度集中统一的中央集权制。

社会主义国家实现组织管理社会经济的职能，也需要制定一些有关法律。由于国家对社会经济的组织管理直接制约社会经济的结构和运行，从广义上说这也可视为一种国家调节，所以，关于国家组织管理经济的法律具有经济法性质。一般地说，国家经济调节职能发达，为规范和保障这种国家调节的法律即经济法便也发达。各社会主义国家从其建立起，经济职能便十分发达，这是否意味着经济法也十分发达呢？事实并非如此。首先，如前所述，社会主义国家组织管理社会经济的方式主要依靠执政党和国家及各级领导人的权威、指示、决议、政策文件和行政命令等，总的来说并不重视运用法律调整，法制不健全。其次，即使在某些方面制定了一些法律，但这些法律在内容和性质上也具有浓厚的行政性色彩，并且在实施中还常常受到党政机关及其各级负责人的肆意干预，有法不依，形同虚设。总之，实际上这些社会主义国家在过去长时期内法制并不健全，并不发达。此后，这些社会主义国家先后进行了各种改革。20 世纪 80 年代末 90 年代初，苏联、东欧国家的社会制度纷纷发生剧变，在经济体制上改行市场经济。国家经济职能随之转变，经济法也发生了重大变化。中国在 70 年代末开始进行经济体制改革，逐渐引入市场调节机制，并在90年代初期决定实行社会主义市场经济体制。这期间，国家经济职能的行使方式发生了变化，直接干预在逐步被控制和减少，对社会经济结构和运行实行调节的意识逐步增强。同时逐步引进市场机制，使国家调节同市场调节相配合。另一方面，国家越来越重视法制建设，颁布了许多关于国家组织、管理和调节经济的法律法规。这些立法逐步同行政法相区别，而且日益增强了经济法的性质和特征。因此经济法逐渐发达起来。

当前中国仍处于经济体制转轨时期，市场经济体制处于迅速发育之中而尚未完全建立和健全。市场机制在许多领域尚未成为基础性调节机制，其作用仍受到制度和历史因素制约，政府干预仍然严重，国家经济职能行使方式和范围仍有待继续转变。另一方面，国家法制建设和人们的法治观念仍有待加强。在这种情况下，我国经济法的立法和实施也正处于转变时期。有些重要法律尚需制定，许多立法在内容上尚需进一步剔除计划经济体制因素，并使之同行政法相区别，淡化其行政法色彩。尤其重要的是需要大力加强经济法的实施机制，切实保障实施。经济法立法的完善和切实施行，将有力促进我国市场经济体制的发育和建立。只有市场经济充分发育，我国的经济法才会更加完善。

我们在论述西方市场经济国家经济法产生的根源及其立法体系时曾指出：由于生产社会化和垄断的形成，引起市场固有的三个缺陷的显露和市场失灵；国家调节机制和国家经济调节职能因而得以出现和发展，并相应地采取三种基本调节方式；为规范和保障国家调节，经济法应运而生，其体系构成包含三个基本方面的法律。我们看到，各社会主义国家经济法产生和发展的路径及体系构成等，同西方国家有所不同：这里的社会化是革命政党和社会主义国家组织实施的，不是社会经济自身运行发展的结果。这里的国家经济职能是国家组织实施的社会化的需要（二者是一回事），而不是为了弥补市场机制的缺陷和失灵才需要国家调节。这里的经济法（如果可以称得上为经济法的话）虽然也必定是规范国家调节活动的，但其功能主要侧重于“保障”国家的管理（即所谓“管理工具论”），其价值取向重在秩序与效率，而不像西方国家经济法那样更加重视“规制”国家调节权力，注重维护公平和正义；经济法内容体系十分广泛、全面、多强行性规范，而不是（起码在实行计划经济体制时期不是）按照“市场三缺陷——国家调节三方式——经济法体系三构成”模式形成的。社会主义国家过去市场长期不发达，市场机制基本上被排斥，不能发挥作用。但是，当这些社会主义国家一旦实行市场经济体制，市场机制成为基础性调节因素后，国家经济管理职能活动范围和方式会发生重大变化，市场的缺陷便会显露，防范和化解这些缺陷造成的严重后果，便会显得十分重要。那时，国家经济职能便会由全面统管转变为国家调节，重在针对市场缺陷采取对策，经济法的内容和体系便会相应发生变化，逐渐围绕“三构成”建立和完善自己的体系。

统观两种不同社会制度国家经济法的产生和发展历程，我们看到了两条不同的运动轨迹：一条是，由国家放任市场作用到逐渐加强国家调节；由较单一的民商法秩序到经济法产生和逐渐发达，确立由民商法和经济法等部门法共同组成的新的经济法律秩序。另一条是，由国家包揽经济、市场几为空白，到逐渐“引入”市场因素，转变国家职能，并最终使市场机制成为基础；经济法由同党政指令相伴生、同行政法为一体，共同排斥民商法作用，到经济法逐渐剔除异己因素而性质日趋纯正，内容体系也基本围绕“三构成”，最后同西方国家基本趋同，完全适应市场经济的要求。这两条道路最终殊途同归：在新时代的市场经济条件下，世界各国的经济调节机制、国家经济职能和经济法（其他法律部门亦同）的情况，会日益趋同，大同小异。

二、社会主义国家经济法立法概况

（一）苏联、东欧国家的经济法

苏联的经济法大致可以分为以下几个时期：1917 年至 1925 年国民经济恢复时期；1926 年至 1936 年工业化建设时期；卫国战争时期；50 年代中期至 80 年代末经济体制改革时期；90 年代初以后苏联解体和社会制度根本性变革时期。

俄国十月革命胜利后，为了建立社会主义经济基础，立即颁布了《土地法令》，宣布土地国有。1918 年颁布工业国有化法令，将一切大型企业完全收归国有（在以后的实行中，实际上中、小型企业、商店也都被国有化）。1922 年在颁布民法典的同时，制定了《集体农庄法》和《劳动法》。1921 年开始实行新经济政策，利用商品货币关系恢复和发展经济，允许私营经济存在，并以租让、租借形式发展国家资本主义。1925 年完成了国民经济恢复工作。

1926 年进入工业化建设时期以后，苏联的经济法以规范国营企业为核心。早在 1923 年便制定了第一个托拉斯条例，1927 年又制定新的《国营工业托拉斯条例》，强调了计划原则。这是直至 60 年代中期国营企业的基本法。此外，这个时期还制定了《农业劳动组合章程》等重要立法。

20 世纪 50 年代中期开始，苏联陆续改革其经济管理体制，在继续加强国家控制和计划经济的同时，逐步引入市场调节机制。与此同时，也重视法制建设。这个时期颁布了大量经济法，其中重要的有：1957 年颁布《关于进一步改进工业和建筑业管理组织法令》和《苏联各经济行政区国民经济委员会条例》，1965 年颁布《关于改进工业管理系统和改革某些管理机构》的决议、《社会主义国营生产企业条例》、《苏联各工业部条例》、《关于完善工业生产计划和加强经济刺激条例》，1973 年颁布《关于进一步完善工业管理的若干措施》，1973 年至 1979 年还先后颁布《全苏共和国联合公司总条例》、《生产联合公司条例》、《生产技术用产品供应条例》、《日常消费品供应条例》等重要法规。

80年代中期以后，苏联经济体制改革进入一个新阶段。为推进改革，颁布了一系列经济法规，如：1986年颁布的《关于进一步完善国家农工综合体经营管理经济机制的决定》、《关于完善国营商业和消费合作社的计划、经济刺激与管理的决定》、《关于完善对外经济联系管理措施的决定》、《苏联个体劳动法》，1987年颁布的《关于在苏联境内建立苏联和经互会其他成员国的合资企业、国际联合公司和组织及其活动的制度的决定》、《关于在苏联境内建立由苏联组织和资本主义国家及发展中国家的公司参加的合资企业及其活动的制度的决定》、《根本改革经济管理的基本原则》、《苏联国营企业(联合公司)法》等。

1969年苏联科学院社会科学部委托部分学者起草了一部《经济法典》，在学术界进行讨论。1985年苏联科学院又对以拉普捷夫为首的委员会草拟的《苏联经济法典(草案)》进行讨论，并于1987年将修改后的草案予以公布，扩大了讨论范围。但结果一直未能提交立法机关审议。

1991年苏联解体。解体后的俄罗斯及其他共和国全面实行市场经济和私有化，并出现严重经济危机。这时它们颁布的大量经济法规，其宗旨主要在于保障向市场经济和私有化过渡，并为反危机制定各种具体措施。

东欧国家的经济法状况，同苏联大同小异。80年代末以前，它们的经济法以维护国家对国民经济的全面管理特别是计划管理和公有制经济为其主要任务。企业法特别是国营企业法构成经济法的中心环节。这些国家的经济法数量多，体系比较完备，内容涉及计划、财政、税收、金融、信贷、价格、投资及工业、农业、建筑业、交通运输、商业、外贸等国民经济各个方面和行业部门。特别值得提到的是，捷克斯洛伐克还于1964年颁布了《经济法典》，这是迄今为止世界上唯一的一部经济法典。这些国家发生剧变以后，其经济法立法围绕经济体制的彻底转变而彻底变革。

（二）中国经济法立法概况

自中华人民共和国成立至今，经济法立法大体分为四个阶段：1978年中国共产党十一届三中全会以前，可以说基本上没有经济法，虽然其间也曾颁布过一些具有某种经济法性质的法；其后至90年代初，国家进行经济体制改革，颁布了大量经济法，这是我国经济法基本确立阶段；1992年决定实行市场经济体制，经济法体系框架渐趋完备；20世纪与21世纪之交及其以后，随着加入WTO和国家民主法治建设的深入发展，我国经济法在性质、内容和体系上又有了新的发展。

在1949年至1978年阶段，除中华人民共和国成立初期国家曾一度颁布了一些经济法规外，总的情况是法制未受足够重视，经济法的立法数量不多，性质同党政文件或行政法区别不大。

1949年至1953年，是国民经济恢复时期。这一阶段的经济法重点是：(1)废除旧的生产关系，改革所有制，建立新的经济基础。为此，颁布了《土地改革法》、《管制美国在华财产冻结美国在华存款命令》及其他有关没收帝、官、封资本实行国有化的法令。(2) 恢复和发展经济。为此,颁布了《关于国营、公营工厂建立工厂管理委员会的指示》、《关于在生产厂矿建立责任制的指示》、《私营企业暂行条例》及其实施办法、《对外贸易管理暂行条例》、《国营企业、合作社签订合同契约暂行办法》、《预算决算暂行条例》、《关于统一财政经济工作的决定》、《基本建设工作暂行办法》、《矿业暂行条例》、《国民经济计划编制暂行办法》等法规。

1954 年召开第一届全国人民代表大会,颁布第一部宪法。宪法确定了实行社会主义工业化和社会主义改造,建立社会主义社会的基本方针。为此,颁布了《农业生产合作社示范章程草案》、《高级农业生产合作社示范章程》、《关于对手工业的社会主义改造工作进行全面规划的通知》、《关于对目前私营工商业和手工业的社会主义改造中若干事项的决定》、《公私合营工业企业暂行条例》、《关于发展国民经济的第一个五年计划的决议》、《基本建设工程设计和预算文件审核批准暂行办法》等。这些法规的贯彻执行,对于社会主义改造的顺利完成和建设事业的初步发展起了重要保障作用。

1956 年社会主义改造完成以后,中共第八次代表大会决定,国家主要任务由解放生产力转为保护和发展生产力,同时强调要加强法制。但是,从 1957 年开始,"左"倾思潮泛滥,经济工作严重违背客观规律,基本法制原则被当作资产阶级的东西加以批判否定,经济法受到严重削弱。1960 年开始,全国处于严重经济困难时期,中央提出了"调整、巩固、充实、提高"方针。为贯彻这一"八字方针",党和国家发布了一些规范性文件,其中重要的有 1961 年颁布的《国营工业企业工作条例(草案)》、《农村人民公社工作条例(草案)》等。

1966 年开始十年"文化大革命",国家法制完全被践踏,经济立法工作停滞,原有法律也事实上停止施行。

1978 年 12 月,中共召开十二届三中全会。会议确定全党、全国的工作重点转移到以经济建设为中心的社会主义现代化建设上来,健全社会主义民主,加强社会主义法制。从 1979 年开始,实行经济体制改革和对外开放。我国的经济法立法迅速增多、部门法地位基本确立。1979 年以后中国经济法的发展具有以下特点。

(1) 数量急剧增多,覆盖面广。十余年中,由全国人大及其常委会、国务院制定的经济法律、法规达 600 多个。每年都要颁布不少重要经济法律、法规。此外,各省、直辖市、自治区及经济特区等地方权力机关和行政机关,也制定大量地方性经济法规。这些立法涉及企业管理、国有资产和自然资源管理、计划、财政、金融、价格、市场及工业、农业、建筑、交通运输、商业、科技、邮电、服务等各个方面。在以上国民经济各基本方面和部门中,大多数已制定综合性法规,而且在这些综合性法规之下,又有许多单项法规,形成了互相关联的庞大经济法规群体。

(2) 立法紧紧围绕经济体制改革和对外开放进行。经济法的立法总结改革经验,指导改革,为改革服务,并随着改革的不断深化而不断"废、改、立"。这不仅是这一时期经济法内容上的显著特点，也是立法形式和程序上的特点。经济法立法工作根据改革需要，采取“成熟一个，制定一个”的作法。并且，许多法规先以试行法或暂行规定形式颁布。国务院及其各部委和地方政府颁发的行政法规占有很大数量。这一方面保证了改革、开放对于经济立法的急切需要，使立法充分发挥其对于改革、开放的保障和促进作用；而另一方面，使各种立法文件十分庞杂，许多规范重复、矛盾，需要不断进行法规清理。

(3) 立法反映计划经济与市场调节相结合的经济体制。1979 年以后，国家逐步重视发挥价值规律和市场机制对于国民经济运行的作用，并将其引入国家经济管理活动之中。80 年代中期，市场调节因素逐渐加大。1989 年转入三年“治理、整顿”，市场机制又受到较严格限制。1979 年至 1992 年，总的来说，国家改变了过去高度集中的计划经济体制，实行的是计划经济与市场调节相结合的体制。国家经济管理模式也发生了明显变化，指令性计划范围逐步缩小，加强了指导性计划，扩大了市场调节。国家对企业的管理方式发生变化，逐步减少直接干预，重视并逐步建立宏观调控体系。以上情况反映到经济法立法上，有了以下变化：第一，减少了国家对企业内部生产经营管理和企业对外经济活动进行参与或干预的直接规定，而将这些领域让出由民法、劳动法等部门法调整。经济法对这些方面不作规定，或只规定对于民法、劳动法等的适用条款。与此同时，加强了民事立法，其中最重要的是 1986 年颁布了《民法通则》。第二，加强了国家宏观调控方面的立法，制定、修改计划、财政、税收、金融、信贷、价格等方面的法规，逐步建立宏观调控体系，发挥各种经济杠杆和经济计划、价格政策的调节作用。第三，加强了组建和培育市场的立法，制定和逐步完善生产资料市场、消费品市场、资金证券市场、技术市场、劳务市场、企业产权转让市场、房地产市场、信息市场等方面的管理法规，建立和逐步完善市场体系，发挥市场在国家对国民经济管理中的中枢环节作用。第四，加强了为企业及其职工提供社会保障和社会服务的立法，制定了一些有关各种保险和职工培训、就业等方面的管理法规。

(4) 国有企业改革是经济体制改革的中心环节，也是这一时期经济法的中心内容。在整个经济立法中，关于企业的立法无论在数量还是重要性上，都占据十分突出的地位。80 年代前期，企业立法围绕“让利、放权”展开。中期以后，主要改革其经营制度，立法集中在承包制、租赁制方面。1992 年，企业改革开始步入新阶段，形成包括两个基本方面的改革格局：一方面，对国家独资的国有企业采取新措施，大力转换其经营机制；另一方面，改组或新建股份制企业。当年 7 月，国务院发布《全民所有制工业企业转换经营机制条例》；当年 5 月起，国家经济体制改革委员会等单位联合制定《股份制企业试点办法》、《股份有限公司规范意见》、《有限责任公司规范意见》等关于股份制企业试点的 15 个全套政策法规。

1992 年春，邓小平发表视察南方时的重要谈话，提出要进一步解放思想，加快改革步伐。接着，党中央和国务院作出加快改革开放和经济发展的一系列决定，其中包括加快国有企业改革，把企业推向市场。同年10月，召开中共第十四次全国代表大会，正式提出建立和发展社会主义市场经济体制，并把这作为国家经济体制改革的目标。1993年3月全国第八届人大一次会议通过宪法修正案，规定“国家实行社会主义市场经济”。国家经济体制的重大转变必然引起中国经济法的重大变革，中国经济法进入了一个新的发展时期。

1993年以后，国家围绕推进改革和建立社会主义市场经济法律体系框架颁布了大量法律、法规。其中许多同完善经济法立法体系相关，是一些基本性法律。例如：在产业政策方面，1994年国务院制定了《90年代国家产业政策纲要》，1993年国务院制定了《90年代中国农业发展纲要》，同年全国人大常委会制定了《农业法》和《农业技术推广法》，1993年国务院批发《全国第三产业发展规划基本思路》，1995年国家计委等三个部门发布《指导外商投资方向暂行规定》，1997年12月国家计委等部门分别发布《当前国家重点鼓励发展的产业、产品和技术目录》和修改后的《外商投资产业目录》。在国家投资和国有企业改革方面，继1992年颁布国有企业改组股份制一系列法规之后，又颁布不少法规，特别是在关于国有资产的管理、运营、评估、考核、监督方面，已形成较完整的体系。1993年底颁布了《公司法》，它是国家投资公司适用的一般法。在财政法方面，1994年颁布了《预算法》、《审计法》，1993年颁布《会计法》。税收方面，自1994年元月起实行新税制，颁布了各个税种条例，并于1995年修改颁布《税收征收管理法》。金融方面，1995年颁布了《中国人民银行法》和《商业银行法》，1998年底颁布了《证券法》。在市场竞争方面，1993年颁布《反不正当竞争法》、《消费者权益保护法》、《产品质量法》，1995年发布《制止牟取暴利的暂行规定》。1997年3月国务院发布《反倾销和反补贴条例》。

进入20世纪与21世纪之交及其以后，我国经济法又有了新的发展。迄今主要是三件大事的影响：一是我国加入WTO；二是执政党和国家于20世纪末提出治国方略要实现由人治向法治转型，建设社会主义法治国家；三是党和国家关于科学发展观和建设和谐社会的重大决定和措施。

20世纪末我国加入WTO的谈判进入实质性阶段，并于2001年底正式成为WTO成员。在市场国际化背景下，国际市场需要三种主要的调节机制，即除国际市场的市场调节机制、各主权国家各自的国家调节机制之外，还需要“国际调节”。国际调节在当前主要是对各国国家调节的再调节。各国的国家调节政策和措施（特别是在其有关涉外经济领域）需要同有关国家的和国际的调节政策和措施尽量协调一致，遵守国际调节规定。中国在加入WTO以后，需要履行在加入时中国政府作出的承诺。因此，在加入WTO前后对有关法律作了一系列的重大调整，修订了原来的立法，制定了新的法规。立法内容涉及关税和国内税制改革，外商投资政策立法，外贸政策法，涉外金融政策和国内金融改革，对知识产权的保护和对其中不正当竞争的规制，本国市场培育和对市场竞争的规制的立法等各个方面。① 除了直接属于经济法范畴的立法以外，还有其他许多领域的改革和立法，例如关于行政改革、司法改革等方面，也同我国经济法的发展完善密切相关。加入 WTO 这是推进我国经济法发展的一次重要机遇。

20 世纪末执政党和国家提出"依法治国，建设社会主义法治国家"的任务，确定了治国方略要由人治向法治转型的目标。这对我国法律变革的影响无疑是重大和深远的。过去我国曾长期奉行"法律虚无主义"和"法律工具主义"，法制不健全，无权威，实施不力；颁布的法律也被当作"统治工具"，重视保障国家权力的运行，强调民众服从遵守的义务，而不够重视维护民众的权利。其中经济法（同其他法律一样）也就被当然地认为是"管理法"和"维权（力）法"；而不是"维权（利）法"和"控权（力）法"。而其实，法治最本质的特性乃"良法之治"，良法和法治的核心是维护最广大民众的权利。在社会划分为国家公权力部门与普通民众两个部分的情况下，要能有效维护民众权利，必须恰当控制公权力，即为了维权（利），必须控权（力）。控权（力）是良法和法治的关键。② 经济法作为规范国家调节之法，按照其产生和发展的社会根源和历史使命，它是国家介入社会经济生活行使调节权的依据，它当然有保障国家调节的作用，但同时也是规制国家调节权力，防止其滥用的，其最终目的在于维护广大民众和社会的根本的、总体和长远的利益。也就是说经济法最本质的宗旨和使命是"维权（利）"的，是"维权（利）法"。经济法的立法和实施只有符合这一基本要求，它才具备良法和法治的特征。因此我们需要更新观念，按照良法和法治的要求重新审视过去的法律，并指导今后的立法和实施。从国家提出建设法治国家任务以来，经济法和其他部门法的改革正在朝着民主法治方向前进。当然这是一个较长的转型过程，不能指望一蹴即就。

21 世纪之初，党和国家又提出"科学发展观"和"建设和谐社会"。科学发展观是全面建设小康社会和推进社会主义现代化建设始终要坚持的重要指导思想，构建社会主义和谐社会是全面建设小康社会的重要内容。要求在新的历史时期，坚持以科学发展观为指导，不断提高构建社会主义和谐社会的能力，实现全面建设小康社会的奋斗目标。党和国家的这些方针路线必然深刻影响我国的法律，特别对于经济法而言，它直接构成经济法立法和实施的基本指导思想：经济法需要确保国家调节"以人为本"，促进"经济社会全面、协调、可持续发展，促进经济社会和人

---

① 漆多俊：《WTO 与国际调节下的中国涉外经济法》，发表于日本独协大学《国际交流年报》2005 年 18 号。

② 漆多俊：《控权：通向法治之路的关键》，《经济与社会体制比较研究》2006 年第 6 期；《权力经济向法治经济的转变——兼论转型时期法律的控权使命》，《经济法论丛》第 11 卷，中国方正出版社 2005 年版，第 1—21 页。

的全面发展"，实现"构建和谐社会"的目标。①

这一期间，国家又陆续制定了一些重要法律，包括 2007 年颁布的《中华人民共和国反垄断法》。我国的经济法立法体系日趋完备。总的说来，自 20 世纪 70 年代末改革开放以后，我国经济法就逐渐以一个崭新独立部门法面貌，立于各部门法之林，在保障和规制国家调节，促进经济协调、稳定和发展，维护社会公平方面，发挥着其他部门法不可替代的重要作用。今后，随着经济法的进一步完善，也随着人们对经济法的本质属性和它的固有价值、功能的认识和在立法与实施中准确把握，经济法对于推进改革和转型，促进经济发展和社会进步，必将发挥更加重要的作用。

【复习思考题】

1. 试论经济法产生的社会根源。
2. 试论市场、调节机制与法律的同步演变规律。
3. 简论"国家调节说"的经济学和法哲学基础。
4. 试比较美国经济法同德、日经济法在发展模式上的基本共同点和区别。
5. 试论述社会主义国家经济法产生发展的背景和途径的特殊性。

① 漆多俊、漆丹：《科学发展观：当代中国经济法良法观之核心》，《法学评论》2006 年第 6 期。

第三章 经济法的价值、功能和基本原则

第一节 经济法的价值、功能和理念

一、经济法的价值

法的价值，在国外是个古老的话题。美国法学家庞德(R. Pound)说:“在法律史的各个经典时期，无论在古代或近代世界里，对价值准则的论证、批判或合乎逻辑的适用，都曾是法学家们的主要活动。”①在中国它却是20世纪80年代末才开始引起人们的注意和讨论。而经济法的价值问题，则无论在国内或国外，都是一个新问题。

如同商品和其他许多事物对人来说具有价值一样，法也有价值。不同事物因其客观存在的固有属性不同，而具有不同的价值。价值是事物客观上具有的一种属性，是可供人们利用的性能和功效。经济法价值是指经济法在客观上所具有的能供人们利用的某种性能和功效。

研究事物的价值，首先要认识该事物有什么价值(价值是什么)；其次要弄清(在事物具有多项价值时)该事物各项价值之间的关系，其中哪些是它主要的价值；此外还要弄清按照该事物价值的特性，它适合人们怎样去发挥和利用(即价值实现方式)。此外，现实生活中人们出于不同的需要，对于事物内在的各种价值往往有所侧重和取舍。例如对于法的价值，有时候人们侧重于其秩序或效率价值，有时侧重于其公平、正义等价值；并且，在利用这些价值时，也各有不同取向，如所希望实现的是什么样的秩序、什么样的效率和怎样的公平等，也是各不相同的，即所谓人们“价值取向”不同。经济法固有的价值是什么或有哪些，各国立法者的价值取向是什么——想主要发挥和利用经济法的什么价值，实现怎样的价值目标，怎样通过立法的制度设计有效地发挥该种价值以实现他们预期的价值目标，这些便是经济法价值研究所需要解决的问题。

经济法作为法体系中的一个部门法，其价值同其他部门法价值、一般法的价值

① 庞德:《通过法律的社会控制——法律的任务》，商务印书馆1984年版，第55页。

有着共性，但又有特殊性。经济法的价值也包含着诸如自由、安全、秩序、效率、公平、正义等方面，但其具体内涵有所不同。

经济法价值的特殊性是由经济法在法体系中的特殊本质属性决定的。经济法按其在法体系中同其他部门法在调整任务上的分工，主要涉及经济领域和经济生活，其内容主要是经济性的，因此经济法的价值亦主要重在经济性；它与民商法不同，它关注的主要是社会经济的宏观和总体结构和运行。从时代发展看，进入现代社会后，凡法（不管是什么法，民商法亦不例外）都在其力所能及范围内适应社会性要求而不同程度地出现社会化趋向。经济法是在 19 世纪末生产和其他方面社会化的背景下产生的新法律部门，是社会化的产物，社会性之法。所以经济法的价值重在社会性。一个经济性，一个社会性，此二者是经济法的显著特点，也是认识经济法价值特点的关键。经济法价值体系中各项价值都鲜明地体现着这样的特点。

经济法价值中的秩序：这是关于经济领域和经济生活的秩序；这是重在维护社会经济总体结构和运行的秩序。在这种经济法秩序下，个体虽然仍是自由的，享有充分的权利，但不得妨害和损害他人和其他公众的自由和权利，不得损害社会经济的运行和发展。个体自由和权利的行使受到社会必要限制。要协调个体与团体、与社会之间的矛盾冲突，社会尊重个体，个体服从社会。并且，经济法是侧重于从社会整体角度来协调和处理个体与社会的关系的，即以社会为本位。经济法秩序不同于民商法秩序，它们关注的重点（本位）不同；经济法秩序也不同于行政法秩序（特别是早期"国家主义"的专制秩序），它应是超越统治者"国家利益"，而关注真正社会利益的秩序。

经济法价值中的效率：经济法中的效率主要是指经济效率（经济效益），包括劳动生产效率、经营效率、资源利用效率、利润率等；并且这主要是指社会总体经济效率。社会总体经济效率虽然由个体和团体经济效率构成，为了总体效率，必须重视各个体和团体效率；但某些个体和团体效率也会妨害社会总体效率，因此为了总体效率，有时需要限制、牺牲某些个体和团体效率。社会总体既指静态，也含动态。社会总体效率包括社会经济总体的长远效率。长远始于眼前，为了长远效率，必须重视眼前效率，从眼前效率抓起；但两者也有矛盾冲突，有些眼前效率会妨害长远效率。这需要协调平衡，需要统筹兼顾，把眼前利益同长远利益乃至未来子孙后代的利益通盘考虑，重视社会经济长期可持续增长。当然，这里需要明确的是，所谓"社会总体效率（利益）"和"长远效率（利益）"应当是经过严格认定的，真实的；要防止人们以此为借口而侵害民众利益，把民众的正当利益随意宣布为"狭隘的个人主义"或"本位主义"。此外，经济法的效率虽然主要和直接是指经济效率，但它不仅指经济量的增长，也应重视经济质的提高。经济的质不局限于经济性指标，还包括如对环境、社会公平正义和人的思想精神等方面的影响；后者即人们所谓同经济效益相对应的社会效益。

经济法价值中的公平：这里首先是指经济生活的公平；并且所注重的是社会总体的经济公平。社会总体公平要求绝大多数个体和团体间必需公平，但不要求所有个体和团体间都绝对公平。为了总体公平，有时需要允许某些个体和团体间存在某种"不公平"。经济法虽然并不笼统地反对"形式公平"，但它注重的是一种"实质公平"，是符合社会正义的公平。公平是相对的，也是变动的。绝对公平是不存在的，静止的公平意味着停滞和落后。从动态(再生产过程各环节)来说，经济法首先也重视机会公平，但要顾及各主体的不同情况和不同起点，还要正视结果上存在的实际差异。否则，虽说是机会公平，而在实际上却往往是很不公平的。

在经济法价值链中，虽然各项价值都很重要，但其中的效率和公平尤其应当予以重视，要通过经济法的立法和实施有效地维护社会总体效率，实现社会公平。有了效率和公平，所谓秩序、自由、安全等才有意义；一个既无效率、又无公平的社会，广大民众是无自由和安全可言的，那样的秩序是民众所不需要的。

至于效率与公平这两者之间是什么关系，或者说哪个更为重要，首先当然应当承认这两者都重要，不可或缺。无效率的公平或无公平的效率都是无意义和有害的。其次应当认识到，效率与公平这两者是相关的，虽有矛盾，但并不绝对排斥；特别是对于经济法的社会总体效率与社会(实质)公平而言尤其如此。因为既然是讲社会总体效率，而不是只强调个体和局部性效率，这其中就包含(社会)公平之义。此外，如果从"法尚公平"角度，则可以说公平更应为法的首要价值。这对经济法而言也不例外。考察经济法最初产生的社会根源(典型的如美国)，正是由于放任市场自发作用引发经济和社会问题、特别是社会不公平问题，社会才呼吁国家出面调节，颁布经济法。

当然以上对经济法价值的分析是从应然法角度说的，现实中各国立法者出于对经济法价值的认识和动机目的的不同，会赋予其制定法各不相同的价值取向。例如通过经济法实施要实现怎样的秩序，怎样的自由、安全、效率、公平，可能差异甚大。在对待效率与公平的关系上也如此，可能有的更重视效率，有的更重视公平。一般地说，民主法治程度高的国家都会非常注重公平，集权专制国家则会把维护其统治效率、统治秩序放在首位。历史上德、日等国在战争时期实行的国家经济管制政策和法律，其价值取向便是为了实现他们军国主义统治的秩序和效率。对于经济社会处于发展中或正在进行体制改革和转型的一些国家来说，开始时由于急于发展经济而往往更加重视效率、特别是经济效率；有了初步发展后，经济和社会不公平问题突显出来，法的公平价值便会逐步引起人们重视。中国 20 世纪末体制改革初期提出的口号便是"效率优先，兼顾公平"。21 世纪以来发现原提法欠妥，如今正在改变观念，逐步重视公平、特别是社会公平。[①] 经济法固有的社会公

① 漆多俊、漆丹：《科学发展观：经济法良法观之核心》，《法学评论》2006 年第 6 期。

平价值将会得到越来越充分的发挥。[①]

二、经济法的功能

法律价值是怎样释放和实现的呢？为什么通过法律的实施就能使法的价值释放，并达到预定的秩序、自由、安全、效率和公平正义等价值目标呢？这就涉及法的功能问题。[②]

法律是规范人们行为，调整一定社会关系的，但法律这样做的终极目的却是确认和调整社会上人们之间的利益关系的。人们都说法律“定分止争”，其实人们之间的“分”和“争”，说到底全都是为了利益（这里包括物质利益和精神利益）。因此可以说“法律是社会利益资源和权利的分配书。”[③]一个国家的宪法其实就是该国的利益资源和权利的总分配书、总合同，各部门法则是各个方面和领域的利益和权利的分配书，是宪法总合同下面的各有关方面和领域的分合同。由于法律具有这种利益和权利分配功能，所以通过法律的实施才能实现法律内在价值，实现人们预定的那种秩序、自由、安全、效率和公平等相结合的价值目标，即理念目标。而所谓理想的价值目标或理念目标，其实不过就是人们所希望和满意的一种社会性利益安排局面而已。

经济法也是一种利益和权利的分配书。不过，同民商法等法律部门比较，经济法的分配功能特点在于它应当充分尊重民商法等法律对于利益和权利的分配，并以后者为基础。也就是说，经济法只是在民商法等法律所作的权利分配的基础上，对原有权利安排作出适当调整（应当主要是一种“微调”）和再分配，而不应当是一律否定和推倒重来。所以，经济法的功能其实是对利益和权利的一种再分配，经济法是利益资源和权利的一种再分配法。

从社会经济生活领域来说，民商法依据宪法所确立的基本原则，在调整自然人和法人之间的财产和经济关系时，贯彻各自然人、法人个体自由、平等原则，维护各个体间公平。这种利益和权利分配安排是社会平等、公平的基础。一个国家和社会如果不充分尊重个体的自由和平等权利，所谓社会公平只能是一句空话和假话。为什么在有了民商法等法律对权利的分配安排后，还需要经济法（还有其他一些社

① 遗憾的是，由于迄今许多中国人包括国家机关许多负责人，由于种种原因，对经济法的本质属性缺乏正确理解，对经济法应有价值、功能与作用把握不准，因此尚不能自觉地运用经济法去解决现实存在的诸如收入和分配不公平等许多经济社会问题。

② 价值与功能仔细辨析是有差别的：价值所强调的是功效、效用、效果；功能所强调的则是能量（物理学上所说的做功的能，如电能、原子能等）。某事物只有当它具有一定功能，才可以使该事物内在价值释放，以致达到人们所预期的理念目标。

③ 漆多俊：《权力经济向法治经济的转变——兼论转型时期法律的控权使命》，《经济法论丛》第11卷，中国方正出版社2005年版，第1—21页。

会性法律）来对既有权利秩序作出调整和再分配呢？其原因在于仅凭民商法的“个体权利本位”难以避免和解决某些社会不公平问题。个体公平有时会妨害社会公平，形式公平往往并不就意味着实质公平，宣扬机会公平其实并未解决起点公平、过程公平和结果公平问题。特别是到了19世纪末出现生产社会化和垄断以后，问题更加突出了。所以需要“国家之手”出面干预。从经济调节机制方面说，放任市场调节引发经济结构和运行出现问题，并导致包括经济在内的整个社会生活的许多问题。社会经济需要新的调节机制即国家调节。规范国家调节之法——经济法于是出现。经济法规范着国家调节，让“国家之手”对经济领域的利益资源和权利的原有民商法分配安排，作出适当调整，进行某种再分配。也正由于经济法具有利益和权利再分配功能，才能够弥补市场机制的不足和民商法的局限，使经济法具有的特殊价值——社会总体性效率、社会（实质）公平、符合正义要求的秩序、自由等——得以实现，使经济法的价值目标和理念目标得以实现。

对于经济上的垄断、不正当竞争及其他不公平交易行为，当市场本身和民商法不能很好解决时，经济法通过规范，让国家调节采取市场规制方式反垄断，反不正当竞争及为广大消费者提供其他特殊保护，在垄断企业、其他经营者、广大消费者等之间调整利益和权利关系，以实现社会效率、社会公平正义等价值目标，实现经济法理念。

对于经济部门、行业、地区等之间的投资和经济发展不平衡，或对于公共产品供给不足等情形，在市场机制和民商法（主张投资自愿、自由）不能很好解决，并且国家采用相关政策引导也难奏效的情况下，经济法规范国家调节采取国家直接投资经营方式；而当民间投资乐于进入上述领域投资时，国家投资适时退出。这也是经济法调整其间各方利益关系的一种方式。通过这种方式实现社会效率、社会公平正义等经济法的价值目标和理念目标。

对于因市场盲目性和滞后性而造成的经济结构和运行问题，市场本身不好解决，在民商法秩序下也无法解决（如信息滞后和不对称，经济和社会发展的计划性等问题），经济法通过规范国家调节，运用计划和财政、税收、金融等经济政策及政策工具，从宏观上引导和约束经济运行，对有关各方利益关系进行调整，以实现经济法的价值和理念目标。

当然，经济法的再分配功能要正确恰当地发挥和利用，才能收到好的效果，否则，经济法应有的价值目标和理念目标便不能实现。这里关键是处理好经济法再分配同民法等法律原来作出的权利分配（基础性分配）的关系。

历史上也确实发生过为了克服放任市场调节和资产阶级的个人主义民法所未能解决的经济和社会问题，而“矫枉过正”的情形，即完全否定市场作用和民商法所维护的个体自由和权利平等，否定民商法对于利益和权利的那种基础性分配，主张由国家对全社会直接进行分配安排。空想社会主义者们，如18世纪的摩莱里等，就是这样的主张。摩莱里在其《自然法典》中，主张由“经济法”来直接对社会利益资源和权利作出分配，他并把他的经济法叫做“分配法”。[①]

20 世纪出现的一批社会主义国家所实行的计划经济体制，实际上就是否定市场作用，否定民法对个体正当权利和自由的尊重，否定民法等法律对利益和权利的基础性分配。当时这些国家所制定的经济法，同摩莱里的设想基本相同，属于国家的“分配法”，而不只是一种“再分配法”。后来这些国家发生体制转型或社会制度根本性变革以后，其经济法的功能才发生变化——国家调节尊重市场机制的作用并以它为基础；经济法尊重民商法的权利安排，它只是在民商法权利分配的基础上进行某些调整和再分配。

经济法的再分配是基于对社会总体和实质意义上效率和公平正义等目标的考量和追求，实践中对于哪样才符合“社会总体”和“实质”性要求，也就是说什么才是真正的社会总体（或公共）利益、长远利益和根本利益，只有在哪样的情况下才能要求个体服从总体，局部服从全局，眼前服从长远等，这些是需要认真论证的（还应当经过必要的法定程序确认）。要防止某些当权者用冠冕堂皇的借口肆意进行“再分配”，侵犯普通民众正当利益和权利。

三、经济法的理念

所谓理念，含理想与信念之义，指的是人们对于某种理想的目标模式及其实现的基本途径和方式的一种信仰、期待和追求。它包括对于理想目标的憧憬和对于通过某种基本途径和方式实现理想目标的信念两层含义。

人们凡欲主动从事某项重大事业，必先有某种理念形成于脑中。制定和实施法律是件大事，故预先必有某种理念，是为立法理念或法律理念。法律理念是人们对于通过制定和实施法律以实现某特定理想目标的一种信念。经济法理念是人们对于通过经济法的制定和实施以实现人们预想的经济和社会理想目标的信念。

法律理念也包括理想的法律目标模式与该目标模式实现途径和方式两方面含义。经济法理念所包含的理想目标模式，是国家调节的预定目的——这一般是影响社会经济的结构和运行，实现社会经济协调、稳定和发展；有时也不排除当权者借以达到其他政治、军事目的。其实现途径便是通过经济法的制定和实施，规范国家调节活动。

法律理念与法律价值既有区别，也密切联系。它们是不同的两个概念：事物的价值是由事物固有属性决定的，具有客观性；人们的理念则是主观的。事物的价值需要人们去实际利用才能实际释放，此前只是该事物的一种属性、可能性，但它

① 摩莱里：《自然法典》，商务印书馆 1982 年版。

是客观存在的；理念则必须由人们借助某些事物的价值和功能，使之由主观的变为客观的，此前它只是一种观念，仅存在于人的头脑之中。在这里，我们同时也就可以看出理念与价值的联系：法律理念中的理想目标模式的实现，需要凭借法律固有价值的释放和实现；假如法律无该种价值，或人们不能在实际上使该价值释放，则法律理念中的理想目标便不可能实现。另一方面，理念中的理想目标模式必须同所借助事物的价值目标（该种价值所能达到的目标）是一致的，或者说，法律理念的目标应当同法的价值目标尽量保持一致。如果不一致，是不能指望通过该事物实现理念中的目标的。当然，理念也可以反作用于事物的价值。理念也可以说是人们对于某种事物固有价值的判断。价值判断正确，付诸实行，事物价值就能充分、有效地释放，最终能够达到该种价值的总目标；价值判断不准或错误，则付诸实行后该种价值便不能很好或完全不能释放，价值目标便不能顺利实现。此时，人们的理念也便会部分或全部落空。

法律理念直接同立法宗旨相关。首先，由于人们相信某种法律具有某种价值和功能，通过其价值和功能的释放和发挥能够实现人们某特定的理想目标模式，才决定进行该种立法；其次，由于人们对该种法律内部固有的某种特定的价值和功能的认识，才会围绕着如何有效释放和发挥该种特定价值和功能，从立法技术上去作出恰当安排，规定合适的法律规范。

以上说到了经济法的价值、功能和理念，这三者的关系是：人们（立法者）需要正确认识和把握经济法的固有价值（它的体系和特点），在经济法的应有价值体系基础上形成立法者关于经济法的价值取向（立法者头脑中的价值目标模式）；这同时也就形成了立法者的经济法理念（中的理想目标模式）；借助于经济法的再分配功能，调整有关人们间的利益和权利关系，使经济法应有价值释放，实现人们关于经济法价值目标和理念目标，从而最终实现经济法理念。

第二节　经济法的基本原则

一、经济法原则的基本特征和确立依据

经济法作为一个独立部门法，应当有其特有的调整原则。由于经济法是一个新独立的部门法，对于其调整原则是什么，人们众说纷纭，提出了这样那样许多“原则”，颇为混乱。我们需要在正确把握法的原则一般特点的基础上，根据经济法的特质来探寻经济法的原则。

法的原则是法的要素之一，是由法所确立的在其调整一定社会关系时，在一定

范围内普遍适用的基本准则。经济法的原则，是指由经济法所确立，在其调整特定的社会关系时所遵循的准则。它是由经济法确立和规定的，具有法律约束力，是规范国家经济调节活动中各有关主体行为的准则，在经济法全部或一定范围内具有普遍适用性。但是，它只适用于经济法范围，不适用于其他部门法。它不同于经济法的各具体行为规范，而只是为人们行为指示基本方向和模式，因而带有一定的抽象性。但它毕竟具有对行为的指导性，即具有一定的可操作性。经济法调整原则具有稳定性，即使国家的经济形势和某些经济政策发生变化，经济法的基本原则也并不因此而改变。

经济法原则应为经济法所特有，它不适用于其他部门法；反之，其他部门法原则也不适用于经济法。不能将其他部门法原则作为经济法原则，更不能将其他一些根本不是法的原则，不具有法的原则基本特征的东西，作为经济法的原则。这是经济法原则的特定性。

法的调整原则有各种不同的类型。按照法的体系来区分，有一般法的原则与宪法和其他部门法原则、法的基本原则与局部性原则；按照所适用的各历史类型、各不同国家、不同历史时期来区分，有普遍性原则（或一般原则）与特有原则等。经济法的原则，也有基本原则与局部性原则、普遍性原则与特有原则之分。经济法的基本原则涵盖整个经济法部门，是该部门所有法律规范及从其制定到实施全过程都需贯彻的；经济法的局部性原则，则仅贯彻于该部门法中某个或某些种类（经济法的分支）的法律规范。不能将经济法某个局部性原则，当作经济法的基本原则，例如“综合利用”是自然资源法原则，不是经济法的基本原则；反之，也不能将经济法基本原则替代经济法中的某局部性原则。各国和不同历史时期的经济法原则有其共性，是为普遍性原则；但各国和不同时期经济法原则也有不同特点，形成各种特有原则，例如当代中国经济法原则、某外国经济法原则等。

法的原则还有公理性原则与政策性原则之分。公理性原则同法律的基本属性相关，并是后者的必然要求；政策性原则同各国各时期所实行的体制和基本政策相关。经济法的公理性原则对于各国来说应当是基本一致的；而政策性原则却可能有较大差异，因为各国所实行的经济体制和经济政策有所不同。对于某个具体的国家来说，其法律原则（包括其经济法原则和宪法原则）往往是公理性原则与该国政策性原则的结合。它们虽然总会在一定程度上反映公理性原则一些基本要求，但往往更加突出其政策性原则特点。本节着重讨论的是经济法基本原则，即各国经济法共同适用的经济法的普遍性原则、公理性原则。

法律原则作为一种重要法律要素，其功能在于通过指导各种具体法律规范的制定和实施，能够恰当和有效地发挥法律的功能，释放其价值，实现人们（立法者）的法律理念。所以，法律原则的确立同法律的价值、功能和理念密切相关，它应当是后者的必然要求。如果人们对于法的应有价值和功能能够准确把握，在此基础上确立法的原则，则这些原则便是恰当的，必能正确指导法律的制定和实施，使法的应有价值和功能充分释放和发挥，最终实现预定的法律理念(这时立法者的理念也趋近于法律理念的应然要求)。但是，如果人们未能准确把握法律的应有价值和功能，则在此基础上确立的法律原则必然不甚恰当，在实践中不能很好指导法律的制定和实施，使法的应有价值和功能不能充分释放和发挥，妨害应有的法律理念的实现。可见经济法原则的确立既受到经济法的应有价值、功能及对于经济法的应有理念的制约，也受到现实中人们(立法者)对于经济法价值、功能的把握及人们实际形成的理念等的影响。

当然，经济法作为部门法，其原则的确立还要受到国家宪法和宪法原则的制约。部门法原则不能同该国宪法原则相冲突，而应当是宪法原则的一种具体体现。

二、经济法基本原则的内容和要求

从前面各章节所论及的经济法的本质及它的价值、功能、理念的内容和特点可知，经济法是一种社会性法律，它重在从社会总体角度维护和促进社会总体效率和社会公平(以及建立在此基础上的秩序、自由、安全和社会正义)。经济法是关于国家经济调节之法，国家调节虽然影响社会生活的各个方面，但首先和主要涉及的毕竟是经济领域。经济法是一种经济性法律。它的价值、功能和理念首先和主要是为了经济效率、经济公平(还有经济秩序、自由、安全，经济方面的正义等)。综合起来说，经济法价值、功能和理念的特点在于社会经济效率和社会经济公平(以及建立在此基础上的社会经济秩序和社会经济正义等)。这一特点决定了经济法的基本原则的基本内容是：维护和促进社会经济总体效率和社会公平。

由于效率归根结底是关于利益(物质利益和精神利益)获取的效率，公平也主要是利益上的公平，其他如自由、安全、秩序等价值都可以归结为利益，因此，维护和促进社会经济利益和社会经济公平，也可以说是维护和促进社会经济利益——社会公共和总体经济利益。

由于社会经济总体乃由全部经济个体(企业和个人)构成，维护社会总体经济效率必须注重维护而不是妨害广大个体效率；否则，维护社会总体效率便只是一句空话。但是社会总体效率同个体效率毕竟存在着矛盾冲突，例如垄断企业由于超额垄断利润形成的“效率”就妨碍着广大中小经营者和消费者的效率。社会公平必须以广大个体间的公平为基础，实质公平也总要通过形式公平体现；但是它们间显然也并非完全一致。因此，维护社会经济总体效率和社会经济公平的关键问题在于在社会同个体之间作出平衡，尽量找到最佳的界限、度或平衡点。从这个角度说，经济法的基本原则乃是一种“衡平(equity)”原则，要在社会总体经济效率同个体经济效率、社会公平同个体间公平之间进行衡平。国家经济如何调节，经济法的再分配功能如何体现，主要就是要在社会与个体之间进行衡平——效率和公平等方面的衡平，或者说到底是利益的衡平。①

那么，究竟应当怎样恰当维护社会经济总体效率和社会公平，在对社会与个体进行衡平时应当依据怎样的标准呢？这涉及对经济法基本原则内涵和要求的进一步分析和理解。这里确定如下两个层次的问题来进行考量看来是必要的。

第一，应当充分尊重和维护个体（企业、个人）的经济权利和自由，维护个体的经济效率和公平；国家调节及经济法不得随意侵害个体正当的经济效率和他们间的公平。

第二，经济法所规范的国家调节只是在下列情况下才可以、也应当对有关个体的经济效率和有关个体间的"公平"（例如基于民法上的如所有权、契约自由等方面的平等权利）进行必要规制和调整，某些个体经济效率妨害或可能妨害社会公众、社会总体经济效率，个体间公平（形式公平）妨害或可能妨害社会实质公平；并且，上述该种妨害和冲突单靠市场和民间社会自身无法排除和解决，必须由国家予以调节。

但下面紧接着的问题是，究竟怎样具体判定哪些（哪样的）个体经济行为妨害或可能妨害社会经济效率和社会公平（社会公共和总体经济利益），而必须由国家调节和必须经济法调整呢？一方面，法律原则毕竟不是具体法律规则，不可能对现实生活中各种具体情形一一作出具体答案，但有了上述原则确实使各具体问题的解决有了明确的方向和路径，因而有了一定的可操作性。例如，在国家征地拆迁中，如果切实贯彻上述原则，那么，第一，就要充分尊重民间土地和房屋的原所有权，不能随意要求改变其所有权；第二，只有当国家和社会公共利益真实需要，而别无其他途径解决时，才可以依照法定程序改变该原来所有权，由国家征地拆迁，并给予合理补偿。这个过程中，改变原来所有权关系必须理由正当，不能为了"国家和社会公共利益"以外的其他目的（如商业目的）；不能打着"国家和社会公共利益"的幌子。既然是所有权的改变（这是对原来法律关系即民法上的权利安排的一种调整，亦即"权利再分配"），就必须履行法定程序，并给予合理补偿，而不能简单粗暴行事。显然，如果认真贯彻上述原则要求，就可以避免滥征土地，避免或减少纠纷，使征地拆迁符合正义和法治要求。

又如按照上述经济法基本原则的两个层次要求对待垄断行业和企业，则很显然：第一，各种企业（甚至包括垄断性企业）的生产经营自主权和正当收益应当得

① 请读者注意：这里的"衡平"显然不是在英国衡平法（equity）或古罗马衡平法本来意义上使用的。但从经济法所规范的国家调节（为什么需要国家调节和应当怎样调节）以及经济法的再分配功能（为什么需要再分配和应当怎样再分配）等来看，其基本精神同衡平法是一致的，例如英国衡平法所崇尚的自然正义准则和正当性准则，它的"不容许存在无救济的损害"、"注重实质而非形式"等格言，同经济法有许多"神似"之处。

到充分尊重和维护，经济法不滥加干预。第二，对于某些企业实施限制竞争行为，垄断市场，对于因超额垄断利润而形成的收入分配严重不公平现象，经济法则应当规定通过国家调节予以规制。这样，就维护和促进了社会经济效率和社会公平，贯彻了经济法基本原则。

经济法基本原则是经济法体系中全部法律规范——市场规制法、国家投资经营法、宏观引导调控法（经济法体系“三构成”）都必须贯彻的。也是所有经济法规范从创制到实施全过程所必须遵循的。此外，它既然是这个部门法的基本原则、公理性原则，所以无论哪个国家的经济法的基本原则都应当如此。当然这里讲的仍然只是一种应然性，现实中某个国家所制定和实施的经济法是否确立和很好贯彻“社会经济效率和社会公平（或社会经济利益）”原则，要具体分析。例如，某些国家某个时期也可能借口“社会公共利益”而要求人们服从于其并非正义的政治统治和侵略战争的效率和秩序。不过从他们也需以“社会公共利益”作为借口来看，起码他们在口头上也是承认而不敢公然反对经济法的“社会经济效率和社会公平”这一基本原则的。

综上所述，贯彻经济法基本原则的核心问题，在于恰当处理个体经济（效率、公平等）同社会经济（效率、公平等）的关系，在以上二者间进行衡平。不过经济法毕竟是以“社会本位”为视角的，其基本原则所强调的是维护和促进社会经济效率和社会公平，也就是促进和维护社会经济利益。

【复习思考题】

1. 试述经济法价值的主要特点。
2. 如何理解经济法的权利再分配功能？
3. 何谓经济法理念？经济法理念同经济法价值之间是什么关系？
4. 经济法应有的基本原则是什么？贯彻经济法基本原则需要注意什么问题？

第四章　经济法的立法体系

第一节　经济法法律规范的分类和结构

一、经济法立法内容上的分类和结构

经济法的内容,是指经济法的各种制度和规定,是为经济法所规定的人们各种行为规范。经济法调整国家经济调节关系,如本书第一章所述,作为经济法调整对象的国家经济调节关系有着丰富的内容,并依不同标准可以划分为不同的种类。这些决定着经济法的内容及其分类。

(1) 现代国家调节经济分别采取市场规制、国家直接参与投资经营和对社会经济引导调控等三种基本方式;在以上活动中分别发生国家对市场规制关系、国家投资经营关系、国家引导调控关系。因此,规范以上国家经济调节活动,调整以上国家经济调节关系的经济法,便包括以下三个方面的法律:(1) 市场规制法,主要含反垄断法、反不正当竞争法、消费者权益保护法和产品责任法;(2) 国家投资经营法,主要含国家投资法,国有企业法;(3) 国家引导调控法,主要含计划法、各种经济政策法及关于各种调节手段运用的法律规定。

(2) 按照国家调节的目标和任务所主要侧重的方面,国家调节可分为对经济运行的调节与对经济结构的调节,发生经济运行调节关系与经济结构调节关系。因此经济法的立法内容包含经济运行调节法(如经济稳定增长法)与经济结构调节法(如产业结构政策法)。

(3) 国家经济调节重在宏观和总体性,但各种宏观调节措施都要通过加强微观管理来保障其落实。从这个意义上说,国家经济调节关系可分为宏观经济调节关系与微观经济管理关系两方面。因此,经济法的立法内容也便包含关于宏观经济调节的法律规范与同其相关的微观经济管理的法律规范。

(4) 按照国家经济调节实施过程各环节,可分为经济调节的决策、组织实施、监督与纠纷和违法的调解处理等方面。国家经济调节关系包含以上各方面社会关系。因此,经济法的内容便包含关于经济调节的决策、组织实施、监督与纠纷和违法调解处理等方面立法。

(5) 国家经济调节涉及国民经济的计划、投资、财政、税收、金融、市场等各主要职能方面和工业、农业、商业、运输、通讯等各行业部门。国家经济调节关系也包括在以上各方面发生的社会关系。因此,经济法内容也便可分为在以上各方面的法律规定,即包括关于国民经济各职能方面的经济法与关于各行业部门的经济法。

(6) 按照经济成分,国家经济调节可分为国家对国有经济调节管理与对非国有经济调节管理。在以上两方面发生国家经济调节管理关系。因此,经济法内容可分为关于国有经济的经济法规范(主要为国家投资经营法,也包括对国有经济的市场竞争规制和对它们的引导调控的法律规定)与关于非国有经济的经济法规范(主要是对非国有经济的市场竞争规制与引导调控法律)。

(7) 国家经济调节包括国家对国内经济领域与对涉外经济领域的调节。它们分别发生国内经济调节关系与涉外经济调节关系。经济法内容因此可分为关于国内经济的经济法规范与关于涉外经济的经济法规范。

(8) 国家经济调节包括平常时期与非常时期的调节,经济法因此又分为平常时期经济法规范与非常时期经济法规范。

(9) 经济法的内容除上述各方面具体法律制度和法律规定外,还有体现和贯彻于各具体制度和规定之中而为所有这些法律规定所共同遵循的总的指导思想、法律原则和基本制度。后者一般包括:关于国家调节社会经济这一国家职能在法律上的确立;国家所实行的基本经济体制;与经济体制相关的国家调节同市场调节的关系,即国家调节的范围、程度及如何同市场调节相配合问题;国家的经济管理体制,主要是中央与地方之间、各国家机关之间的经济调节管理权力的统分关系;国家调节的基本方式和基本手段;各种国家调节主管机关及其权利义务,以及企业等被调节(被管理)主体的权利义务;经济法的基本原则,除公理性原则外,还有需要确立的政策性原则等。上述这些立法内容,从法律形式上说属于经济法"总则"范畴。而前面关于各方面具体制度和规定,则为经济法"分则"的内容。

综上所述,经济法就是这样由各个方面、各个层次和环节的法律规范所构成,各种法律规范互相关联,互相衔接,并且有着贯彻于全部经济法具体规范的基本指导思想、原则和法律制度,它们统率着各种经济法的具体规定。上述各种经济法规范有机结合,形成一个完整的体系。这就是经济法体系内容的构成。

二、经济法在形式上的分类和结构

经济法的形式,是指经济法内容在立法上的表现形态,亦即各种经济法法律规范组织结构的外部表现。经济法形式也可按不同标准作多种分类,主要有:按照法律效力来源,可以分为制定法、判例法及习惯等,其中制定法又包括宪法(其中同经济法相关的法律规范)、法律、行政法规等;按照同一规范性文件组合内容的综合性或单一性可分为综合性法律与单项立法；如果制定出经济法法典，则按其内容的普遍性与特殊性可划分为总则与分则两个部分。下面着重论述经济法的效力渊源。

经济法的效力渊源可作如下分类。

（一）宪法

宪法与经济法是根本法与普通法的关系。宪法作为经济法渊源之一，是指经济法立法最根本的法律依据是宪法，经济法总的指导思想、基本原则和基本法律制度直接源于宪法中的有关规定，经济法的全部规定都必须同宪法相一致而不得抵触。经济法作为现代国家调节社会经济之法，它首先要确认国家有权介入社会经济生活进行调节管理，同时要确定国家实行的基本经济体制和经济管理体制，确定国家调节同市场机制的关系，国家调节的范围、程度和方式，并确定国家调节的基本原则和基本制度。所有这些内容，都是关于国家基本职能和基本制度的重大问题，必须由宪法首先加以明确规定，或作出原则性规定。也就是说，经济法的上述那些内容直接源于宪法有关条款或其原则性规定。

例如《中华人民共和国宪法》（2004 年修订）中，同经济法直接相关、作为经济法立法根本依据并构成其渊源的，主要包括下列规定：宪法序言第 7 自然段关于社会主义现代化建设和改革开放的规定；宪法总纲第 1 条关于国体和社会主义制度的规定；第 2 条、第 3 条关于政体和国家机构的规定；第 4 条关于帮助各少数民族地区发展经济的规定；第 5 条关于建设社会主义法治国家的规定；第 6 条至第 11 条关于国家基本经济制度和关于国有经济、集体经济、个体经济和私营经济的规定；第 12 条和第 13 条关于保护公共财产和公民合法财产的规定；第 14 条关于完善经济管理体制和企业经营管理制度的规定，及关于合理安排积累与消费、生产与生活，兼顾国家、集体和个人利益的规定；第 15 条关于国家经济体制、完善宏观调控的规定；第 16 条至第 18 条关于国有企业、集体经济组织和外商投资的权利义务和经营管理的规定，等等。

（二）法律

这里是指拥有立法权的国家立法机关制定的法律。法律是经济法的基本法律渊源。其内容关系到国家调节社会经济的各基本方面的重要问题。例如各国的反垄断法和反不正当竞争法，关于国家投资和国有企业的法律，关于国家计划、产业政策、财政税收政策、金融政策等方面的法律等，都是经济法的基本法律，是经济法渊源中的基本和重要的构成部分。

在中国，法律是由全国人民代表大会及其常务委员会制定。按照宪法规定，全国人大负责制定和修改基本法律；全国人大常委会则制定和修改应由全国人大制定的法律以外的其他法律。但在全国人大闭会期间，全国人大常委会有权对全国人大制定的法律在不同该法律基本原则相抵触的条件下进行部分补充和修改。在中国的立法实践中，大部分法律都是由全国人大常委会审议通过的，即使是由全国人大审议通过，也先由全国人大常委会审议后再送全国人大审议。

（三）行政法规

这里主要是指由国家最高行政机关制定的属于经济法性质的法律规范性文件。在中国，行政法规主要由国务院制定，它所发布的决定、命令，凡属于规范性的，也属于法的渊源之列。对全国人大及常委会颁布的法律，其全国性的实施细则也由国务院制定。此外，国务院所属各部、各委员会在各自权限内发布的具有规范性的命令、指示和规章，也属于法的渊源，其地位和效力低于国务院行政法规。

自20世纪以来，许多国家开始实行授权立法或委任立法，即国家立法机关授权行政机关或其他机关、组织在规定的条件下制定某些法律规范性文件。授权立法在经济法立法中尤其被大量采用。这是由经济法作为国家调节经济之法这一本质属性决定的，也是经济法立法的一个显著特点。中国自从70年代末实行改革、开放以后，也逐渐采用授权立法作法，由全国人大授权国务院制定某些暂行规定或条例。这些当然也是重要的法律渊源之一。

（四）地方性法规

这主要是指各地方权力机关根据宪法和法律的规定所制定的效力及于所管辖地区的法规。此外，地方行政机关颁布的决定、命令、决议，凡具有规范性的，也属于法的渊源之列。在中国，地方性法规按其内容包括：为全国性的法律及行政法规所发布的实施细则；为实施国家政策而结合本地区情况制定的规范性文件；就本地区特殊情况和特殊需要而发布的规范性文件。

中国实行民族区域自治制度。民族自治地方的人民代表大会根据当地特点制定的自治条例和单行条例，属于法的渊源之一。

我国设立了一些经济特区，这些特区和特区所在省级人大及其常委会依法有权制定的法规和规章，是我国法的渊源之一。

此外，我国根据“一国两制”方针设立特别行政区。根据宪法和特别行政区基本法，特别行政区享有立法权。它们制定的法律、法规，同前述内地各地方、各民族自治区域所颁布的地方性法规有所区别。

（五）国际条约

这里是指本国同外国或国际组织缔结的双边、多边、区域性和全球性的条约、协定等。现代国家对本国经济的调节管理，必须考虑国际性因素，一国的经济法广泛地涉及许多国际性立法。因此，有关的国际性立法也是构成本国经济法法律渊源的重要部分。

经济法的效力渊源除上述各种制定法外，还包括判例法和习惯等。在英、美等普通法系国家，判例法是它们经济法的重要渊源。中国虽不属判例法国家，迄今并不实行判例法制度，但判例在司法实践中的作用已逐渐受到人们重视。各国大都在不同程度上确认某些习惯的法律效力。有些国家法律还明文规定,凡无法律规定时,可依习惯。中国立法也承认某些习惯,包括应当遵守的某些国际惯例。凡为法律所承认的同经济法相关的习惯,也为经济法的渊源。

经济法的立法形式除按其效力渊源分类外,还有综合性立法与单项立法之分。前者是指就国家调节管理经济某个重要部门或领域制定的,内容较全面地涉及其中各个方面的法律,它们往往是经济法的一些基本法律。这些综合性基本法虽然内容较全面,但毕竟不能过于具体、详尽,加之综合性基本法要求稳定性较强,因此还需要在这些综合性法律之外另行制定一些单项法规,就某些方面的问题单独作出一些具体规定,对综合性法律加以补充或具体化,同综合性法律相配套。这就在各个综合性基本法律周围分别形成一个个经济法法规群体。而整个经济法体系就是由所有这些法律、法规群体,按照一定层次组合成统一的有机整体。

此外,关于经济法的立法形式还有法典制定问题。目前各国现行立法中都还没有经济法法典。如果将来出现经济法法典这种法律形式,则在法典中必有总则与分则的划分。

综上所述,经济法各种法律表现形式互相关联、衔接,组成有机体系。这就是经济法体系在法律形式上的构成。

第二节　经济法体系中的基本法律

一、经济法基本法律的认定

经济法包括哪样一些法律,经济法体系由哪些基本法律构成,这是国内外法学界众说纷纭的一个问题。在中国,许多人曾经把民商法或行政法的许多法律规范,纳入经济法体系;这是"大经济法观点"构成的"大经济法体系"。一些反对者又将这些法律规范或规范性文件一一排除。那么,究竟哪些法律真正属于经济法呢?

经济法的法律体系包括哪些法律规范,是一个十分重要的问题。这个问题不明确,所谓经济法及其各种基本理论问题便是空谈,无的放矢。而如果明确了经济法的法律体系,便可以依据其各种具体法律规范,分析研究其特性——包括同其他部门法规范的联系和特质,从而概括出它们作为一个新部门法的各种本质属性和共同规律。这是我们研究经济法基础理论一个最基本和可靠的方法。一次世界大战前后的德国法学界,正是在分析当时德国政府颁布的许多经济法规范性文件基础上,发现和归纳经济法的本质和特征的。

从分析研究经济法各具体法律规范入手把握经济法的本质属性;而把握了经

济法的本质属性，又能更加全面和精确地识别经济法的法律体系。我们说，经济法是国家调节社会经济之法，国家调节是认识经济法的本质和各种基本特征的关键，对于鉴别经济法的法律表现形式和探明经济法体系的构成，同样如此，即应当从最能集中体现经济法本质属性的“国家调节”入手，以此为其引发点。

对于经济法基本法律的认定和鉴别，可以采用两种方法，即实证分析和理性分析（或叫“规范分析”）。

实证分析，是指我们需要综合考察自19世纪末20世纪初国家调节出现和逐渐发达以来，各国实际上大致运用了哪些基本调节方式（即进行了哪些国家调节活动），对于这些国家调节方式和活动，国家实际上制定了哪些法律。本书运用这种方法，“统观19世纪末以来的情况，现代各国的国家调节……正是大致运用了这样的三种基本方式”，[①]即：(1) 强制干预，即国家对市场进行规制；(2) 直接参与，即国家直接从事投资经营活动；(3) 引导调控，即国家从宏观上对社会经济活动进行指导、鼓励、帮助和提供各种适宜条件及必要服务，或进行必要约束控制。以上国家调节方式和活动需要法律加以规范和保障，因此经济法体系便有三个基本构成，即三个基本方面的法律，即：(1) 市场规制法；(2) 国家投资经营法；(3) 国家引导调控法。

理性分析，是指透过事物的现象探求其本质和规律性。实证分析得出的结论虽然也是可靠、可信的，但它毕竟只是一种实然性，即指出了“是这样”；而理性分析则能进一步阐明“为什么是这样”，即它的必然性。两相结合，便可以使结论建立在科学基础之上，因而更具雄辩性。本书在论述经济法体系的法律构成时，在实证分析同时注重了理性分析。这集中反映在本书第一章“经济法产生的社会根源”的论述之中。按本书有关论述，首先分析了社会经济和市场演变情况，指出了市场固有的三个缺陷；其次论述了19世纪末开始出现的生产社会化和垄断，如何使市场固有缺陷显露并造成严重后果，引起“市场失灵”，由此导致国家调节机制和国家经济职能的发生和发达；由于国家调节是为了弥补市场缺陷才应运而生的，所以国家调节的作法和措施必然针对市场三缺陷，而采取三种基本方式；最后，国家调节的各种方式和活动都需要有法律依据，需要法律加以规制和保障，这就决定了作为国家调节之法的经济法，其体系必然包含三个方面的基本法律。简言之，上述理性分析的基本思路为：市场三缺陷—国家调节三方式—经济法体系三构成。这个“三缺陷—三方式—三构成”理论，阐明了经济法体系的基本法律构成的必然性，同时它也是贯穿本书始终的一条思维主线。

综上所述，本书对于经济法体系三个基本方面的法律构成，就是这样通过实证分析和理性分析作出认定的。

---

① 漆多俊：《经济法基础理论》，法律出版社2008年第4版，第21页。

上述三方面法律是否属于经济法性质，它们同本书所论述的经济法本质属性和各种特征是否相符，这从本书前面章节论述已可看出。这三个方面法律的基本性质是一致的，它们都是国家调节社会经济之法，所调整的对象都是属于国家经济调节过程中发生的社会关系——是一种以国家（它的主管机关）为一方主体的国家经济调节关系；它们的基本任务和作用都是保障国家调节影响社会经济结构和运行，以实现国家的预期目标（一般是为了促进社会经济协调、稳定和发展）；它们有着共同的基本价值、理念，贯彻着共同的基本原则；等等。当然，这三方面法律同其他部门法，如民商法、行政法等，也有着密切联系；特别是其中国家投资经营法中的国有企业法同民商法，宏观引导调控法中的财政、税收、金融等各种经济政策法同行政法等，更密切关联，并有许多交叉或互相适用的情形。

这里我们需要再分析在上述三方面法律之外的一些法律是否属于经济法范畴的问题。中国 80 年代"大经济法"流行时的情况，这里不必再提，如"经济合同法"等法律的部门法属性问题，如今已无大的争论。中国至 90 年代甚至今日仍然分歧较大的是如何看待公司法、企业法及社会保障法等法律的部门法属性。

许多学者认为企业法、公司法应为经济法。本书认为这些法律基本属于民商法，但也要作具体分析。

首先，企业、公司分为国有的企业、公司与非国有的企业、公司。国有企业和国有公司因为是国家直接投资的组织形式，属于国家参与投资经营这种国家调节方式，所以，国有企业法和国有公司法的基本性质属于经济法。只是由于国有企业和国有公司毕竟也是企业和公司，在许多一般性问题上适用民商法规定。非国有的企业和公司属于民间社会投资经营的组织形式，它们主要接受市场调节，其立法所调整的乃是民间社会平等主体间的社会关系，主要受民商法等私法调整，因此基本上属于民商法范畴。各国通常都制定适用于各种公司的一般公司法。而对于国有公司的许多特殊性，国家还制定许多特别规定。国有公司法与一般公司法是特别法与一般法的关系。

其次，企业法、公司法按照立法内容，可分为关于企业、公司的组织法和活动法，以及关于国家对企业、公司的政策法。前者主要规定企业、公司的设立，权利义务，组织机构，资本、财务、分配制度及分立、合并、解散、清算等问题，基本属于民商法；后者则主要规定国家对各类企业、公司的有关政策，如计划指导、产业政策、财政、税收、信贷、外汇、进出口、价格等政策，以及有关市场竞争政策等，主要属于经济法。在经济法体系中它们分别属于国家投资经营法、宏观引导调控法或市场规制法范畴。

非国有的企业、公司立法，特别是关于企业、公司的一般性组织法和活动法，之所以不能将其视为经济法，不仅因为这些法律的调整对象、功能和任务等同经济法的性质和特征有明显区别，而且这些立法出现的历史背景也与经济法不同。企业、公司立法是在商品经济日趋发达条件下，早在封建社会末期和西方自由资本主义时期就出现和日益发达；而经济法则是在19世纪末20世纪初以后，为适应由于生产社会化和垄断形成而出现的国家调节机制和国家经济职能的需要才产生和形成独立法律部门的。把企业、公司法作为经济法，这同各国立法史实和法律体系演变规律不相符合。并且从现实情况看，当前各国都有较为发达的商事法律（有些国家有商法典，即使实行民商合一的国家实际上也有许多属商法性质的法律），企业、公司法是其中主要法律之一。包括我国学者在内，人们一般都不否认企业、公司法的商法性质。如果把这些法律又视为经济法，那么经济法同商法就不好区分。至于有人主张商法属于经济法，或主张经济法就是商法，这些意见之不可取，是较显然的，此处不多作论述。

有些学者说：企业、公司是经济法的基本主体，企业、公司法是经济法主体法（有的称之为“市场主体法”）；不把它们纳入经济法体系，经济法岂不缺了主体？——这是误解，也是概念上的混淆。的确，各种企业、公司都属于经济法主体范畴，它们都可能参加经济法法律关系，但也只有当它们实际上参加这种法律关系时才成为经济法主体。而当它们参加民商法、行政法或刑法等法律关系时，它们又分别成了相关的其他部门法的主体。企业、公司（特别是非国有的企业、公司）更多和更经常参加的是民商事法律关系，因此它们更多、更经常地成为民商法主体。不能因为企业、公司作为经济法主体，就认为凡关于企业、公司的立法统属于经济法。某种法律关系主体，同某种特定情况下充当该种法律关系主体的该对象（个人、组织）是不同概念；关于某种法律关系主体的法律规定（如该主体在该种法律关系中的地位与权利义务等）同关于该对象（个人、组织）的立法也是不同的概念。作为经济法主体的企业、公司，经济法肯定要对其作出许多规定，但关于企业、公司的其他方面立法，则不能统统当作经济法。

在中国，人们把企业法、公司法统统视为经济法，还有一个原因，即过去长时期内中国的企业主要为国有企业，改革以后出现的公司也主要为国有控股公司。这些企业、公司主要接受国家调节而非市场调节，其立法主要为经济法性质。但随着改革继续发展，非国有的企业、公司日益发展壮大，原国有企业也发生了重大变化。国家对企业的管理方式与过去已明显不同，市场机制作用日益增大。因此，关于企业的立法，特别是非国有企业立法，主要是为它们制定有关组织和活动规则，让其遵行，国家不再处处介入以自己为一方主体同这些企业直接发生的法律关系。这些立法的性质从部门法属性看，主要为民商法，而不是经济法。按我国现行立法，除公司法外，还有私营企业暂行条例、合伙企业法、股份合作制企业规定、独资企业法等，这些都主要属于民商法性质。当然，对于上述各种企业（此外还有境外投资企业）有关国家经济调节管理政策（如竞争政策、产业政策、财政税收政策、金融政策等）的法律规范，则属于经济法性质。

除企业法、公司法外，我国有些学者认为社会保障法也应为经济法体系中一个重要方面的法律。社会保障是个十分重要的问题，它涉及人民基本生活保障、社会安定、经济发展乃至政治稳定等各个方面。当前在中国改革时期，其重要性尤为突出。因此社会保障立法是现代国家立法的一个重要领域。在这个领域中，法律需要调整的社会关系的类别较多，包括：国家社会保障体制和体系的建立和管理关系；社会保障所需资金的社会筹措和管理；各种社会保障组织和机构内部、外部经营管理关系；企业、事业单位同职工的劳动关系；社会保障机构同个人的关系；国家对就业、失业和劳动力资源的调节关系，对工农、城乡、地区贫富等差别的调节（为此国家往往需要运用国家投资及财政、税收、金融等政策法律实现调节）等。因此，关于社会保障的法律规范也就区分为多种不同性质和类别。其中有些属于行政法性质，大量的属于民商法或劳动法范畴，也有一些属于经济法规范。社会保障这一领域需要多种部门法综合调整，把社会保障法不加区别而统统纳入经济法体系之中，并不恰当。

二、经济法三个基本方面的法律构成的关系

经济法体系作为一个有机整体，它所包含的各方面和各层次、各环节的法律规范都是互相关联、衔接和配合的。经济法体系中的上述三个基本方面的法律也是密切关联的。

这三个方面的法律都是国家调节社会经济之法，是国家三种调节方式（调节活动）的法律规范。它们通过对各自领域的国家经济调节关系的调整，共同实现经济法的功能和任务。

这三个方面的法律在其调整领域和所担当的任务上分工有所不同。市场规制法，是保障国家以强制干预方式排除垄断和不正当竞争行为对于自由竞争的妨害，排除其他不公平交易行为对广大消费者的侵害，促进社会经济本身固有的调节机制即市场调节充分发挥作用。国家投资经营法，是在国家参与直接投资经营领域，保障国家以财力直接投入运营，以调节社会经济结构和运行。国家宏观引导调控法，涉及社会经济的宏观和总体，是在其宏观和总体的某些关键和必要部位，国家实行引导控制，以调节经济结构和运行的法律。

国家强制干预、直接参与和引导调控这三种调节方式的关系，用一种形象的说法就是，当国家分别采用这三种调节方式时，国家对于社会经济所处的方位不同：强制干预时，国家居于社会经济之上；直接参与则国家跻身其中；引导调控乃国家处于其外。在其前面引，后面促，旁边左右约束或帮助，即是说这三个方面法律分工和作用点有所不同，但都是在规范和保障国家调节。

这三个方面的法律是互相配合、综合运用的。国家经济调节需要综合运用多

种方式，绝大多数国家都颁布实施了上述三个方面法律，使之相辅相成。三方面的法律在立法内容上有所交叉。例如，在反垄断法中涉及禁止或限制某些国有企业垄断，或者规定实行某种国家垄断的问题。这就同时属于国家投资经营领域。无论在反垄断领域或者在国家投资经营领域，又都涉及国家计划、经济政策和各种经济杠杆及其他调节手段的运用，即涉及国家宏观引导调控问题。宏观引导调控也必然涉及其他两个领域，并往往把其他两个领域纳入其统一计划和视野予以统筹规划。

这三个方面法律，在不同国家的不同时期，立法状况和发达程度不同，在经济法立法体系中所处的地位不同。反垄断法是现代经济法最早出现的法律，在西方国家长期居于各国经济法体系的核心地位。而在社会主义国家，最为发达并长期处于核心和主导地位的则是国家投资经营法。后来，上述情况逐渐发生变化。如今无论西方国家或在中国，国家对经济的宏观引导调控体系正在日趋发达和完善；宏观引导调控方面的法律正逐渐上升为各国经济法体系的核心和主导地位。

所谓经济法的核心，通常是指经济法体系的核心，即在一定国家、一定历史时期经济法立法体系中，何种法律处于最重要和主导的地位问题。由于经济法是国家调节社会经济之法，所以经济法的核心所涉及的是国家调节的主要方式和重点问题，是在社会经济运行的全局中起关键作用因而最需要国家予以调节的领域，这方面的法律便是经济法的核心①。

当 19 世纪末出现垄断并严重妨害自由竞争以后，因市场调节机制再不能像从前那样充分有效地发挥作用，使社会经济的结构和运行发生危机。由国家出面反对垄断便成了关系社会经济全局的关键和首要问题。反垄断法于是成了最早的经济法；并且在美国，当时它也几乎是唯一的经济法，即是经济法体系的唯一的构成。在其他国家和后来的美国，国家调节经济职能逐渐发达，调节的方式不限于反垄断。如德国、日本等国，国家干预经济一开始就较全面地实行经济统制，包括进行国家投资经营，实行国家垄断，并运用经济政策和各种政策工具引导和制约经济的发展运行，有的还较早就制定了经济计划。与美国不同，德、日等国开始一段时间并不重视反垄断，而是扶助垄断和加强国家垄断。真正的反垄断法律制度建立较晚，德、日两国的反垄断法都是二战后制定的。但当这些国家后来转而实行市场经济体制以后，反垄断法的作用和地位立即受到高度重视，在这些国家经济法体系中的地位提高。在西方资本主义国家，人们把反垄断法称为“市场经济的大宪章”、“经济的基石”或“经济宪法”。日本法学界不仅普遍承认反垄断法是经济法的核

① 漆多俊：《经济法基础理论》，武汉大学出版社 1993 年版，第 121—126 页。

心，而且有的学者甚至将经济法视为仅反垄断法而已。①

反垄断法之所以在西方资本主义国家最早和长期成为经济法的核心，主要是由它们所实行的市场经济体制和生产资料私有制决定的。在原来自由市场经济阶段，社会经济全凭市场调节，国家不干预经济是一贯传统。当后来垄断发生而开始需要国家干预时，国家所要作的也仅为反垄断而已，国家不允许、也不需要、不习惯作更多的干预。美国的情况最能说明这点。美国是最典型的奉行自由放任经济政策的国家，为什么恰恰在这里最早发生国家干预、最早颁布反垄断法而开了经济法独立的先河？这一方面固然是当时美国经济发展，生产社会化和垄断形成的过程较早，另一方面也正是由于自由放任的经济传统，使人们对于垄断限制自由竞争特别敏感，促使国家出面干预。但美国的自由经济传统同时又限制国家除采取反垄断这种作法外，不再过多干预。这便是美国的经济法不仅在当时（罗斯福新政之前），而且在以后很长时间内，其反垄断法都是最重要的法律的原因所在。

另一方面，私有制的经济基础也不允许国家过多干预经济。反对垄断是不得已而为之，并符合私有经济的根本利益。而国家的其他干预措施不到十分必要，往往遭到各私有者的坚决抵制。后来在特定历史背景下（如经济危机、战争等），许多西方国家发展了国家投资和国有企业，一些国家并几度掀起“国有化”高潮。但其规模和在整个国民经济中的地位始终有限。国家投资经营法始终未能成为各国经济法的核心。至于国家运用计划、经济政策和调节手段对社会经济实行的各种宏观引导控制措施，在私有制条件下也举步维艰，长期难以发达。宏观引导调控法长期不能上升为经济法的核心，这也是反垄断法能够长期居于经济法核心地位的重要原因。

社会主义国家的情况则不同。从政权建立时候起，这里就实行公有制和计划经济体制。传统理论认为，社会主义经济基础要靠政权建立后重新组织和建设。因此，国家大量、全面介入经济生活。社会经济的结构和运行全凭“国家之手”调节（实为“组建”、“统制”），几乎完全排除市场调节机制的作用。国家组织和建设自己的经济基础最主要的途径和措施，是搞国有化，大量发展国家投资和国有企业。国有经济在整个国民经济中长期占据绝对优势，不仅是主导力量，而且是主体部分。与之相适应，这些国家颁布了大量国家投资和国有企业立法。这方面立法的数量和重要性不仅在经济法体系中，而且在国家的整个经济立法中远居首位，为其核心。国家的其他经济调节方式和其他经济法立法都主要围绕国家投资和国有企业进行。例如国家计划、经济政策和各种调节手段，首先和最主要的是针对国有经济和从有利于国有经济发展出发的。由于实行计划经济，本来就不提倡自由竞争，虽

① 〔日〕金泽良雄：《经济法概论》，甘肃人民出版社 1985 年版；丹宗昭信等：《现代经济法入门》，群众出版社 1985 年版。

然不能说不存在垄断现象，但无论是否因垄断引起的限制竞争问题，并不被人们重视。因此反垄断法长期缺位，国家投资经营法在经济法体系中的核心地位长期未遇到挑战。这种情况在苏联、东欧国家一直延续到20世纪八九十年代之交国家制度变革。中国70年代末开始进行经济体制改革。改革的中心环节是国有企业改革。这期间关于国有企业的立法(包括关于改革的各种立法)仍占据着经济法的核心地位。1992年以后，国家加快改革步伐，决定实行社会主义市场经济，国有企业在国民经济中的比重和地位正逐渐发生变化，国家投资经营法在经济法体系中的核心地位也正在逐渐让位给宏观引导调控法。

经济法体系的核心是发展变化的。历史条件变化，特别是国家经济体制变化和国家调节经济的重点和方式变化，必然引起各有关立法的相互关系和地位的变化。无论在西方资本主义国家或在中国，近一二十年来这种变化逐渐明显。各自经济法的核心正在发生转移，宏观引导调控法在经济法体系中的地位正在上升。这是两股相向的变化趋势：在西方资本主义国家，其经济法体系的核心正在由反垄断法移向宏观引导调控法；在中国，则由国家投资经营法逐渐让位于宏观引导调控法。宏观引导调控法正在成为各国经济法的核心。这是20世纪与21世纪之交世界范围内经济法体系发展变化最显著的特征之一。

在将来各国宏观引导调控法进一步发展并稳居经济法核心地位以后，市场规制法和国家投资经营法由于作用的领域及方式的特定性仍不失为国家调节和经济法体系中相对独立的构成部分而继续存在，继续发挥其特有的作用；这两个方面的立法仍将是经济法体系的基本构成之一。

【复习思考题】

1. 简述经济法立法内容上的体系构成。
2. 简述经济法规范形式上的体系构成。
3. 试从理性分析与实证分析两个方面论证经济法体系的三个基本方面的法律构成。
4. 举例分析我国学界当前在经济法内容和体系构成上存在的一些分歧。

第五章 经济法的责任制度和实施机制

第一节 经济法责任制度

一、经济法的法律后果与法律责任

法律后果是指法律实施(含法律被遵守与法律适用)中有关人们依法所应承担的后果。

法律规范结构体系中既规定人们的行为模式,又规定法律后果。在法律规定的人们行为模式中,有些是规定人们可以为或不为某一定行为,这是法律赋予的权利;有些则是规定人们必须为或不为一定行为或者禁止为或不为一定行为,这是法律规定的义务。法律规定的法律后果,包括肯定式后果和否定式后果。肯定式后果有一般肯定和有着具体形式的肯定;同样,否定式后果也有一般否定和有着具体否定形式的否定。

人们遵守法律导致肯定式法律后果。这通常是一般肯定;但是,如果人们模范地和成绩显著地遵守了法律,则可以获得有着具体肯定形式的肯定,即可以获得法律所规定的奖励。后面这种情况是指人们所遵守的是一种"提倡性规范"——这种规范不同于强行性规范和任意性规范,它规定提倡、鼓励人们为或不为某种行为,还可能规定奖励。奖励是只同提倡性规范相联系的法律后果形式。①

人们违反法律义务导致否定式法律后果。其中违反强行性规范的一般会导致有具体否定形式的否定。这种否定式后果的构成包括两个相关联的环节,即法律责任与法律制裁。法律责任是行为人违反法律规定的义务所应付出的代价;法律制裁则是由国家机关强制违法行为人履行其应负的法律责任,即强制其付出代价。

违反不同部门法所规定的各种法律义务,需承担不同部门法所规定的各种法律后果,行为人应负不同的法律责任,要受到不同的法律制裁。违反经济法所规定的法律义务,需承担经济法所规定的法律后果,行为人应负经济法责任,要受到经

① 漆多俊:《论奖励》,《法律与社会》1991 年第 5 期;漆多俊:《论经济法的调整方法》,《法律科学》1991 年第 5 期。

济法制裁。

经济法责任，是指人们违反经济法规定的义务所应付出的代价。不同部门法规定的法律义务性质不同，因此法律责任的性质也不相同。经济法规定的义务，是各种经济法主体（包括国家经济调节主体和被调节主体）在国家经济调节中必须依法正确实施调节，或服从和执行调节和管理。违反这些义务，即给国家经济调节和国家、社会或者具体的社会组织与个人的经济利益造成损害。所以，经济法规定的法律责任（即经济法义务违反人应付出的代价），便是弥补给国家经济调节和给国家、社会或其他被侵害者的经济利益造成的损害，消除上述方面已经造成和将会造成的不利影响。

经济法责任具有鲜明的经济性和社会性。所谓经济性，是指它系国家经济调节中发生的法律责任。对国家调节主体而言，是因违反法律规定的国家经济调节管理义务而对国家和对被调节主体承担责任；对被调节管理主体而言，是因其经济活动违反国家调节管理规定而对国家和对社会其他经营者、消费者承担责任。总之，上述这些责任都发生在经济领域，都因经济活动和国家经济调节管理活动而引起。所谓经济法责任的社会性，是指这种法律责任直接同社会利益相关。国家调节经济是为了社会经济总体和长远利益，是为了社会经济的和谐、效率、公平和正义，这虽然也是一种国家职能，但具有社会公共职能性质。违反经济法所承担的责任，看似直接对国家或对企业、个人的责任，实际上由于所损害的主要是社会利益，而承担责任也主要是为了防止、弥补或消除社会损害，所以实际上主要是一种社会责任。在经济法的立法和实施中，认定责任条件、界定责任标准、掌握归责原则，最重要的是基于社会总体利益的考虑。这无论是在反垄断与反不正当竞争中，还是国家投资经营或国家宏观引导调控中，都是如此。

经济法责任，在中国经济法学界过去人们通常称为“经济法律责任”。鉴于“经济法律”一词容易被人们理解为“关于经济方面的法律”，所以本书不使用“经济法律责任”这一提法，而称之为“经济法责任”。

二、经济法的责任形式与制裁方式

经济法责任既然是经济法义务人应当为其行为给国家经济调节和国家与社会经济利益所造成的危害付出的代价，那么，这种代价应当同国家经济调节和国家、社会或其他被侵害者的经济利益相关，并与行为人在这方面所造成的危害的性质、后果和程度相当。它或者是对被侵害者的财产和经济利益进行补偿，或者是消除侵害行为可能继续产生的危害和影响，或者是限制或剥夺侵害人此后可能继续进行危害的资格和手段。因此，经济法责任的种类即责任形式，主要包括财产和其他经济利益方面的责任、经济行为方面的责任、经济信誉方面的责任、经济管理行为方面的责任等。

（一）财产和其他经济利益方面的责任（简称财产责任或经济责任）

这是经济法义务违反人因其行为给国家、社会或特定的社会组织与个人造成财产和其他经济利益损害，而应当以属于自己的财产和其他经济利益给被损害者以补偿的承担责任的方式。承担这种责任的条件，必须是违法行为已经造成财产和其他经济利益的损失，责任范围一般应是等价补偿。这两点同民法规定的民事责任中的财产责任是相同的。它们不同的地方在于：(1) 两种责任发生原因不同。经济法的财产责任发生在国家经济调节和管理活动中，是行为人在执行国家经济调节管理公务过程中因主观过错而给被管理主体造成损害，或者是被管理主体因不服从管理、不履行接受调节管理的义务而给国家、社会或其他组织与个人造成损害所应承担的责任。民法中的财产责任发生在社会各平等主体之间的经济交往过程中，是行为人对其他社会组织或个人造成损害所应承担的责任。(2) 两种责任可能实现的程度不同。社会组织或个人对国家和社会造成的经济危害，当其数额十分巨大时，仅以其所有的财产往往不能充分补偿，这时还需采取其他责任形式以弥补；国家经济管理机关或其工作人员在执行经济管理公务时给被管理主体造成的财产和其他经济损害，更无法以其所有的财产进行补偿，因为国家机关占有的财产其所有权是国家的，不能擅自用国家财产来为其违反经济法的行为承担补偿责任。这时也只能采取其他责任形式。国家机关负责人和直接责任人员虽可采取财产责任形式，但这种责任形式通常不足以补偿其所造成的损失。可见经济法中的财产责任形式的采用范围是非常有限的，而民法中的财产责任形式的采用却是极为普遍的。

（二）经济行为方面的责任（简称经济行为责任）

这是经济法义务违反人以其经济行为受到某种限制作为代价承担责任的方式。经济行为受到限制，是指限制或剥夺从事某种经济活动的资格和手段，限制其某些经济行为方式。这一则是为了防止他们在以后的该种经济活动中继续作出危害行为，同时也是为了清除其危害行为造成的不良社会影响。在采取这种责任形式时，对于责任人经济行为的限制，必须是与其危害行为相关的那些经济活动领域或相类似的经济行为；应受限制的经济活动领域和经济行为种类不宜过广。经济行为责任形式是经济法责任中普遍适用的一种责任形式，其适用对象为国家经济调节中的被管理主体。

（三）经济信誉责任

这是经济法义务违反人以其经济信誉受到损失为代价承担责任的方式。所谓经济信誉，是指在经济活动中同他人经济交往方面的信用和声誉。经济活动是社会活动，是人与人之间的一种社会关系。有良好信誉，他人才会放心和愿意同他进行经济交往。特别对于企业和其他经营者来说，经济信誉是其从事经济活动的生命，至关重要。以经济信誉受到损失为代价承担责任，对于违法行为人能起到有力的惩戒作用，防止危害继续发生；同时也能教育、警戒社会上的其他人，消除不良影响。经济信誉责任形式的适用对象主要是企业及其他生产经营者。他们承担这种责任的程度和范围，应与其社会危害的大小和范围相当。也就是说，使其经济信誉受到损失的方式、时间、社会范围，应恰当掌握。

（四）经济调节管理行为责任（简称经济管理责任）

这种责任形式适用于国家经济调节主体，即各种国家经济管理机关及其工作人员。所谓经济调节管理行为责任，是指违反经济法所规定的经济调节管理义务的国家经济管理机关及其工作人员，以其经济调节管理行为受到某种限制为代价，承担责任的方式。所谓经济调节管理行为受到某种限制，包括限制或剥夺其经济调节管理资格（经济调节管理职权），纠正、调整其经济调节管理行为。实行这种责任形式，可以终止其继续危害，减轻、补救其危害行为造成的损害，防止危害行为继续发生的可能性，消除其违法行为造成的社会影响。因此，这是一种十分必要和有效的责任形式。但在许多国家的经济法中，这种责任形式尚未很好确立。按中国迄今的作法，国家经济管理机关因过失导致违反管理义务，很难追究其责任，最多只是对其负责人和"直接责任人员"，依据行政法追究其行政责行，或者使他们承担诸如扣发其工资奖金的所谓"经济责任"。所谓"经济责任"，也主要是一种行政法的责任形式，并且，这种责任形式同行为人因违反义务而造成的损害，两者很不相称，不能补偿其所造成的损失。被管理主体违反义务有相应的责任形式，而对于管理主体违反义务，如不建立相应的责任制度，则是不公平、不合理的。

有人把经济法责任称作"经济责任"，这很不妥当。"经济责任"，或称"财产责任"，只是经济法责任中的一种，不能用它替代整个经济法责任概念，经济法责任还包括其他一些责任形式。

如前所述，法律后果包括法律责任与法律制裁两层意思：法律责任是指法律义务违反人应当付出的代价；法律制裁则是由国家机关强制其付出代价，以履行其应当承担的法律责任。经济法的制裁就是有关国家机关强制经济法义务违反人对其所造成的危害付出代价，以履行其经济法责任。违法行为人应当承担的责任有各种形式，国家机关应当按照其应承担的责任形式，采取相应的措施强制其履行。国家机关强制其履行应承担的法律责任的措施，即为法律制裁方式。法律制裁以被制裁者应当承担的法律责任为前提，是法律责任的强制实现。法律制裁方式必须与法律责任形式相适应，是法律责任形式强制实施的具体表现。法律制裁方式如果同法律责任形式不相适应，就会发生制裁不当，过重或过轻的现象。经济法制裁方式同经济法责任形式的关系也是如此。

经济法责任形式中的经济责任（或财产责任），是经济法义务违反人以其财产或其他经济利益受到一定损失的方式承担的责任；为了强制实现这种责任形式，国家机关采取的制裁方式便是罚款、罚交滞纳金、罚息、收缴应上缴收入、没收非法所得等货币制裁，或者征购、征用、没收财产等财产制裁。

经济法责任形式中的经济行为责任，是经济法义务违反人以其经济行为受到某种限制为代价承担责任；这决定国家机关适用的制裁方式通常为强制整顿、强制停业、吊销生产许可证或营业执照、强制解散、限制从事某些经济活动的资格等。

经济法责任形式中的经济信誉责任，是使责任人的经济信誉受到损失；所以国家机关适用的制裁方式通常包括通报批评、撤销荣誉称号等。

经济调节管理责任形式是以国家经济调节管理机关及其工作人员从事经济调节管理的资格和经济调节管理行为受到某种限制的方式承担责任；与此相适应的制裁方式便通常包括责令修改、调整原所下达的计划指标，责令减、免被管理主体原来规定上缴的利润和收费，撤销摊派，停止、纠正或撤销不恰当的调节管理行为，撤销或调整其有关经济调节管理职权等。

根据中国现行经济法的各种法律、法规中所规定的法律责任形式和法律制裁方式体系作如下初步整理。

1. 对于企业、事业单位、个体经营者和其他个人等基本经济活动主体（基本被管理主体）

（1）经济（财产）责任和经济制裁

货币制裁，包括：罚款，交滞纳金，罚息，减少、停止或提前收回贷款，追回被侵占挪用的资金，收缴应上缴收入，没收非法所得等。

实物制裁，包括：强制转移财产所有权，如征购、征用、减少或停止计划物资供应、没收等；强制转移使用权，如强制许可使用等。

（2）经济行为责任和经济行为制裁

其制裁方式包括：强制整顿，强制停业，吊销生产许可证，吊销营业执照，强制解散等。

（3）经济信誉责任和经济信誉制裁

其制裁方式包括：通报批评，撤销荣誉称号，取消或限制从事某些经济活动资格（限制经济活动资格，也是一种经济行为责任和经济管理行为制裁方式）等。

2. 对于国家经济管理机关（经济调节管理主体）

这主要是经济调节管理行为责任和经济调节管理行为制裁。其制裁方式包括：责令调整原所下达的计划指标；责令减、免被管理主体原来规定需上缴的利润和收费；撤销摊派；停止、纠正或撤销错误或不当干预、管理行为；限制或剥夺经济管理资格（经济管理职权）等。

此外，也可令其承担一定经济（财产）责任，给予经济（财产）制裁。其制裁方式如赔偿损失等。由于国家经济管理机关并无归其所有的独立财产，其财产所有权属于国家，国家经济管理机关的负责人和直接责任人员的个人财产有限，往往不能凭此完全承担其责任，因此，此种责任形式和制裁方式不能普遍适用，并往往不能独立适用，即还需令其承担经济管理行为责任、接受经济管理行为制裁。

国家经济管理机关工作人员，在经济调节管理活动中如果同时还违反有关行政法规范，还应承担相应的行政法责任和受到行政法规定的制裁。①

第二节　经济法实施机制

一、经济法的实施体制

法的实施，即法律规范在社会生活中的贯彻和实现。它既指法在实际上调整一定社会关系并产生一定社会效果的过程，也是指国家有关法律实施的各种制度。法律实施不是国家放任自流，让其自发进行的过程，而是在国家严格控制之下的，国家建立一系列制度保障该过程的实现。法律实施制度属于国家法制范畴而为整个法制运动的一个重要环节。法律实施制度包括有关立法中确立的诸如实施机关、实施程序等规定，还包括在立法以外国家采取的其他各种措施，如法制宣传教育、道德、纪律措施等。

法律实施包括法律的遵守和法律的适用两个方面。遵守法律是法律实施的基础，是其最基本的一个方面。国家需要采取各种措施，教育、鼓励它的各级机关及其工作人员和广大人民群众自觉遵守法律。这些措施包括：广泛进行法制宣传教育，增强人们的法律意识和遵守法律的自觉性，树立"守法光荣"的道德标准；制定各种规章制度(包括乡规民约)，把自觉守法纳入各种纪律规范，引导人们遵纪守法；建立各种奖励制度，表彰遵纪守法的人和事。

上述奖励制度包括两种性质的奖励：一是对模范地遵守纪律的奖励，二是作为模范地、成绩显著地遵守提倡性法律规范的一种法律后果形式的奖励。这两种奖励都是鼓励人们自觉遵守法律的重要手段，但它们有着许多不同特征。例如：

① 经济法法律责任形式和制裁方式，加上经济法奖励措施，便构成"经济法法律后果"体系。其中经济法奖励措施通常为：

(一) 对基本经济活动主体的奖励

(1) 物质奖励，包括：减、免或部分返还应上缴的税收、利润；信贷优惠；价格优惠；物资供应优惠；财政补贴；颁发奖金等；

(2) 精神奖励，包括：通令嘉奖；授予单位、个人或产品荣誉称号等。

(二) 对国家经济管理机关的奖励

(1) 物质奖励，如颁发奖金或奖品等；

(2) 精神奖励，如通令嘉奖、授予荣誉称号等。

国家经济管理机关工作人员，还可根据行政法规定，适用行政法其他奖励方法。

奖励适用依据不同：前者依据各机关、团体、企事业单位制订的纪律、规则，后者依据国家制定的法律规范；奖励适用主体和程序不同：前者适用主体通常为制订纪律性规范的单位，并按该单位规定的程序和办法施行，后者适用主体为执法机关，施行办法和程序一般由法律作了规定；奖励适用对象不同：前者为模范地遵守纪律规范者，后者为模范地遵守法律规范者，后者适用对象的范围较前者更具普遍性。此外，两种奖励在奖励形式、效力等方面，也各有不同。虽然对于遵守纪律的奖励，其本身不属于法律规范结构的一个要素，但它对于保障法律的实施有重要作用，因此也属于法律实施体制的一项内容。

经济法是国家调节经济之法，而现代国家调节社会经济十分重视运用引导、鼓励的方式，教育人们遵守法律显得尤其重要。这方面的各种制度是经济法实施体制的一个十分重要的内容。

法律实施体制还包括法律适用制度，即对于违反法律的确认和处理方面的制度和作法。它是法律实施体制的一项核心内容。法律适用，是指有关国家机关依据法律（实体法）规定的人们行为规则及法律后果，并按照法律（程序法）规定的程序，对当事人具体行为遵守或违反法律以及遵守或违反的情节进行认定，并决定行为人是否和怎样承担具体的法律后果形式的活动；或指上述活动中的各项制度。

法律适用包括对某具体行为是否违法及违法情节进行认定，并决定行为人是否和怎样承担法律责任、是否和怎样受到法律制裁；还包括对某具体行为是否遵守及遵守情况进行认定，并决定行为人是否和怎样接受肯定式法律后果、是否和怎样受到奖励。这后面一种，也是法律适用。但由于历来法律侧重于强行性规范和法律制裁，提倡性规范和奖励未引起足够重视，也未建立相应的制度，因此，迄今人们所谓法律适用，是单指前一种情况，即对于行为违法的认定和处理。

法律适用还因适用机关与适用程序等的不同，而分为行政执法与司法两种：司法特指国家专门司法机关处理案件的活动；行政执法则指国家行政机关及国家授权的其他机关依照法定职权和程序适用法律的活动。

经济法所调整的是在国家调节经济过程中的国家经济调节关系。它是在各国家机关之间、国家机关同有关被管理主体之间发生的一种调节管理与被调节被管理关系。经济法所调整的这种社会关系同行政法所调整的行政管理关系，性质上有所交叉。所以，经济法的适用机关和适用程序常常同行政法的适用机关和程序有所相似或相同。在国家调节管理经济的过程中，常常出现属于民事性质的损害赔偿问题，并常常发生一些民事关系或具有民事关系性质的社会关系，这在国家以特殊民事主体身份实施管理时尤其如此。所以，经济法的适用机关和适用程序有时同民法相同。在国家调节管理经济中发生刑事犯罪时，经济法的适用则同刑法的适用相同或类似。但是，经济法由其特殊性决定，在法的适用上毕竟有着许多自身特点。

二、经济法适用机关

由于经济法是有关国家经济调节之法，国家经济调节乃现代国家一项重要职能，担负这一职能的必然涉及几乎所有国家机关，包括国家权力机关、行政机关和司法机关，从这个意义上可以说，上述所有各种国家机关都有适用经济法的职权，都属于(广义的)经济法适用机关范畴。但由于职权分工不同，它们所担负的法律适用任务有所不同。其中大量的法律适用任务是由各有关行政机关和司法机关担任的。国家权力机关，特别是国家最高权力机关在国家经济调节方面主要任务是负责重大决策，制定法律，决定经济和社会发展计划及各项重大经济政策；它们也需要对计划、政策和法律的实施、执行情况进行检查、监督，特别是对各行政机关及其工作人员在实施政策和法律中的情况检查监督。如果发现他们有违反法律义务情形，国家权力机关可以对其进行弹劾、罢免，或责成有关行政机关、司法机关处理，或另行设立专门机构审理。这时国家权力机关便是在适用法律。

国家各级行政机关是国家经济调节任务的执行机关，也是经济法适用的主要机关——行政执法机关。行政机关及其工作人员在组织实施国家调节任务过程中，对于违反经济法规定的义务的单位和个人，需要在作出认定基础上依法给予处理和法律制裁。这就是行政执法。例如，在竞争法的适用上各国都规定有关行政机关参与，如英国的国务大臣，德国、法国的经济部长等。在国家投资经营法和宏观引导调控法的实施中，对于违反法律义务和发生有关纠纷的，更主要是由有关各行政机关负责处理，给予行政制裁。许多行政机关并设有专门行政执法机构负责对于经济法实施中的纠纷和违法案例进行查处。后者如中国在县以上地方各级人民政府设立的行政复议机关，受理公民、法人和其他组织对《行政复议法》所规定的不服具体行政行为而申请复议的案件。

国家各级司法机关是各国负责法律适用的专门机关，也是经济法适用的重要机关。在依照经济法实施的国家经济调节活动中，对于违反法律义务和所发生的纠纷，有关当事人可以向司法机关请求通过诉讼程序解决。对于虽然已经通过行政机关适用法律，而当事人不服行政执法处理的，也可诉诸司法程序解决。负责经济法适用的司法机关，包括普通司法机关与特别设立专司经济法适用(或还管辖其他有关案件)的司法机关。例如，有些国家设有专门管辖竞争法案件的司法机关，如英国的“限制行为法院”及其以后的“竞争上诉法院”、德国的“卡特尔法庭”等。除竞争法以外，许多国家还设有其他一些专门法院或法庭，以适用包括某些经济法案件在内的特定范围的案件，如美国的关税和专利上诉法院，德国的财政法院、劳工法院、社会法院、行政法院，法国的行政法院、商事法院、劳资仲裁法庭。各国的普通司法机关也担负大量的经济法案件的审理。例如美国的司法部、联邦上诉法院和其他法院，德国的联邦上诉法院和其他法院，欧共体的欧洲法院等，在适用竞争法方面发挥着重要作用。

在经济法适用机关方面，各国还有一种特别做法，即在普通行政机关与司法机关之外，还特别设立一种专司经济法实施的机构。这主要表现在各国反垄断法实施主管机关的设置上。美国根据1914年《联邦贸易委员会法》规定设立联邦贸易委员会，作为反垄断法实施的专门机关。此后各国的竞争法实施大多仿效这种做法，如英国设立的公平贸易局和竞争委员会，德国的联邦卡特尔局、日本的公正交易委员会、法国的联合与支配地位委员会等。各国的这些专门机构拥有广泛的权力，有些还被赋予“准司法权”、“准立法权”。它们不同于普通国家行政机关。

概括起来说，各国的经济法适用机关主要有国家行政机关、司法机关和特设专门机关。这些机关在经济法适用上既有分工，又互相衔接配合。这三种机关的作用和地位在不同国家也有所不同，有些国家更重视行政机关的行政执法，有些国家则更重视司法机关的司法机制。但多数国家都规定案件最终可以“接近司法”，[①]进入司法审理程序。即使对于反垄断案件，除普遍重视专门机关的作用外，也有所谓“行政主导型”或“司法主导型”之分。

三、经济法适用程序

经济法的适用程序也大致有三种情况：一是经济法特有的适用程序；二是普通行政执法程序；三是普通司法程序。目前各国对于反垄断法的适用，多规定了特别程序，对其他经济法规范的适用，则基本上按照普通行政执法程序和普通司法程序。

各国的反垄断法在规定实体性权利义务的同时，往往同时规定程序法。例如各国立法中都较详细地规定了对于各种垄断和限制竞争行为进行调查、登记、报告、扣押或没收财产或发布其他禁令、起诉、审理、处罚等程序，规定了各执法机关和司法机关在查处案件中的分工、衔接和配合。欧共体还规定了由欧共体执行和由各成员国国家机关执行的分工与衔接。美国1962年制定了《反托拉斯民事程序法》，规定了授权司法部强制企业在反托拉斯民事调查中提供有关资料和其他方面的程序；1974年通过《反托拉斯诉讼程序和惩罚法》。这些都是专门的经济法适用程序法。

各国大都规定了各种行政执法程序。例如中国《行政复议法》，详细规定了申请复议范围、复议管辖、复议机构、复议参加人、申请与受理、审理与决定、期间与送达等行政复议程序。在国家调节管理经济中的许多争议也适用普通行政执法

① 漆多俊、王新红：《经济法纠纷的司法解决》，《检察日报》2003年1月1日。

程序。

普通司法程序规定在各国的民事诉讼法、行政诉讼法或刑事诉讼法之中。许多经济法性质的案件，除经济法中另有特别规定以外，也分别适用这些普通司法程序的规定。

在经济法适用程序问题上，中国经济法学界曾经存在两种较极端的观点：有的认为，经济法作为一个独立部门法，在适用程序上也是“独立”的，要在传统“三大诉讼”之外，另建立一套被他们称之为“经济司法”的特有的经济法诉讼程序；有的则完全否认经济法适用程序的特殊性，认为完全可以适用既存的民事诉讼程序、刑事诉讼程序和行政诉讼程序。这两种意见都是不可取的。作为一个独立部门法，主要在于它有其特殊的调整对象和任务，不在于必须建立另外一套法律适用程序。社会关系越来越复杂，法律体系中分立出的部门法越来越多，不可能每一个部门法都建立一套自己的程序法。传统三大诉讼程序已经基本适应各种部门法的诉讼需要，另搞一套既无必要，也是不可能的。但另一方面，经济法及其他一些部门法由于所调整的社会关系的一些特殊性，在诉讼程序上确实也总会有这样那样一些特点，未必能完全适用传统三大诉讼程序。但这可以在基本适用三大诉讼程序基础上，仅就其特殊性制定某些特别的程序规定，例如反垄断案件的处理就是这样做的。除司法程序外，在行政执法中，许多经济法案件的处理程序也是有着许多特点的，可以根据具体情况作出适当规定。

【复习思考题】

1. 简述经济法责任制度的特点。
2. 举例说明经济法法律规范结构体系中的提倡性规范和奖励。
3. 简述经济法责任形式体系。
4. 经济法法律适用机关和适用程序有哪些特点？

第六章　反垄断法律制度

第一节　市场竞争与反垄断法

一、竞争与垄断概述

（一）竞争的概念与性质

市场竞争的基本含义是通过争斗成为强者的过程。在市场经济中，竞争大多是在经营者之间进行，但现在越来越多的主体参与到市场活动中去的事实，使得竞争的范围不断扩大，竞争的概念也就变得宽泛起来。一般来说，竞争是指各类主体为了实现既定的经济目标，相互较量争夺市场利益的行为，以及由许多这样的行为连接而成的整个经济过程。①

竞争既是一个动态的行为过程，又是资源配置的有效机制。在市场经济的条件下，追求利益最大化是竞争的内在动力，经营者总是希望以最少的投入获取最大的利润。为了获得或保持在市场中的地位，经营者必须通过改进技术、改进劳动组织等创新手段提高竞争能力，把自己的劳动迅速转化为社会劳动，完成从产品到商品的"惊险跳跃"。当率先创新的经营者藉此获得较大利益时，其他企业也会跟踪这种创新。这一过程普遍化之后，又会开始新一轮的挑战和呼应。通过市场主体之间的不断较量，使得资源从效率低下的企业流向效益率较高的企业，由此达到合理有效的配置。市场竞争表面上看是企业和企业之间的价格或市场的争夺，而本质上则体现了社会资源在不同行业、不同生产经营者之间的流动。通过这种流动，促进了资源的有效利用。由此可见，市场经济的核心就是竞争的过程，竞争释放出的强大动力，从不同角度影响着竞争者个体和社会整体，从而使经济资源得到合理有效的配置和利用。从这一意义上讲，竞争构成了市场经济体制的内在要素，是市场经济最基本的制度原则。②

（二）竞争的功能

纵观人类社会发展的历史，因此，认识和充分发挥竞争的功能是发展市场经济

① 徐士英：《新编竞争法教程》，北京大学出版社 2009 年第 1 版。
② 陈秀山：《现代竞争理论和竞争政策》，商务印书馆 1997 年版，第 6 页。

的重要前提。

1. 竞争促进社会技术进步

市场主体获得或维持利润的追求是促进企业创新的重要原因，竞争迫使每一个参与者都必须按照最经济的原则行事，通过"技术创新和组织创新"①竞争的结果使生产的技术得到改进和推广，社会产品的成本得到下降，资源得到充分有效的利用，从而带动了整个社会的创造力。而垄断的存在则导致企业丧失这种创新动力，减弱竞争者不断推出新产品和服务的激励，阻碍科技技术的研究和发展。

2. 竞争调节社会供求矛盾

竞争机制中最活跃的是价格，在竞争机制作用下产生的价格是最佳的市场信号。市场价格随着市场供求关系的变动而变动，这种变动对供求关系也会产生反馈作用，从而调节着资本的不断流动。正是通过资本在不同产业部门之间根据利润高低的流动，社会总供给和总需求才能实现平衡。因此，市场竞争从表面上看是企业和企业之间的价格或市场的争夺，而本质上则体现为社会资源在不同行业、不同生产经营者之间的流动。通过这种流动，促进了资源的有效利用。从这一意义上讲，竞争构成了市场经济体制的内在要素，是市场经济最基本的制度原则。②

3. 竞争实现市场主体的优胜劣汰

市场竞争是不以人们意志为转移的，竞争好似一架巨大的机器，它一旦运转起来，一切市场主体就只能赤裸裸地面对它，任其切削、剥离和筛选。竞争中的失败者就被"吞噬"掉。强弱兼并、破产消亡正是这种"吞噬"的体现。但是，促使市场优胜劣汰正是竞争的神奇所在，市场竞争的"丛林法则"，让资源(资本和劳动力等)在不同部门之间得到有效配置。竞争就是一只强有力的无形之手，推动着社会技术的不创新发展，人类社会也就在这样的改进中发展。

（三）垄断是竞争的对立面

垄断是自由竞争的必然结果，它是竞争的对立面。早期的经济学理论强调市场结构对于垄断形成的重要性，被称为结构主义理论。认为垄断是"一个或少数几个企业支配产品或服务的销售的市场结构状态"③，将企业在相关市场中的支配性份额作为判断垄断的主要依据。经济学理论的发展使人们对垄断性质的认识发生变化，认为构成垄断的决定性因素不是市场结构，而是市场主体的行为，即具有市场支配地位的企业滥用其优势，排除或限制竞争的行为，这就是行为主义理论。作为法律规制对象的垄断行为不仅包括现实的限制竞争的垄断行为，还包括潜在的、可能限制竞争的企图垄断行为。如可能严重影响市场竞争的企业合并行为等。

① 胡汝银：《竞争与垄断——社会主义微观经济分析》，三联出版社 1989 年版，第 27 页。
② 陈秀山：《现代竞争理论和竞争政策》，商务印书馆 1997 年版，第 6 页。
③ Black's Law Dictionary (sixth edition), West Publishing Co. 1990, p. 1006.

（四）垄断对市场经济的影响

垄断对于市场经济的持续发展有着极为重要的影响。除了少数有利于社会整体效率提高的垄断行为（如知识产权垄断、自然垄断以及国家垄断）之外，市场垄断一般都受到否定。

1. 损害市场效率

经济学研究的成果表明，所有现实存在的垄断现象的共同特征是：垄断主体对经济运行过程具有实施以排除竞争为目的的排他性控制能力。由于人为设置的市场进入壁垒，一方面导致资源流动受到障碍，损害资源分配和利用的效率；另一方面使得技术和管理的创新动力不足，最终导致社会经济的整体低效。

2. 减少消费者福利

从社会现实看，垄断企业利用其优势获取超额利润是普遍现象，抬高价格、强加不合理交易条件、歧视对待交易对手等行为最终都是以减少消费者的整体福利为代价的。因此，各国反垄断立法大多伴随消费者对垄断势力的强烈抵制。

3. 阻碍经济民主

竞争导致市场力量高度集中，垄断势力成为不受控制的经济支配力量，不仅使市场普遍失去活力，而且市场中原来平等的经济机会和经济权利就会沦为垄断者排挤、掠夺和控制中小企业和消费者的工具。如果对垄断势力不加以控制，现代民主社会所倡导的经济民主和经济自由就会变成一纸空文。①

二、反垄断法

为了消除垄断的消极影响，促进和维护市场竞争，保障消费者在市场竞争条件下享有的利益，以限制垄断行为为目标的立法活动已经成为大多数市场经济国家补正市场体制缺陷的重要内容。

（一）反垄断法的产生与发展

资本主义自由竞争时期，市场主体的意思自治、契约自由作为立法的指导思想，法律制度从整体来讲是以个人权利为本位的，并在此基础上形成了完整庞大的私法体系。这一法学理论及其影响的法律制度对促进社会经济的发展产生了重要的意义。但是，这种不受约束的自由竞争却带来了资本主义社会严重的矛盾和危机，“从自由竞争中生长起来的垄断并不消除竞争，而是凌驾于竞争之上，与之并存”。② 垄断不尽极大地削弱了竞争应有的效率，而且严重影响社会经济的持续发

① 这种社会思潮最终导致美国1890年《谢尔曼法》的颁布。正如当年的参议员谢尔曼在提交这部法律草案时所大声疾呼的“如果我们不能忍受作为政治权力的皇帝，我们也不能忍受统治我们各种生活必需品的生产、销售和运输的皇帝”，这是对垄断损害经济民主和经济自由的最生动的描述。

② 列宁：《帝国主义是资本主义的最高阶段》，《列宁选集》第2卷，人民出版社1995年版，第630页。

展。人们开始质疑那些合乎个体效率却不合乎社会整体利益的自由竞争行为，反思个人权利本位的立法理念。对于立法、执法和司法中无条件维护个人自由权利的制度提出了变革要求，这直接导致了现代经济法的产生。其中，以遏制和消除垄断行为负面影响为直接目标的反垄断立法运动顺理成章地成为人类社会的必然选择。1890 年美国的《谢尔曼反托拉斯法令》（以下简称“谢尔曼法”）被认为是现代反垄断法的鼻祖。该法在拯救和维护市场经济体制和提高社会整体效率，保障市场经济持续发展方面发挥了卓有成效的作用。

美国的反托拉斯立法对世界各国产生了深远的影响，从实体规定和程序规定两个方面均为各国立法提供了良好的借鉴。1957 年，原联邦德国制定了《反对限制竞争法》，并先后进行 7 次修改，使之成为欧洲各国反对垄断和限制竞争最典型的法律制度。欧盟于 20 世纪 50 年代成立之时签署的《罗马条约》，是保护共同体内的自由贸易与公平竞争最重要的法律。日本在二战后颁布了《关于禁止私人垄断和确保公平交易的法律》和《经济力量过度集中排除法》，极大地促进了日本政治和经济民主化的进程。

20 世纪后期，发展中国家和转型经济国家因为消除计划经济体制的痼疾，也在体制改革过程中纷纷制定反垄断法或公平竞争法，保护市场体制的健康运行。在这些国家的立法中，对于政府垄断行为的规制尤其令人瞩目。

（二）国外反垄断立法简介

1. 美国反托拉斯法

美国的反垄断法最早是以规制大型企业托拉斯（Trust）为核心的一系列法律制度。19 世纪末，美国进入垄断资本主义高速发展时期，市场力量迅速集中，市场结构严重失衡。① 不仅中小企业和消费者在交易中的利益越来越无保障，整个经济运行乃至社会民主都受制于垄断企业。为制约托拉斯的垄断行为，维护社会经济民主制度，《谢尔曼法》应运而生。该法第 1 条规定，任何限制贸易和商业的契约，不论是以托拉斯形式还是联合或共谋形式都是严重的犯罪。法律禁止竞争者之间通过包括协同行为在内的协议来固定价格、限制产量、划分市场或排斥其他方式限制竞争。第 2 条规定，任何垄断或企图垄断，或与他人联合共谋垄断贸易和商业的行为是严重的犯罪。法律还规定，如果参与人是公司，将处以不超过一亿美元的罚款；如果参与人是个人，则不超过 100 万美元罚款，并可以同时（或单独）处 10 年以下监禁。《谢尔曼法》第 2 条的规定也适用于企业兼并行为，美国联邦最高法院最初一直持这样的观点：在具有直接竞争关系的企业之

① 以石油产业为例，仅 1870 年至 1879 年的 10 年间，洛克菲勒公司就兼并了 14 家石油公司，并控制了另外 26 家石油公司的多数股票，从而把美国石油生产的 90％集中到了一家企业手中。在以后 20 多年中，美国工业部门的托拉斯发展到 300 多个，占整个制造业总资本的 40％以上。

间兼并而形成的联合体会妨碍竞争。《克莱顿法》的第7条对企业兼并作了更加坚决的规定，[①]只要人们对一种兼并行为能够合理地预见其限制竞争的后果，就可以及时制止该种行为，从而将垄断及时地遏制在其萌芽状态中。《克莱顿法》和《罗宾逊-帕特曼法》对于通过排他性交易、价格歧视等实质性减少竞争的行为也作了具体规定。1950年美国还通过了《塞勒·凯佛威尔法》，这是对《克莱顿法》的修正，把原来法律上对公司股票收购而导致限制贸易行为进行规制的局限性进行了修正；1962年通过了《反托拉斯民事诉讼法》，强化了司法部的权力，授权司法部可以强制要求被调查企业在反托拉斯民事诉讼中提供有关资料；1976年通过了《哈特·斯各特·鲁迪南反托拉斯改进法》，该法规定了兼并的申报等制度，凡是达到一定规模的公司之间的合并，必须事先向有关机构申报。美国司法部、联邦贸易委员会还就有关企业兼并制定了数个指导原则，[②]1992年，司法部和联邦贸易委员会联合发布了企业合并指南，对控制企业合并的核心问题"有益于企业的竞争和消费者的福利"作了进一步的阐明。2010年，这两个反托拉斯的执法机构又一次联合发布新的企业合并指南，根据经济发展的实际情况淡化了对相关市场界定的考虑，而强化了对不同商品市场的经济学模型分析的区别。

《谢尔曼法》的实施，在美国的知识产权领域中也引起了很大的震动。早期的司法取向是当竞争法和知识产权法相冲突时，法庭倾向于优先考虑知识产权拥有者的特权。但是这种特权后来严重扩张到了许可使用方面的限制，[③]法院明显感觉到了垄断权利对于技术进步造成的障碍。"两者的潜在冲突在实质上反映了个体权利和社会整体利益之间在特定情况下可能存在的冲突"[④]，美国联邦最高法院在专利案件审理中首次提出了"专利权滥用"的概念，并认可滥用专利权可以作为专利侵权的抗辩理由。70年代以后，学术界和司法界渐渐达成共识，反垄断法与知识产权法有着共同的目标，即促进革新和消费者的福利。知识产权法是通过赋予创造者的独占权利来促进革新，而反垄断法则通过阻止某些可能会损害现存的或潜在的为增进消费者福祉方面的竞争行为来促进社会利益。这种认识从根本上影响和改变了知识产权法律和反垄断法之间的对立关系。集中表现在1995年美国司法部和联邦贸易委员会联合发布的《知识产权许可的反托拉斯指南》所确立的三项核心原则中：(1) 知识产权从本质上可以认为和其他任何形式的财产相提并论；(2) 反垄断法并不假定知识产权的权利人会滥用其由于占有知识产权而获得

① 美国《克莱顿法》第7条规定：联邦贸易委员会管辖权下的任何人不能占有其他从事商业或邮箱商业活动的人的全部或一部分资产，如果该占有实质上减少竞争或旨在形成垄断。

② 1968年、1982年、1984年，司法部三次颁布了企业合并指南，对企业合并进行了或宽或严的控制，体现了适应其他经济政策的变化。

③ Willard K. Tom &Joshua A. Newberg：Antitrust And Intellectual Property：From Separate To United Field，*Antitrust Law Journal* [Vol. 66] 1997.

④ 王先林：《知识产权与反垄断法》，法律出版社2001年版，第88页。

的市场支配力；(3) 知识产权的许可使得公司能够将生产的基本要素整合起来增强竞争力。知识产权法与反垄断法共同调整社会经济关系的结构，在促进技术进步和提高社会整体效率方面显示了巨大的功能。①

2. 欧盟竞争法

欧盟竞争法是世界竞争法律制度中又一典型模式，它是欧洲经济一体化的主要法律保证，旨在"建立一个共同市场内竞争不被扭曲的制度，以实现保护共同市场完整统一的目标与其他在自由市场经济下的传统目标，诸如保证资源分配的效率，促使企业充分的利用其专有技术和技能，以及鼓励他们发展新技术和新产品"②。因此，欧盟竞争法对于国家（政府）垄断给予了与私人垄断同样的关注，不仅针对企业的垄断行为和其他反竞争行为规定了禁止和限制措施，还对国家的反竞争行为（如国家援助）规定了禁止和限制措施。

欧盟竞争法有三个渊源。《欧洲共同体条约》（以下简称欧盟条约）③中的竞争规则是欧盟竞争法的主要渊源，该条约的第 3(g)项要求建立确保共同体市场内的竞争不被扭曲的制度。第 81 条禁止一切影响或可能影响共同体成员国之间贸易，并具有阻止、限制或扭曲竞争目的或效果的企业之间协议、企业团体决定和协同一致的行为；第 82 条禁止在共同体市场内的企业滥用市场支配地位行为，包括搭售、价格歧视等行为。第 87—90 条是有关国家援助、商业性国家垄断组织和公用企业行为。

欧盟竞争法的第二个组成部分是欧盟部长理事会和欧盟委员会制定的法规、指令和决定。欧盟部长理事会是欧盟的主要立法机构，根据欧盟条约 83 条(1)、(2)项的规定，欧盟部长理事会在一致同意或合理多数同意欧盟委员会提交的立法建议的基础上，征询欧洲议会的意见，可以制定竞争法规或指令。欧盟委员会是竞争法的执行机构，但具有向欧盟部长理事会提出二级立法建议而参与欧盟竞争法起草的职能。

欧盟竞争法的第三个组成部分是欧洲法院的判决和预裁。通过受理有关竞争争议的案件，进一步解释竞争法的基本原则和制度，以判例的形式弥补竞争立法的空白。同时，还通过预裁书的形式向成员国法院解释欧盟条约和二级立法的规定。欧洲法院的判例生成大量的司法解释，丰富和完善了欧盟竞争法律体系。欧洲法院在审理类似案件时，一般应遵循以前判例确定的基本原则。但是客观情况发生

① 徐士英：《竞争法论》，中国出版集团世界图书公司 2003 年版，第 279 页。

② EEC Competition Policy in the Single Market 2nd. ed March 1989, Office for Official Publications of the European Communities. p. 13.

③ 1992 年《马斯特里赫条约》对《罗马条约》作了较大的修改和补充，正式称为欧盟；1997 年《阿姆斯特丹条约》又进行修改，形成最后的《欧洲联盟条约》(The Treaty establishing the European Union, 1999 年 1 月生效)，本文中引用的条款根据该条约规定，条款的顺序与《罗马条约》不同。如《欧盟条约》的第 81 条、第 82 条即《罗马条约》的第 85 条、第 86 条。Http: //europa. eu. int/abc/treaties_en. htm。

变化时可以不受其约束,从而使新的判决更改旧判决①。这为欧洲法院配合经济政策灵活适用竞争法提供了制度上的支持。

3. 发展中国家的竞争法

世界上已经有一百多个国家制定了竞争法,其中绝大部分是新近立法的发展中国家。实行经济体制转型的国家也在体制改革的关键时刻制定和实施以反垄断法为核心的竞争法律,对经济体制改革进一步深入改革发挥了重要作用。发展中国家的反垄断法立法大都出现在经济体制改革过程中,其明显的特征之一就是对体制转换时期的特殊竞争行为加以规制。如行政性垄断的规制、外国资本并购境内企业的规制、不同经济发展水平之间的规制协调等。这些法律及其实施过程为世界竞争法的理论和实践提供了良好的经验,为实行国际竞争规则的制定奠定了基础。

1980 年,联合国 35 届大会通过了《关于控制限制性商业行为的多边协议的公平原则和规则》,对包括企业卡特尔、滥用市场支配地位、限制竞争的兼并、操纵价格等在内的商业行为进行约束,倡导公平的国际竞争。这是世界上第一个关于反垄断问题的有效的国际条约,此后 30 年中,在联合国贸发会议的主持下,每隔 5 年举行一次全面审查《原则和规则》的会议,并不断呼吁"所有成员国都执行《原则和规则》的条款"。尽管这一套规则和原则的法律效力还不很令人满意,但发展中国家对世界竞争法发展所作的贡献是不容忽视的。②

(三) 中国反垄断立法进程

中国反垄断法是世界竞争法的重要组成部分,受到各国的热切关注。始于 20 世纪 80 年代的体制改革遇到了以行政区域障碍为代表的阻力,③国家在防止垄断、消除保护等方面进行了一系列的立法活动,诸多行政法规、规章成为回应市场呼声的产物相继出台。尽管这些立法是分散的、不系统的,但是对于规制垄断行为,培育市场经济发挥了重要作用,也为孕育完善的竞争法律制度奠定了基础。

1993 年 9 月 2 日,我国颁布了《反不正当竞争法》。在这一法律中,确立了"鼓励和保护公平竞争,制止不正当竞争,保护经营者和消费者的合法权益"的立法宗旨。特别是该法律把垄断行为的几种特定形式进行了概括规定:包括依法取得独

---

① 阮方民:《欧盟竞争法》,中国政法大学出版社 1998 年版,第 22 页。

② 在 2000 年 9 月联合国贸发会议(UNCTAD)第四次审查会议中,通过了一项决议,即要求重申联合国《原则和规则》的有效性,建议大会为便于援引起见,将《原则和规则》的副标题定为"联合国关于竞争的一套原则和规则"。

③ 最早规范垄断行为的是 1980 年国务院颁布的《关于推动经济联合的暂行规定》,提出了"打破地区封锁,部门分割"的要求。同年 10 月,国务院又发布了《关于开展和保护社会主义竞争的暂行规定》,较为全面地对各个所有制企业、各地区之间开展竞争、鼓励竞争、保护竞争作了规定,特别提出了"任何地区和部门不准封锁市场,不得禁止外地商品在本地区、本部门销售。对本地区生产的原材料必须保证按国家计划调出,不准进行封锁","采取行政手段保护落后,抑制先进,妨碍商品正常流通的做法是不合法的","在经济活动中,除国家指定由有关部门和单位专门经营的产品以外,其余的不得进行垄断、不得独家经营"。

占地位的公用企业或其他企业滥用独占地位限制竞争的行为；政府及其所属部门滥用行政权力限制竞争的行为；企业滥用市场优势搭售或附加不合理交易条件的行为；以及串通投标的联合限制竞争行为。1998 年 5 月 1 日生效的《价格法》，对"相互串通，操纵市场价格，损害其他经营者或消费者的合法权益"的价格联合行为、低价倾销行为和"提供相同商品服务，对具有同等交易条件的其他经营者实行价格歧视"的行为等作了明确规定。2000 年 1 月 1 日施行的《招标投标法》规定了串通招标投标行为，并禁止招标人对潜在的投标人的歧视待遇和其他限制投标人竞争的行为。

经过了 13 年的讨论和争议，在吸取各国立法经验的基础上，我国《反垄断法》于 2007 年 8 月经第十届全国人大常委会第 3 次会议审议通过，并于 2008 年 8 月正式实施。两年多来，该法在控制经营者集中、规制行业限制竞争行为，以及威慑滥用行政权力限制排除竞争方面，已经显示出其巨大的威力和不可替代的调节功能。

三、反垄断法的概念与特征

（一）反垄断法的概念

反垄断法是规制各类主体反竞争或可能带来排除、限制竞争后果的市场行为的法律规范总和。这可以从以下几个方面进行理解。

首先，反垄断法规制的主体十分广泛。它不仅包括经营者，还包括经营者的联合组织（行业协会）以及其他社会组织（如政府机构）等。只要是对市场竞争产生影响的主体，都应该纳入反垄断法的适用范围。包括境外的竞争行为。

其次，反垄断法规制的行为形式多样。它包括各种滥用市场支配地位排除和限制竞争的行为、以企业合并的方式谋求垄断地位的行为、以各种协议和联合方式排除和限制竞争的行为，以及滥用行政权力排除限制竞争的政府行为等。当然，通过正当的市场竞争在市场上占有支配地位，并不是反垄断法必然要规制的对象。只有当这种具有支配地位的经营者滥用其优势排除限制竞争时，才会进入反垄断法的视野。

第三，反垄断法是实体规定和程序规定紧密结合的法律制度。对垄断行为的认定需要结合该行为对市场竞争造成的影响加以判断，同时，为迅速制止危害严重的垄断行为，反垄断调查大多依靠行政执法机构进行。因此，关于反垄断法的执法程序规定显得尤其重要。

（二）反垄断法的特征

作为现代经济法体系中一个典型的法律分支，反垄断法与一国的经济发展有着极为密切的联系，因而显示出其独特的性质。首先，反垄断法具有较强的政策性。对垄断行为的规制在社会经济发展的不同情况下有所不同，以适应不同时期国家的经济政策和政治需要。① 其次，反垄断法的实施具有一定的灵活性。这一方面表现在视垄断对经济的影响程度运用不同的规制手段，把垄断与竞争的关系调节在恰当的程度；另一方面，反垄断立法中往往采用原则适用，个别除外，或者类型行为豁免的规定，使反垄断法的政策性得到较有效的体现。第三，反垄断法的调整方法具有多样性。与大多数单纯以任意性或禁止性规范进行调整的法律不同，反垄断法在实施中既有以行政调查、处罚为主的严厉制裁机制，又有通过司法程序进行损害赔偿的诉讼机制。此外，执法机构与当事人之间的预先告知、共同商讨、通过承诺、宽恕等制度进行和解也是近年来采用的协调机制。② 这些以社会效率的增进为目标的做法充分体现了现代经济法以效率为核心的可持续发展基本特征。

四、反垄断法的基本制度

（一）反垄断法的立法宗旨

大多数国家的反垄断法宗旨呈多元化趋势，其中，促进和维护竞争、提高经济运行效率和保护消费者利益是反垄断法的三大基本目标。③

1. 维护与促进市场竞争

在市场经济条件下，通过竞争某些市场主体成为市场的支配者。这种由经济权利演变而来的“经济权力”成为阻碍自由竞争的桎梏；另一方面，由滥用行政权力干预市场竞争而异化出的另一种形式的“经济权力”也腐蚀了市场经济的竞争机制。因此，保护竞争成了反垄断法不由分说的价值目标，甚至是首要的任务。我国的市场竞争同样面临两种“经济权力”的严峻危害，不仅制约了市场机制资源配置功能的正常发挥，而且阻碍了产业改革的推进历程。从这一角度讲，打破垄断、保护市场竞争是我国反垄断法的第一要务。

2. 提高经济运行效率

现代产业组织理论开拓了反垄断法研究的新领域，把竞争与垄断的适度与否放在效率的标准上进行研究，认为资本集中未必是反竞争的，恰恰相反可能是高效率的结果。市场进入壁垒才是必须警惕和否定的。这种注重效率的观点深刻影响

① 如德国和日本都曾经在一定程度上实行对垄断鼓励的政策，随着市场秩序的变化，又对垄断进行较为严格的禁止。美国也在司法过程中对垄断行为进行或紧或宽的调整。其100年来的反垄断法实施的历史就是一部对市场竞争和经济发展的调节史。

② 如日本在事先防范上设计了良好的报告制度，我国台湾地区对已经处于垄断状态的企业进行公告，提醒企业约束自己的行为。

③ 参见《中华人民共和国反垄断法》第1条规定：为了预防和制止垄断行为，保护市场公平竞争，提高经济运行效率，维护消费者利益和社会公共利益，促进社会主义市场经济健康发展，制定本法。

了现代反垄断法的立法与执法。多数国家和地区的反垄断法被上述观念主导，把追求经济效率作为反垄断法的宗旨。我国处于发展经济的关键时期，对经济效率的追求理所当然。经济现状与社会发展在客观上决定了提高经济运行效率也必定是我国反垄断法的目标之一。

3. 保护消费者利益与社会公共利益

历史的经验告诉我们，垄断行为获取超额利润一定是以消费者的利益受损为代价的，各国反垄断法的立法过程中大都伴有消费者对垄断力量肆意妄为的抵制热潮。鉴于消费者在监督市场竞争行为中发挥着越来越重要的作用，消费者利益保护也越来越成为反垄断法的主要目标。

垄断损害的不仅仅是消费者利益，更重要的是社会发展的全局性问题。作为经济法体系的重要法律制度，保护公共利益是现代反垄断法承载的重要历史使命。“以维护自由公平竞争秩序为己任的反垄断法是现代市场经济的基本法律之一，是现代经济法的核心。”[①]所以，保护社会公共利益自然是我国反垄断法的宗旨所在。事实上，也只有当社会普遍形成“垄断不利于社会持续发展”的共识时，反垄断法的价值才会得到认同。

反垄断法宗旨多元化是社会发展的客观需要，它对社会的全面发展起到了很好的平衡作用；但社会实践也表明，多元化的反垄断法宗旨在具体实施过程中往往存在不同程度的冲突。为了保证反垄断法的有效实施和社会的稳健发展，如何协调多元化反垄断法宗旨之间的冲突仍然是理论与实践上必须要解决的重要问题。根据各国的反垄断法实施经验，大多将消费者利益不受损害作为标准进行反垄断法实施中的协调目标。

（二）反垄断法的主要范畴

1. 经营者

一般来讲，经营者是反垄断法主要的适用对象。[②] 我国《反垄断法》对其适用对象作了明确界定：“本法规定的垄断行为包括：经营者达成垄断协议；经营者滥用市场支配地位；具有或者可能具有排除、限制竞争效果的经营者集中”。而经营者是“指从事商品生产、经营或者提供服务的自然人、法人和其他组织”。但是，经营者的外延与内涵在不同国家和地区的竞争法中的界定有所不同。欧盟的竞争法认为，一个机构是否被称为经营者，不取决于该组织的组成人员，也不是其法律形式，而是其行为类型。它如果参与经济活动和市场竞争，就应当被视为经营者。日本的“禁止垄断法”在最初的立法中对于经营者（称为“事业者”）的界定范围较窄，

① 杜文学：《垄断与竞争：制度安排与价值决定——反垄断与充分竞争的法经济学思考》，《兰州铁道学院学报》2001年第5期。

② 日本《禁止私人垄断及确保公正交易法》中称之为“事业者”，德国《反限制竞争法》中则使用“企业”的称呼。

随着市场竞争的变化，对“事业者”的适用范围，也从单纯的经济实体扩大到包括政府及其公共组织从事的经营性行为在内的更宽泛范围。美国的《谢尔曼法》仅对垄断行为作出了禁止性的规定，不涉及行为主体的界定。凡是订立含有限制竞争的协议或者垄断或企图垄断市场的行为都在反托拉斯法的调整范围之内。

2. 相关市场

任何限制竞争的行为都发生在特定的市场，因此，对垄断行为的判断离不开与之紧密联系的特定市场范围的界定，这在反垄断法实施中称之为“相关市场”。我国《反垄断法》将相关市场定义为“经营者在一定时期内就特定商品或者服务进行竞争的商品范围和地域范围”①，它是反垄断分析的基本前提。

相关市场包括产品相关市场、地域相关市场和时间相关市场，从世界各国的立法和判例来看，相关市场界定的主要方法主要包括“合理可替代性”方法和“假定垄断者测试”方法。其中，合理可替代性方法又可分为需求替代分析方法和供给替代分析方法，通过对产品功能或生产能力的可替代程度来确定竞争产品市场的范围。假定垄断者测试方法又称 SSNIP 检验法②，是从一个初步确定的候选市场出发，考察一个假定的垄断者将价格进行“数额不大但很重要且非临时性”的涨价(一般假定为上涨 5%—10%且维持 1 年)时，是否有足够多的消费者因涨价而转向替代品或其他地域。如果发生这种情况，这些替代品或替代地域就应该包含在相关市场中。这种测试持续进行直到假设的垄断者有利可图为止。根据国务院反垄断委员会颁布的《相关市场界定指南》，我国确立了以“合理可替代性”方法为主，以“假定垄断者测试”方法为辅的综合界定相关市场的方法。③

3. 排除限制竞争行为

市场行为是否违反反垄断法，最重要的是判断其行为是否排除限制竞争。有些行为本身并不为反垄断法所一概禁止，如企业拥有市场支配地位等并不当然违法，只有当这些行为实质性地限制了竞争，才违反反垄断法。为此，各国反垄断法大多以“实质性限制竞争”作为反垄断法实施中构成违法的重要标准。我国《反垄断法》中规定了“严重限制竞争”或“排除、限制竞争”。

对于“排除限制竞争”的含义，各国反垄断法一般不作具体解释，而是在充分考虑竞争环境和其他因素综合后才作出判断。同时，需要通过案例进一步来细化这一原则性的标准。日本法院在审理案件中认为，“实质性限制竞争”不是单个市场

---

① 参见《中华人民共和国反垄断法》第 12 条规定。

② SSNIP 的全称是 small but significant non-transitory increase in price，意为“数额不大但很重要且非临时性的涨价”。

③ 参见《国务院反垄断委员会关于相关市场界定的指南》(2009 年 5 月 24 日颁布)第 7 条规定：“界定相关市场的方法不是唯一的。在反垄断执法实践中，根据实际情况，可能使用不同的方法。界定相关市场时，可以基于商品的特征、用途、价格等因素进行需求替代分析，必要时进行供给替代分析。在经营者竞争的市场范围不够清晰或不易确定时，可以按照‘假定垄断者测试’的分析思路来界定相关市场。”

行为本身，而是指竞争本身在减弱，一个或一组事业者可以依其意愿操纵市场的价格、数量、质量或其他条件，以致已经在一定程度上控制了市场①。至于何种情况才算"控制了市场"是需要具体分析的。一般取决于"案件本身实际状况，而不能仅凭事业者所分享的一个市场上的供求情况而定。企业总规模，融资能力、营销能力、竞争能力，新竞争者进入的可能性，以及买卖双方的抵制能力等，都应当是考虑的因素"②。

我国《反垄断法》在规定垄断行为时指出：具有或者可能具有排除、限制竞争效果的经营者集中；③在规定垄断协议的豁免条件时提出，"经营者应当证明所达成的协议不会严重限制相关市场的竞争，并且能够使消费者分享由此产生的利益"④。在《经营者集中》中的规定："具有或者可能具有排除、限制竞争效果的，国务院反垄断执法机构应当作出禁止经营者集中的决定。但是，经营者能够证明该集中对竞争产生的有利影响明显大于不利影响，或者符合社会公共利益的，国务院反垄断执法机构可以作出对经营者集中不予禁止的决定。"⑤此外，在《附则》中规定知识产权的适用时指出："经营者滥用知识产权，排除、限制竞争的行为，适用本法。"⑥上面所述的"排除、限制竞争"或"严重影响相关市场的竞争"等，可见，我国实质上也是以"实质性限制竞争"为标准认定违法行为的。

4. 效率抗辩

根据经济学的分析，"垄断"具有双重性质，一方面由于增强市场支配力，产生限制竞争的后果，最终损害消费者福利和市场效率；另一方面，也可能因扩大生产规模而提高经济效率。因此，反垄断法的实施往往需要对两者进行权衡后作出决定。效率抗辩即是指当事人通过证明其参与的垄断行为(垄断协议、市场支配地位或经营者集中)所产生的经济效果足以抵消或超过该行为的限制竞争效果，从而主张不适用反垄断法的一种抗辩形式。我国《反垄断法》第 15 条规定，在包括"为改进技术、研究开发新产品"等在内的几类垄断协议中，如果经营者能证明所达成的协议不会严重限制相关市场的竞争，并且能够使消费者分享由此产生的利益，可以行使不适用反垄断法；在第 28 条中也规定了，"经营者集中具有或者可能具有排除、限制竞争效果的，国务院反垄断执法机构应当作出禁止经营者集中的决定。但

① 徐士英：《反垄断法实施的关键：垄断行为认定的核心词汇》，《经济法论丛》第 15 卷，中国方正出版社 2008 年版，第 9 页。

② 在 1953 年的一个案件中，日本东京高等法院宣称："实质性限制竞争"可以被定义为是"建立、维持和加强市场控制的行为"。参见 H. Iyori & A. Uesugi, *The Antimonopoly Laws and Policies of Japan*. Federal Legal Publications, Inc. New York. 1994. p. 3.

③ 参见《中华人民共和国反垄断法》第 12 条规定。

④ 参见《中华人民共和国反垄断法》第 15 条规定。

⑤ 参见《中华人民共和国反垄断法》第 28、29 条规定。

⑥ 参见《中华人民共和国反垄断法》第 55 条规定。

是，经营者能够证明该集中对竞争产生的有利影响明显大于不利影响，或者符合社会公共利益的，国务院反垄断执法机构可以作出对经营者集中不予禁止的决定。”

5. 适用除外与豁免

适用除外和豁免是从市场竞争之外的“社会公益”角度出发，对特定行业或行为规定不适用反垄断法。作为合法垄断的两种基本表现形式，豁免制度与适用除外制度存在诸多不同。[①] 对适用除外领域所发生的行为，反垄断法原则上不予规制，只有当事人的行为超出许可限度时才有可能适用反垄断法。如我国《反垄断法》中对于滥用知识产权行为的规定。[②] 而豁免制度则是指某些行为原则上适用反垄断法，但依据反垄断法对有关行为进行审查后认为，其产生的积极效果大于其限制竞争所造成的消极效果，因而不予禁止。如我国反垄断法中对某些符合社会公共利益或消费者利益的垄断协议进行豁免的规定。[③] 但从各国的反垄断法发展的来看，逐步缩小适用除外与豁免的范围是趋势，在越来越多的行业中（自然垄断行业和政策性垄断）引入竞争，扩大市场准入，对于暂时还不宜引入竞争的垄断性业务，也逐步采取激励性的政府管制，引入“相对竞争”。

（三）反垄断法实施原则

1. 本身违法原则

本身违法原则最早由美国法院在 United State v. Trenton Potteries Co 一案中确立的[④]，其基本含义是指某些行为的目的与后果就是排除竞争，这行为本身就是一种非法的对竞争的不合理限制，无需考虑该行为是否具有合理性，因而不需要更多的证据来证明其对市场是否造成实质性的损害。[⑤] 本身违法原则仅从事实本身出发进行裁决，存在明显的不确定性缺陷。行为本身只是与竞争相关的因素之一，以行为本身直接判断其违法可能带来不公正的判决。但因这种做法简化了判断标准，在一定程度上提高了执法和司法的效率。本身违法原则通常仅适用于固

① 许光耀：《合法垄断、适用除外与豁免》，《竞争法评论》（第一卷），中国政法大学出版社 2005 年版，第 44—58 页。

② 参见《中华人民共和国反垄断法》第 55 条规定：经营者依照有关知识产权的法律、行政法规规定行使知识产权的行为，不适用本法；但是，经营者滥用知识产权，排除、限制竞争的行为，适用本法。

③ 参见《中华人民共和国反垄断法》第 15 条规定：“经营者能够证明所达成的协议属于下列情形之一的，不适用本法第十三条、第十四条的规定：（一）为改进技术、研究开发新产品的；（二）为提高产品质量、降低成本、增进效率，统一产品规格、标准或者实行专业化分工的；（三）为提高中小经营者经营效率，增强中小经营者竞争力的；（四）为实现节约能源、保护环境、救灾救助等社会公共利益的；（五）因经济不景气，为缓解销售量严重下降或者生产明显过剩的；（六）为保障对外贸易和对外经济合作中的正当利益的；（七）法律和国务院规定的其他情形。属于前款第一项至第五项情形，不适用本法第十三条、第十四条规定的，经营者还应当证明所达成的协议不会严重限制相关市场的竞争，并且能够使消费者分享由此产生的利益。”

④ 〔美〕United State v. Trenton Potteries Co.，273 U. S. 392，47 S. Ct. 377，71 L. Ed 700(1927)，214,217,259.

⑤ 欧内斯特·盖尔霍尔等：《反垄断法与经济学》第五版，任勇等译，法律出版社 2004 年版，第175 页。

定价格、限制产量或市场划分等严重限制竞争的行为。①

2. 合理原则

由于市场竞争的盲目性和无序性，在需要的情况下，限制竞争有利于社会整体效率的提高。因此，竞争的限制被认为有合理与不合理之分。在判断某种限制竞争行为合理与否时，要全面考察与该限制行为有关的特有的事实，如行为意图、行为方式、行为后果等。只有在企业存在谋求垄断的意图，并且造成了实质性限制竞争后果的情况下，其行为才构成违法，这就是合理原则的内涵。合理原则始于美国反托拉斯法实施初期的判例。② 与本身违法原则相比，合理原则虽然因为所考虑的因素较多，可能会使企业面对标准的不确定性和案件审理中执法机关判断的复杂性，但是它考虑实际的市场效果，比较符合事实原貌，因此被各国普遍采用。我国《反垄断法》对垄断行为的判断也主要采用合理原则。

3. 域外效力原则

反垄断法的域外效力是指一国的反垄断法对影响国内竞争的域外行为行使管辖权的制度。反垄断法域外适用有着深刻的社会经济根源，随着国际经济的发展，跨国企业的活动对本国的市场产生了许多巨大的影响，国家为了维护本国的经济利益，作出域外适用规定是势在必行的。反垄断法的域外适用制度已成为反垄断立法的普遍趋势和通行制度。为了防止和制止境外发生的垄断行为对国内市场竞争产生不利影响，我国《反垄断法》对域外适用作出了规定：中华人民共和国境外的垄断行为，对境内市场竞争产生排除、限制影响的，适用本法。

第二节　垄断协议的规制

一、垄断协议概述

(一) 垄断协议的概念

垄断协议是指具有竞争关系的经营者之间或者经营者与交易相对人之间所达成的旨在排除、限制竞争的协议。垄断协议不仅包括书面协议，也包括非书面的合意行为和联合组织(行业协会等)的决定等。在有些情况下，虽然经营者的行为都是独立的，但相互间的默契在事实上达到了限制竞争的效果，因而也被认为是"经

① 国家工商行政管理局条法司编：《现代竞争法的理论与实践》，法律出版社 1993 年版，第 42—43 页。

② Addyston Pipe & Steel Co. v. U. S., 175 U. S. 211 20 S Ct. 96, 44 L. Ed. 136(1899). 此案件的判决使得"合理性"在审理中可以成为一个抗辩的理由。参见欧内斯特·盖尔霍尔等：《反垄断法与经济学》第五版，任勇等译，法律出版社 2004 年版，第 169 页。

营者间的协同行为”。正如欧盟法院在审理一垄断协议案时指出的，“企业间的协同行为不需要已经制定出一个事实上的计划”，只要企业独立行为的目的是“影响已存在的或潜在的竞争者市场的行为即可”。①

（二）垄断协议对市场运行的影响

一般来讲，垄断协议对市场经济运行的影响主要是负面效应，尤其是横向垄断协议。经济学家亚当·斯密在其著名的《国富论》中断言：“从事相同贸易的人们即使是为了娱乐和消遣也很少聚集在一起。一旦聚会，其结果往往不是阴谋对付消费者，便是筹谋抬高价格。”②虽然在某些情况下垄断协议也会产生积极效果，但从经济的持续发展角度讲，垄断协议是需要严格提防与规制的，原因如下。

(1) 垄断协议会损害未参与共谋的经营者利益。垄断协议不仅限制共谋者以外的竞争者进入市场，使其丧失参与公平竞争的机会，尤其是小企业的建立与发展极易受到排挤；同时，垄断协议还可使已经进入市场的非“联合”者的经营活动严重受挫。尤其是那些遭受联合抵制行为的经营者，往往损失惨重，甚至遭受灭顶之灾。

(2) 垄断协议会损害消费者的利益。无论是哪种垄断协议，消费者都不能通过比较进行自由的选择，只能被迫接受垄断价格和其他的交易条件。在竞争者达成共谋价格的情况下，消费者面对的是一个没有竞争的市场；在纵向垄断协议中，经营者限定了转售价格，消费者面对的同样是统一定价。这样的交易条件不会是合理的，交易也将是不公平的。当年美国《反托拉斯》法案提交审议之际，立法者最大的理由就是：“垄断使消费者的利益源源不断地流向了经营者的口袋。”

(3) 垄断协议妨碍竞争机制功能的发挥。竞争机制的一个重要功能就是准确反映市场供求状况，引导企业正确决策，实现资源优化配置。但由于经营者之间以限制竞争为目的达成垄断协议，使商品的价格由于“协议”的强制作用而难以准确反映市场供求矛盾，错误信息不仅严重影响资源流向和效率，而且稀释和削弱市场经济体制的正常运行。

上述垄断协议的消极影响使得各国反垄断法对待垄断协议的基本态度是否定并予以禁止的。即便是极力倡导合同自由的古典经济学家，也极力主张“尽管法律不阻止同行们的聚会，但是法律应当不给这样的聚会提供便利”③。

① 亚当·斯密：《国民财富的性质和原因的研究》(《国富论》)，商务印书馆、三联书店 1974 年版，第 122 页。

② 同上。

③ 同上。

二、垄断协议的类型

根据不同的标准，垄断协议可以划分为不同的类型。从垄断协议的内容来看，它可以分为价格垄断协议与非价格垄断协议；从垄断协议的主体看，它可以分为单个企业之间达成的垄断协议与企业联合组织等实施的垄断决议。从参与主体间的关系来看，它可以分为横向垄断协议与纵向垄断协议。大多数国家或地区在立法上主要采取横向垄断协议与纵向垄断协议的分类进行规制。

（一）横向垄断协议

横向垄断协议是具有竞争关系的经营者之间达成的排除限制竞争的协议，横向垄断协议被认为是以消灭竞争为目的的严重反竞争行为，因此受到各国反垄断法的严厉规制。我国《反垄断法》第 13 条对横向限制竞争协议作了规定。①

1. 固定价格协议

固定价格协议是指具有竞争关系的经营者通过协议、决议或者协同行为来确定、维持或者改变价格的行为。价格竞争是市场竞争的核心，如果竞争者之间共同商定价格，在没有替代产品的情况下，市场就失去了竞争，消费者也就丧失了选择的权利，这被认为是对市场竞争机制的严重损害。固定价格协议的这种明显的反竞争性质，决定了它必然受到竞争法的严格规制，一般都适用“本身违法原则”。不仅如此，美国、日本等不少国家在反垄断法中还规定了固定价格协议的参与者除了要承担行政责任之外还有承担刑事责任。

2. 市场划分协议

划分市场协议是竞争者之间为消除竞争达成的划定彼此经营区域或分配销售产品限额的协议。这种协议包括划分地理市场和划分用户（消费者）市场。不管是分割销售市场或者原材料采购市场，市场划分协议限制了竞争者之间正常的竞争，形成在一定市场中的独占或者寡占，造成相关市场中的产品单一化和价格扭曲化，对消费者的利益是一种严重侵害。划分市场协议也被认为是严重排除竞争行为，在法律实施中也适用自身违法原则予以禁止。

3. 联合减产协议

联合减产协议也称控制生产或销售数量协议，是指竞争者之间以维持相关产品价格的高位状态，保障企业的超高利润为目的而采用的限制生产数量的协议。参与协议的经营者同意一致减产或不提高产量，人为造成市场始终处于“供不应

① 参见《中华人民共和国反垄断法》第 13 条规定：禁止具有竞争关系的经营者达成下列垄断协议：限制竞争协议有：固定或者变更商品价格、限制商品的生产数量或者销售数量、分割销售市场或者原材料采购市场、限制购买新技术、新设备或者限制开发新技术、新产品、联合抵制交易，以及国务院反垄断执法机构认定的其他垄断协议。

求”状态。由于价值规律的作用，参与协议的经营者能够持久稳当地通过高价获得经济利益。控制生产数量协议如果再与固定价格协议、限制购买新技术、新设备或者限制开发新技术、新产品等行为结合起来，其危害性格外严重。

4. 联合抵制协议

联合抵制协议是指经营者达成的以排除限制竞争为目的、协议者共同不与其他经营者(或竞争者)进行交易的联合行为。联合抵制协议在主体上涉及三方当事人，即抵制的号召者、抵制者和被抵制者。联合抵制行为是抵制号召者以损害特定竞争对手为目的，鼓动抵制者对被抵制者实施断绝供应、购买或其他交易。虽然经济学研究表明，联合抵制也并非反垄断法上绝对禁止的违法行为，因而联合抵制的参与者可以以有助于提高经济效率等理由进行抗辩。① 但由于这种联合他人加害第三人一般是并无正当理由的，其明显的反商业道德性质还是会受到谴责。

5. 行业协会限制竞争决定

行业协会是现代经济社会有效的自治组织，在技术进步、开拓市场等方面发挥着越来越重要的作用。但是如果组织成员间的垄断协议，进行限制竞争的活动也十分便利，如利用行业协会交换价格情报、提供行为建议、统一标准等方式来限制竞争，排挤竞争者。行业协会组织的垄断协议不仅存在一定的隐蔽性，而且由于这些行为是通过行业协会的决定加以实施，有一定的强制力，其对市场竞争机制造成的损害更为严重。② 因此，各国法律都将行业协会作出的决议视为垄断协议而加以规制。③ 我国《反垄断法》第 16 条明确规定行业协会不得组织本行业的经营者从事法律禁止的垄断行为，并对行业协会及其成员的违法行为规定了包括罚款和撤销登记的法律责任。

(二) 纵向垄断协议

1. 纵向垄断协议的含义

纵向垄断协议是指发生在具有产销关系或处于销售链不同环节的经营者之间的限制竞争协议。虽然处于不同经营层次上的企业并不具有直接竞争关系，但纵向垄断协议中却具有限制竞争的性质。只是与横向垄断协议不同，纵向垄断协议往往是经营者基于其市场优势地位而对他方实施控制的产物，而非竞争者各方共谋的结果。对于优势方来说，为了减少由于下(上)游层面上的市场竞争所带来的利益损失，利用其所处优越地位，以中断供货(或中断购买)为要挟，迫使下(上)游经营者顺从其交易条件。

① 游钰：《论联合抵制的法律规制》，《河北法学》2008 年第 3 期。
② 徐士英：《行业协会的反垄断法规制》，《法学》2007 年第 12 期。
③ 游钰：《论价格卡特尔的界定》，《法学评论》2001 年第 4 期。

2. 限制转售价格协议

纵向垄断协议的主要形式是限制转售价格协议，即经营者对交易相对人就其供给的商品转售给第三人时，必须按照其规定的价格出售。我国《反垄断法》依据对价格限制的差异，明确禁止两类纵向垄断协议：固定向第三人转售商品价格和限定向第三人转售商品的最低价格。前者是把转售价格固定在一个数额上，不允许转售商擅自改变；后者是对转售价格规定最低限度，转售商只能在不低于此价格限度内有所变化。无论是固定转售价格，还是限定最低转售价，实际上都是限制了转售商对自己经销商品的定价权，结果是市场上经营同一商品的经营者不能根据各自的竞争状况和成本结构开展价格竞争，无疑就等同于销售商之间达成以相同价格出售商品的协议，只不过这种协议是在强势压力之下被动达成的。尤其是当上游企业之间也存在垄断协议时，该下游销售商们更是不能通过如改变供货方式等来行使自由的定价权利。

由于价格固定在一个水平之上，阻碍了品牌内的竞争，将一部分销售量从低成本销售商转移到高成本销售商，经营效率低下的销售商得以保存，巩固其市场地位而不会被淘汰。即使那些经营有效的销售商也不能将自己的高效率所产生的好处扩展至消费者享受，消费者将不得不支付更高的价格，社会整体利益也受到损失。限制转售价格的协议之所以有约束力，是因为制造商在相关市场中占有优势地位。“违反协议即中断供货”的威胁使转售商必须执行垄断协议的规定。

维持转售价格的一般由上游制造商发动，也可能是销售商主导的，还可能是双方为了共同利益协同合谋的。制造商可能因谋取规模效益，增加市场份额而限定最高转售价格；也可能因维持商品“高价位，高品质”的公众形象而限定最低转售价格。但在现实经济生活中，下游销售商要求制造商限定转售价格的情况也并不少见。因为一旦制造商对商品的转售价格进行限制，便可削弱商品在零售环节上的价格竞争，避免销售商之间的价格比拼，保证获取稳定的利润。而且一些零售商协会也采取各种措施积极配合和协助制造商控制转售价格。①

建议价格是一种与限制转售价格相似的现象，制造商对销售商就其所提供商品的转售价格提出建议，但此价格对转售商并没有约束力。销售商没有义务必须按照建议价销售商品，因此一般不会产生排除销售商之间价格竞争的后果。而且由于建议的转售价格使得该信息公众化，提高了定价的透明度，消费者可以避免接受高价，尤其在销售网点不多的偏远地区。但是，如果制造商在实施价格建议时还附上其他约束性的条件（如不采用推荐价格就停止供货等），那就与限制转售价格的行为无异了。

① 孙微山：《略论限制转售价格行为》，《北京物价》2001年第8期。

3. 其他纵向限制竞争协议

纵向垄断协议不仅包括价格上的限制竞争协议，也包括非价格的限制竞争协议，如排他性交易协议、强制性交易协议，以及附加不合理交易条件的协议等。排他性交易协议是指产品供应商和销售商约定不得经销其他同类竞争者的产品。强制性交易协议是指经营者采取利诱、胁迫或其他不正当方法，迫使其他经营者违背自己意愿而与之进行交易的行为，包括公用企业强制性交易行为和硬性搭售安排等。附加不合理交易条件行为是指拥有一定市场优势的经营者利用自己的有利地位，迫使交易对手在商品或服务交易时接受不合理的条件。这些协议在实践中既可作为纵向垄断协议加以规制，也可作为滥用市场支配地位的行为加以规制。

三、垄断协议的法律规制

(一) 垄断协议的认定

1. 垄断协议的主体认定

垄断协议的主体应该包括反垄断法适用范围内的一切对象，其中以从事经营活动的独立经营者为主。随着参与竞争的主体增多，垄断协议的主体也日益广泛，尤其以行业协会组织的限制竞争决定更加引人注目，如牙医协会的联合定价、球类协会的联合抵制、电视演播联盟的市场分割等。此外，政府部门与经营者的合谋也在不同程度上有所发生。因此，对垄断协议主体的认定，并不必然拘泥于独立的商业企业。只要形成限制市场竞争的合意并实施这种合意，不论参与者的法律性质和形式如何，都应当认定是垄断协议的主体。

2. 限制竞争主观意图的认定

主体之间是否具有限制竞争的“合意”，是认定垄断协议的要件。这种合意包括有法律拘束力的意思表示和并不具有法律效力的其他合意表示。《欧盟条约》第81(g)条规定：凡是以影响成员国之间贸易，并以阻碍、限制或妨害共同市场内部竞争为目的，或具有这种效果的，所有企业间的协议、企业联合一致的决议和联合一致的做法……，应该予以禁止。

但是垄断协议的主观意图不易证明。很多国家的执法实践表明，参与垄断协议的主体为逃避法律规制往往掩盖或消灭证据，因此，执法机构建立了反推规则，即如果其他事实证据(包括情景证据)能够证实限制竞争协议确实存在，就推定这种协议具有主观故意性。

3. 限制竞争行为的认定

行为者是否实施了垄断协议是从客观方面认定垄断协议违法的要件。但在对垄断协议的判断中，更多的是从参与者的实际行为反证其意图的。不管有没有书面正式的协议，只要行为者通过约束和协调各自行为，共谋采取限制竞争的实际行动,就属于法律所规制的内容。所以,一旦企业实施了"可觉察的相同行为",就应被认定为是实施了垄断协议。所谓"可觉察的相同行为"是指:"假设没有明显的证据表明,厂商确实聚集在一起制定了串谋价格的公开协议,但是厂商又的确通过索取相同的价格而表现出来了相同的行为方式。"[①]在有些情况下,对于已经达成垄断协议尚未实施的情况,各国反垄断法也对其进行违法性认定。如我国《反垄断法》规定:"经营者达成并实施垄断协议的,由反垄断执法机构责令停止违法行为,没收违法所得,并处上一年度销售额百分之一以上百分之十以下的罚款;尚未实施所达成的垄断协议的,可以处五十万元以下的罚款。"

4. 限制竞争后果的认定

竞争者之间的协议、决议或其他安排对于市场竞争被排除或限制的后果之间存在直接的关联性。对这种协议与实施后果间的关联性,各国法院在实践中十分注重。[②] 在考虑此项要素时,多数国家认为垄断协议对市场的影响不一定要实际发生,只要能够证明垄断协议一定程度上对市场竞争有发生影响的可能性,以及这种影响的严重性,就足以推断这种影响的存在。

(二) 垄断协议的豁免

由于垄断协议对经济生活具有的双重影响,各国反垄断法律在原则上禁止的同时,往往留出一定空间,对某些垄断协议进行合理分析,实施豁免制度。但豁免的条件十分严格。只有那些符合法律明文规定,有利于社会公共利益与消费者利益的合谋行为才予以豁免。如我国《反垄断法》第15条规定,经营者能够证明所达成的协议属于(1) 为改进技术、研究开发新产品的;(2) 为提高产品质量、降低成本、增进效率,统一产品规格、标准或者实行专业化分工的;(3) 为提高中小经营者经营效率,增强中小经营者竞争力的;(4) 为实现节约能源、保护环境、救灾救助等社会公共利益的;(5) 因经济不景气,为缓解销售量严重下降或者生产明显过剩的;(6) 为保障对外贸易和对外经济合作中的正当利益的;(7) 法律和国务院规定的其他情形,不适用反垄断法规定。与此同时,经营者同时还应当证明,所达成的协议不会严重限制相关市场的竞争,并且能够使消费者分享由此产生的利益。

(三) 垄断协议的法律责任

根据各国的立法及其实践,垄断协议的法律责任主要有以下几种。

1. 行政责任

由于垄断协议对市场竞争的影响直接且严重,各国反垄断法通过对其规定严

① W. Kip Viscusi, John M. Vernon, Joseph E. Harrington:《反垄断与管制经济学》(第三版),陈甬军等译,机械工业出版社2004年版,第76页。

② 如《欧盟条约》第81条:凡是以影响成员国之间贸易,并以阻碍、限制或妨害共同市场内部竞争为目的或具有这种效果的,所有企业间的协议、企业联合一致的决议和联合一致的做法……,应该予以禁止。

厉的行政责任加以直接处罚。行政责任主要包括：发布禁止协议的行政命令，对行为人处以行政罚款（课征金）等。对垄断协议行为的罚款一般较为巨大，我国采用韩国、日本等国家的做法，[①]规定对垄断协议的违法者达成并实施垄断协议的，由反垄断执法机构责令停止违法行为，没收违法所得，并处上一年度销售额1%以上10%以下的罚款；尚未实施所达成的垄断协议的，可以处50万元以下的罚款。对于行业协会组织本行业的经营者达成垄断协议的，反垄断法规定执法机构可以处50万元以下的罚款；情节严重的，社会团体登记机关可以依法撤销登记。

2. 民事责任

多数国家规定由于垄断协议受到损害的可以提出损害赔偿的诉讼。如美国《谢尔曼法》第7条规定：任何因反托拉斯法所禁止的事项而遭受损失的人，不论损失大小，都可提起三倍损失赔偿的诉讼。我国《反垄断法》第50条也规定了"经营者实施垄断行为给他人造成损失的，依法承担民事责任"。至于具体的受害者如何提起损害赔偿诉讼，民事诉讼与行政处罚在程序上如何衔接，还有待于我国反垄断诉讼制度的进一步细化规定。

3. 刑事责任

对于价格固定协议、市场划分协议以及联合抵制等明显具有严重损害市场竞争效果的行为，除了行政处罚之外，有些国家还实施刑事制裁。刑事处罚包括监禁和罚金。如美国法院可以对垄断协议的参与者处以100万美元以下的罚金，对个人可处以10万美元以下的罚金或3年以下监禁。日本禁止垄断法也自1990年6月开始运用刑事制裁措施处理恶性和重大的价格卡特尔和操纵投标案件，同时提高了针对价格卡特尔行为的罚金。[②] 我国《反垄断法》目前并未规定违法行为的刑事责任，但是在《中华人民共和国招标投标法》中规定了串通投标的刑事责任。[③]

4. 责任宽恕

鉴于垄断协议的隐蔽性和查处的艰难性，美国、欧盟、日本、韩国等国的执法机构利用协议本身的不稳定性，采用激励措施鼓励参与协议的成员背叛协议，揭发限

---

① 如韩国《规制垄断与公平交易法》规定："对于实施不正当共同行为的事业者，公平交易委员会可以命令其缴纳不超过总统令规定的销售额的5%的课征金，无销售额的缴纳不超过10亿韩元的课征金。"日本禁止垄断法对于垄断协议的课征金不断提高，2002年的修正案将课征金从100 000 000提升到500 000 000日元；2005年修正案又提高了对课征金计算的费率（课征金总额＝费率×违法期间营业额）。对一般犯实行10%的费率，对累犯实行15%的法律。欧盟对垄断协议的罚款。

② 如日本公正交易委员会相继对弹性胶卷价格维持案、保险机构操纵投标案、污水处理公司操纵投标案以及东京市政府操纵投标案提起了刑事指控。

③ 参见《中华人民共和国招标投标法》第53条规定："投标人相互串通投标或者与招标人串通投标的，投标人以向招标人或者评标委员会成员行贿的手段谋取中标的，中标无效，处中标项目金额千分之五以上千分之十以下的罚款，对单位直接负责的主管人员和其他直接责任人员处单位罚款数额百分之五以上百分之十以下的罚款；有违法所得的，并处没收违法所得；情节严重的，取消其一年至二年内参加依法必须进行招标的项目的投标资格并予以公告，直至由工商行政管理机关吊销营业执照；构成犯罪的，依法追究刑事责任。"

制竞争行为来达到消除协议的目的。对那些向反垄断法机关举报并提供重要证据的成员，给予免除全部或部分法律责任处罚的宽恕处理政策。宽恕政策是反垄断执法的有效政策工具，它有利于提高对垄断协议的执法效率。[①] 我国《反垄断法》第 46 条也规定了相应的宽恕制度，“经营者主动向反垄断执法机构报告达成垄断协议的有关情况并提供重要证据的，反垄断执法机构可以酌情减轻或者免除对该经营者的处罚”。

第三节 滥用市场支配地位行为的规制

一、滥用市场支配地位行为概述

（一）滥用市场支配地位的概念

滥用市场支配地位行为是指企业凭借已经获得的市场优势地位，对相关市场上的其他主体实施不公平交易或者排挤竞争对手的行为。滥用市场支配地位行为的前提是企业具有“市场支配地位”，本质是“损害市场竞争”。反垄断法对规制滥用市场支配地位的行为经历了由结构主义向行为主义转变的过程。结构主义理论认为，市场结构的不同必然造成经济运转的差异，企业一旦具有支配地位以后，通常会滥用这种优势地位限制或者排除竞争。因此主张法律应当以控制市场结构为重点，对大企业原则上应当禁止，及时解散市场上出现的独占经营的企业，消除对市场竞争的潜在威胁。后来出现的行为主义理论则主张只有当企业滥用市场支配地位时，反垄断法才对其加以规制。行为主义理论的经济学基础是以美国芝加哥学者为代表的效率学派，他们强调市场垄断与效率之间关系的分析，认为反垄断法的目标是促进经济效率的提高。[②] 而具有市场支配地位的企业往往是市场竞争的幸存者，企业规模和市场份额大恰恰是有效率的体现，并不必然违法。因此，法律控制的重点应放在具有支配地位企业的经营行为上，以防止滥用优势限制市场竞争行为的发生。这一理论在相当程度上影响了反垄断立法及其实施。

（二）滥用市场支配地位行为

1. 垄断定价

垄断价格行为是指具有市场支配地位的经营者在一定时期内以超高价格销售产品或者以超低价格购买商品的行为。在存在竞争的市场条件下，商品的价格是市场竞争的结果，每个企业只能是价格的接受者，而不可能是价格的决定者。但是

① 游钰：《反垄断宽恕政策的理论分析与实证考察》，《法律科学》2008 年第 4 期。
② Herbert Hovenkamp, Antitrust Policy after Chicago, 84 Mich. L. Rev. 213 (1985), 227.

当企业占有市场支配地位后,往往为了获取高额的垄断利润,利用其自身的市场优势,以不合理的高价销售其垄断产品,使消费者福利转移到垄断厂商手里。因此,规制垄断定价行为成为反垄断法的重要内容之一。

2. 掠夺性定价

掠夺性定价是指处于市场支配地位的企业以牺牲短期利益(低于成本的价格)的手段销售商品以达到排挤竞争对手的目的,然后再将商品价格提高到边际成本以上的行为。这种不正当的低价销售行为在一定时期内似乎有利于消费者,但由于其动机是以牺牲短期利益排挤竞争对手,达到独占市场的长期利益。从长远看最终受害的仍然是消费者。各国法律都将其作为典型的反竞争行为加以规制,其性质就是滥用市场支配地位的行为。①

3. 差别待遇

差别待遇是指处于市场支配地位的企业在没有正当理由的情况下,对条件相同的交易对象,就其提供的商品的价格或者其他条件给予明显区别对待的行为。差别待遇行为的形式多样,其中最为常见的是价格歧视。价格歧视包括地区的销售或购买价格差别,特别价格供应或销售差别等。对于占有市场支配地位的企业来说,差别待遇是一种有效的市场经营策略,可以通过亲疏不一的交易政策,排挤进入市场的潜在的竞争对手。差别待遇对市场的竞争秩序产生明显的不利影响,而且还会因其对交易者的歧视,从而影响最终消费者的利益。②

4. 拒绝交易

拒绝交易行为是指具有市场支配地位的经营者无正当理由,拒绝向其他经营者提供商品的行为。虽然根据合同自由原则企业有权选择自己的交易伙伴,但如果允许具有市场支配地位的企业或者拥有关键设施的经营者随意拒绝交易,则必然扩大具有市场支配地位企业的垄断范围,使其从原始市场扩张到附属市场,有悖于维护市场竞争的宗旨。拒绝交易包括拒绝供应产品或服务、拒绝提供使其他企业已经产生依赖性的必要配件、拒绝知识产权的许可使用等。但并非拒绝交易行为都是违法的,必须认定该拒绝交易行为使得相关市场的竞争受到损害才能确认其违法性。

5. 搭售和附加不合理交易条件

搭售行为也称为捆绑销售行为,它是指在相关产品市场上拥有优势地位的企业强迫买方接受与其所出售的产品或服务无关的其他产品或服务的行为,或者要求交易对方签订接受上述条件的协议。③ 搭售不仅限制了交易自由,而且将具有

① 参见美国《克莱顿法》第2条及《罗宾逊—帕特曼法》,将掠夺性定价视为价格歧视行为。《欧盟条约》第82条规定,将掠夺性定价构成该条意义上的滥用行为。

② 王晓晔:《欧共体竞争法》,中国法制出版社2001年版,第256页。

③ 许光耀:《欧共体竞争法》,法律出版社2002年版,第211页。

市场支配地位企业的市场优势不正当地延伸到被搭售产品的市场，使之免于竞争压力。为了维护市场参与者的经营自由和有效竞争的机制，对搭售及附加不合理交易条件的行为必须进行有效规制。

6. 排他性交易

排他性交易又称为独家交易，是指处于市场支配地位的企业要求经营伙伴在特定的市场内不能与除其之外的其他竞争对手进行交易的行为。在现实社会中，独家交易主要表现为“专营专卖”、“独家经销”。发达国家对独家交易的规范大致有两种做法，一种是欧共体的立法例，事先通过法律法规对某些行为的适法性明确规定，使一些合理的独家经营得以存在和发展。另一种是事先并未具体规定行为的适法性，而是在案件审理过程中，通过实际考察其行为效果而确定，如美国关于纵向限制竞争行为的规定及其法院的相关判例。①

我国《反垄断法》第 17 条规定了禁止具有市场支配地位的经营者不得从事的滥用市场支配地位的行为，②基本上与上述国家法律的规定是一致的。

二、滥用市场支配地位行为的认定

对滥用市场支配地位行为的认定是一个完整的过程。首先需要界定经营者的产品所涉及的相关市场，以确定其竞争范围；其次要确定经营者在相关市场上是否占有支配地位；最后再判定经营者是否滥用了市场支配地位排除或限制竞争。

（一）相关市场的界定

相关市场是指经营者在一定时期内就特定商品或服务进行竞争的商品范围和地域范围。这就是说界定相关市场必须考虑产品范围、地域范围，同时还必须考虑时间方面的因素。

1. 相关产品市场

相关产品市场是指相互可替代的所有产品所构成的特定市场，即具有竞争关系的所有产品所构成的市场范围。对相关产品市场的界定可以从两方面入手。

(1) 消费者需求替代性。这是以消费者需求弹性为判断标准的界定方法。如果消费者对两种产品在价格、品质和用途方面都认为是可替代的，则该两种产品应属于同一市场具有竞争关系的。这种关系可以表述为：需求弹性(D)＝ A 产品需

① 参见〔美〕《谢尔曼法》第 1 条、《克莱顿法》第 3 条以及《联邦贸易委员会法》第 5 条规定。

② 参见《中华人民共和国反垄断法》第 17 条规定：禁止具有市场支配地位的经营者从事下列滥用市场支配地位的行为：(1) 以不公平的高价销售商品或者以不公平的低价购买商品；(2) 没有正当理由，以低于成本的价格销售商品；(3) 没有正当理由，拒绝与交易相对人进行交易；(4) 没有正当理由，限定交易相对人只能与其进行交易或者只能与其指定的经营者进行交易；(5) 没有正当理由搭售商品，或者在交易时附加其他不合理的交易条件；(6) 没有正当理由，对条件相同的交易相对人在交易价格等交易条件上实行差别待遇；(7) 国务院反垄断执法机构认定的其他滥用市场支配地位的行为。

求数量的变动/B产品价格的变动。如果需求弹性D是正数,A产品和B产品就是替代关系。如果D是负数,则两者是互补关系。

(2) 生产者供给替代性。生产者供给替代性的基础是供给弹性理论①。生产供给的可替代性以市场内存在的"潜在竞争"作为前提,如当涉案产品的价格足够高时,有可能诱发其他潜在生产者转换生产,从而使市场的供给增多,形成对产品价格的抑制。如果供给数量的增加比例对潜在竞争者十分敏感,则表示其他厂商比较容易转换生产,厂商价格的抬高就不易维持。

2. 相关地域市场

相关地域市场是指消费者能够有效地选择各类可竞争产品,供应商能够有效地供应产品的一定地理区域。在确定相关地理市场时应当考虑两个主要因素。

(1) 区域间交易的障碍。这包括交易成本障碍(如产品运输成本等)和法律障碍(如政府管制行业或特许经营权等)。

(2) 产品特性。产品性质直接影响市场地域的大小,如产品可长期保存的,其市场范围就可能扩大;相反,产品销售地域性较强的(如报纸等),其地域市场的范围就比较狭小。

3. 相关时间因素

在市场竞争过程中,时间对于相关市场的确定有着十分重要的影响。时令、机遇或其他因素都会使市场竞争格局发生明显变化。知识产权的时效也会影响市场界定的相关度。

(二) 市场支配地位的认定

市场支配地位是指经营者在相关市场中对交易价格和交易条件处于独立决策而无须考虑其他经营者,并足以影响市场竞争的地位。认定企业是否拥有市场支配地位是判定经营者滥用支配地位影响竞争行为的先决条件。市场支配地位的认定存在两种立法模式:一种是以欧盟为代表的以法律条文明确规定;另一种是以美国为代表的在案件审理中进行认定。我国反垄断法对市场支配地位的认定采取了综合认定的立法模式。首先,对市场支配地位作了基本的界定,即是指经营者在相关市场内具有能够控制商品价格、数量或者其他交易条件,或者能够阻碍、影响其他经营者进入相关市场能力的市场地位。其次,对执法机关在认定经营者具有市场支配地位时应当考虑的因素作了明确规定,包括企业的市场份额、市场控制力、技术财务实力、竞争者进入难易程度等因素。② 第三,为了操作的方便,还规定

① 供给弹性是指当涉案厂商将产品价格抬高某一百分数时,市场上相同产品的供给量相应增加的比例。

② 参见《中华人民共和国反垄断法》第18条。认定经营者具有市场支配地位,应当依据下列因素:(1) 该经营者在相关市场的市场份额,以及相关市场的竞争状况;(2) 该经营者控制销售市场或者原材料采购市场的能力;(3) 该经营者的财力和技术条件;(4) 其他经营者对该经营者在交易上的依赖程度;(5) 其他经营者进入相关市场的难易程度;(6) 与认定该经营者市场支配地位有关的其他因素。

了可以推定为具有市场支配地位的情形，其主要依据是市场份额。① 最后，对不应当被推定为市场支配地位的情形作了规定。② 显然，这是采用了欧盟模式的成文法规定。

（三）滥用市场支配地位行为的认定

根据行为主义理论，企业获得市场支配地位本身并不违法，只有滥用这种市场优势时，才会受到反垄断法的禁止。从目前大多数国家和地区的反垄断立法来看，都采用了法律明确规定滥用市场支配地位行为的立法模式。禁止那些具有市场优势的经营者以对市场竞争产生重大影响的方式损害市场竞争。这些被禁止的滥用行为包括：无正当理由制定垄断价格或掠夺性价格、无正当理由实施价格与交易条件的区别对待、搭售或附加不合理的交易条件、强制交易或拒绝交易等。我国《反垄断法》第 17 条也明文规定了上述 6 项滥用市场支配地位的行为。

值得注意的是，一些国家的法律中还规定了某些拥有网络或基础设施优势的经营者拒绝竞争者以适当报酬接入自己网络或基础设施的行为也属于滥用市场支配地位的行为。如德国《反对限制竞争法》中规定，其他竞争者由于法律上的理由（国家不允许再建设）或事实上的理由（不具备再建设的特殊条件），非使用该网络或其他基础设施无法在前置或后置的市场上作为竞争者从事活动，具有上述支配地位的企业就不能拒绝竞争者接入使用的请求。除非企业能够证明这种使用因企业经营方面或其他方面的事由是不可能的，或者是不能合理期待的。我国《反垄断法》第 18 条中的第四项“其他经营者对该经营者在交易上的依赖程度”是否能够解释为这种相对优势地位还需通过立法或者司法解释才能得以运用。

三、滥用市场支配地位行为的法律规制

滥用市场支配地位行为对市场竞争具有危害性，但这些企业在经营与创新方面的效率也值得重视，因此需要在规制时加以权衡。发达国家在对滥用市场支配地位行为的制裁方面分为三种类型，即约束性制裁、救济性制裁与惩罚性制裁，体现了对这种权衡的考虑。③

（一）约束性制裁

约束性制裁主要包括行政和解、签发停止令和行政劝告等措施。和解协

---

① 参见《中华人民共和国反垄断法》第 19 条规定：(1) 一个经营者在相关市场的市场份额达到二分之一的；(2) 两个经营者在相关市场的市场份额合计达到三分之二的；(3) 三个经营者在相关市场的市场份额合计达到四分之三的。

② 参见《中华人民共和国反垄断法》第 19 条第一款第二项、第三项规定的情形，其中有的经营者市场份额不足十分之一的，不应当推定该经营者具有市场支配地位；被推定具有市场支配地位的经营者，有证据证明不具有市场支配地位的，不应当认定其具有市场支配地位。

③ 王磊：《试论对滥用市场支配地位行为的法律制裁方式》，《学术交流》2005 年第 6 期。

议是指执法机构与违法当事人可通过谈判达成行政和解协议，如美国司法部与当事人达成和解协议，涉嫌对象停止并修正自己的涉嫌行为，以符合执法机关的要求，经联邦法院审查后可签发“同意令”。停止令是指执法机构责令经营者停止违法行为，如美国联邦贸易委员会有权签发“停止令”，责令当事人停止违法行为或修正正在实施的行为。对于违反停止令的，联邦贸易委员会可以处以每日1万美元的程序性罚款。行政劝告是在采取行政执法手段之前的行为纠正机制，如日本公正交易委员会在认为有违反反垄断法的行为时，可以劝告涉嫌对象采取适当措施加以矫正，不直接运用行政执法程序进行制裁。

（二）救济性制裁

救济性制裁的实施有三种方法：(1) 分拆大企业。反垄断执法机关可以根据具体情况将涉嫌具有市场支配地位的企业分拆成为若干个小企业，这一般在反垄断法早期加以应用。(2) 没收违法所得。这是在美国司法判例中确立起来的方法。(3) 损害赔偿。很多国家反垄断法规定，受到市场支配地企业的垄断行为造成损害的当事人都可以提起损害赔偿诉讼。美国在这个方面规定为三倍损害赔偿。

（三）惩罚性制裁

惩罚性制裁包括：(1) 行政罚款，即对于滥用市场支配地位的行为进行数额较大的罚款，如意大利竞争局可以对经营者处以上一财政年度营业额1%—10%的罚款，日本公正交易委员会可以责令违法企业按照一定比例向国库缴纳课征金。(2) 刑事罚金和判处徒刑。美国法律规定对实施垄断和限制贸易行为的构成犯罪的企业可处以100万美元以下的罚金，个人参与者将被处以10万美元以下罚金以及3年以下监禁。

我国反垄断法对滥用市场支配地位行为确立了行政责任与民事责任，即经营者违反本法规定，滥用市场支配地位的，由反垄断执法机构责令停止违法行为，没收违法所得，并处上一年度销售额1%—10%的罚款。经营者实施垄断行为，给他人造成损失的，依法承担民事责任。

第四节　经营者集中的规制

一、经营者集中的概念

经营者集中也称为“合并”或“结合”，反垄断法中的经营者集中的含义与商法不完全一致，由于它规制的重点并非是企业法律人格的变化或资产的转移，而是经营者集中之后是否增强了企业在市场中的支配地位，从而增强了滥用支配地位或者共谋的可能性。前者称为经营者集中产生的"单边效应"，后者则称为经营者集中的"协调效应"。只要能够形成或可能形成市场力量过度集中，这些行为就会成为反垄断法规制的对象，显然，这要比商法的范围宽泛得多。经营者集中除了包括合并之外，还包括各种由于经营权转移导致的市场力量集中的行为，包括股份持有、干部兼任、营业受让等行为。经营者集中可分为横向集中、纵向集中与混合集中三个类型。横向集中发生在相同产品的生产者和销售者之间，直接影响市场结构，从而影响竞争格局，因而一直是各国反垄断法控制的重点。纵向集中是不同经营环节的经营者之间以减少交易成本或控制上下游市场为目的的集中，由于不直接表现为减少竞争者，故而被认为对市场竞争的影响较小。但越来越多的事实表明，纵向集中会导致上、下游相关市场内力量对比发生变化，从而存在对该市场内的竞争产生影响。混合集中是指属于不同产业领域不同经营环节的企业集中，虽然混合集中各方不存在直接的竞争关系，对市场竞争产生的影响较小，但是，当经营者通过不同产业或经营环节的集中，极大地增强对市场的绝对控制力时，其影响竞争的潜在威胁也是不能忽视的。

二、经营者集中对市场竞争的影响与评估

经济学理论认为经营者集中可能导致两种效应：单边效应和协同效应。单边效应是指集中会导致经营者获得更大的市场势力，从而增强提高价格、降低产量、排挤竞争对手、损害消费者利益的能力。协同效应是指集中可能会为经营者之间达成共谋或协调行为创造结构性条件，因为企业合并后会减少市场上经营者的数量，经营者势力更加均衡，从而为共谋创造对称的结构性条件。但是，潜在的效率因素仍有可能在一定程度上对这两种效应加以抵消。因此，对于单边效应而言，集中导致的效率提高会帮助企业降低成本，进而减弱企业提高价格的企图。对于协同效应而言，提高效率的企业将会具有更大的成本优势，从而刺激其通过降价获取更大的市场份额，瓦解价格同盟或者阻碍价格同盟的形成。因此，经营者集中的反垄断审查必须对经营者集中导致的"促进效率"和"减损竞争"进行科学的评估和权衡再加以决定。

三、经营者集中的申报与审查制度

（一）经营者集中的申报制度

事先申报制度是指各国反垄断法对市场竞争具有重大影响的合并事项必须事

先向竞争主管机关进行申报的强制性规定。至于什么是重大的合并事项，各国都规定了一些具体的数额。我国也采用了经营者集中的事先申报制度，并明确规定了经营者集中的申报标准。① 与此同时，《反垄断法》第 22 条对可以不申报的情形也作了规定，参与集中的一个经营者拥有其他每个经营者 50%以上有表决权的股份或者资产的，或者参与集中的每个经营者 50%以上有表决权的股份或者资产被同一个未参与集中的经营者拥有的，可以不向国务院反垄断执法机构申报。

(二) 经营者的审查制度

1. “初步审查”和“进一步审查”

经营者集中的审查是指竞争执法机关对参与集中经营者的申请按照法律规定的标准所进行的审查。经营者集中审查分为“初步审查”和“进一步审查”。“初步审查”是竞争执法机关对符合申报要求的申请人所提交的材料是否符合法定要求所进行的形式审查。如果该集中对市场竞争不构成严重影响，一般都会通过。②如果竞争执法机构认为该集中可能对市场竞争将产生较为严重的影响，则需要对集中进行进一步的审查，也称为实质性审查。③ 进一步审查主要通过对该集中对市场可能形成的进入障碍、对竞争者和消费者影响等作出是否禁止经营者集中。④

2. 经营者集中审查的标准和因素

对企业合并进行反垄断控制的最终标准应当是社会的整体效益是否得到增进，这是得到各国共识的，但具体的审查标准在不同国家有不同的规定。美国控制企业合并的标准是以消费者的福利是否削弱作为核心标准；德国反垄断法的合并控制标准则以“竞争”作为唯一的观察点，即考虑合并后是否可能

① 国务院 2008 年 8 月颁布了《关于经营者集中申报标准的规定》，经营者集中达到下列标准之一的，经营者应当事先向国务院商务主管部门申报，未申报的不得实施集中：(1) 参与集中的所有经营者上一会计年度在全球范围内的营业额合计超过 100 亿元人民币，并且其中至少两个经营者上一会计年度在中国境内的营业额均超过 4 亿元人民币；(2) 参与集中的所有经营者上一会计年度在中国境内的营业额合计超过 20 亿元人民币，并且其中至少两个经营者上一会计年度在中国境内的营业额均超过 4 亿元人民币。营业额的计算，应当考虑银行、保险、证券、期货等特殊行业和领域的实际情况。

② 参见《中华人民共和国反垄断法》第 23 条规定：“经营者向国务院反垄断执法机构申报集中，应当提交下列文件、资料：(一) 申报书；(二) 集中对相关市场竞争状况影响的说明；(三) 集中协议；(四) 参与集中的经营者经会计师事务所审计的上一会计年度财务会计报告；(五) 国务院反垄断执法机构规定的其他文件、资料。申报书应当载明参与集中的经营者的名称、住所、经营范围、预定实施集中的日期和国务院反垄断执法机构规定的其他事项。”

③ 参见《中华人民共和国反垄断法》第 25 条规定：“国务院反垄断执法机构应当自收到经营者提交的符合本法第二十三条规定的文件、资料之日起三十日内，对申报的经营者集中进行初步审查，作出是否实施进一步审查的决定，并书面通知经营者。国务院反垄断执法机构作出决定前，经营者不得实施集中。”

④ 参见《中华人民共和国反垄断法》第 28 条规定：“国务院反垄断执法机构决定实施进一步审查的，应当自决定之日起九十日内审查完毕，作出是否禁止经营者集中的决定，并书面通知经营者。作出禁止经营者集中的决定，应当说明理由。审查期间，经营者不得实施集中。”

严重影响市场竞争为标准。我国《反垄断法》第 28 条规定:"经营者集中具有或者可能具有排除、限制竞争效果的,国务院反垄断执法机构应当作出禁止经营者集中的决定。但是,经营者能够证明该集中对竞争产生的有利影响明显大于不利影响,或者符合社会公共利益的,国务院反垄断执法机构可以作出对经营者集中不予禁止的决定。"可见,我国法律以保护竞争为基本标准,同时又兼顾了效率标准。

明确了经营者集中的审查标准后,各国反垄断法还规定了对于经营者集中审查需要考虑的因素,包括市场结构、企业实力、技术条件、对竞争者和消费者的影响等。在所有这些因素中,相关市场的结构、参与集中的经营者在相关市场的市场份额及其控制力是最重要的。此外还要考虑企业的市场地位及其经济能力、经营者集中对市场进入、技术进步的影响;经营者集中对消费者和其他有关经营者的影响;经营者集中对国民经济发展的影响。除此之外,反垄断执法机构认为应当考虑的影响市场竞争的其他因素。① 此外,有些国家和地区的竞争法(欧盟等)还规定要考虑成立合资经营企业这种形式的集中对形成垄断协议或上下游市场的影响等因素。

3. 经营者集中审查的效率抗辩

经营者集中对市场具有双重的影响,一方面通过直接能够提高经济效率,另一方面也可能增加市场势力,影响市场竞争,损害消费者福利。这就形成了经营者集中反垄断审查的核心内容:"减损竞争"和"促进效率"两大因素的权衡。这就是各国法律中规定的经营者集中效率抗辩制度,即当经营者集中被禁止时,经营者可以以集中对社会经济效率的提高大于其对市场竞争所产生的负面影响为由,申请反垄断执法机构不予禁止。我国《反垄断法》第 28 条规定,经营者能够证明该集中对竞争产生的有利影响明显大于不利影响,或者符合社会公共利益的,国务院反垄断执法机构可以作出对经营者集中不予禁止的决定。

四、经营者集中的法律责任

经营者集中的法律责任主要就是行政处罚的责任。包括以下方面。

1. 禁止集中

各国法律规定,如果可以预见因合并将出现控制市场的地位或加强控制市场

① 参见《中华人民共和国反垄断法》第 27 条规定:"第二十七条审查经营者集中,应当考虑下列因素:(一) 参与集中的经营者在相关市场的市场份额及其对市场的控制力;(二) 相关市场的市场集中度;(三) 经营者集中对市场进入、技术进步的影响;(四) 经营者集中对消费者和其他有关经营者的影响;(五) 经营者集中对国民经济发展的影响;(六) 国务院反垄断执法机构认为应当考虑的影响市场竞争的其他因素。"

的地位,那么反垄断当局就可以禁止此合并。如我国《反垄断法》第 28 条规定,“经营者集中具有或者可能具有排除、限制竞争效果的,国务院反垄断执法机构应当作出禁止经营者集中的决定。”一旦作出禁止合并的处分,企业就不得完成该合并,其他人也不得参与完成集中。①

2. 附条件同意集中

经营者集中可能使原来拥有优势的企业更增强了市场支配地位,因此,以附条件同意的方式,剥离优势企业的某些强势业务、资产、产能等就成为反垄断的法律救济方式之一。欧盟在其所有申报合并的案件中,除了无条件批准的以外,有 77%的案件是通过资产或业务剥离的方式结案的。② 我国《反垄断法》第 29 条也规定了减少经营者集中可能带来的限制竞争后果的救济方式。“对不予禁止的经营者集中,国务院反垄断执法机构可以决定附加减少集中对竞争产生不利影响的限制性条件。”反垄断法实施以来,我国竞争执法机关已经对多起经营者集中案件实施了附条件同意的审查。

3. 解散已合并企业

对于经营者集中后有损市场竞争的企业,反垄断主管机关下令解散已经结合的企业团体。如德国法律规定如果联邦卡特尔局已经下令禁止的合并即使已经完成,也必须进行解散。

4. 其他方式

对于人事兼任、合资经营、委托经营等形式的企业合并,还可采用解除职务、宣告合同无效等方式进行处罚。严重的还有刑事责任,如美国反垄断法规定,对不经申报擅自合并的企业,法院可处以违反期内每天高达 1 万美元的罚金。

我国反垄断法规定,经营者违反本法规定实施集中的,由国务院反垄断执法机构责令停止实施集中、限期处分股份或者资产、限期转让营业以及采取其他必要措施恢复到集中前的状态,可以处 50 万元以下的罚款。给他人造成损害的,则依法承担相应的民事责任。

---

① 中国国家商务部根据《中华人民共和国反垄断法》的规定,否决了对美国可口可乐公司与中国汇源果汁集团有限公司的经营者集中案。商务部认为:“此项经营者集中具有排除、限制竞争效果,将对中国果汁饮料市场有效竞争和果汁产业健康发展产生不利影响。鉴于参与集中的经营者没有提供充足的证据证明集中对竞争产生的有利影响明显大于不利影响或者符合社会公共利益,在规定的时间内,可口可乐公司也没有提出可行的减少不利影响的解决方案,因此,决定禁止此项经营者集中。”参见 2009 年第 22 号中华人民共和国商务部公告。

② 卫新江:《欧盟美国企业合并反垄断法规制比较研究》,北京大学出版社 2005 年版,第 100 页。

第五节　行政性垄断的规制

一、行政性垄断的概念与类型

（一）行政性垄断的概念

行政性垄断行为是滥用行政权力排除限制竞争的约定俗成的称呼，[①]按照我国《反垄断法》的规定，它是指行政机关和法律、法规授权的具有管理公共事务职能的组织滥用行政权力，排除或者限制竞争而形成的市场垄断。行政性垄断是现代市场经济条件下国家经济管理职能异化的产物，其存在的空间维度具有广泛性。在经济体制转轨的国家或地区表现尤为明显。将反垄断法适用于行政性垄断是各国的普遍做法，美国、欧盟等国家和地区都将行政机关滥用公权力限制竞争的行为纳入反垄断法的管辖范围，把行政机关从事反竞争行为作为市场行为一并适用反垄断法。经济转型国家由于存在严重的滥用行政权力限制竞争的现象，在反垄断立法中对行政性垄断行为进行了特别的规定。[②] 乌克兰国甚至以"权力机关、地方自治政府机关、限制性经济管理监管机关的反竞争行为"为题设专章对行政性垄断进行规制。

（二）行政性垄断的类型

1. 行政性强制经营

这是指直接以行政权力为根据而发生的强制经营行为。主要表现为行政机关或法律、法规授权的具有管理公共事务职能的组织滥用行政权力，限定或者变相限定单位或者个人经营、购买、使用其指定的经营者提供的商品。行政性强制经营行为是政府通过滥用行政权力，造就了市场的垄断，使特定经营者在相关市场内享有独占地位。

2. 地区垄断

这是指行政机关和法律、法规授权的具有管理公共事务职能的组织滥用行政权力，采取某些手段，妨碍商品在地区之间的自由流通，尤其是为了排挤本地区以外的产品进入本地区而设置障碍所采取的行为，包括：对外地商品设定歧视性收

① 在《中华人民共和国反垄断法》颁布之前，在对于滥用市场支配地位排除限制竞争行为进行研究讨论时，一般都称之为"行政性垄断"或"行政垄断"，并一直沿用至反垄断法颁布之后，这似乎已经成为约定俗成的提法了。学术界和立法机关虽然对此有不同意见，但为了讨论的方便，本书仍然采用"行政性垄断"这一提法。

② 参见俄罗斯《关于商品市场竞争和限制垄断活动的俄罗斯联邦第 941 号法律》第 1 条规定："本法为预防和终止下列行为确定组织基础和法律基础：……；2. 联邦行政机构、俄联邦各部门的行政权力机关、地方政府以及其他被授予上述行政机构的职责和权力的机构或组织的限制竞争活动。"蒙古《禁止不公平竞争法》(2000 年)第 3 条规定："本法应当公平地适用于参加市场竞争的法律实体和政府以及地方行政组织。"

费项目和标准、规定歧视性检验技术要求和措施;针对外地商品采取行政许可、设置关卡或其他阻碍商品自由流通的手段;对于外地投资经营者在本地投资、设立分支机构或招投标活动设定歧视性资质要求、评审标准;或者采取与本地经营者不平等待遇等方式。所有这些行政性措施的目的就是为了排挤外来竞争者,实现区域垄断经营。

3. 制定垄断性行政规定

行政性垄断表面上看是市场被分割与垄断,但这种垄断力的来源则是行政权力的滥用。行政机关通过制定含有排除限制竞争内容的规定(行政条例、行政规章和规范性文件等),使某些市场主体获得独占经营的市场地位,而其他竞争者则被完全排除了进入市场的可能性。由于行政规定的法律效力,使其危害较之市场竞争所形成的垄断更加严重,因此也更难消除。

二、规制行政性垄断的重要意义

(一) 行政垄断的危害性

1. 扭曲市场机制

行政垄断大多是为了本地区、本部门的利益运用行政权力,人为地设置障碍,肢解和割裂市场,无法形成开放统一的市场体系。这种行为必定扭曲市场机制的有效运转,是市场失去应有的调节功能,降低资源配置的效率。

2. 削弱企业竞争能力

行政性垄断从表面上看似乎可以维护局部的利益,但这种做法恰恰忽视了利益产生的根源——企业竞争机制的培育。它是以牺牲整体利益、长远利益作为代价的。有了政府的保护或者压制,企业在市场上失去了竞争的动力和压力,创新机制减弱,腐朽力量增添,影响社会经济的发展。

3. 违背公平竞争原则

行政性垄断通过其不正当行使行政权力,在市场上人为制造出地位不平等的竞争者,对企业的经营或加以特别保护,或进行强制干预,或滥用行政命令强制企业从事限制竞争的行为。不仅与公平竞争理念相悖,从本质上抹杀了市场竞争的精神,也使企业的利益受到侵害。

(二) 规制行政性垄断的意义

行政性垄断实质上是政府不当干预市场经济的典型,行政性垄断表面上是政府的行政行为,但其行政权力的行使往往带有明显的局部利益目标。为了实现这些局部利益,行政权力往往会超越其行使应有的界限。尤其是通过发布行政规定进行限制和排除竞争,会使市场竞争机制更加可能受到比其他市场垄断更严重的损害。因此,消除行政性垄断的过程就是市场经济国家不断改善政府经济管理职能，不断提高经济效率的过程。由于在滥用行政权力限制竞争的情况下，政府行政行为已渗透到市场经济领域，难以通过简单的行政手段加以纠正和制止，但仅仅依靠市场竞争机制又不能令其自行消除，必须要以维护市场竞争机制为宗旨的竞争法对其进行直接规制，才能获得实际的效果。

三、行政性垄断的法律规制

（一）行政性垄断的认定

1. 行政性垄断的主体

行政性垄断的主体首先是滥用行政权力的政府机关。行政机关利用行政权力对市场竞争进行不正当干预，限制正常的市场竞争，导致市场机制扭曲，竞争效率下降时，政府的这种行为就应当受到法律的约束。但这种约束不包括国家为社会整体利益考虑所采取的限制竞争措施，如特定产业或商品的专营和专卖等。除了行政机关之外，行政性垄断主体还包括代为行使某些公共事务管理职能的社会组织或企业，我国反垄断法将其规定为“法律、法规授权的、具有管理公共事务职能的其他组织”，[①]如行业协会、企业团体、事业单位等。在美国反托拉斯法诉讼中，政府限制竞争的行为也受到高度重视，认为以下三种情况是必须禁止的：“一是私人引诱政府所作出的限制竞争行为；二是政府部门制定的限制竞争的管理制度；三是经政府批准同意的由私人实施的反竞争行为”[②]。可以看出，行政性垄断的主体也是相当宽泛的，并不拘泥于行政机关。

2. 行政性垄断的行为

行政性垄断的实质是行政权力的滥用，即行为的违法性。构成行政性垄断行为违法性需从以下三个方面加以全面分析：一是排除性，即在一定经济领域里，使某些市场主体的经营活动难以继续进行，包括现实的排除和有发生排除后果的可能性。二是支配性，即对市场主体的经营活动进行制约和支配，直接或间接剥夺市场主体的经营自主权。三是妨碍性，即对公正平等的竞争秩序的妨碍，存在着给竞争带来不良影响的危险性。

3. 行政性垄断的客观后果

行政性垄断的客观要件是对竞争的实质性限制和损害，即行为的危害性。确定行政性垄断的危害性可以从两方面展开：一是相关市场的竞争受到实质性限制。比如地方政府采取优惠政策扶植本地企业，对外地企业采取歧视性限制，阻止

① 参见《中华人民共和国反垄断法》第8条及第5章内容。

② Ernest Gellhorn & William E. Kovacic, “Antitrust Law and Economics In A Nutshell”(fourth edition), West Group, P. 481.

外地商品进入本地市场。二是相关市场主体的经济利益受到损害。比如政府和有关部门对企业的产品采取封锁、限制和其他歧视措施，致使该企业的产品销售受阻，产品积压，预期的经济效益未能实现。只有具备以上两方面的因素，同时证明行政机关滥施的行政行为与以上两个结果存在因果关系，垄断行为的危害性要件才能成立。

四、行政性垄断的法律责任

行政性垄断在现实生活中存在的普遍性和危害性，要求反垄断立法必须加以规制而不能回避。① 规制行政垄断的关键在于明确规定行为主体的法律责任。行政垄断行为有的是通过具体的行政行为实施的，如强制性交易、设置关卡等，但更多的则是通过抽象行政行为实施，如政府通过行政程序制定含有排除或者限制竞争内容的政府令和行政规章。

（一）具体行政行为的法律责任

根据有些国家法律的规定，这类行为的法律责任一般和市场垄断主体相同。如俄罗斯反垄断法规定，不论是商业性组织还是联邦行政权力机构、联邦各部门的行政权力机构、市政当局以及公民，只要违反反垄断法的规定，都应当根据联邦反垄断法当局的处理意见，应承担相应的法律责任。这些责任包括行政责任、刑事责任和民事责任。如反垄断当局可以作出停止违法行为、责令改正、消除影响、上缴非法所得、宣告限制竞争的协议无效、以分解的方式重组等决定。② 根据我国反垄断法的规定，行政机关和法律、法规授权的具有管理公共事务职能的组织滥用行政权力，实施排除、限制竞争行为的，主要是由上级机关责令改正；对直接负责的主管人员和其他直接责任人员依法给予处分。但是，反垄断执法机构可以向有关上级机关提出依法处理的建议。根据 2009 年《工商行政管理机关制止滥用行政权力排除、垄断行为程序规定》国家工商行政管理部门对国务院所属部门、各级人民政府或法律、法规授权的具有管理全国或地方公共事务职能的组织滥用行政权力排除、限制竞争的，可以向国务院或有关上级机关提出依法处理的建议。③

---

① 漆多俊：《反垄断立法中的行政性垄断问题》，《时代法学》2006 年第 2 期。

② 参见俄罗斯《关于竞争和在商品市场中限制竞争活动的法律》（1995 年）第 4 条。参见尚明主编：《主要国家（地区）反垄断法律汇编》，法律出版社 2004 年版，第 146 页。

③ 参见国家工商行政管理总局令第 41 号《工商行政管理机关制止滥用行政权力排除、限制竞争行为程序规定》：“国家工商行政管理总局对国务院所属部门、省级人民政府滥用行政权力排除、限制竞争的，可以向国务院提出依法处理的建议；省级工商行政管理局对省级人民政府所属部门、省以下地方人民政府及其所属部门滥用行政权力排除、限制竞争的，可以向有关上级机关提出依法处理的建议。对法律、法规授权的具有管理全国或地方公共事务职能的组织滥用行政权力排除、限制竞争的，国家工商行政管理总局或省级工商行政管理局可以向管理该组织的机关提出依法处理的建议。”

（二）抽象行政行为的法律责任

对于政府颁布限制竞争的法令和决议等，造成市场竞争受损害的，各国反垄断法一般通过设定特别的条款加以规定，如乌克兰、罗马尼亚、保加利亚、匈牙利、俄罗斯等国都作了专门规定。[①] 日本根据 1984 年修订了《关于行政指导的反垄断法指导准则》，如果行政指导可能导致反竞争行为，公正交易委员会将建议有权行使行政指导的内阁及其所属机构应事先与公正交易委员会协商，由公正交易委员会对那些被认为有可能违反反垄断法的行政指导提出修改建议。否则，即便企业遵照这些行政指导行事，他们的某些行为仍然有可能被判违反反垄断法。[②]

我国反垄断法规定，《反垄断法》的作用限于否定依抽象行政性垄断行为所产生的与其冲突的下位行业规范的法律效力。法律、行政法规对行政性垄断行为的处理另有规定的，依照其规定，[③]反垄断执法机构对此并没有管辖权，还不能如果法律的实施将其与反垄断法相抵触的行政抽象行为（行政法规、规章及其他规范性文件）直接撤销。根据国际经验和我国改革的现实需要以及现行法律体系规定，可以考虑通过立法赋予反垄断执法机构对违法者提出行政劝告的权力；同时规定违法者不听取行政劝告，反垄断执法机构可以向法院提出行政诉讼，并赋予受害方从垄断受益方获得赔偿的权利。

【复习思考题】

1. 我国在反垄断法实施中对于多元的立法宗旨应如何协调？

2. 我国反垄断法为何要对部分垄断协议进行豁免？不适用反垄断法规定的垄断协议应当具备什么样的限制条件？

3. 行业协会订立的自律性规则和决定是否可以视为垄断协议？试举一例说明。

4. 反垄断执法机构确认经营者构成滥用市场支配地位的行为需要经过哪些步骤？

---

① 参见匈牙利《禁止不正当竞争法》（1996 年）第 63 条规定："如国家行政机构的决议损害了竞争的自由，竞争监督机构可作为一方当事人请求法律救济。"保加利亚《反垄断法》（1991 年）第 4 条规定："凡国家行政机关和地方机构明示或者默示作出造就某种垄断地位的决定，或者该决定事实上可导致这种地位，从而严重损害自由竞争或自由定价，得予以禁止。"乌克兰《反垄断委员会法》第 8 条规定："委员会依据其权限拥有以下权力：(1) 向国家部门发布指令，要求废除或者修正违反反垄断的文件，或者结束这类决议；第 20 条，凡是能够影响市场竞争的文件，特别是涉及企业整顿和对某些经济活动进行的特许，必须事先得到反垄断委员会的许可。"

② 日本东京高等法院和日本最高法院在有关的判决中也支持了日本公正交易委员会的立场。参见曹红英：《日本竞争政策的新发展》，《中国工商研究》2000 年第 8 期。

③ 参见《中华人民共和国反垄断法》第 51 条。

5. 我国是否采取经营者集中事先申报制度？反垄断执法机构对经营者集中要进行哪些具体的审查？

6. 界定相关市场的方法主要有哪些，我国采取的是何种界定方法？

7. 我国在反垄断法中规定滥用行政权力排除、限制竞争行为有何重要意义？

第七章　反不正当竞争法

第一节　反不正当竞争法概述

一、不正当竞争行为的概念

（一）竞争行为的正当性判断

不正当竞争行为是正当竞争行为的对立面，但在很多情况下两者难以明确区分。因此，对竞争行为的正当性加以判断是十分重要的。市场经济的生命力在于市场主体的竞争，如果客观的描述市场经济的发展过程，竞争行为本身并没有正当与不正当之分，它们都是经济运行过程中衍生出来的自发行为。但是，"反不正当竞争法"的诞生为本来客观、中立的"竞争"概念披上了价值判断的"外衣"。从此，一些竞争行为被认为是"不正当的"。因此，当我们对竞争行为作出"正当与否"的判断时，就必须依据一定的价值标准。

法律对于某类具体竞争行为的评判标准根源于伦理范畴，即商业道德。在漫长的商品经济发展历史中，社会的商业道德是与商品经济发展水平相适应而逐渐形成的，它是一群符合交易各方利益的行为规则的总和。平等自愿、诚实信用、公平公开等都是商业生活中公认的商业道德，是社会经济秩序得以维持的基本条件。可以说，市场经济从本质上讲就是商业伦理经济①。传统的商业道德很早就显示出遏止社会盲目追求金钱所可能带来的道德沦丧方面的价值判断，近代以来这种价值判断在很大程度上约束了商业经济行为，从而使资本主义市场经济能健康地发展。到了现代市场经济，社会继承了传统的"诚实信用"伦理观念，反对商人们通过不诚实的交易行为获取利益，这对于竞争行为正当性的评判标准产生了重要的影响。

随着社会化大生产带来的社会经济迅速发展，"社会利益"、"整体效率"、"公共福利"等观念不断被引入社会伦理的价值体系，成为评价市场竞争行为正当与否标准的新因素。在保护市场的竞争参与者利益的同时，对市场竞争秩序和消费者利

① 谢晓尧：《竞争秩序的道德解读》，法律出版社 2005 年版，第 19 页。

益的维护成为竞争正当性的重要价值标准，因为这是正当竞争必然会达到的客观效果。其中，消费者更是被看作应当从市场竞争中获得福利的重要因素，市场经济越发达，消费所获得的福利也应当更多。这正是反不正当竞争法律所追求和要维护的竞争正当性的内涵。

（二）不正当竞争行为的概念

不正当竞争的外延十分广泛，而且其行为的类型也会随着市场竞争的变化而发生变化，因此，对不正当竞争行为的界定就是一件困难的事情。德国在其《反不正当竞争法》中首开了对不正当竞争行为进行概括界定和列举界定并举的先例。该法第1条规定："对于在营业中为竞争的目的而违背善良风俗的行为者，得请求其停止行为并赔偿损害。"显然，这是以采用一般性条款的方式对付广泛变化的不正当竞争行为。在规定一般性条款的同时，该法又列举了引人误解表示、仿冒商业标识、虚假广告宣传、强制顾客购买、商业贿赂以及营业诽谤等多种典型的具体行为，并设定了具体的法律责任。由于不正当竞争行为大多采用似是而非、混淆假冒、搭便车的做法，掠夺他人已有的竞争优势为自己谋取利益，这显然不符合公认的商业伦理。由于不正当竞争行为的多样性和不确定性，法律难以对其行为加以明确的界定。因此，以"违反商业道德"（善良风俗、诚实信用等）来概括不正当竞争行为是最为贴切和全面的，将此作为一般性条款来涵盖现实的和潜在的不正当竞争行为，有利于对损害市场竞争秩序的行为进行全面规制。同时通过列举式的规定对前述概括界定的不足予以补充。目前大多数国家的立法都采用了一般概括加行为列举的做法。①

我国《反不正当竞争法》对不正当竞争行为同样采用了概括加列举的立法模式。首先规定了不正当竞争是指"经营者违反本法规定，损害其他经营者的合法权益，扰乱社会经济秩序的行为"；其次在分则中详细列举了6种不正当竞争行为，它们分别是仿冒混淆行为、虚假广告行为、贬低诽谤行为、商业贿赂行为、侵犯商业秘密行为以及不正当促销（有奖销售）行为。但值得指出的是我国法律还对正当竞争作了规定，"经营者在市场交易中，应当遵循自愿、平等、公平、诚实信用的原则，遵守公认的商业道德"，这有利于明确适用概括性条款。

（三）不正当竞争行为的特征

除了上述伦理价值标准之外，对行为主体、行为特征以及行为的后果加以分析，有助于对不正当竞争行为的判断。

1. 关于行为主体

一般认为，不正当竞争的行为是从事经营活动的主体所为。我国《反不正当竞

① 如日本在《不正当竞争防止法》中列举了6种行为，在《不公正的交易方法》中又规定了16种行为；匈牙利在《禁止不正当竞争法》中规定了7种行为；我国台湾在《公平交易法》中列举了4种行为。

争法》就是将行为主体规定为“经营者”，即“以盈利为目的，从事商品的生产、销售或提供服务的法人、其他经济组织和个人”。这里，经营者应当作广义的理解。首先，经营应当包括社会中所有行业的经营性活动。由于市场经济的迅速发展，市场竞争向各行各业渗透，包括文化、体育等以前不开展经营活动的领域也具有经营性的活动。这些行业的经营行为也应当纳入竞争法调整的范围，①它不局限于通过注册、登记等法定程序获得经营资格、实际从事经营活动的主体，应当包括所有实施市场行为的主体。不管行为人是否取得合法的经营资格，只要其实施了不正当竞争行为，就构成违法，甚至可以包括政府机关及其工作人员的行为。对经营者广义理解有利于全面有效地规范市场竞争行为。

2. 关于竞争行为

在市场经济条件下，经营者的行为目的本身就是获得市场优势，从而谋取更多的经营利益。但是，在有些情况下，行为的竞争性不明显，或不具有特定的竞争对手。比如不正当的虚假广告、商业贿赂等行为，虽然不能与竞争对手直接挂钩，但却对其他相关利益者（消费者等）或社会公共利益（导致市场信息混乱）造成损害，这些行为同样应当理解为是出于争夺竞争优势之目的而采用不正当的手段，应当以法律进行规制。因此，对竞争行为的理解也应当在广义上加以界定。

3. 关于行为后果

不正当竞争行为最大的危害就是扰乱市场竞争秩序。由于不正当的竞争行为带给市场的常常是错误的信息，使市场中的其他主体，尤其是消费者对市场作出不真实的判断和选择，致使合法权益受到侵害。因此，对不正当竞争行为违法性的认定，应当首先关注市场竞争秩序是否受到影响，而非首先关注竞争者利益是否受到损害。只要经营者的竞争行为导致了市场混淆，消费者认识错误等影响秩序的后果，就足以认定其不正当竞争行为的性质，即使对其他经营者和消费者的实际损失尚未形成。

对不正当竞争行为这些特征的认识十分重要，这能使执法机关区别不正当竞争行为与一般的民事违法行为，在进行法律规制时不拘泥于传统的责任形式和制裁方式，而以更有效的手段（行政手段）、更明确的目标（公共利益和消费者利益）对之进行规制，有利于迅速整顿和维护市场经济秩序。

（四）不正当竞争行为的危害

1. 危害市场竞争秩序

人们之所以对不正当竞争行为从早期的侵权法规制到制定专门法律进行规

① 如商业性运作的球类比赛越来越普遍，在竞争中频频发生的以商业贿赂为手段的“黑哨”事件就应当纳入不正当竞争的范围之内。

制，是出于对维护市场秩序重要性的认识。不正当竞争行为使得社会经济生活中市场信息混淆、产品鸠占鹊巢，贿赂腐败成风、消费者被误导。如果任由不正当竞争泛滥，市场中的优者难以胜出，劣者得"搭便车"。整个社会将会发生"劣币驱逐良币"的可怕局面，严重影响市场经济的持续发展。

2. 损害经济运行效率

市场竞争机制的作用就是能够促进技术进步，调节社会需求，引导资源合理流向，推动经济效率不断提高。而以夺取他人竞争优势和侵害消费者利益为目的的不正当竞争行为会减损社会经济效率。因为如果可以通过"搭便车"获得高额利润，无人愿意改革与创新，社会就会陷入停滞不前的状态。不正当竞争行为对社会的损害在"破坏竞争秩序"的层面背后最终会导致经济运行效率的低下。这也是不正当竞争行为必须受到谴责的最重要的原因。

3. 蔓延不良社会道德

不正当竞争行为会滋生于经济运行的各个环节和层面，它如同病菌一般会逐步蔓延，最终影响整个社会经济环境。当不正当竞争行为得不到有效制止，严重到一定程度，社会整体的道德标准就会扭曲。人们对待财富的价值判断将以"欺骗、侥幸"等恶俗代替"良德"轨道。事实上，那些腐败之风正是不正当竞争泛滥腐蚀的必然结果。

综上可知，不正当竞争行为的损害后果是一个层层递进的显现过程。从微观角度看，某一次不正当竞争行为的危害止于对法律规范的背离；从中观角度将不正当竞争行为作为一类经济行为看待，其危害可扩大至损害市场经济的效率与秩序；而从社会整体角度讲不正当竞争行为作为人类行为的一种，其危害后果就将渗透到人类灵魂和社会伦理的深处。规制不正当竞争行为就好比医生治病，自然应当遵循"防范为主"的原则，必须抑制在病情早期，才不至于危害到整个社会的道德体系。

二、反不正当竞争法

（一）反不正当竞争法的产生与发展

现代反不正当竞争法律制度是在传统民事侵权法律和工业产权法律的基础上发展起来的。[①] 基于侵权行为法理论的影响，反不正当竞争法最初的目的是为了保护在竞争中受到损害的竞争者，"不公平竞争法最初是为保护诚实商人而设计的"。[②]

① 漆多俊：《经济法基础理论》(第四版)，法律出版社 2008 年版，第 208 页。

② 世界知识产权组织国际局：《世界反不公平竞争法的新发展》，载漆多俊主编：《经济法论丛》(第 1 卷)，中国方正出版社 1998 年版，第 277—333 页。

要求行为人与受害人之间必须具有竞争关系，否则就不能构成侵权。19 世纪末期，由于市场竞争的日益激化，产生了大量的违反商业道德的不正当行为，这些不正当竞争行为形式多样，涉及社会众多的利益相关者，既损害特定的竞争对手，又侵害不特定的消费者利益，还给社会经济秩序带来严重危害。显然，如果仅依靠民事侵权法律已经不能有效规制前述行为，更不能满足维护市场经济秩序的需要。为此，针对不正当竞争行为，各国开始制定特定法律进行规制，从行为的认定到处罚的方式都有了较大的发展，从而在这个法律的价值目标上发生了根本性的转变。对不正当竞争行为的界定，超越了单纯的侵权性质，而归入了危害经济秩序和损害社会公众利益的范围。反不正当竞争法的诞生顺应了市场经济发展对法制发展的客观需求。"与由不公平贸易行为造成的伤害责任相关的法规发源于侵权行为法的既定原则，但是不公平竞争与贸易管制领域很快就发展成独立的法律，以至于今天不公平竞争与贸易管理法不再依附于侵权行为法"。① 反不正当竞争法是现代经济法体系中的主要法律规范，也可以认为，正是由于反垄断法、反不正当竞争法等重要法律的横空出世，才形成了现代经济法的基本理念和理论体系。

针对不正当竞争行为的立法最早出现在欧洲。德国于 1896 年颁布了《反不正当竞争法》，以规制商业经营中的不正当竞争行为。《保护工业产权巴黎公约》②也在随后的时间里（1900 年布鲁塞尔修订本）增加了关于不正当竞争行为的规定。该公约第 10 条规定："凡在工商业活动中违反诚实信用的竞争行为即构成不正当竞争行为。"之后，欧洲各国相继通过立法规制不正当竞争行为，甚至还针对某些特别严重的不正当竞争行为进行具有针对性的立法，如美国颁布了《禁止海外贿赂法》，英国制定了《商业秘密法》等。20 世纪之后，反不正当竞争的立法活动在日本、韩国等亚洲国家，以及世界各国逐渐得到重视。

随着市场竞争对消费者利益的影响越来越密切，各国的消费者运动相继勃发，反不正当竞争法在保护公共利益和消费者权益方面的社会功能越来越受到重视。多数国家的立法改变了将反不正当竞争法仅适用于竞争者之间关系的狭小范围，把法律的适用范围扩大到那些对市场竞争秩序有影响的非竞争关系。③ 如美国 1914 年的《联邦贸易委员会法》原来规定"商业或影响商业活动中的不正当竞争方法均宣布为违法"，但在 1938 年通过的惠勒·李法中将此规定修改为"商业中或影响商业的不正当、不公正的竞争方法或欺骗性的行为或做法均为违法"，这表明原

① 〔美〕查尔斯·R·麦克马尼斯：《不公平贸易行为概论》，陈宗胜等译，中国社会科学出版社 1997 年版。转引自谢晓尧：《竞争秩序的道德解读》，法律出版社 2005 年版，第 18 页。

② 《保护工业产权巴黎公约》于 1883 年 3 月 20 日在巴黎签定，1884 年 7 月 7 日生效。当初的主要内容是保护商标、专利等工业产权。

③ 谢晓尧：《竞争秩序的道德解读》，法律出版社 2005 年版，第 68 页。

告只要证明行为具有欺骗性，而不必证明行为主体具有竞争关系即可构成不正当竞争。这体现了反不正当竞争立法的目标已不单纯是保护竞争者的利益，而是将法律规制重心移至保护消费者的利益上来。这样的修改对世界各国的立法产生了重要影响。

进入20世纪后期，越来越多的发展中国家重视对市场竞争行为的法律规制，经济转型国家也不例外。不少国家将垄断行为与不正当竞争行为进行统一立法规制，使两类损害市场竞争机制的行为得到统一法律调整，不仅维护了执法的权威性，执法效率也得到了提高。

我国在经济体制改革中深感市场竞争秩序对于经济的良性持续发展和消费者利益的维护具有重要意义，因而通过一系列的法律法规对假冒混淆行为、虚假广告宣传、商业贿赂行为等不正当竞争行为进行规制。1993年我国颁布并实施的《中华人民共和国反不正当竞争法》(以下简称"反不正当竞争法")，在规范市场竞争行为、维护市场竞争秩序和消费者利益方面发挥了重要的作用。

(二) 反不正当竞争法的概念及特征

反不正当竞争法是国家对经营者违反商业道德、扰乱经济秩序的竞争行为进行规制的法律规范的总和。它是经济法体系中的重要内容，具有典型的公法特征。它以规范经济秩序为直接目标，以提升和维护社会整体效率为其终极目标，与传统私法存在着明显的区别。

1. 反不正当竞争法是国家对经营者竞争行为的直接干预

在自由竞争时期，经营者的市场行为不受政府规制，传统私法对此极尽维护之能事。但反不正当竞争法则是突破了传统法治理念，政府执法机构对经营者的竞争行为设定了以维护市场秩序公共利益为界限的行为准则，而且由政府行政执法机构进行直接监督。如美国的联邦贸易委员会、日本的公正交易委员会以及我国的工商行政管理部门等都具有法定权力可以对不正当竞争行为进行检查和处罚。我国《反不正当竞争法》还明确规定："各级人民政府应当采取措施，制止不正当竞争行为，为公平竞争创造良好的环境和条件。"这表明国家对经营者竞争权利的规制是反不正当竞争法的重要特征。

2. 反不正当竞争法保护的法益具有社会性

反不正当竞争法虽然是从具体行为上着手立法，但其根本的目的是立足于社会整体利益的保护。这一特点明显不同于民事立法。后者旨在调整平等个体之间的权利义务关系，目的是实现个体权利之间的公平与正义。反不正当竞争法不仅保护直接进行竞争的诚实经营者，还保护并不直接参与交易和竞争但利益受到侵害的其他经营者和广大消费者。

3. 反不正当竞争法调整的社会关系具有广泛性

反不正当竞争法的主体相当广泛，涉及所有参与市场竞争的企业和个人。消费者更是反不正当竞争法的重要主体。同时,不正当竞争的行为形式多样,反不正当竞争法调整的社会关系也就具有广泛性。既有竞争者之间特定的竞争关系,也有经营者与消费者之间的不特定的交易关系;既有直接侵害特定有名权利的侵权关系,如商标权、企业名称权等,也有通过似是而非搭便车的手段损害他人合法利益的侵权关系,如仿冒行为、令人误解的广告行为等。

反不正当竞争法的上述特征使得它在维护市场秩序中发挥了重要的作用。

（三）反不正当竞争法的立法宗旨

竞争是效率的源泉,但竞争并不必然使效率最优化和长久化。经营者为获取竞争利益而开展竞争的同时,也有可能损害市场秩序和竞争机制。竞争的这种"外部性"是客观存在且无法自行消除的,必须通过法律清除或削弱。反不正当竞争法的立法宗旨就是要把经营者的竞争行为强制性地约束在"诚实信用的商业道德"的行为模式上,不允许以损害他人利益和公共秩序的手段去获取自己的利益。这种政府干预下的新型的社会关系成为现代市场经济立法的必然成果。

诚实信用的商业惯例历来为我国所推崇,"见利忘义"的不道德行为也一直被人们所唾弃。在建立市场经济体制过程中,我国政府首先是鼓励竞争,保护竞争,同时又对大量不正当竞争行为进行法律规制。因此,我国《反不正当竞争法》就承担了培育市场和规范市场的双重任务。该法第1条明确规定:"为保障社会主义市场经济健康发展,鼓励和保护公平竞争,制止不正当竞争行为,保护经营者和消费者的合法利益,特制定此法。"由此可见,维护市场的竞争机制,创造公平竞争的市场环境,保障和促进社会主义经济的发展是我国反不正当竞争法的最终目标,这与宪法规定一脉相承,是宪法精神的延伸和具体化。① 而制止不正当竞争行为,保护合法经营者和消费者的利益则是反不正当竞争法的直接目标,它根据经营者的行为对社会的影响程度、社会公众对这些行为的容忍程度,调整法律制约原则,从而确定行为构成要件、法律责任以及处罚措施。

三、反不正当竞争法的地位

（一）反不正当竞争法与民法

民法是调整平等主体之间财产关系和人身关系的法律,是市场经济法律制度的基础性法律。民法中的"自由"、"平等"、"公平"、"诚实信用"等原则是

① 参见《中华人民共和国宪法》第15条规定:"国家实行社会主义市场经济,国家加强经济立法,完善宏观调控,国家依法禁止任何组织或者个人扰乱社会经济秩序。"

判断不正当竞争行为的重要依据。但民法传统上属于“私法”领域，强调主体的平等和自由。民事立法以肯定的形式，通过确认主体的权利和禁止侵犯权利行为来调整社会关系。而反不正当竞争法则是以明确的禁止性方式对不正当竞争行为进行规制，借助国家的公权力来维护市场机制的运行，其多数原则属于“公法”范畴。它把依民法原则不易规制的行为直接以否定的形式，通过设定强制性的义务来明确其违法性质，并要求承担法律责任。因此，同一种行为可能同时成为民法和反不正当竞争法的共同的调整对象，但是其根本区别在于立法宗旨的不同，前者的宗旨是维护特定的、个别的权利，而后者的重心则是维护市场秩序和公众的利益。正因为如此，反不正当竞争法又是民法的重要补充，在市场经济秩序得到精心呵护的同时，个别权利的保护也就有了更加可靠的保障。

（二）反不正当竞争法与行政法

反不正当竞争法与行政法的关系十分密切。首先在于反不正当竞争法的实施主要依靠行政执法机构进行，这是因为要消除不正当竞争对市场的严重危害，不能等待个别民事救济方式实现，而必须运用国家权力进行及时规制。正因为如此，几乎所有国家都是通过行政执法机关对不正当竞争行为进行监督检查和处罚，以行政手段直接纠偏。但反不正当竞争法和行政法的区别也是明显的。前者的理念是通过行政执法机关对竞争行为主体的干预达到维护市场秩序的目的，它是国家干预市场的经济职能的典型形式，其所产生的法律关系是经济调节关系，并不等于行政关系；其所要解决的是政府与市场的功能调节关系，而非行政权力之间的分配、冲突与协调关系。

（三）反不正当竞争法与消费者保护法

反不正当竞争法与消费者保护法的关系十分紧密，首先，两者具有共同的立法宗旨即保护消费者利益，由于不正当竞争行为同时也是侵害消费者利益的行为，规制不正当竞争行为实际上就是对消费者的权益进行有效的维护。反不正当竞争立法带有浓厚的保护消费者色彩，有些法律规定甚至分不清是属于竞争立法还是消费者保护立法。有效运用竞争法对损害消费者利益行为的规制，由此产生的公平竞争环境一定会使消费者得到更好的保护。

两者的关系还可以从另外一个角度理解。切实有效地保护消费者权益，可以使市场竞争秩序更为完善，因为消费者的不满和选择可以实现对经营者及其产品的评价和制裁，努力保障消费者的这种权利，可以使企业的竞争行为受到制约。正如美国学者马歇尔·爱德华所说的，“竞争完全是一个需要完善的过程，在这个过程中，对消费者在某种条件下进行保护是合乎需要的。对消费者保护的目的在于制止卖主的过失或违约行为以及改变买主缺乏产品知识的状况。这将有助于消费者作出更为合理的选择，因而产生更好的资源分配。”

第二节　不正当竞争行为的法律规制

一、混淆行为

（一）混淆行为的含义

混淆行为是最为普遍、危害性最为严重的一种不正当竞争行为。根据世界知识产权组织关于《反不正当竞争法示范文本》中的界定，"在工商业活动中与他人的企业或者其活动，尤其是该企业所提供的商品或服务产生或可能产生混淆的任何行为构成不正当竞争"。广义上的混淆行为包括对他人商业标识的直接假冒和近似仿冒。

（二）混淆行为的表现形式

1. 假冒他人商业标识的行为

假冒行为是指行为人不经任何授权，对他人经法定程序获得的商业标识权利的直接侵害，如假冒他人的注册商标、服务标记、企业名称、商号等标识。这些标志是经营者享有的由民事商事法律和知识产权法律明确保护的专用权利。假冒他人商业标识不仅是一种不正当竞争行为，同时也是一种侵权行为。

2. 仿冒他人商业标识的行为

仿冒行为包括两类，一类是仿冒他人经注册登记的商业标识进行不正当使用的行为，如故意以他人的注册商标作为自己企业名称或商号进行使用，或者相反，把他人享有盛誉的企业名称或商号作为自己商品或者服务的商标等，借此搭上名优企业或者商品的"便车"，掠夺他人的竞争优势。另一类是仿冒他人知名企业或知名商品特有的商业标识，造成市场混乱的行为。这里所说的知名企业及其产品的商业标识是指那些虽然不受知识产权法的保护，但具有形成知名企业和商品与服务重要价值的识别性标志。如仿冒知名企业或知名商品特有的名称、包装、装潢，①这些仿冒行为对其他经营者的利益将造成严重损害。

3. 仿冒他人产品质量标志和产地的行为。这类行为包括仿冒他人的产品质量认证标志、名优标志或产地的行为等。"认证标志"是指经国际上或国内质量认

① 参见《中华人民共和国反不正当竞争法》第5条第2款，"擅自使用知名商品特有的名称、包装、装潢，或者使用与知名商品近似的名称、包装、装潢，造成与他人的知名商品相混淆，使购买者误认为是该知名商品"的行为。

证机构认证合格后在商品上或商品包装上使用的质量标志。①所谓商品产地是指商品的制造地、加工地、出产地或商品生产者的所在地。伪造商品产地是经营者在商品上虚假地标上名优产品或特有产品的原产地，其目的在于使消费者误认为是产地正宗、产品质量好的产品。

（三）混淆行为的认定

1. 混淆行为的故意性

混淆行为一般都是对享有较高知名度的商品进行仿冒，其实质就是掠夺他人的经营优势，因而是具有主观故意的行为。但是仿冒的故意性一般较难证明，只能从行为上进行反推。只要发生“傍名牌”的仿冒混淆行为，又无法证明其善意的，就可认定其故意混淆的行为性质。②

2. 混淆行为的特定性

混淆行为是对市场中具有竞争优势的特定企业及其产品的仿冒，因此认定混淆行为必须确定被仿冒的特定经营者和特定商品。假冒商业标识权利的行为比较容易认定，因为这些权利是经过法定程序获得的。但对仿冒知名企业和知名商品商业标识的行为则应该有确认的条件。为此，各国执法与司法部门提出了认定的一般标准。国家工商行政管理局提出：“知名商品是指在市场上具有一定知名度、为相关公众所知悉的商品；知名商品特有的名称、包装、装潢，是指商品的名称、包装、装潢非为相关商品所通用的，并具有显著的区别性特征的名称、为识别商品以及方便携带、储运而使用在商品上的包装和为识别与美化商品而在商品或包装上附加的文字、图案、色彩及其编排的组合。”③最高人民法院还提出了认定知名商品的参考因素，包括考虑该商品的销售时间、销售区域、销售额和销售对象，进行任何宣传的持续时间、程度和地域范围、作为知名商品受保护的情况等因素，进行综合判断。原告应当对其商品的市场知名度负举证责任。④

3. 混淆行为的误导性

对于混淆行为的认定，最关键的是该行为引人“误解”，造成市场混乱。按照多数国家的规定，是否引人误解是判定混淆行为的实质性标准。至于什么是“引人误

① 产品质量认证标志如英国的“风筝”标志、美国的“WL”标志、中国的“长城”标志等。“名优标志”是指在国际上或国内由有关部门或社会团体评定颁发、在产品或其包装上使用的质量荣誉标志，如国家金奖、省部级优质产品、国际博览会金奖等。

② 参见《最高人民法院关于审理不正当竞争民事案件应用法律若干问题的解释》第1条中规定，“在不同地域范围内使用相同或者近似的知名商品特有的名称、包装、装潢，在后使用者能够证明其善意使用的，不构成反不正当竞争法第五条第（二）项规定的不正当竞争行为。因后来的经营活动进入相同地域范围而使其商品来源足以产生混淆，在先使用者请求责令在后使用者附加足以区别商品来源的其他标识的，人民法院应当予以支持。

③ 参见国家工商行政管理局1995年7月6日发布的《关于禁止仿冒知名商品特有的名称、包装、装潢的不正当竞争行为的若干规定》。

④ 同上。

解”，各国在执法实践中形成的共识是：“误解”的主体应为“一般消费者”，即相关领域中的普通大众而非专业人士。认定误解标准是：“根据主要部分和整体印象相近，一般购买者施以普通注意力会发生误认等综合分析认定。”①

二、虚假广告宣传行为

（一）虚假广告宣传的含义

虚假广告宣传是指经营者为竞争的目的对所生产经营的产品或提供的服务进行虚伪不实的广告或其他形式宣传的竞争行为。由于激烈的市场竞争，经营者往往通过虚构事实、夸大功能、以巧妙的措辞暗示，隐瞒或遗漏对消费者判断至关重要的信息，使之因错误理解而作出背离真实意思的错误决策。广告宣传形式多样，除了正式的广告行为之外，通过启事、声明、权威推荐、名人见证等方式达到宣传目的也为数不少。一般认为，一切具有或可能具有欺骗、误导消费者的购买倾向或决策能力的商业宣传，若导致相当数量的消费者实质性地陷入错误的判断时，就构成了虚假广告宣传行为。② 现代社会已经进入了大量依靠宣传广告传递经济信息的市场经济，人们对宣传广告的依赖性也越来越大，虚假的广告信息将会对社会经济发展产生严重的影响。由于虚伪不实的宣传使市场蒙上不真实的灰尘，导致消费者需求转移的结果。因此，虚假广告实际上起到了排挤同业竞争者的后果。同时，虚假广告宣传也是直接欺骗消费者，使消费者受到侵害的行为。这就是为什么将之纳入不正当竞争行为的重要原因。

（二）虚假广告宣传的表现形式

1. 内容严重失实的广告宣传

严重失实的广告宣传是指在广告宣传中采取完全虚假或大部分不实的信息欺骗交易对方或广大消费者，导致对方或广大消费者认知错误并作出购买决定的行为。严重失实的广告宣传包括虚假表示质量标志、制作成分、制作方法、产品有效期、产品产地的行为，还包括虚构价格的减降幅度、虚构或严重夸大产品功效等。从表现形式上不仅包括书面、视频、户外广告，还包括真人表演、名人验证等虚假表示的方式。

但是，广告作为一种艺术性的信息传递方式，适当的夸张也是允许的。以明显的夸

① 参见国家工商行政管理局 1995 年 7 月 6 日发布的《关于禁止仿冒知名商品特有的名称、包装、装潢的不正当竞争行为的若干规定》。

② 参见《最高人民法院关于审理不正当竞争民事案件应用法律若干问题的解释》第 8 条中规定，经营者具有下列行为之一，足以造成相关公众误解的，可以认定为反不正当竞争法第 9 条第一款规定的引人误解的虚假宣传行为：(1) 对商品作片面的宣传或者对比的；(2) 将科学上未定论的观点、现象等当作定论的事实用于商品宣传的；(3) 以歧义性语言或者其他引人误解的方式进行商品宣传的。

张方式宣传商品,不足以造成相关公众误解的,不属于引人误解的虚假宣传行为。[①]

2. 内容真实但引人误解的广告宣传

市场竞争中虚假广告宣传并非都是完全虚假不实的,大量存在的是利用不完全的信息进行失实宣传的广告。这种广告宣传即使有些内容是真实的信息,但其主观目的是为了欺骗消费者,且采用虚实结合、真假难辨的手段让消费者上当受骗,这样的广告宣传也被认定为是虚假的广告宣传行为。

3. 诋毁诽谤性广告宣传

诋毁诽谤性广告是通过捏造事实或广泛散布不利于竞争对手的信息的手段贬低或诽谤竞争对手,损害竞争对手的声誉或其商品信誉,达到获得市场竞争优势的行为。诋毁诽谤性广告宣传大多以比较广告的形式出现,通过将自己产品或服务与同业竞争者的产品或服务进行不全面或虚假的比较,使广告接受者得出片面结论,进而影响他们的消费决策。[②] 为此,我国《反不正当竞争法》规定了"经营者不得捏造、散布虚假事实,损害竞争对手的商业信誉、商品声誉"。由于比较广告宣传常常不能为消费者提供完整真实的信息,甚至通过比较来贬低竞争对手,我国《广告法》等对比较广告作了相关规定。[③]

4. 引诱欺骗性广告宣传

这类广告宣传行为常常通过对产品或服务信息采取模棱两可的模糊表示,使得消费者对产品的功能、质量等产生误解;或者以微不足道的真实内容为诱饵引诱消费者,等到获得消费者的兴趣或信任后,又采取虚假内容作为替换,影响消费者购买决策。

(三) 虚假广告宣传行为的认定

1. 关于广告宣传主体

虚假广告宣传的主体是经营者。但由于广告宣传对市场的影响并不是仅仅依靠经营者就能够完成的。因此虚假广告宣传的行为主体所涵盖的面是广泛的,它不仅包括经营者(广告主)本人,还应当包括广告制作、广告发布的经营者们,以及与广告宣传行为直接相关的社会团体、其他社会组织以及个人。规范虚假广告宣传行为的目的是为了维护市场竞争秩序,不误导消费者的购买意愿。因此,法律还对一些特殊主体的广告宣传行为及其法律责任进行了特别的规定,如行业协会、消

---

① 参见《最高人民法院关于审理不正当竞争民事案件应用法律若干问题的解释》第 8 条第 2 款规定。

② 孙晋、柴瑞娟:《比较广告的合法性问题研究》,《经济法论丛》第 14 卷,中国方正出版社 2009 年版,第 178—196 页。

③ 参见《中华人民共和国广告法》第 12 条规定:"广告不得贬低其他生产经营者的商品或者服务。"又参见《最高人民法院关于审理不正当竞争民事案件应用法律若干问题的解释》第 8 条中规定:"经营者具有下列行为之一,足以造成相关公众误解的,可以认定为反不正当竞争法第 9 条第一款规定的引人误解的虚假宣传行为:(1) 对商品作片面的宣传或者对比的;(2) 将科学上未定论的观点、现象等当作定论的事实用于商品宣传的;(3) 以歧义性语言或者其他引人误解的方式进行商品宣传的。"

费者协会以及名人等的广告宣传行为。①

2. 关于广告宣传行为

虚假广告宣传行为的重要特征就是“虚伪不实”。虚假广告宣传的行为人通过表述上的失实、语义含混、内容虚假来蒙骗消费者和竞争者。因此,虚伪不实就成为认定虚假广告宣传行为的客观要件之一。

3. 干预广告宣传的后果

虚假广告宣传行为造成的后果是导致消费者陷入错误认识,这是认定虚假广告宣传行为性质的重要实质性标准。我国《反不正当竞争法》规定:“经营者不得利用广告或者其他方法,对商品的质量……产地等作引人误解的虚假广告宣传。”这里把“引人误解”规定成虚假广告宣传行为的逻辑前提是有十分重要的。只要消费者产生了误解,也就构成了虚假不实的广告宣传。通常认为,在判断一个广告是否虚假时,并不取决于广告主对广告的理解,而是取决于受广告影响的人对广告如何理解,即主要看消费者是否被误导。在特定条件下,完全真实的广告也会认定为虚假不实的广告,原因在于它内容的真实却导致了消费者的误解,产生的效果与虚伪不实的广告宣传无异。

三、侵犯商业秘密行为

(一) 商业秘密的含义

一般而言,商业秘密的概念可以分为广义和狭义两种,狭义的商业秘密一般只包括工业适用的技术,如设计图纸、工艺流程、配方、数据等技术信息;广义的商业秘密则泛指工业、商业以及其他经济事业的秘密信息。我国《反不正当竞争法》对商业秘密的定义是:“商业秘密是指不为公众所知悉,能为权利人带来经济利益,具有实用性并经权利人采取保密措施的技术信息和经营信息。”可见,我国对商业秘密像大多数国家一样采用广义的说法,并直接把它界定为一种“信息”加以保护。将商业秘密纳入反不正当竞争法的调整范围,是基于商业秘密自身的特点出发所作的选择,因为单从保护权利的角度出发,商业秘密只能依靠保密措施进行自身保护,而难以寻求法律救济。只有从维护市场秩序、促进有序竞争的角度进行调整,才能更加合理地维护权利人的利益。

(二) 商业秘密的特征

1. 非公知性

非公知性是构成商业秘密最显著的特征,它指该种信息不为公众所知悉,处于

① 参见《中华人民共和国消费者保护法》第 23 条规定:“消费者组织不得从事商品经营和营利性服务,不得以营利为目的向社会推荐商品和服务”。《食品安全法》第 54 条规定:“食品安全监督管理部门或者承担食品检验职责的机构、食品行业协会、消费者协会不得以广告或者其他形式向消费者推荐食品。”

保密状态，一般人不易通过正当途径获得或探明。“法律对商业秘密唯一的、最重要的要求，是该商业秘密在事实上应是保密的，除却这一先决条件，其他条件也就毫无意义了。”①这使得商业秘密区别于其他知识产权法客体。专利权或版权是通过公开性换取法律直接保护，以在有限时期内维持其价值的存续。商业秘密则是需通过权利人采取保密措施进行保护的特殊知识产权。

2. 管理性

管理性也称为保密性。商业秘密的非公知性是通过权利人采取保密管理措施得以实现的。保密性分为主观保密性和客观保密性两个方面，主观保密性是指商业秘密的持有人必须具有保密的主观愿望，表现为是否采取了合理的保密措施，以此来判断其主观愿望。客观保密性是指商业秘密在客观上没有被公众所了解或者没有进入公共领域。如果在市场上出售含有商业秘密的产品就有可能导致商业秘密失去其客观保密性。大陆法系国家比较重视保密的主观性，强调保密合同的签订、秘密文件的特殊保护等措施。只要采取了这些措施，就认为是形成了商业秘密。英美法系国家则比较强调保密的客观性，更加看重现实中该信息是否真正处于保密状态。认为只有同时具备主客观两个方面的保密性，才构成受法律保护的商业秘密。我国《反不正当竞争法》在实施中采用了后者的规定。②

但是，商业秘密的保密管理只是指秘密持有人采取了合理措施进行保密，而非指商业秘密处于绝对秘密、无人可知的状态。在正常情况下，只要采取了足以防止涉密信息泄漏的，就应当认定权利人采取了保密措施。

3. 经济性

它是指商业秘密的使用可以为权利人带来经济上的利益，使权利人拥有比不知晓或不使用该商业秘密的同行业竞争者更有利的地位和竞争优势。商业秘密的经济性包括现实的经济利益和将来使用而可能体现出来的潜在经济利益。这种经济性并不一定表现在侵权人在侵权时给权利人带来的经济利益的损失，也可能表现为侵权人在将来通过使用该商业秘密，而给自己造成某种竞争优势，强化其在市场竞争中的地位，导致商业秘密权利人在竞争中优势地位的丧失。商业秘密的经济性正体现了保护商业秘密的内在原因。

（三）侵犯商业秘密行为的表现形式

商业秘密作为一种信息，具有无形资产的特征，一旦泄露极易被侵犯。因此，商业秘密的侵犯行为与其他侵权行为就有所不同。

① Malvin F. Jagger: *Trade Secrets Law*, Coppyright Bosrdman Company Ltd, 1986.

② 参见《最高人民法院关于审理不正当竞争民事案件应用法律若干问题的解释》第 11 条中规定：“人民法院应当根据所涉信息载体的特性、权利人保密的意愿、保密措施的可识别程度、他人通过正当方式获得的难易程度等因素，认定权利人是否采取了保密措施。”

1. 以不正当手段获取他人商业秘密

这是指以盗窃、利诱、胁迫等或者其他不正当手段直接从权利人处获取商业秘密的行为。传统法学理论认为,商业秘密保护仅仅是特定相对人之间因合同的保密条款(明示或默示)而产生的权利义务关系,因而商业秘密权利仅对特定义务承担者有效。但事实表明,法律的这些规定已经难以适应经济发展的现实。因为如果合同义务以外的主体以不正当手段获取了商业秘密,要追究其责任就变得十分困难。因此,法律不仅必须从合同保护转向商业秘密财产权的保护。不仅如此,由于商业秘密极易复制扩散、不易恢复返还等特点,即便仅仅是"获得"商业秘密也必须迅速制止,严厉处罚。

2. 恶意使用违法获得的商业秘密

这是指以上述不正当手段非法获取他人商业秘密的行为人将其所获取的他人商业秘密予以披露,转告第三人或通过各种方式公开泄露,或者进行实施该商业秘密,或者允许他人使用该商业秘密。这些行为与仅仅获取商业秘密的行为相比,会使权利人受到的损害进一步扩大。因此,法律明确禁止此种行为。

3. 违反约定或权利人要求使用他人商业秘密的行为

这是侵犯他人商业秘密的行为中最常见的。尽管行为人是以正当的手段知悉或使用该项商业秘密,但由于对权利人负有明示或默示的保密义务,因而不得披露、擅自使用或者允许他人使用该商业秘密,否则,同样被认为是侵犯他人商业秘密的行为。我国《反不正当竞争法》规定,禁止"违反约定或者违反权利人的有关保守商业秘密的要求,披露、使用或者允许他人使用其所掌握的商业秘密"。这里,显然同一种行为事实违反了两类不同的法律规范,既是违约行为,又是侵权行为。根据合同法律的规定,权利人可以选择使用竞合的法条。

4. 第三人侵犯商业秘密的行为

这是指第三人明知或应知转让获得的商业秘密是为不当取得,或为未经授权取得后披露、使用或者准许他人使用的,仍予以受让或披露、使用的行为。显然,这里的第三人有着主观上的恶意。我国《反不正当竞争法》规定:"第三人明知或者应知前款所列违法行为,获取、使用或披露他人的商业秘密,也视为侵犯商业秘密。"虽然第三人并非直接以不正当手段获得他人的商业秘密,但是,正因为有了这样的交易市场,才会促使侵权人实施上述行为。因此,这种类似于"销赃"的行为对于商业秘密权的侵害以及对公平竞争秩序的危害与上述三种行为是同样的。

四、不正当促销

(一) 不正当有奖销售

1. 不正当有奖销售的含义

"有奖销售"是指经营者以抽奖或附赠奖品等方法进行交易的一种竞争行为。

这种行为作为一种市场手段，在促进销售增长和刺激经济发展方面有一定的推动作用。但如果市场大量推行这种鼓励射幸心理的有奖销售，不仅会影响市场经济伦理，也违反了公平竞争的原则。从各国的立法来看，限制和禁止有奖销售是普遍做法。有奖销售可以划分为抽奖式有奖销售和附赠式有奖销售两种。抽奖式有奖销售是指销售方以抽奖等带有偶然性的方法决定购买方是否中奖并提供奖品或奖金的销售方式；附赠式有奖销售是指销售方向所有购买方赠送奖品的销售行为。有奖销售行为对消费者具有搭售的影响，使消费者因商品或服务的价格结构不明显而产生误解，认为高价变为低价误导消费者，购买了不需要的商品；同时对竞争者或者赠品的供应商市场可能造成妨碍竞争的影响。①

2. 抽奖式有奖销售

不正当有奖销售的形式多样，我国《反不正当竞争法》只对以抽取奖项为形式的有奖销售作了规定。其中可分为以下三种情况。

(1) 欺骗性有奖销售行为，即"采用谎称有奖或故意让内部人员中奖的欺骗方式进行有奖销售"。"谎称有奖"是经营者对外诈称其销售商品设有奖项以招徕顾客，实际上并未设奖或者未设其对公众宣传所称的奖项。"故意让内部人员中奖"是指将中奖号码作特殊处理，使其只能由内定的人员得到。广大购买者从理论上有中奖的可能性，但实际上却无法得奖。欺骗性有奖销售是有名无实的欺骗行为。

(2) 利用有奖销售推销质次价高的商品。所谓"质次价高"的商品是指由工商行政管理部门根据同期市场同类商品的价格、质量和购买者的投诉进行认定的商品。利用有奖销售推销质次价高商品的行为违背了诚实信用的商业道德，利用消费者的谋算心理习惯获取不当利益，必须得到制止。

(3) 高额奖项的有奖销售。所谓高额奖项是指经营者设立的奖品或奖券超过正常商业惯例，以远远高于所推销商品价值的本末倒置方式进行竞争的不正当行为。各国法律一般不禁止有奖销售，是因为该促销方式在一定程度上可以活跃市场，刺激消费。但是允许设奖的金额有所限制，必须与所促销的商品价值相适应，对此限度的规定各国并不一致。② 我国《反不正当竞争法》规定，抽奖式的有奖销售最高奖的金额不得超过5 000元。包括现金和非现金形式的物品或其他经济利益，超过该数值的应当加以禁止。

3. 附赠式有奖销售

大多数国家对附赠式有奖销售规定赠品只能限制在一定的限度之内，有些国

---

① 黄茂荣：《公平交易法理论与实务》，台湾植根法系丛书编辑室1993年版，第330页。

② 以日本为例，交易额在500元以下的奖品和奖金价值不得超过交易额的20倍；交易额在500日元到50 000日元之间，则不超过3万日元；交易额在10万日元以上的，则不超过5万日元。如果是一定地区内半数以上零售商联合进行悬赏销售的，则每笔交易中可能中奖的奖品和奖金的价值不超过20万日元。以悬赏方式进行有奖销售中的奖品和奖金的总价值额的上限为："企业单独进行的不得超过总销售额的2%；在一定地区半数以上商业企业联合进行的，不得超过总销售额的3%。"

家甚至原则上禁止在销售商品时采取免费或以支付金额形式向消费者赠送利益或服务的方式。但这种禁止利用不正当赠品引诱顾客不等于杜绝一切赠品，在竞争法规定的限额和条件下，允许赠送价值不大的广告赠品（有奖销售的赠品不得与销售物属于同一类型商品，否则即属不正当行为），赠品的价值（包括所得税额）不得超过一定限度（如法国规定350法郎以下），而且在产品的广告性说明上必须明确标示是“赠品”或“样品不得出售”等字眼。[①] 日本的法律还规定，对于符合商业惯例的某些附赠行为，如送货上门，位于交通不便地方的旅馆为旅客提供接送车辆等，在惯例上是允许的，但不得以“无偿”、“免费”等词语为此做广告。

我国目前对商业竞争中附赠式有奖销售行为的规制是纳入商业贿赂行为的规制之中，“经营者在商品交易中不得向对方单位或者其个人附赠现金或者物品。但按照商业惯例赠送小额广告礼品的除外，如有违反视为商业贿赂”[②]。这表明我国对于附赠式有奖销售行为在性质认定的程度上更加趋于严厉。

（二）商业贿赂行为

1. 商业贿赂的含义

商业贿赂含有“私受金钱、为人谋利”的意思，在市场交易的主体变得越来越庞大复杂的同时，作为个体谋取私利的一种手段，商业贿赂的发生也越来越具可能性。[③] 因为在交易双方之间往往存在一些中间主体，他们与双方当事人之间的交易没有直接的利害关系。因此，在进行代理、居间或者其他中介性关联关系时，有机会以出让所代表的一方利益为条件，换取个人利益。商业社会的这种痼疾不仅完全背离公开、公平交易和诚实信用的市场经济原则，还将逐渐腐蚀败坏社会伦理道德，因此各国都通过法律加以严格规制。

我国《反不正当竞争法》规定，商业贿赂是指经营者为销售或者购买商品而采用财物或者其他手段贿赂对方单位或者个人的行为，并区分了经营者“在账外暗中给予对方单位或者个人回扣的”是行贿行为；“对方单位或者个人在账外暗中收受回扣的”是受贿行为。这里所指的“对方单位和个人”应当理解成商业贿赂的中间

① 德国的《附赠法令》规定：凡带有“馈赠”、“奖励”、“免费”等词语的广告均在禁止之列，只允许在销售中附带赠送价值低廉的物品，如小气球、小旗子等，且只能作为广告品赠送，上面要附有永久性广告标志。所赠物品的金额不得超过主商品价值的3%。

② 参见中华人民共和国国家工商行政管理局令（第60号）《关于禁止商业贿赂行为的暂行规定》第8条规定。

③ 根据在交易中的不同地位，可以把中间体分为代理型中间体、居间型中间体和关联型中间体三大类。商业贿赂可以界定为“三个层次一个例外”，即：“交易中一方职员、经理、董事等成员或其委托之代理人接受对方给予或承诺给予之利益而优先选择行贿方作为交易对方的行为；交易中的居间人在居间费用之外接受对方给予或承诺给予之利益而优先传递行贿方之交易信息的行为；交易双方之外的但对交易的成就具有影响力的关联中间体接受来自关联交易一方给予或承诺给予的利益而为影响关联交易中正当竞争秩序的行为；符合正当商业惯例的行为除外。”参见徐士英、向立力：《谈商业贿赂主体》，《中国工商管理研究》2006年第7期。

主体。

2. 商业贿赂的主要表现形式

商业贿赂是经营者为争取有利的交易机会和条件，向交易相对人中具有决定性影响的经办者秘密给付现金或其他经济利益的不正当行为。我国《反不正当竞争法》对商业贿赂的规定以回扣作为主要形式，界定商业贿赂是"经营者销售商品时在账外暗中以现金、实物或者其他方式退给对方单位或者个人的一定比例的商品价款"，它与价格折扣不同，后者是商品购销中的明示让利，如实入账的给予对方的优惠；而回扣的关键特征是"账外暗中"进行的，即未在依法设立的反映生产经营活动或行政事业经费收支的财务账上按财务会计制度规定明确如实记载的行为（不记入财务账或转入其他财务账或者做假账等）。①

商业贿赂的另外一种形式是不正当的"佣金"行为，我国《反不正当竞争法》区分了商业贿赂与正当"佣金"的不同。佣金是指"经营者在市场中给予为其提供服务的具有合法经营资格的中间人的劳务报酬"②，它与商业贿赂的重要区别在于明示与公开。佣金的支付者与介绍人、经纪人之间一般订有居间服务合同，支付佣金者公开入账，佣金收受人也如实入账，依法纳税。收取佣金的中间人必须具有合法经营资格的中介机构，可以接受买卖双方或单方给予的佣金。合法的佣金和价格折扣一样都是商业惯例而非商业贿赂行为。

3. 商业贿赂行为的认定

首先，商业贿赂构成涉及三方主体。商业贿赂虽然在形式上发生在交易双方之间，但实际上是其中一方当事人与中间体的暗中交易。一方当事人向中间体（即另一方当事人或者其有关人员）以提供小额利益为条件，从另一方当事人处换取更大利益。因此，商业贿赂的主体应当包括行贿方、受贿方（即中间体）和受损方三者。值得注意的是，在我国大多数情况下中间体是交易一方当事人。这是因为一方当事人在收受贿赂时并非真正的交易当事人，而是国有资产或集体资产的授权经营的代理人。否则就不能解释为什么会以企业的利益换取小额贿金。我国《反不正当竞争法》中规定的受贿主体是"对方单位或者个人"应作如此理解才符合实际。这里可以推断出商业贿赂的实施是通过中间体进行的，而事实上国外的商业贿赂立法明确都是针对个人中间体进行规定的。③

① 参见中华人民共和国国家工商行政管理局令（第 60 号）《关于禁止商业贿赂行为的暂行规定》第 5 条、第 6 条规定。

② 同上。

③ 如德国《反不正当竞争法》规定，在商品交易中行为人以竞争为目的向工业企业的职员或其代理人提供或许诺提供一定的利益，以此作为在取得商品或工业给付时以不正当的方式给自己或第三人换取优惠的相应给付为不正当竞争行为，应处以 1 年以下徒刑或罚金。我国台湾《公平交易法》第 19 条第 3 项规定："以胁迫、利诱或其他不正当之方法，使竞争者之交易相对人与自己交易之行为"为禁止行为。经主管机关命其停止其行为而不停止者，处行为人 2 年以下有期徒刑、拘役，单科或并科新台币 50 万元以下罚金。

4. 商业贿赂的动机是排除竞争

商业贿赂行贿者的目的是为了争夺商业机会和商业竞争，通过不正当利益交换达到促成交易或在交易中排挤同业竞争者，取得竞争优势。实践中只要以不正当手段推销或购买商品就可以认为是主观上具有排斥竞争的目的。这与为了获得一些非商业性实际利益和其他机会而采用贿赂手段，如竞选贿赂、考试舞弊贿赂是有区别的。事实证明，贿赂的给付并不降低交易价格，恰恰相反，它是恶意串通，损害其他经营者合法利益，扰乱公平竞争秩序的不正当竞争行为。

5. 商业贿赂的方式是提供利益

商业贿赂表现为向单位或单位的有关人员提供财物或其他利益，国家工商总局于 1996 年 11 月发布了《关于禁止商业贿赂行为的暂行规定》中指出，财物是指现金和实物，包括经营者为销售或者购买商品，假借促销费、宣传费、赞助费、科研费、劳务费、咨询费、佣金等名义，或者以报销各种费用等方式，给付对方单位或者个人的财物，"其他是指提供国内外各种名义的旅游、考察等给付财物以外的其他利益的手段"。

6. 商业贿赂的性质是扰乱竞争秩序

从商业贿赂的表现形式上讲，行为人通过不入账或伪造会计账册的形式直接违反《会计法》、《公司法》等法律规定，但这只是以形式掩盖了事物的本质。从其行为性质上讲，商业贿赂是违背了诚实信用、公平公正等基本的商业道德和市场原则，反映在市场竞争方面，它就是一种通过不正当手段争夺交易机会、扰乱市场竞争正常秩序的行为。《反不正当竞争法》确认其为不正当竞争行为加以规制，这表明法律记载了商业社会理论需求，表达了市场经济发展对于维持交易秩序的渴望。

第三节　反不正当竞争法的实施

一、不正当竞争行为的行政监督

（一）专门机关的监督

为了对不正当竞争行为进行监督检查以保障反不正当竞争法的规制有效进行，世界各国大都设立了专门的行政执法机关。如美国的联邦贸易委员会、德国的卡特尔局、日本与韩国以及我国台湾省的公平交易委员会等机关。它们都是代表国家专司对不正当竞争行为的监督检查职责。我国《反不正当竞争法》第 3 条规定："县级以上人民政府工商行政管理部门对不正当竞争行为进行监督检查。"为此，国家工商行政管理总局内设立的"反垄断与反不正当竞争执法局"专设了"反不正当竞争处”，为监督检查工作提供了有力的组织保障，对不正当竞争行为的执法进行指导。

行政监督检查是实施反不正当竞争的重要组成部分，由于不正当竞争行为的特殊性，执法机关监督检查内容极其广泛。法律规定了监督检查部门的相应职权。这些职权包括：询问当事人并要求提供相关证据的权力、调查和复制证据的权力；采取责令停止销售等强制措施的权力；进行罚款、吊销营业执照等行政处罚权力等。虽然行政执法发挥了相当大的作用，但是随着竞争行为的变化和查处难度的增加，行政机关的执法权限尚需进一步加强。与此同时也要特别注意防止行政机关滥用行政权力损害市场机制作用的可能性。

（二）其他行政部门的监督检查

不正当竞争行为的监督检查需要各方面的共同协调，为此，我国《反不正当竞争法》规定：各级人民政府应当采取措施，制止不正当竞争行为，为公平竞争创造良好的环境和条件。除了工商行政管理部门之外，还规定“县级以上政府的监督检查部门对于不正当竞争行为可以进行监督检查”。

由于专门监督检查机关和其他政府监督检查部门都拥有对于不正当竞争行为的监督检查权力，这就要求政府系统之内协调各类监督检查行为。如果未能协调好，就会出现权力冲突，反而降低对于不正当竞争行为的规制效率，消解《反不正当竞争法》的实施。

二、不正当竞争行为的司法监督

根据《反不正当竞争法》的规定，人民法院对不正当竞争行为的监督，主要采取以下几种形式。

1. 处理不正当竞争的民事纠纷案件

我国《反不正当竞争法》规定：“被侵害的经营者的合法权益受到不正当竞争行为损害的，可以向人民法院提起诉讼。”因此，对于受到侵害的经营者而言，对于不正当竞争行为的救济主要是通过民事诉讼的方式得以实现的。人民法院通过对此民事纠纷的审理，制止不正当竞争行为，追究违法行为人的民事责任，同时使被侵害的经营者的损失依法得到合理的补偿。最高人民法院2007年1月12日颁布了《关于审理不正当竞争民事案件应用法律若干问题的解释》，对于具体行为的审理作了比较详细的规定。

2. 审理不正当竞争涉及犯罪的刑事案件

鉴于不正当竞争行为对社会公告秩序的危害性，各国法律对某些特别严重的不正当竞争行为规定了刑事责任。我国法院主要审理在销售伪劣商品、商业贿赂、侵犯他人商业秘密等不正当竞争行为构成犯罪的案件，以及监督检查机关工作人员滥用职权、玩忽职守构成犯罪的案件和故意包庇违法经营者的构成犯罪的案件。

3. 审理不服行政处罚决定的行政争议案件

对不正当竞争行为的规制主要采取行政手段,规定行政处罚和承担行政责任,这样有利于及时制止违法行为,维护市场秩序稳定。如果当事人认为行政执法机关作出的处罚决定侵犯了自己的合法权益时,可以根据《反不正当竞争法》和《行政诉讼法》的有关规定,向人民法院提起行政诉讼,人民法院应依法进行审理,作出判决。

三、不正当竞争行为的社会监督

按照法律规定,社会组织和社会成员(消费者)可以依照《反不正当竞争法》与其他有关法律对不正当竞争行为实施监督。社会监督由于其长久性和普遍性,对于规制经营者的竞争行为具有不可低估的重要性。其意义在于造成强大的社会舆论迫使经营者遵守商业道德与法律规则;同时也有利于向行政执法机关提供违法行为的线索与证据。我国《反不正当竞争法》第 4 条规定:"国家鼓励、支持和保护一切组织和个人对不正当竞争行为进行社会监督","国家机关和工作人员不得支持、包庇不正当竞争行为"。我国《消费者权益保护法》也规定了对消费者保护实行社会监督的原则,"国家鼓励、支持一切组织和个人对损害消费者合法权益的行为进行社会监督"。社会监督具有监督主体广泛、监督形式多样、监督后果不确定等几个方面的特征。在当前执法和司法力量不足的情况下,加强社会监督无疑是切实维护市场经济秩序、保护消费者权益的重要途径。

此外,行业的自律监督也十分重要,如我国银行业制定了《中国银行业反不正当竞争公约》,进行自我监督,规定了会员单位为客户提供各类金融服务时,不得以低于成本价格向客户提供产品和服务;不得以无偿提供设施和承担费用等不正当手段承揽业务;不得采取虚假宣传的手段欺骗和误导客户等规定。行业自律监督的发展提高了对不正当竞争行为的预防,减少维护社会秩序的成本。①

四、不正当竞争行为的法律责任

(一) 法律责任的竞合

在对不正当竞争违法行为认定中,可能会发生同一事实符合数个法律规定构成要件的竞合问题。比如,与混淆行为相关的法律有《商标法》、《专利法》等;与虚

① 参见《中国银行业反不正当竞争公约》,2006 年 7 月 11 日颁布。http: //www. law-lib. com/law/law_view. asp? id=278434,访问时间: 2010-03-12。

假广告宣传行为相关的有《广告法》、《消费者权益保护法》等。在现行司法实践中的做法是：对不正当竞争行为进行认定时首先考虑适用专门法律，如《商标法》、《著作权法》等，以确定权利归属和侵权事实等前提；如果根据专门法律无法认定行为性质时，则从有效地维护市场秩序的角度适用《反不正当竞争法》。这显然是由于反不正当竞争法以维护市场秩序为重心而非以维护私人权利为重心的立法，因而在举证责任、损害赔偿、违法构成要件等方面都有利于大力打击不正当竞争行为。反不正当竞争法是通过明确禁止的方式对不正当竞争行为进行规制，其某些原则显示了"公法"的性质。它把依民法的原则不易规制的行为直接以否定的形式，通过设定强制性的义务，来明确其违法性质，并要求承担法律责任。如果仍然沿用权利保护的理念加以审理，权利人的利益就不会得到及时保护。因为民事立法是以肯定的形式通过确认主体权利和禁止侵权来调整社会关系的，而且在审理案件时采用"不告不理"原则，尤其对于那些受到虚假广告、混淆仿冒以及商业贿赂等行为损害的广大不特定主体来说，这样的保护是十分有限的。这时就更加需要依据反不正当竞争法从市场环境和秩序方面加以保护。

（二）不正当竞争行为的民事责任

不正当竞争行为在近代民法中一直被认为是侵权行为，按照传统的民事侵权理论，侵权的构成要件为侵权者主观上有过错、侵权的行为违法、违法行为造成他人损害，以及违法行为与损害之间具有直接因果关系。但是，现代反不正当竞争法在规制竞争行为是很大程度上超越了民事侵权理论的范围。这表现为以下方面。

(1) 在主观故意和损害结果之间的因果关系方面区别于民事侵权。不少竞争行为如"虚假广告行为"、"欺骗性交易行为"等，只要有可能引起损害（如产生误认）即应该承担民事赔偿责任，而不必有实际损失的发生。这充分体现了反不正当竞争法的立法宗旨不仅保护竞争者的利益，而且对竞争者以外的社会公众进行保护，从而体现其维护社会整体利益和公共经济秩序的现代法特征。

(2) 在民事赔偿数额上区别于传统侵权法律。损害赔偿原则分为实际赔偿和惩罚性赔偿。惩罚性赔偿在各国的反不正当竞争法中日益增多。如美国的反不正当竞争法规定，私人损害赔偿，不论数额大小，侵害人一律承担三倍于受害人损失的赔偿额。我国台湾地区的《公平交易法》中规定，在实行实际赔偿原则的前提下，将惩罚性赔偿作为特定条件下的赔偿原则。我国《消费者权益保护法》中也规定了双倍赔偿的制度，这对实施不正当竞争行为的经营者构成严厉的威慑。此外，即使实行实际损失的赔偿，在损失的计算上也趋于惩罚性赔偿。根据《反不正当竞争法》的规定，被侵害的经营者的损失难以计算的，赔偿额为侵权人在侵权期间因欺骗性交易行为所获得的利润，并应当承担被侵害的经营者因调查该经营者侵害其合法权益的不正当竞争行为所支付的合理费用。

(3) 在归责原则上区别于传统侵权法律。对不正当竞争行为的归责原则已经从过错责任原则向严格责任原则发展。如虚假广告宣传行为的民事责任，在虚假广告宣传行为认定之后，购买商品或者接受服务的消费者受到损害的，不仅广告主要承担民事赔偿责任，广告经营者和发布者依法承担连带责任的规定。① 食品安全法中规定名人担任广告也要承担连带责任，这一规定显然是比较严格的。② 又如侵犯商业秘密的民事责任，按照一般的侵权赔偿举证原则由原告举证，但原告提不出损失证明的，法院认为必须给原告进行补偿的，可以以不当得利的理论为依据给予补偿。赔偿的数额可以按照侵权期间受害人的利润损失确定，侵权期间的利润损失无法计算的，也可以根据侵害人所获利润进行赔偿。这显然是对被告加重处罚的计算方式。

（三）不正当竞争行为的行政责任

行政责任是不正当竞争行为的主要责任形式。反不正当竞争法为行为人设立了形式多样的行政责任。

1. 一般的行政责任

一般行政责任主要是责令停止违法行为，消除影响，没收违法所得，并根据情节处以罚款。如情节严重的，可以吊销营业执照等。罚款可以以违法所得的倍数进行处罚。如经营者的仿冒假冒行为，可根据情节处以违法所得 1 倍以上 3 倍以下的罚款；经营者有违反被责令暂停销售，不得转移、隐匿、销毁与不正当竞争行为有关的财物的行为的，可根据情节处以被销售、转移、隐匿、销毁财物的价款的 1 倍以上 3 倍以下的罚款。也可以以具体数额进行处罚，如侵犯商业秘密行为、商业贿赂行为、虚假广告行为，不正当有奖销售行为等，监督检查部门还可以根据情节处以 1 万元以上 20 万元以下的罚款。

2. 特定行为的行政责任

不正当竞争行为形式多样，对特定行为的行政处罚具有针对性，有利于及时有效地纠正违法行为。比如虚假广告宣传行为，对负有责任的广告经营者和广告发布者，情节严重的可以停止其广告业务。当广告主或广告经营者、发布者受到发布虚假广告宣传行为的指控时，行政执法机关可以责令广告主做出“更正广告”的行政处罚，详细规定更正广告的具体要求，如广告的有效期限、广告周期、广告费用、刊登广告的报纸或电台等，以消除虚假广告宣传行为给消费者造成的错误影响。

（四）不正当竞争行为的刑事责任

不正当竞争行为具有典型的社会公害性，对严重的不正当竞争行为进行刑事处罚是十分必要的。在《反不正当竞争法》制定之初，仅规定了销售伪劣商品，以及

① 参见《中华人民共和国广告法》第 38 条规定。

② 参见《中华人民共和国食品安全法》第 55 条规定：社会团体或者其他组织、个人在虚假广告向消费者推荐食品，使消费者的合法权益受到损害的，与食品生产经营者承担连带责任。

经营者采用财物或者其他手段进行贿赂以销售或者购买商品,构成犯罪的,依法追究刑事责任。1997年的《刑法》颁布后,对利用广告对商品或者服务作虚假宣传,侵犯他人商业秘密,构成犯罪的行为也规定了刑事责任。①

【复习思考题】

1. 反不正当竞争法与民事侵权法律有什么区别?分析不正当竞争行为的本质。

2. 擅自使用他人注册商标作为自己企业名称的行为如何以不正当竞争法规制?

3. 列举说明商业贿赂的主体有什么特殊性?为什么?

4. 商业贿赂的表现形式包括哪些?分析商业贿赂对社会经济的危害性。

5. 试述商业秘密的内涵、特征及侵犯商业秘密的主要形式。

---

① 参见《刑法》第222条规定:"广告主、广告经营者、广告发布者违反国家规定,利用广告对商品或者服务作虚假宣传,情节严重的,处2年以下有期徒刑或者拘役,并处或单处罚金。"《刑法》第219条规定:"有侵犯商业秘密行为的,给商业秘密的权利人造成重大损失的,处3年以下有期徒刑或者拘役,并处或者单处罚金;造成特别严重后果的,处3年以上7年以下有期徒刑,并处罚金。"第220条规定:"单位侵犯他人商业秘密的,对单位判处罚金,并对其直接负责的主管人员和其他责任人员,同样依照上述规定处罚。"即对法人犯罪也有了适用双罚制的规定。《刑法》第163条规定:"公司、企业或者其他单位的工作人员利用职务上的便利,索取他人财物或者非法收受他人财物,为他人谋取利益,数额较大的处以5年以下有期徒刑或者拘役;数额巨大的处以5年以上有期徒刑,可以并处没收财产。上述人员在经济往来中,收受各种名义的回扣、手续费,归个人所有的,依照前款的规定处罚。"

第八章 消费者权益保护法

第一节 消费者权益保护法概述

一、消费者与消费者权益保护法的概念

（一）消费者的认定

1. 消费者的概念

对消费通常有两种解释：(1) 从广义上讲，消费包括人类在生产过程中对各种生产资料的消耗(即生产消费)和人类为满足个人需求对各种生活资料的消耗(即生活消费)；(2) 从狭义上讲，仅指生活消费。因此，消费者也有广义与狭义之分，广义的消费者包括生活消费者和生产消费者；狭义的消费者则专指从事生活消费活动的人。按照国际上通行的做法，法律意义上的消费者一般仅限于生活消费主体。我国《消费者权益保护法》未对消费者作出明确的定义，只是在该法第 2 条规定："消费者为生活消费需要购买、使用商品或者接受服务，其权益受本法保护；本法未作规定的，受其他有关法律、法规保护。"

对于消费者是仅指个人还是包括法人或单位，学者观点不一。有学者认为，消费者应当限定为个体社会成员(自然人)①，任何法人或社团、其他任何组织均不属于消费者范畴。也有学者认为，作为消费者的终极主体只能是自然人。② 其意味着，单位购买商品供自己使用或发放给其成员的行为属于生产经营或分配行为，不能被认为是消费者；但是单位成员作为商品的使用者，仍属消费者范围，因使用单位发放的商品而受到损害，可依《消费者权益保护法》向商品生产者、销售者要求损害赔偿。国际标准化组织也认为，消费者是以个人消费为目的而购买或使用商品和服务的个体社会成员。

综上所述，消费者是为生活消费需要而购买、使用商品或者接受服务的，其合法权益由国家法律予以确认并维护的个体社会成员。

① 参见杨紫烜主编：《经济法学》，北京大学出版社、高等教育出版社 1999 年版，第 194 页。
② 参照漆多俊主编：《经济法学》，高等教育出版社 2003 年版，第 180 页。

2. 消费者的基本特征

(1) 消费者是个人。但是应注意：① 消费者不仅包括一国的公民，还包括在该国生活、居住的外国人，无国籍人。② 法人、单位或其他组织不是消费者，因为消费者权益保护法的目的就是保证处于弱者地位的消费者合法权益免遭相关强势企业法人或单位的损害，若对法人或单位予以保护则与消费者权益保护法的宗旨相悖。③ 家庭是由各个家庭成员组成，其成员的合法权益受损，理应受到消费者权益保护法的保护，因此，家庭可以视为消费者。

(2) 消费者在主观上的非牟利性。消费者的非牟利性是其与企业等市场经营者的主要区别之一。消费者购买商品或接受服务，主要目的是用于个人与家庭的消费而非为了将这些商品转让给他人而营利。如果购买商品是用于生产和经营，则不是法律上所说的消费者，而是经营者。但是，在我国广大农村目前的生产经营条件下，为保护广大农民的切身利益，《消费者权益保护法》第 54 条又作了特别规定："农民购买、使用直接用于农业生产的生产资料，参照本法执行。"

(3) 消费者的范围十分广泛。商品或服务的购买者与使用者可能一致，也可能不一致，如购买商品后供他人使用，或由自己付费他人享受服务等。因此，消费者包括购买商品或服务的人、使用商品或接受服务的人。因而无论是否是商品或服务的购买者本人，只要使用商品或接受服务时受到损害，都可成为消费者，依据消费者保护权益法维护自己的合法权益。

(二) 消费者权益与消费者权益保护法

1. 消费者权益

从权益的字面上理解，其由权利和利益组成。因此，消费者权益包括消费者的权利和利益，当然消费者权利是消费者权益的核心，而利益则是消费者权利的实质，即通过消费者权利这一应然的状态转化实现消费者的利益这一实然状态。同时，权利中也包含了"利"字，也有通过权利的实现来获得利益的意思。因此，消费者权益可以理解为，消费者根据相关法律所享有的权利及因权利受保护而应获得的利益。

2. 消费者权益保护法

(1) 消费者权益保护法的概念。消费者权益保护法是调整在保护消费者权益的过程中发生的社会关系的法律规范的总称，有广义和狭义之分。广义的是指所有涉及消费者权益保护的各种法律、法规所组成的一个法律体系，其是实质意义上的消费者权益保护法；狭义的是指国家有关保护消费者权益的专门法律或者说是基本法律。在我国，广义的消费者权益保护法是指国家制定、颁布的具有保护消费者合法权益功能的各种法律规范，包括消费者权益保护法的基本法、标准和计量监督法、安全保障法等。而狭义的消费者权益保护法是指《中华人民共和国消费者权益保护法》。我国于 1993 年 10 月 31 日第八届全国人大常委会第四次会议通过

《消费者权益保护法》。其第 1 条规定，该法的立法宗旨是为保护消费者的合法权益，维护社会经济秩序，促进社会主义市场经济健康发展。其从消费者的利益出发，在充分考虑消费者的弱者地位的基础上给予消费者特殊的法律保护，体现了国家对消费者利益的倾斜，体现了国家对社会经济生活的一种干预。因此，该法本质上是经济法，是市场规制法的重要部门法。

(2) 消费者权益保护法的调整对象。消费者权益保护法的调整对象是在保护消费者权益过程中所发生的各种社会关系。该社会关系主要包括以下几方面：① 国家机关与经营者之间的关系。这是一种纵向的监督和管理关系。包括国家机关对经营者的生产、销售和服务等活动进行监督管理过程中所发生的关系，也包括国家机关对经营者损害消费权益的行为进行制裁中所发生的关系。② 国家机关与消费者之间的关系。这是一种指导关系和服务关系，是在国家机关为消费者提供指导、服务与保护过程中所发生的关系。③ 经营者与消费者之间的关系。这是一种横向经济关系。一般情况下，经营者与消费者之间发生的是买卖或服务的合同关系，这由合同法进行调整。而消费者权益保护法调整的是因经营者的违法行为侵害了消费者的合法权益，消费者向其请求赔偿时所发生的关系，以及消费者对经营者的经营活动进行监督所发生的社会关系。

(3) 消费者权益保护法的基本理念。如前所述，消费者权益保护法是在资本主义逐渐进入垄断资本主义阶段，消费者难以与强大的经营者较量以致产生消费者问题并引发消费者运动的背景下产生的。自由资本主义时代的民商法不但不能平衡双方之间的不平等地位，反而为强者所利用，成为限制消费者权利的借口，消费者的利益经常被侵害。鉴于此，世界各国纷纷介入消费与经营者之间的关系，以法律形式确认消费者的合法权益，从保护消费者整体利益出发，对消费者予以特别保护，对经营者的生产、销售和服务行为进行监督，对侵害消费者合法权益的行为进行规制。其突破传统的民事补偿的救济方式，综合利用民事责任、行政责任、刑事责任的法律责任制度追究其责任。从而缓和消费者与经营者之间的冲突，使两者之间原本严重失衡的关系重新走向平衡，以维护社会经济健康发展。

二、消费者权益保护法的立法背景与立法概况

(一) 消费者权益保护法的立法背景

1. 消费者问题是消费者权益保护立法的原初动因

"消费者问题"主要是指消费者在购买、使用商品或接受服务过程中，其权益为经营者所侵害而引发的一系列社会问题。在现代社会，消费者问题是普遍存在的。其产生的原因是多方面的，主要包括：(1) 消费者与经营者在经济利益上始终是对立的，追求自身利益是经营者漠视消费者的合法权益的内在驱动力；(2) 消费

者相对于经营者而言，在经济实力和信息占有等方面处于天然的弱势地位，消费者的正确消费依赖经营者；(3) 政府保护不利，立法滞后，地方保护主义严重，放纵了经营者对消费者权益的侵害；(4) 科技水平的有限性，使得某些商品在投入流通领域之时就存在不为生产者所认知和克服的缺陷，成为诱发消费者问题的原因之一。在上述各种因素的作用下，消费者问题主要表现在以下几个方面：(1) 假冒名牌，以次充好，以假充真，掺杂、掺假等商品假冒问题层出不穷，严重损害了消费者的合法权益；(2) 商品价格偏高、漫天要价和价格欺诈现象普遍；(3) 侵犯消费者的人身权和人格尊严的现象时有发生；(4) 商品服务质量低劣、服务品质差，严重影响了消费者的人身安全和财产安全；(5) 硬性搭售、强制交易；(6) 虚假广告误导消费者，损害消费者的合法权益。

在市场经济条件下，消费者问题不仅仅是影响消费者个人利益的问题，而且也日益成为影响社会秩序的大局问题。首先，随着社会分工的进一步精细，人们对消费品的依赖程度逐渐加深，消费品成为人们生活不可缺少的部分，使得低劣的商品或服务进入人们的生活，损害消费者的人身、健康，导致财产和其他经济利益损失的风险进一步加大；其次，生产经营者为了争夺更大的市场份额和销售利润而采取虚假广告，销售假冒伪劣产品等行为，不但最终损害消费者的利益，而且危害了其他生产经营者的经营活动和利益，使得他们在不公平的竞争环境中面临破产的命运；最后，消费者问题的突出对消费者和其他相关经营者都可能造成严重的影响，可能伤害消费者消费的积极性，迫使一些靠正当经营来谋生的经营者不得不退出市场竞争，因此，消费者问题会严重影响社会经济的正常发展，损害消费者人身和财产安全的事件的频发也捣乱了正常的社会秩序，影响整个社会环境的安定。避免消费者问题给社会带来危害的重要手段就是以立法的形式对消费者问题加以解决。

2. 消费者运动是消费者权益保护法的直接推动力

所谓消费者运动，是指在商品经济条件下，消费者为了维护自身合法权益，自发或有组织地以争取社会公正、改善自身地位等为目的而同损害消费者利益的现象进行斗争的社会运动。这一运动是在商品经济日渐发展，尤其是 19 世纪末 20 世纪初主要资本主义国家进入垄断资本主义阶段以后伴随着消费者的地位更加恶化，消费者问题成为一个普遍的社会问题而兴起的，成为消费者权益立法的直接推动力。

关于消费者运动的起源，有学者认为，消费者运动“19 世纪中叶就在英国开始出现，后迅速波及工业化程度较高的西欧和北美”①，但更多学者认为消费者保护运动发端于美国。1881 年，人类历史上第一个消费者协会在纽约成立。1898 年美

① 余卫明、梁小尹编著：《消费者权益保护法实例说》，湖南人民出版社 1999 年版，第 10 页。

国成立了世界上第一个全国性消费者组织——“全国消费者同盟”。这些消费者组织以及保护消费者合法权益法律的产生极大地推动了美国的消费者运动。在日本，家庭主妇们于1948年9月发起召开了“清除劣质火柴大会”，会后成立了日本主妇协会，揭开了日本消费者保护运动的序幕。1956年日本成立“全国消费者团体联合会”。1953年，德国消费者同盟诞生，1957年英国成立消费者协会。到20世纪60年代以后，消费者运动不再局限于少数发达国家，消费者运动扩展至包括发展中国在内的许多国家，从而在世界范围内兴起了消费者运动的浪潮。1960年，美国、英国、荷兰、澳大利亚、比利时等五国的消费者组织在荷兰海牙成立了国际消费者组织联盟(IOCU)，现有成员230个，成员遍布世界113个国家。

我国消费者运动在20世纪80年以后得到发展，当时我国假冒伪劣商品泛滥，因此“打假”是早期消费者运动的主题。1983年5月，我国第一个消费者组织在河北省新乐县成立。1984年8月，广州市消费者委员会成立。1984年12月，全国性的消费者组织——中国消费者协会在北京成立。此后，全国各地普遍建立了消费者协会，至1992年，全国已建立县级以上的消费者协会2 400多个、基层组织两万多个。此外，还建立了一些以保护消费者组织，如中国保护消费者基金会、消费者权益研究会等。1987年在马德里举行的国际消费者组织联盟第12届大会上，中国消费者协会被接纳为该组织的会员。

消费者问题日趋恶化和现有法律对消费者权利保护不足引发的消费者保护运动，从一国范围内扩展到了世界范围，促使消费者权益保护经过了由消费者个人自发地自我保护到由一定组织的自觉保护，再到由政府进行的更有组织的全方位干预保护，最后促成了法律保护消费者权利的模式的形成，推动世界各国通过消费者权益保护立法的形式来解决各种消费者问题，落实消费者的基本权利。

（二）消费者权益保护法立法概况

1. 国外的消费者立法概况

在自由资本主义阶段，各国政府对经济运行基本上采取自由放任的态度，加之当时的消费者问题并不突出，消费者权益保护立法未受重视。资本主义逐渐进入垄断阶段后，生产力发展，科技水平提高，企业实力逐渐强大，其与消费者之间的实力悬殊，自由资本主义阶段发展形成的许多民商法规则已难以保护消费者的利益，消费者权利被侵害的事件时有发生，消费者问题也日益激化，这就暴露了原有的法律制度的弊端。一些受垄断破坏和经济危机创伤的资本主义国家开始对社会经济生活进行广泛的干预和调节，消费者权益保护立法在这样的背景下展开。在消费者运动的推动下，美国在消费品安全、商品标示等方面制定了一系列的法律如《肉类食品检查法》(1906年)、《联邦食品和药品法》(1906年制定，并于1938年被修改为《联邦食品、药品和化妆品法》)、《食品添加剂修正法》(1958年)，等等。日本在1968年制定了消费者保护的基本法律——《保护消费者基本法》，还制定了如《食品卫生法》(1947 年),《消费品生活用品法》(1973 年)等。英国则在 1987 年制定了专门的《消费者利益保护法》。

2. 国际组织对消费者立法的影响

联合国等国际组织在消费者保护立法的国际协调方面做了大量的工作,并取得了一定的成就。例如,在国际消费者组织联盟的推动下,联合国大会于 1985 年 4 月核准了《保护消费者准则》。1985 年,欧洲理事会制定《消费者保护宪章》,欧共体理事会的 374 号指令即《关于使成员国产品责任法相互接近的指令》(简称为《欧共体产品责任指令》),使各国对消费者的保护逐渐趋于一致。

3. 中国的消费者立法概况

改革开放以后,随着消费者问题的突出和消费者运动的兴起,我国开始了消费者保护方面的立法。1987 年 9 月,福建省制定了《福建省保护消费者合法权益条例》,这是我国第一部相关省级地方立法。此后,全国大部分省、自治区直辖市颁布了消费者保护的地方法规。随着相关地方法规的陆续出台,80 年代中期开始,有关部门开始起草全国性的消费者保护法律。1993 年 10 月 31 日,第八届全国人民代表大会常务委员会第四次会议通过了《中华人民共和国消费者权益保护法》,该法于 1994 年 1 月 1 日起实施。此外,我国还制定了许多具有保护消费者利益内容的法律,如《食品卫生法》、《计量法》、《标准化法》、《价格法》等,这些法律与《消费者权益保护法》相辅相成,共同构成了我国消费者保护的法律体系。

三、消费者权益保护法的基本原则

消费者权益保护法的基本原则是反映消费者权益保护法所调整的社会关系的客观要求,贯穿于整个消费者权益保护立法和执行的全过程,保障消费者合法权益及规范经营者活动过程中必须遵循的基本准则。

(一) 特别保护原则

经营者与消费者在法律地位上的平等无法改变消费者处于弱势地位的事实。所谓特别保护原则,就是指国家应对消费者予以特别保护,其所采取的手段必须向消费者倾斜。对消费者予以特别保护并不是破坏法律平等原则,而是通过特别保护来矫正消费者者与经营者在实际消费关系中的不平等关系,以缓和两者之间的矛盾和冲突,从而使两者之间的利益关系重新实现平衡。这体现在:(1) 在消费者权益保护法中只规定消费者权利和经营者义务,突出消费者的权利主体和经营者的义务主体角色。权利与义务的分离,注重了对消费者利益的保护;(2) 在判定侵害消费者权利行为成立与否时,采用归责原则为过错推定原则和无过错责任原则,以便追究经营者的责任;(3) 赋予一切组织和个人对侵害消费者权益行为进行监督、提出意见和建议的权利,以保障消费者问题的解决。

（二）国家保护与社会保护相结合原则

《消费者权益保护法》5条规定了国家对消费者权利的保护，第4章还专门规定了有关政府部门保护消费者权益、监督经营者行为的行政职责；第6条规定了国家对消费者权利的保护和社会团体或组织对损害消费者权益行为的社会监督，第6章还专门对消费者组织的设立、性质及其职能作了明确规定，这就把国家保护和社会保护有机地结合起来。一方面，国家机关必须加强对经营者的监督管理，保障经营者依法从事经营行为，并对发生侵害消费者权利行为予以及时处理，对于严重的违法行为实施制裁。另一方面，必须发动社会力量广泛参与到消费者权益保护活动中去，使“消费者至上”的观念得以树立，通过各种社会团体、企事业单位、各级消费者组织、各种传播媒介以及广大人民群众的监督，来弥补国家保护消费者权益能力的有限性。

（三）自愿、平等、公平、诚实信用原则

《消费者权益保护法》第4条规定，经营者与消费者进行交易，应当遵循自愿、平等、公平、诚实信用的原则。其要求：经营者在与消费者进行交易时，诚实信用，尊重消费者的意愿，不得恃强凌弱，不得采用欺诈或者其他违法手段，损害消费者的合法权益。这一原则虽然与民法中相应原则有相同的内涵，但又有其自身的特点，用于规制消费活动中的法律关系中，其更倾向于要求经营者进行诚信经营，禁止经营者欺诈或者违法经营行为，避免损害消费者权益问题的发生。

第二节　消费者的权利与经营者的义务

一、消费者权利与经营者义务概述

（一）消费者权利的概念与特点

消费者权利是指消费者在消费过程中享有的做出或不做出一定行为，以及能够要求生产经营者或其他主体做出或不做出一定行为的一种资格。其一般为一个国家的消费者权益基本法所确认，是消费者利益在法律上的体现，也是我国《消费者权益保护法》的核心。

消费者权利是随着消费者运动的发展而产生并逐步得到认同的。世界上最早提出消费者权利的是美国总统约翰·肯尼迪。肯尼迪于1962年3月15日向国会提出了关于保护消费者权益的特别国情咨文——《总统关于消费者利益的白皮书》，明确提出了消费者应享有四项权利：获得保障权；获得正确的商品信息资料的权利；自由选择商品的权利和提出消费意见的权利。肯尼迪总统的“四权论”得到了广泛的认同，对消费者运动具有重大且深远的历史意义，国际消费者组织因此将 3 月 15 日定位“消费者权益日”。1969 年，美国总统尼克松在“四权论”的基础上提出了消费者应当享有的第五项权利，即获得损害赔偿权。此后，人们关于消费者权利的认识不断发展，国际社会就消费者权利的内容和范围方面的认识也趋于一致。1985 年联合国大会通过了《保护消费者准则》，该准则提出了消费者应该享有的 6 项权利，包括：(1) 消费者的安全和健康不受危害；(2) 促进和保护消费者的经济利益；(3) 使消费者获得充分信息以使他们能够按照个人愿望和需要作出具体的选择；(4) 获得消费教育；(5) 提供有效的赔偿方法；(6) 有组织消费者组织及其他有关的团体或者组织的自由。而国际消费者组织联盟(IOCU)则提出消费者应该享有 7 项权利：生存权、公平价格权、选择权、知情权、索赔权、获得教育权、环境权。

消费者权利不同于传统的民事权利，其设定是体现法律对消费者这个弱势群体的特别保护，其具有下列特点。

(1) 消费者的权利不对应其义务，同样，经营者的义务也不对应其权利——消费者只享有权利，经营者只承担义务。因此，消费者权益保护法律关系的权利义务的特点与传统法律中权利义务有着巨大的差异性，其主要由于经营者与消费者之间的经济实力和信息占有上的悬殊，法律从保护消费者权益为出发点来重新构建两者之间的权利义务关系。这是消费者权益保护法中权利的典型特征。

(2) 消费者权利是法定权利。消费者的权利是法律赋予的，它具有强制性，任何人都不得予以剥夺，否则该行为无效。

(3) 消费者权利的享有必须以具有消费者身份为基础。其体现在：只有以消费者身份为满足个人生活消费需要而购买、使用商品或者接受服务才享有此权利，为满足生产经营需要而购买、使用商品或者接受服务则不享有消费者权益保护法所赋予的各项基本权利。

(4) 消费者权利是法律基于消费者的弱者地位而特别赋予的。为了切实保护消费者权益，法律特别赋予消费者各项基本权利，将其法定化，从而经营者与消费者之间利益达到平衡。

(二) 经营者义务的概念与特点

经营者的义务是指在消费过程中，生产经营者必须依据法律的规定或消费者与其的约定对消费者为一定行为或不为一定行为的约束。消费者权利的实现有赖于经营者义务的履行，因此，明确经营者的义务对于保护消费者的合法权益至关重要。经营者的义务与消费者的权利是既对立又统一的关系，彼此相辅相成，失去任何一方，则另一方均失去存在的意义。经营者的义务主要是经营者与消费者之间的一种平等主体间的义务，是一种民事义务，然而也包含着经营者对国家、社会所应承担的义务。经营者义务是传统民事义务中的一种，但又有有别传统民事义务的特点，主要体现在如下几方面。

(1) 经营者的义务对应的不是经营者的权利而是消费者的权利。经营者义务的履行是为了满足消费者权利实现的要求。

(2) 经营者的义务具有强制性。无论是法定义务还是约定义务，经营者都必须忠实履行，不得以任何借口拒绝履行，或者通过各种手段减轻或免除其所应承担的义务。否则，将承担相应的民事责任，情节严重的，可能受到刑事处罚。

(3) 经营者义务主要是法定义务。我国《消费者权益保护法》及其他相关的法律明确规定了经营者义务，使经营者义务的范围、种类等各方面内容都十分明确，从而提高经营者履行义务的自觉性和自律性，避免消费者问题的频发。

(4) 经营者的义务的履行以具有经营者这一身份为基础。虽然消费者权益保护法并未给经营者确定明确的定义，但是经营者一般包括生产者、销售者及相关服务提供者。根据《反不正当竞争法》的定义，经营者是指从事商品经营或者营利性服务的法人、其他组织和个人。因此，只有具备这个身份——从事商品经营者或者营利性服务，该主体方会成为经营者义务的承担者。

二、消费者的基本权利

(一) 保障安全权

保障安全权是指消费者在购买、使用商品和接受服务时享有的保障其人身、财产不受损害的权利。安全权是最主要、最基本的人身权利，包括消费者的人身安全权和财产安全权。人身安全权包括消费者的生命安全权和健康安全权；财产安全权是指消费者在购买、使用商品和接受服务时其财产不受损失的权利。为了保障消费者安全权的实现，法律赋予消费者有权要求经营者提供的商品和服务，符合保障人身、财产安全的要求。对于有国家标准和行业标准的，消费者有权要求商品和服务符合此国家标准和行业标准；对于没有国家标准或行业标准的，消费者有权要求经营者保证其在购买、使用商品或接受服务项目时，不具有危害人身、财产安全的因素存在。

(二) 知悉真情权

知悉真情权是指消费者在消费活动中，享有知悉其购买、使用商品或者接受服务的真实情况的权利，又称为知情权或了解权。《消费者权益保护法》第 8 条规定消费者享有知悉其购买、使用的商品或者接受的服务的真实情况的权利，消费者有权了解的情况包括商品的价格、产地、生产者、用途、性能、规格、登记、主要成分、生产日期、有效期限、检验合格证明、使用方法说明书、售后服务或者服务的内容、规格、费用等有关情况。《产品质量法》第 22 条也规定，消费者有权就产品的质量问题向产品的生产者、销售者查询；第 27 条规定，产品或其包装上的标识必须真实，并符合5项要求。

（三）自主选择权

自主选择权是指消费者在消费活动中，享有根据自己的意思自主地选择购买商品或者接受服务的权利。这实际上是民法的意思自治、契约自由原则在消费领域中的具体体现。根据《消费者权益保护法》第9条的规定，消费者的自主选择权包括：(1) 自主提供商品或服务的经营者；(2) 自主选择商品品种或者服务方式；(3) 自主决定购买或不购买商品、接受或不接受服务；(4) 在自主选择商品或者服务时，有权进行比较、鉴别和挑选。必须注意的是，消费者的自主选择商品或服务的行为必须是合法的，而且不得侵害国家、集体和他人的利益，不得违反法律法规，不得损害社会公共利益。

（四）公平交易权

公平交易权是指消费者在购买商品或者接受服务时享有的获得公平交易条件的权利，实际上是《民法通则》关于民事活动应当遵循自愿、公平、等价有偿、诚实信用原则的具体化。其要求消费者在支付一定数量的货币用于购买商品或者接受服务时，能够得到同等价值的商品或者服务，消费者的消费需求能够得到合理的满足。根据《消费者权益保护法》第10条的规定，满足条件包括：(1) 质量保障，经营者向消费者提供的商品或者服务必须符合法定和约定的质量要求。(2) 价格合理，经营者不得对消费者实施价格欺诈，商品或服务的价格必须与其实际价值大致相当。(3) 计量正确，经营者对计量器具的选择必须符合国家有关规定，不得缺斤短两、弄虚作假。(4) 消费者有权拒绝经营者的强制交易。

（五）求偿权

求偿权是指消费者在购买、使用商品或者接受服务的过程中非因自己的故意或过失而遭受人身、财产损害时，获得赔偿的权利。消费者的求偿权除了具备一般民事损害赔偿的特点外，还具有自身的特点：(1) 该请求损害赔偿的权利必须是消费领域的，也就是损害必须发生在消费活动中；(2) 对经营者具有惩罚的性质。消费者可以依据《消费者权益保护法》第49条的规定要求有欺诈行为的经营者增加赔偿其受到的损失，增加赔偿的金额为消费者购买商品或者接受服务的费用的一倍。

（六）结社权

结社权是指消费者享有依照法律规定的条件和程序组织维护自身合法权益的社会团体的权利。《消费者权益保护法》规定消费者的结社权，是《宪法》规定的公民享有结社权的具体体现，是消费者改善其地位的重要权利。依法行使结社权，可以使消费者由弱小、分散的个体变成强大、集中的组织，从而能够与经验丰富的经营者相抗衡。消费者的结社权应当依法行使，应当按照国务院1998年的《社会团体登记管理条例》规定的条件和程序组织成立维护消费者合法权益的社会团体。

目前，我国消费者维护自身合法权益的自治团体主要是各级消费者协会。消协必须接受业务主管部门即工商行政管理部门和登记机关的双重管理，积极开展维护消费者利益的活动，不得从事商品经营和营利性服务，也不得以牟利为目的向社会推荐商品和服务。

（七）受教育权

受教育权是指消费者享有的获得有关消费和消费者权益保护方面的知识的权利。随着市场经济的发展，商品的品种越来越多、商品的技术含量越来越高、商业营销手段日益翻新，消费者知悉更多消费的知识已成为维护消费者权益的迫切需要，受教育权有助于消费者知悉更多消费知识，是消费者知情权的升华，是对消费者的进一步保护。消费者获得消费知识的权利包括两个方面：(1) 消费者享有获得与商品或服务密切相关的知识的权利，即获取消费知识权，其包括关于消费商品和服务知识，以及获得关于消费市场和经营者的知识；(2) 消费者享有获得有关消费者利益保护方面的法律知识的权利，即消费者权益保护知识获取权，主要包括了解有关消费者权益保护的基本法律、法规，知晓消费者应有的权利和经营者应尽的义务，了解有关保护消费者权益的国家机关和消费者组织，了解保护消费者的各种程序和途径等。获得有关消费和消费者权益保护方面的知识首先需要国家机关、消费者组织、大众传播媒介等广泛地向消费者提供有关消费者权利保护的知识；其次也需要消费者在购买、使用商品或者接受服务的过程中主动了解所需商品或服务的相关知识。因此，受教育权既是权利，也是一项重要的义务。

（八）维护尊严权

维护尊严权是指消费者在购买、使用商品和接受服务时，享有人格尊严、民族风俗习惯得到尊重的权利。人格尊严不受侵犯是我国《宪法》赋予每一个公民的神圣权利。根据《消费者权益保护法》的规定，消费者的人格尊严受尊重是指在消费活动中，消费者的人格尊严理应受到尊重，经营者不得对消费者进行侮辱、诽谤，不得搜查消费者的身体，也不得采取拘禁等措施非法限制或剥夺消费者的人身自由。根据《宪法》规定，各民族有保持自己风俗习惯的自由，因此，消费在消费过程中，其民族风俗习惯也应当受到尊重。经营者应当充分尊重各民族的风俗习惯，提供适合各民族风俗习惯特点的商品和服务。

（九）批评监督权

批评监督权是指消费者享有的对商品或者服务以及保护消费者权益工作进行监督的权利。主要包括检举、控告权和批评、建议权。前者主要是指消费者享有的对侵害消费者权益的行为和国家机关及其工作人员在保护消费者权益工作中的违法失职行为进行检举、控告。后者是指消费者有权对保护消费者权益工作提出批评、建议。

三、经营者的主要义务

(一) 依法或依约定履行义务

《消费者权益保护法》第16条规定,经营者应当依照法律、法规的规定及其与消费者的约定履行义务。第23条规定,经营者提供商品或者服务必须按照国家规定或者与消费者的约定履行包修、包换、包退等义务,不得故意拖延或者无理拒绝。

(1) 法定义务。经营者为消费者提供商品或者服务,应当依照《产品质量法》和其他法律、法规的规定履行义务。如《产品质量法》第3章规定了生产者生产产品应履行的7项义务和销售者在销售产品时应履行的7项义务,其目的是禁止生产者、销售者向消费者提供不合格产品。此外,家用电器和其他产品的"三包",也是国家规定的义务,必须执行。

(2) 约定义务。经营者与消费者有约定的,经营者应当按照约定履行义务,但双方的约定不得违背法律、法规的规定。在强调经营者诚信履行约定的同时,还必须强调经营者与消费者约定的合法性,因为现实中,经常发生经营者凭借其优势地位以约定的方式利用格式合同、免责条款等损害消费者合法权益的现象。所以经营者必须在法律允许的范围内与消费者签订合法的合同,否则约定无效。

(二) 听取意见和接受监督的义务

经营者应当听取消费者对其提供的商品或服务的意见,接受消费者的监督。规定这一义务是为了保障消费者监督权的实现。首先,经营者应当虚心听取消费者的意见和建议,并容忍消费者对其商品或者服务作出的否定性评价且将其作为提高产品质量和改善服务的重要参考因素。无论消费者是否购买商品,其均有权对经营者的商品或者服务提出意见、建议。其次,经营者不仅要接受消费者的监督,还要接受社会的监督。其监督的内容也不限于经营者所提供的商品或者服务,还可对经营者及其工作人员进行监督,对商品或者服务的环境进行监督并提出意见。

(三) 保障人身和财产安全的义务

经营者应当保证其提供的商品或者服务符合保障人身、财产安全的要求。其与消费者所享有的保障安全权相对应。根据《产品质量法》的规定,经营者提供的商品必须不存在危及人身、财产安全的不合理的危险;有保障人体健康,人身、财产安全的国家标准、行业标准的,应当符合该标准。经营者在向消费者提供服务时,其服务设施、服务内容等也必须不存在危及人身、财产安全的不合理的危险。根据《消费者权益保护法》的规定,经营者必须做到:(1) 经营者应当保证其提供的商品或服务符合保障人身、财产安全的要求。对可能危及人身、财产安全的商品和服务,应当向消费者作出真实的说明和明确的警示,并说明和标明正确使用商品或者接受服务的方式以及防止危害发生的方法。(2) 经营者发现其提供的商品或者服务存在严重缺陷,即使正确使用商品或者接受该服务时仍然可能对人身、财产安全造成危害的,应当立即向有关部门报告和告知消费者,并采取防止危害发生的措施。

(四) 提供真实信息的义务

消费者对商品、服务信息的了解、掌握主要通过经营者以标注、宣传、表示等方式提供的。因此,经营者提供的信息是否正确、全面、真实,是消费者是否合理消费的关键。该义务与消费者所享有的知悉真情权相对应。根据法律规定,经营者负有提供真实信息的义务。具体而言,其必须做到:(1) 经营者应当向消费者提供有关商品或者服务的真实信息,不得作引人误解的虚假宣传;(2) 经营者对消费者就其提供的商品或者服务的质量和使用方法等问题所提出的询问,应当作出真实、明确的答复;(3) 商店提供的商品应当明码标价。

(五) 表明真实名称和标记的义务

名称和标记是经营者人格特定化的重要标志,其上承载着经营者的商业信誉和商品、服务质量,对经营者来说十分重要。经营者在从事经营活动的过程中必须如实表明自己的身份,而不应假冒其他经营者的身份或者与其他经营者的身份相混淆。法律规定经营者承担表明其真实名称和标记的义务,一方面是有利于消费者了解、辨别商品或者服务,从而作出正确的消费选择;另一方面还有利于消费者行使监督权、求偿权等权利,从而维护自己的合法权益。因此,法律规定经营者必须做到如下两方面:(1) 经营者应当标明其真实名称和标记。(2) 租赁柜台和场地的经营者应当标明其真实名称和标记。即使租赁期满后,在法律规定的情况下,消费者仍有权要求其承担责任。

(六) 出具凭证和单据的义务

购货凭证、服务单据通常表现为发票、保修卡等。这些是消费者与经营者之间存在消费活动关系的重要书面凭证。日后消费者要求经营者履行"三包"等责任和消费者权益受到损害而进行索赔时,这些凭证和单据是有力证据。此外,经营者依法出具凭证和单据,有利于消费者对经营者的经营进行监督,明确经营者与消费者之间的权利义务范围,以便切实维护消费者的合法权益。根据《消费者权益保护法》的规定,经营者提供商品或服务,应当按照国家有关规定或者商业惯例向消费者出具购货凭证或者服务单据;消费者索要购货凭证或服务单据的,经营者必须出具。

(七) 品质担保义务

生产经营者的品质担保义务是指经营者提供的商品或者服务在安全性、适用性等方面的品质达到法律、法规或者合同规定的要求,使消费者的消费需求得到合理的满足。这一义务对于维护消费者合法权益具有重要的意义。对此,《消费者权益保护法》第22条规定，经营者必须做到：(1)经营者应当保证在正常使用商品或者接受服务的情况下其提供的商品或者服务应当具有的质量、性能、用途和有效期限，但消费者在购买该商品或者接受该服务前已经知道其存在瑕疵的除外。(2)经营者以广告、产品说明、实物样品或者其他方式表明商品或者服务的质量状况的，应当保证其提供的商品的实际质量与表明的质量状况相符。前者是可以视之为默示担保，后者则是明示担保。值得注意的是，该条款与《消费者权益保护法》第18条有所不同的是，其强调必须在"正常使用商品或者接受服务"的情况下，此商品或者服务应当具备所应具备的质量状况。若消费者在非正常、非合理的情况下使用商品或者服务而发生损害事故，则经营者不对消费者负担任何责任。此外，若消费者在购买商品时已经知道商品存在瑕疵时，则经营者也不负品质担保义务。

(八)承担"三包"和其他责任的义务

"三包"是指包修、包换、包退。《消费者权益保护法》规定，经营者应依照国家规定或者与消费者的约定，承担"三包"责任和其他责任。这其实是法律为维护消费者的合法权益，防止经营者重销售，轻售后的现象，而要求经营者建立健全售后服务体系。从法律规定来看，经营者的售后服务义务包括法定义务和约定义务。法定义务主要是体现为国家规定的经营者必须承担的部分商品的"三包"义务，即包修、包换、包退义务。1995年，国家发布了《部分商品修理、更换、退货责任规定》，就18种商品的整机和主要部件和有效期(保修期)分别列表规定，对销售者、修理者、生产者的"三包"义务分别作了规定；约定义务则是指经营者与消费者之间约定的"三包"责任和其他责任。此外，由于经营者向消费者提供服务不存在着"三包"问题，若其提供的服务内容欠缺，质量不符合标准，则应承担"三包"责任之外的其他责任。此处所说的经营者依法或依约定承担其他责任的义务主要针对经营者提供服务而言的。经营者必须忠实履行自己的义务，不得以任何借口不履行或不完全履行自己的义务，也不得以任何借口减轻或免除其依法所应承担的责任。

(九)不得从事不公平、不合理交易的义务

经营者有不得凭借其优势而强加一些不合理的合同约定给消费者，以达到限制消费者权利、减免自己所应承担责任目的的义务。在消费领域，广泛存在的格式合同(条款)并非经过消费者与经营者的充分协商达成的，消费者只能表示接受或者不接受，而不能协商修正合同的内容。这些合同(条款)有可能损害消费者的合法权益。因此，法律必须对这些合同内容的效力作出规定，防止经营者利用格式合同损害消费者的利益。《消费者权益保护法》第24条规定，经营者不得以格式合同、通知、声明、店堂告示等方式作出对消费者不公平、不合理的规定，或者减轻、免除其损害消费者合法权益应当承担的民事责任。格式合同、通知、店堂告示等含有对消费者不公平、不合理规定或者减轻、免除损害赔偿责任等内容的，其内容无效。

（十）不得侵犯消费者人格尊严、人身自由的义务

人格尊严和人身自由是宪法赋予每一个公民的基本权利。消费者在购买商品、接受服务过程中，其人格尊严和人身自由理应受到经营者的尊重，经营者不得以任何理由加以侵犯。《消费者权益保护法》规定，经营者不得对消费者进行侮辱、诽谤，不得搜查消费者的身体及其携带的物品，不得侵犯消费者的人身自由。

第三节　消费者权益的保护

一、消费者权益保护的主要形式

对消费者权益的保护，不仅是经营者所应承担的责任，也是整个国际社会、国家及社会组织和消费者本人的共同责任。当前，消费者权益保护问题已经获得国际社会、国家、各种社会组织的高度重视，国际保护、国家保护、社会保护和消费者自我保护已成为消费者权益保护的主要方式。

（一）国际保护

二战以后，科学技术迅速发展，商品的生产和销售高度国际化、社会化。消费者问题成为国际化社会问题，保护消费者权益受到了国际社会的广泛关注。1960年，以维护消费者利益并为此促进国际合作交流，协调国际范围内的消费者保护立法，使各国保护消费者权益活动趋于统一为宗旨的国际消费者组织联盟成立，提出了消费者的8项权利，使消费者权益的国际保护与各国的具体保护在很大程度上达到统一。

联合国等国际组织在消费者保护立法的国际协调方面做了大量的工作，取得了一定的成就。首先，联合国大会于1985年4月核准了《保护消费者准则》。该准则的目标主要是协助各国加强消费者保护，鼓励企业遵守道德规范，协助各国限制不利于消费者的商业陋习；鼓励消费者组织的发展，推进消费者保护的国际合作，并规定了各国政府保护消费者的基本要求。虽然该文件对会员国不具有强制约束力，但可以作为各国尤其是发展中国家在制定有关保护消费者权益方面法律的指导规范。其次，欧洲理事会于1985年制定了《消费者保护宪章》，该宪章对政府在保护消费者方面应当采取的措施及对消费者的援助保护权、损害赔偿权、知悉真情权、接受教育权、依法结社权、获得咨询权等问题作出了规定。总之，消费者的各项基本权利已为国际社会和立法所承认，各国际组织也纷纷采取了措施，通过确立民事、行政、刑事的综合法律责任制度，规制经营者的行为，加强对消费者的保护。

（二）国家保护

保护消费者合法权益是国家经济职能之一。国家运用其特有的调节机制、采用各种手段干预经营者与消费者之间的利益关系，使两者在利益上能实现平衡，立法、行政、司法是国家保护消费者权益的主要手段。

1. 立法保护

立法保护是指国家立法机关通过制定、修改、颁布、废止等有关保护消费者权益的法律、法规的立法活动来保护消费者的利益。具体而言，国家立法机关通过制定保护消费权益的法律法规，明确消费者权利和经营者义务，禁止各类侵犯消费者权益的行为，使国家行政机关和司法机关在保护消费者活动的执法和司法有法律依据，既可以打击、制止侵害消费者的行为，维护消费者权益，还可以对行政机关和司法机关的执法和司法活动进行监督，保障保护消费者权益法律法规的落实；通过修改、废止某些保护消费者权益的法律法规，以适应经济发展水平及保护消费者合法权益的实际需要。

2. 行政保护

行政保护是指行政机关通过行政执法和监督活动对消费者进行保护。各级政府及其行政管理部门是保护消费者权益的重要组织，其职能一方面是通过制定实施细则、解释和具体办法，保证相关的法律法规得以落实；另一方面则是通过对具体个案的处理（如调解解决消费者权益纠纷、处罚制裁侵害消费者权益的行为等）来说落实对消费者权益的保护。根据《消费者权益保护法》的规定，各级政府和各级政府行政管理部门对消费者的保护的主要职责包括：(1) 各级人民政府应当加强领导，组织、协调、督促有关行政部门做好保护消费者合法权益的工作。各级人民政府应当加强监督，预防危害消费者人身、财产安全的行为。(2) 各级人民政府工商行政管理部门和其他有关行政部门应当依照法律、法规的规定，在各自的职责范围内，采取措施，保护消费者的合法权益。此外，有关行政部门应当听取消费者及其社会团体对经营者交易行为、商品和服务质量问题的意见，及时调查处理。

3. 司法保护

司法保护是指公安、司法机关通过对经营者侵害消费者合法权益的违法犯罪行为进行惩处对消费者的合法权益予以保护。公安机关、检察机关对侵犯消费者权利可能构成犯罪的案件，应积极立案侦查、起诉，不得对违法犯罪行为姑息纵容。为了及时、有效地惩处侵害消费者合法权益的违法犯罪活动，人民法院应当采取措施，方便消费者提起诉讼。对于符合《中华人民共和国民事诉讼法》起诉条件的消费者权益争议，人民法院必须受理，并及时审理，以使消费者权益争议尽快得到解决。

（三）社会保护（消费者组织）

保护消费者合法权益是全社会共同的责任，加之国家保护在程度、手段等各个方面存在局限性，难以深入消费领域的各个方面，因此，国家鼓励、支持一切组织和个人对损害消费者合法权益的行为进行社会监督，社会保护是对国家保护不足的弥补。

根据《消费者权益保护法》的规定，消费者协会和其他消费者组织是依法成立的对商品和服务进行社会监督的保护消费者合法权益的社会团体。该法第32条的规定，消费者协会履行列职能：(1) 向消费者提供消费信息和咨询服务；(2) 参与有关行政部门对商品和服务的监督、检查；(3) 就有关消费者合法权益的问题，向有关行政部门反映、查询，提出建议；(4) 受理消费者的投诉，并对投诉事项进行调查、调解；(5) 投诉事项涉及商品和服务质量问题的，可以提请鉴定部门鉴定，鉴定部门应当告知鉴定结论；(6) 就损害消费者合法权益的行为，支持受害消费者提起诉讼；(7) 对损害消费者合法权益的行为，通过大众传播媒介予以揭露、批评。消费者组织的根本宗旨是维护消费者利益，因此，消费者组织不得从事商品经营和营利性服务，不得以牟利为目的向社会推荐商品和服务，消费者协会为消费者提供的服务一般应免费，各级人民政府对消费者协会履行职能应当予以支持并酌情予以资助。

除此之外，舆论监督也是消费者权益社会保护的重要手段。我国《消费者权益保护法》规定，大众传播媒介应当做好维护消费者合法权益的宣传，对损害消费者合法权益的行为进行舆论监督。一方面，大众传播媒介有责任做好维护消费者合法权益的宣传工作，对损害消费者合法权益的行为进行舆论监督，同时积极宣传消费者权益保护法和消费知识。对侵害消费者合法权益的行为予以批评、曝光，任何单位和个人不得干涉新闻机构对保护消费者权益的舆论监督活动。另一方面大众传播媒介应当遵守法律、杜绝参与到制作、发布虚假广告，虚假宣传等侵犯消费者权益的行为中来。

(四) 自我保护

除了国家保护和经营者自律以外，消费者是自己权益的最好维护者，消费者合法权益的维护很大程度上取决于其自我保护意识。因此，消费者在消费过程中必须做到如下几方面：(1) 在消费之前必须对经营者进行必要的了解，选择诚信度较高的经营者；(2) 在购买商品，对商品的种类、规格，性能、原材料、结构、合格证，出厂日期、使用期限、售后服务等有关商品自身情况及商标、产地、厂家、经销者等关于商品经营者的情况应尽可能地了解；接受服务时，对服务的种类、期限、价格等有关服务的情况予以了解；(3) 在交易成立后，应向经营者索要发票、收据或其他证明材料，以便受到侵害后，能有效地进行索赔；(4) 在使用过程中，应严格按照规定的使用方法进行，发生事故，应及时与经营者取得联系，并提出索赔要求；(5) 增强权利意识，了解法律赋予消费者的基本权利及经营者所应尽的义务。必须关注与经营者签订的合同中约定的经营者的免责条款以及根据合同其所享有的权利内容。在充分了解自己享有哪些权利后，一旦合法权益受侵害，可以通过各种法定的途径解决争议。

二、消费者权益保护的法律责任

消费者权益保护中的法律责任主要是指经营者违反了国家有关保护消费者权益法律规定的义务或者经营者与消费者约定的义务而依法应当承担的法律后果。在我国，经营者根据其行为的性质和情节可能承担的法律责任包括民事、行政和刑事责任。此外，国家机关工作人员在特定情况下，也可能成为消费者权益保护中法律责任的主体。

（一）民事责任

消费者权益保护中的民事责任是指经营者违反消费者权益保护法的规定或者与消费者的约定，侵害消费者的民事权利，应当承担相应的民事责任。消费者权益保护的民事责任作为传统民事责任的一种，具有一般民事责任的大部分特征，然而其主要发生在消费领域，因此又有自身的特殊性。首先，消费者权益保护的民事责任是经营者向消费者承担，经营者是该民事责任的主体，而一般民事责任主体并无特殊要求，其依照民事法律规范的规定承担民事责任，可以是自然人、法人，甚至国家。其次，一般民事责任基于民事主体平等的法律地位，其责任的承担具有补偿性，而消费者权益保护中的民事责任除具有补偿性外，在特定情况下具有惩罚性。消费者权益保护中的民事责任主要包括经营者损害消费者人身权的民事责任和经营者损害消费者财产权的民事责任两种。

1. 经营者承担民事责任的一般性规定

根据《消费者权益保护法》的规定，经营者提供商品或者服务有下列情形之一的，除该法另有规定的以外，应当按照《产品质量法》和其他有关法律、法规的规定，承担民事责任：(1) 商品存在缺陷的；(2) 不具备商品应当具备的使用性能而在出售时未作说明的；(3) 不符合在商品或包装上注明采用的商品标准的；(4) 不符合商品说明、实物样式等方式表示的质量状况的；(5) 生产国家明令淘汰的商品或者销售失效、变质的商品的；(6) 销售的商品数量不足的；(7) 服务的内容和费用违反约定的；(8) 对消费者提出的修理、重作、更换、退货、补足商品数量、退还货款和服务费用或者赔偿损失的要求，故意拖延或者无理拒绝的；(9) 法律、法规规定的其他损害消费者权益的情形。

2. 经营者侵害消费者人身权利的民事责任

经营者侵害消费者人身权利的民事责任是指经营者在向消费者提供商品或者服务的过程中，因侵害消费者人身权利的行为而承担的民事责任。具体包括：(1) 经营者提供的商品或者服务，造成消费者或者其他受害人人身伤害，应当支付医药费、治疗期间的护理费、因误工减少的收入等费用，造成残疾的，还应当支付残疾生活自助具费、生活补助费、残疾赔偿金以及其抚养的人所必需的生活费等费用。(2) 经营者提供商品或者服务，造成消费者或者其他受害人死亡的，应当支付丧葬费、死亡赔偿金以及由死者生前扶养的人所必需的生活费等费用。(3) 经营者侵害消费者的人格尊严或者侵犯消费者人身自由的，应当停止侵害、恢复名誉、消除影响、赔礼道歉，并赔偿损失。

3. 经营者损害消费者财产权利的民事责任

经营者损害消费者财产权利的民事责任是指经营者在向消费者提供商品或者服务的过程中，因损害消费者的财产权利，依照法律规定或者合同约定应当承担的民事责任。具体包括：(1) 经营者提供商品或者服务，造成消费者财产损害的，应当按照消费者的要求，以修理、更换、退货、补足商品数量、退还货款和服务费用或者赔偿损失等方式承担民事责任。消费者与经营者另有约定的，按照约定履行。(2) 对国家规定或者经营者与消费者约定包修、包换、包退的商品，经营者应当负责修理、更换或者退货。在包修期内两次修理仍不能正常使用的，经营者应当负责更换或者退货。对包修、包换、包退的大件商品，消费者要求经营者修理、更换、退货的，经营者应当承当运输等合理费用。(3) 经营者以邮购方式提供商品的，应当按照约定提供。未按照约定提供的，应当按照消费者的要求履行约定或者退回货款，并应当承担消费者必须支付的合理费用。(4) 经营者以预收款方式提供商品或者服务的，应当按照约定提供。未按照约定提供的，应当按照消费者的要求履行约定或者退回预付款，并应当承担预付款的利息和消费者必须支付的合理费用。(5) 依法经有关行政部门认定为不合格的商品，消费者要求退货的，经营者应当负责退货。

此外，《消费者权益保护法》第 49 条规定，经营者提供商品或者服务有欺诈行为的，应当按照消费者的要求增加赔偿其受到的损失，增加赔偿金额为消费者购买商品的价款或者接受服务的费用的一倍。这一规定开创了我国的惩罚性赔偿制度的先河，正式确立经营者因欺诈行为所应承担的惩罚性赔偿责任。惩罚性赔偿责任从性质上讲是一种合同责任，它具有赔偿功能、制裁功能和遏制功能。① 其对于保护消费者合法权益具有非常重要的意义。

(二) 行政责任

消费者权益保护中的行政责任是行政责任在消费领域的具体体现，包括两个方面。

1. 经营者的行政责任

经营者有以下情形之一的，若《产品质量法》和其他法律、法规对处罚机关和处

① 参见王利明：《惩罚性赔偿研究》，《中国社会科学》2000 年第 4 期。

罚方式有规定，则依照这些法律、法规的规定执行；若上述法律、法规未作规定，由工商管理部门责令改正，可以根据情节单处或者并处警告，没收违反所得、处以违法所得1倍以上5倍以下的罚款，没有违法所得的处以1万元以下的罚款；情节严重的，责令停业整顿，吊销营业执照：(1) 生产、销售的商品不符合保障人身、财产安全要求的；(2) 在商品中掺杂、掺假，以假充真，以次充好，或者以不合格商品冒充合格商品的；(3) 生产国家明令淘汰的商品或者销售失效、变质的商品的；(4) 伪造商品的产地，伪造或者冒用他人厂名、厂址，伪造或者冒用认证标志、名优标志等质量标志的；(5) 销售的商品应当检验、检疫而未检验、检疫或者伪造检验、检疫结果的；(6) 对商品或者服务作引人误解的虚假宣传的；(7) 对消费者提出的修理、重作、更换、退货、补足商品数量、退还货款和服务费用或者赔偿损失的要求，故意拖延或者无理拒绝的；(8) 侵害消费者人格尊严或者侵犯消费者人身自由的；(9) 法律、法规规定的对损害消费者权益应当予以处罚的其他情形。此外，经营者拒绝、阻碍有关行政部门工作人员依法执行职务，未使用暴力、威胁方法的，可由公安机关依《治安管理处罚条例》规定处罚，即可处15日以下拘留、200元以下罚款或者警告。

2. 行政机关及其工作人员违反法定职责所应承担的法律责任

《消费者权益保护法》规定，国家机关工作人员玩忽职守或者包庇经营者侵害消费者合法权益的行为的，由其所在单位或者上级机关给予行政处分。

(三) 刑事责任

消费者权益保护领域承担刑事责任的情形及其责任形式，《消费者权益保护法》未作系统的规定，仅在个别条文提及有如下几种情况之一，构成犯罪的，应依法追究刑事责任：(1) 经营者提供商品或者服务，造成消费者或者其他受害人人身伤害；(2) 经营者提供商品或者服务，造成消费者或其他受害人死亡；(3) 以暴力、威胁等方法阻碍有关行政部门工作人员依法执行职务的；(4) 国家机关工作人员有玩忽职守或者包庇经营者侵害消费者合法权益的行为。

三、消费者争议的处理

消费者争议是消费者在购买、使用商品或者接受服务的过程中，与经营者之间因权利义务等问题产生矛盾纠纷。消费者权益争议是消费者与经营者在利益上冲突的表现，这在实际的消费生活中不可避免，因此，及时、有效地解决消费者权益争议是保护消费者合法权益的必然要求。根据《消费者权益保护法》第34条的规定，消费者在与经营者发生消费者权益争议时可以通过协商和解、调解、申诉、仲裁、诉讼等五种途径加以解决。

(一) 与经营者协商和解

在现实生活中,当消费者的合法权益受到侵害时,通常先与经营者进行交涉,因此,与经营者协商和解是争议发生后最初最常采用的方式,也是解决消费者权益争议的基本途径。通常,消费者与经营者发生争议以后,双方在平等自愿的基础上,就所争议的问题进行协商,交换意见,沟通协调,最终达成解决纠纷的方案。该解决途径具有及时、节约、简捷、方便等优点。

(二) 请求消费者协会调解

消费者与经营者发生争议后,可以向消费者协会进行投诉,由消费者协会作为中间人,了解情况后,在双方之间进行调解,使双方自愿达成和解协议。消费者协会是专门保护消费者合法权益的社会团体,其对属于其职能范围的争议可进行调解。值得注意的是,消费者协会并非消费者的代理人,其必须在查明事实,分清是非,明确责任的基础上依法进行调解。在其调解过程中必须贯彻两大原则:(1) 自愿原则,即调解全过程都应当贯彻双方当事人自愿原则;(2) 合法原则,即调解全过程和调解方案都必须合法,不得损害国家、集体和第三人的合法权益。消费者协会调解具有民间性质,其调解达成的和解协议不具有法律强制力,一方或双方反悔,则应当通过其他途径解决。

(三) 向有关行政部门申诉

我国各级政府机构中并没有设置专门从事保护消费者权益工作的部门,但工商行政管理部门、产品质量监督部门、卫生部门、技术监督部门等有关行政机关都应当在各自的职责范围内保护消费者的合法权益。《消费者权益保护法》要求各级政府加强领导、组织、协调、监督有关行政部门做好保护消费者合法权益的工作。加强监督,预防和制止危害消费者人身、财产安全的行为。因此,消费者权益争议发生后,消费者可以根据商品或服务的性质及侵害事由向有关的行政部门申诉。有关行政部门对消费者的申诉应予以接受,并及时答复和处理。有关行政部门对消费者的申诉及其与经营者的争议,也可依法进行调解,若进行调解,亦应坚持合法、自愿原则;可依法律规定和自己的职权,作出处理决定;对有违法行为的经营者,可依法作出行政处罚。有关行政部门作出的决定和处罚属行政行为,当事人在法定期间内未提起行政诉讼的,对已作出的决定或处罚,应当执行;如拒不执行,行政机关可依法执行或申请人民法院强制执行。

(四) 根据与经营者达成的仲裁协议提请仲裁机构仲裁

仲裁是仲裁机构根据当事人在纠纷发生前或者发生后所达成的仲裁协议,对提交仲裁机构的消费者争议依一定的程序进行裁决的活动。与其他争议解决途径相比,仲裁有其自身的特点:(1) 当事人之间的仲裁协议和由当事人选定仲裁员体现了仲裁的自愿性和自主性;(2) 仲裁具有终局性,实行一裁终局,当事人必须自觉履行仲裁裁决,不得另行起诉。除非,当事人认为仲裁机关的裁决有误,当事人可以向仲裁委员会所在地的中级人民法院申请撤销；(3) 仲裁具有可强制执行的效力，使仲裁相对快捷、简便，节省成本；(4) 由于仲裁不公开进行，有利于保护经营者的商业秘密，维护商业形象。可以说，仲裁吸收了其他争议解决途径的各种优点，随着消费者权益的增多，其在处理消费者权益争议中的作用不可小觑。

(五) 向人民法院提起诉讼

争议发生后，当事人通过协商、调解或者协商不成又没达成仲裁协议的，当事人可以向有管辖权的人民法院提起诉讼，通过诉讼程序解决争议。与其他解决争议的方式相比，由于诉讼由法院代表国家行使审判权，其判决具有国家强制力，因此毫无疑问是解决消费争议最有力度的途径。然而，由于消费者权益争议发生频繁，通过诉讼解决纠纷成本高且法院不堪负重，而且消费者在诉讼中支出的成本相对于诉讼金及赔偿额而言得不偿失，因此阻碍了消费者通过诉讼解决纠纷。在这方面，国外的集体诉讼和小额诉讼制度值得我国借鉴。总之，当事人在选择解决消费者权益争议的途径时应该权衡争议的解决成本，考虑交易费用，哪种解决途径对当事人的利益维护大，就选择哪种解决途径。

【复习思考题】

1. 结合实际，评价消费者权益保护法的基本原则。
2. 消费者的权利与经营者的义务具有哪些区别于传统民事权利义务的特点？
3. 依据现行法律，消费者享有哪些权利，经营者应当承担哪些义务？
4. 消费者权益保护的方式有哪些？如何客观评价？
5. 消费者争议的处理途径有哪些？分别评价其优劣，并提出进一步改进的建议。

第九章　产品质量法

第一节　产品质量法概述

一、产品质量法中的产品与产品质量

（一）产品

产品是指人们运用劳动手段对劳动对象进行加工而成的，用于满足人们生产和生活需要的物品。它本来是经济学上的一个术语，现在在法学上也被广泛使用。广义上的产品是指自然物之外的一切人类劳动的产物，但世界各国在法律上所规定的产品的范围要远远小于经济学上广义的产品范围。我国的产品质量法上所称的产品，是指经过加工、制作，用于销售的产品。理解产品质量法对产品的定义，我们应当从两个方面加以注意：(1)“产品”仍然与经济学一般意义上的产品有着共同特征，是商品经济社会用做商品交换的客体；(2) 产品是由有关国家法律予以明确界定的产品，有着法定的内涵和外延，实际上就是指商品。

可见产品质量法上所称的产品，应当具备两个条件。

(1) 应当是经过加工制作的产品。所谓“加工、制作”，通常是指改变原材料、毛坯或者半成品的形状、性质或者表面状态，使之达到规定要求的各种工作的总称。[①] 因而产品应当包括工业产品、手工业产品、农产品等。而未经过加工的天然产品，例如原矿、原煤、天然气等，以及初级农产品、初级畜禽产品、水产品等都不是产品质量法上所称的产品。

(2) 应当是用于销售的产品。而“销售”通常是指卖出商品，即将产品投入流通领域。因此，未投入流通的生活自用产品、试用产品、加工承揽的非标准产品等，不属于该法所说的产品。但对于“用于销售”一词，也不能简单地理解为只有通过销售而交付的物品才是产品。只要产品是为了销售而加工制作的，无论是企业为了营销目的而无偿赠送，或者作为福利分发交付消费者，还是以有偿的方式提供他

---

① 参见刘文琦：《产品责任法律制度比较研究》，法律出版社 1997 年版，第 134 页。

人使用,都应当认为属于产品。①

另外,由于建设工程、军工产品在质量监督管理方面的特殊性,它们被排除在我国产品质量法所规制的产品范围之外,另由专门的法律予以调整。但建设工程所用的建筑材料、建筑构配件和设备、军工企业生产的民用产品,适用该法的规定。因该设施、该产品造成损害的赔偿责任,法律、行政法规另有规定的,依照其规定。

(二) 产品质量

产品质量是指产品符合人们需要的内在素质和外观形态的各种特性的综合状态。国际标准化组织(ISO)规定的产品质量的定义是,产品能满足规定的或者潜在需要的特性和特性的总和。"产品质量法"中的"产品质量"则是指由国家的法律与质量标准所确定的或由当事人的合同所约定的有关产品适用、安全、外观等多种特性的综合。所谓总和是指在标准中规定的产品的安全性、适用性、可靠性、维修性、有效性、经济性等质量指标,它反映、代表了产品的质量状况。

二、产品质量法的概念、性质、特点

(一) 产品质量法概念与性质

1. 产品质量法的概念

产品质量法,是指调整因产品生产和销售而产生的产品质量责任关系及对产品质量进行监督管理过程中所产生的产品质量监督管理关系的法律规范的总和。由此可以看出,产品质量法主要调整两大类关系:第一类是生产者、销售者与产品的用户和消费者之间因产品缺陷而产生的产品质量关系。其中一方是产品的生产者、销售者,另一方是产品的用户、消费者。第二类是在国家对企业的产品质量进行监督管理过程中产生的监督、管理与被监督、被管理的关系。其中一方是依照法律规定行使监督管理职权的产品质量监督管理机关,另一方是从事产品生产经营活动的组织和个人。

2. 产品质量法的性质

我国的产品质量法之所以是一部具有中国特色的法律,是由于其立法例不同与其他国家传统的产品责任法,它是一部综合法律。首先,其不仅包括产品责任法的内容,还包括了有关产品质量监督管理的法律制度。其次,违反产品质量法规定的生产和销售行为,经营者将承担一种综合责任。生产者、销售者因产品质量不符合国家法律法规、质量标准以及合同约定的对产品质量的要求,给用户造成损失,应该承担的责任不仅包括民事责任,还包括行政责任和刑事责任。最后,其立法宗

① 段晓娟:《论我国产品责任法的完善》,《财经问题研究》1998年第8期。

旨是加强对产品质量的监督管理，提高产品质量水平，明确产品质量责任，保护消费者的合法权益，维护社会经济秩序。现代社会，科学技术迅猛发展，一方面消费者对产品的依赖程度日渐提高，另一方面，产品缺陷的隐蔽性也日益增强，使消费者缺乏对产品潜在危害的识别能力，消费者的合法权益随时都有可能遭到缺陷产品的侵害，国家通过颁布产品质量法向消费者倾斜，对消费者的权益实行特别保护，体现了国家干预市场的经济法精神。因此，《产品质量法》是经济法的一个重要组成部分。

（二）产品质量法特点

我国产品质量法作为一种规制市场秩序以及保护消费者权益的重要法律规范，其融产品责任法和产品质量管理法于一体，具有如下特点。

（1）产品质量法规的综合性。由于产品质量法调整多种法律关系，其主要有产品质量关系和产品质量监督管理关系，其综合运用民事、行政、刑事等多种法律手段，解决产品质量问题。因此，产品质量法中既有民事法律规范，也有行政法律规范，还有刑事法律规范。根据产品质量问题的性质和严重程度，要求生产经营者承担相应的民事责任、行政责任和刑事责任，以实现对产品质量问题的综合治理。

（2）技术性立法规范占有重要地位。产品质量问题集经济性、社会性和技术性于一体。技术性是产品质量问题的关键，因此，技术性规范在产品质量法中有重要地位。产品质量法一方面有许多技术性规范，另一方面，产品质量法的贯彻实施要以技术性规范为基础。

（3）产品质量法对产品监管的系统化。从产品生产起，经过产品运输、保管、销售等各个环节，都需对产品进行系统的监督和管理，以保证产品质量，因此产品质量法对产品从生产至销售的整个流程都有进行严密、系统的监督和管理。其监管不仅有由国家相关部门进行的，也有由企业自身、社会组织及其消费者等来进行的。通过对产品质量系统化的监督、管理，减少产品质量问题的发生，最大限度地保护消费者的利益。

（4）产品质量法功能的社会化。产品质量法作为经济法的一个重要组成部分，将对社会个体利益的保护和对社会整体利益的保护结合起来，通过明确产品质量责任，保护消费者利益，维护社会经济秩序和社会利益。

三、产品质量法的适用范围、调整对象

（一）产品质量法的适用范围

法的适用范围即调整范围，指法的对人效力、空间效力和对象的范围等。《产品质量法》第 2 条具体规定了适用范围：在中华人民共和国境内从事产品生产、销

售活动,必须遵守本法。本法所称产品是指经过加工、制作,用于销售的产品。建设工程不适用本法规定;但是建筑工程使用的建筑材料、建筑构配件和设备,属于前款规定的产品范围的,适用本法规定。由此看出,产品质量法的适用范围包括如下几方面。

(1) 产品质量法适用的地域范围。根据《产品质量法》的规定,其适用的地域范围是中华人民共和国境内,即我国主权所及的全部领域。凡在我国境内从事产品的生产、销售活动,包括进口产品在我国国内的销售,都必须遵守《产品质量法》的规定。在我国的香港、澳门两个特别行政区,由于依照其特别行政区基本法的规定,只有列入两个基本法附件三的全国法律才能在此两地区适用,而《产品质量法》未被列入这两个基本法的附件三中,因此,《产品质量法》不适用于香港和澳门特别行政区。

(2) 产品质量法的对人范围。产品质量法的主体主要有三方面:生产者和销售者、用户和消费者以及国家质量管理监督机关。产品经营者及消费者或使用者,既可以是具有中国国籍的,也可以是具有外国国籍的或者是无国籍的。只要其在中国境内从事生产、销售活动或者在中国境内购买或使用产品,则其行为将受到产品质量法的规范,而其合法权益也将受到产品质量法的保护。国家质量监督管理机关则必须是依照法律规定享有对产品质量进行监管的职权的或者经有权机关授权而有权对产品质量问题进行监管和处理的相关部门或组织。

(3) 产品质量法的对象范围。根据产品质量法规定,其调整的"产品"的是经过加工、制作,用于销售的产品。首先,产品必须经过加工制作,通过人类劳动使其具有一定价值的物品,从自然界直接获取的各种初级产品不属于该法规定的"产品"。其次,该法规定建设工程不属于该适用范围,但建筑工程使用的建筑材料、建筑构配件和设备,属于"产品范围"。最后,军工产品的质量问题不适用《产品质量法》进行调整,其具体的管理、监督办法,由相关部门另行制定和执行。

(二) 产品质量法的调整对象

法的调整对象是指某个法律所调整的社会关系或者所规范的行为。产品质量法调整对象主要是指其所调整的社会关系或者其所规范的行为。我国的产品质量法是一部综合性法律,其所调整的社会关系十分广泛。如上所述,主要包括两大类:生产者、销售者与消费者、用户之间的产品买卖关系和产品质量监督管理部门对企业的产品质量进行监管过程中所发生的监督、管理与被监督、被管理的关系。此外,还包括生产者、销售者之间及其与其他经营者之间的关系,也包括国家质量监管部门与消费者或者产品使用者之间的关系等。产品质量法通过对各类涉及产品质量问题的社会关系的调整,全面地、正确地处理产品质量问题,以保护消费者的合法权益,维护健康的社会经济秩序。

四、产品质量法的基本原则

产品质量法的基本原则是指由产品质量法所确立或者在产品质量法中集中体现的,适用于所有有关产品质量规范,是所有产品质量法律、法规从其制定到实施全过程都需贯彻的基本准则,是指导产品质量监督管理行为和规范产品生产及交易行为的准绳。作为产品质量法的基本原则,必须具有如下几个特点:(1) 普适性。即产品质量法基本原则能在所有产品质量法律规范中体现,并指导相关规范的制定和实施;(2) 稳定性。即产品质量法律规范有相当部分的内容体现一定时期政府政策方向,所以相关法律、法规经常被修订、改进,但作为基本原则其必须保持高度的稳定性,产品质量规范的制定和修改必须围绕其基本原则展开,不可偏离主旨;(3) 抽象性。即产品质量法基本原则不同于该法的各具体行为规范,其只是为行为人指示基本行为方向和模式,为其行为提供指导方向。

(一) 注重保护消费者合法权益原则

消费者在商品交易中处于天然的弱势地位这一观点已为各国法律所确认。随着消费者运动在世界范围内的发展,各国都将保护消费者的合法权益列为首位的政策法律目标。我国《产品质量法》顺应历史潮流,借鉴外国立法,注重对消费者合法权益的特别保护。这一原则贯穿于《产品质量法》制定和实施的始终,其具体体现在如下几方面:(1) 该法在认定生产者的损害赔偿责任时,实行无过错责任原则,只要发生缺陷产品事故造成损害,生产者须承担相应的赔偿责任,而不问其主观上是否有过错;在追究销售者的产品责任时贯彻过错责任原则,但若其不能指明缺陷产品的生产者或者其他供货者时,则也实行无过错责任原则,要求其承担赔偿责任。(2) 对生产者免责事由或抗辩,由生产者负担举证责任,即实行举证责任倒置原则,加重生产者的举证责任。(3) 受害人对赔偿对象享有选择权,即受害人既可以要求销售者承担赔偿责任,也可以要求生产者承担赔偿责任,减轻其索赔成本。

(二) 保护和促进生产力发展原则

《产品质量法》作为经济法的部门法之一,除了调整当事人有关产品质量争议,更重要的是从社会整体利益出发,平衡消费者与生产经营者之间的利益分配,实现社会利益与个人利益的统一,维持健康、稳定的社会经济秩序。因此《产品质量法》调整倾向并不是任意的,而是由特定时期的生产力水平决定的。《产品质量法》除了注重对消费者利益的特别保护外,更在充分考虑我国现实的生产力水平后,确立了生产者的“开发”风险可以免除赔偿责任,即产品在投入流通时科学技术尚不能发现缺陷的存在的,生产者不承担赔偿责任。这一原则的确立,有助于促进科技进步,鼓励生产者大胆开发新产品,使用新技术、新材料、新工艺,努力将科技转化为现实生产力。

（三）公平竞争原则

公平竞争是市场经济的活力所在，也是市场经济组织之间处理相互关系的基本原则。公平竞争的市场环境也是维持正常、健康、稳定的社会经济秩序所在。因此，《产品质量法》在规范市场交易主体行为时，特别注重公平处理产品质量争议，坚决抵制地方保护主义以及其他一些不正当的竞争行为。其具体表现在如下几方面：(1) 任何单位和个人不得排斥非本地区或者非本系统企业生产的质量合格产品进入本地区、本系统；(2) 禁止任何伪造或冒用认证标志、名优标志等质量标志，禁止伪造、冒用他人厂名、厂址等；(3) 禁止在生产、销售中掺杂、掺假，以假充真、以次充好。

产品质量法的基本原则是产品质量法的核心，也是产品质量立法的精髓，通过将其具体化、条文化，实现产品质量规范的统一性和严肃性。

第二节 产品质量的监督管理

产品质量的监督管理是指由产品质量监督机构、有关组织和消费者，对企业的产品实行质量控制，并对违反产品质量要求和技术标准的经营者进行相关的法律制裁或者行业制裁的一种活动。在许多发达国家，由于其市场体制相当完善，良性的市场竞争和有序的市场秩序可以保障生产者提供高质量的产品，因此其产品责任法只规定产品责任制度，而未涉及产品质量的监督管理。然而，我国正处在经济转型时期，市场机制不健全，不正当竞争行为猖獗及假冒伪劣产品充斥整个市场，单靠市场自身的力量并不能维持良好的市场秩序，需要借助政府监管的力量对产品质量进行控制。因此，我国的产品质量法除了包括产品责任制度外，还包括产品质量的监督管理制度。

一、产品质量的监督管理体系

（一）产品质量监督管理体系的内涵与意义

1. 产品质量监督管理体系的内涵

产品质量监督管理体系是指产品质量监督管理机构的设置及其职权划分制度的统称。从组成部分来看，其不仅包括国家监管，即有资格的产品质量监管机构，还包括社会监管和消费者监管。从监管的范围来看，产品质量的监管不能仅局限于生产、流通环节，还应加强事后即消费使用这个最终环节来监管。近年来的很多产品质量纠纷中，消费者协会和社会舆论都发挥了很大的作用。对假冒伪劣产品的监管不仅要靠产品质量监管部门的查处和控制，还需全社会的积极配合。

2. 建立产品质量监督管理体系的意义

产品质量监管体系的建立，为提高我国产品的总体质量，规范市场竞争秩序，健全市场经济体制发挥十分重要的作用。首先，建立产品质量监管体系，提高社会大众对产品质量问题的关注，发挥其对质量有问题产品进行检举监督的积极性，保障消费者过上有品质、有保证的生活。其次，健全的产品质量监管体系可以使经营者放弃侥幸心理，真正关注产品的质量，提高自身的自律性和主动性，并鼓励企业积极提高产品质量标准，严格符合国家标准并争取赶超国际标准。最后，通过国家产品质量监督管理部门对产品质量问题的严格监管和控制，改善我国产品在国际市场上的形象，提高"中国制造"的市场信誉和品质保证，更有利于我国产品走出国门，参与国际市场的竞争。

（二）产品质量的监督管理体系的基本构架

《产品质量法》第二章规定了对产品质量的监督管理，主要规范的是国家对产品质量的监督管理，但从产品质量法体系看必须加强企业对产品质量的全面监管，包括自检、互检、外检以及先检、后检。此外，还必须重视社会、消费者的监管。因此，我国产品质量的监管体系主要由如下三部分构成。

1. 国家监管体制

《产品质量法》第 8 条规定了我国产品质量监督管理体制。该法条正式确立了我国统一管理与分工管理相结合的产品质量监督管理体制。产品质量监督部门可分为中央和地方两个层次。

第一，在中央，由国务院产品质量监督部门（即国家质检总局）主管全国的产品质量工作；国务院有关部门在各自的职责范围内负责产品质量的监管工作。国务院产品质量监督管理部门的主要职责是制定统一的产品质量监管方针政策，对全国产品质量监督检查工作进行规划和组织，并以抽查为主要方式对产品质量进行监督检查，尤其是对影响国计民生的重要工业产品和用户、消费者、有关组织反映有严重质量问题的产品进行重点抽查。"国务院有关部门"是指国家卫生部、商务部、农业部和国家工商管理局等部门。上述各部门在各自的职责范围内，负责产品质量监管工作。例如，工商行政管理部门的监督职责是：对违反产品质量法规定的行为依法进行查处，给予行政处罚；对消费者反映的产品质量问题进行处理；对未依法实行"三包"或者赔偿损失的经营者，依法进行处理。值得注意的是，国家工商行政管理部门质量监督工作的侧重点和国家质量监督管理部门的工作侧重点有所不同。前者负责监督和处理流通领域内的产品质量问题，而后者则负责监督和处理生产领域内的产品质量问题。两者相互分工，又相互配合，保证在各个环节内对产品质量问题进行严密的监管。

第二，在地方，由县级以上地方产品质量监督部门主管本行政区域内的产品质量监督工作;由县级以上地方人民政府有关部门在各自的职责范围内负责产品质量监督工作。县级以上地方产品质量监督部门是指各省、自治区、直辖市人民政府的产品质量监管部门,以及作为省级人民政府产品质量监督部门直属机构的市、县一级的产品质量监督部门。县级以上地方人民政府有关主管部门是指根据地方人民政府的规定,对本行政区域内的有关产品质量工作负有监管职责的政府主管部门。地方产品质量监督部门及有关主管部门的主要职责是:统一规划和组织对产品质量的监督抽查,发布产品质量监督抽查结果的公告;负责对企业产品体系认证机构和产品质量认证机构的认可;对违反《产品质量法》规定的行为进行调查并可在法定范围内采取必要的强制措施等。

2. 企业自我监管体制

在产品质量监管体系中,企业的自我监管占有十分重要的地位。通过企业的自我监管,促使企业进行自我约束,提高产品质量。企业的自我监管属于企业内部自我管理部分,国家不便通过法律、行政等手段进行干预。因此,《产品质量法》中对企业自我监管体制的规定是指导性的,而不是强制性的。该法第3条规定:生产、销售者应当建立健全内部产品质量管理制度、岗位质量规范、质量责任及相应的考核办法。具体而言,首先,企业应建立内部产品质量管理制度,应当对产品质量从设计、生产到销售各个环节进行全面监管。例如,不得以次充好、以假充真;不得生产、销售国家明令淘汰的产品等。其次,企业应当严格岗位的质量规范。企业应当根据岗位的性质、标准不同制定严格的岗位质量监管规范,根据各个生产、销售岗位的产品质量要求的不同,制定岗位产品质量规范标准。最后,企业应明确质量责任人的产品质量责任及考核办法。企业的负责人应对企业的质量工作负主要责任,同时要明确每个岗位和职工各自的产品质量责任,包括对产品质量监管的具体要求和不履行其职责时,所应承担的责任和责任形式等。

3. 社会监管体制

社会监督体制是指消费者、保护消费者权益的社会组织以及新闻媒介等对产品质量监管的体制。主要包括消费者监督和社会团体监督。

《产品质量法》第10条规定,任何单位和个人有权对产品质量违法行为向产品质量监督部门或者其他有关部门进行检举;产品质量监督部门和其他有关部门应当为检举人保密,并按照省、自治区、直辖市人民政府的规定给予奖励。该法第22条规定,消费者有权就产品质量问题,向产品的生产者、销售者查询;向产品质量监督部门、工商行政管理部门及有关部门申诉,接受申诉的部门应当负责处理。保护消费者权益的社会组织可以就消费者反映的产品质量问题建议有关部门负责处理,支持消费者对因产品质量问题造成的损害向人民法院起诉。由此看出,消费者监督,主要体现在消费者的查询权和申诉权;社会团体监督,主要体现在保护消费者权益的社会组织和其他消费者组织的建议处理权和支持起诉权。

二、产品质量的监督管理的制度

为了保证产品质量，必须从产品生产、流通各个环节督促产品经营者重视产品质量问题，并采取有效措施进行质量监控。为此，我国建立了一系列质量监督管理制度。根据《产品质量法》的规定，产品质量监督管理制度是指国务院产品监督管理部门以及各级地方人民政府产品质量监督管理部门依照法定职权对产品质量进行监督管理的制度。其中，最主要的是产品生产许可制度、产品质量检验制度、产品质量认证制度以及召回制度。

（一）产品生产许可制度

在我国，为保证重要工业产品的质量安全，对主要工业产品实行生产许可证制度。这是一种由国务院工业产品生产许可证主管部门对生产直接关系公共安全、人体健康、生命、财产安全的产品的企业进行实地核查和产品检验，确认其具备持续稳定生产合格产品的能力，并颁发生产许可证证书，允许其生产的一种行政许可制度。我国工业产品的生产许可证制度起源于20世纪80年代，国家相关机关进行了长期的产品许可证制度方面的探索，到本世纪以来，该制度获得了巨大的发展。2001年，国家质量监督检验检疫总局（以下简称国家质检总局）成立并被明确为管理全国工业产品生产许可证工作的机关。2002年3月，国家质检总局发布了《工业产品生产许可证管理办法》。尤其是2005年通过施行的《中华人民共和国工业产品生产许可证管理条例》、国家质检总局发布的《中华人民共和国工业产品生产许可证管理条例实施办法》及随后出台的一系列相关规定，使工业产品生产许可证制度也日趋完善，已形成了由国家质检总局统一管理，省级质量技术监督局负责组织实施，国务院有关行业部门、协会参与，地方质量技术监督局依法监督查处的工业产品生产许可证制度的运行机制。

根据《工业产品生产许可证管理条例》第1条规定，为了保证直接关系公共安全、人体健康、生命财产安全的重要工业产品的质量安全，国家对生产下列重要工业产品的企业实行生产许可证制度：（1）乳制品、肉制品、饮料、调味品（糖、味精）、方便面、饼干、罐头、冷冻食品、速冻面米食品、膨化食品、食用油、酱油、酒类等直接关系人体健康的加工食品；（2）电热毯、压力锅、燃气热水器等可能危及人身、财产安全的产品；（3）税控收款机、防伪验钞仪、卫星电视广播地面接收设备、无线广播电视发射设备等关系金融安全和通信质量安全的产品；（4）安全网、安全帽、建筑扣件等保障劳动安全的产品；（5）电力铁塔、桥梁支座、铁路工业产品、水工金属结构、危险化学品及其包装物、容器等影响生产安全、公共安全的产品；（6）法律、行政法规要求依照本条例的规定实行生产许可证管理的其他产品。

根据《工业产品生产许可证管理条例》及其实施办法的规定，生产企业必须具备保证产品质量安全的基本条件,并按规定程序取得生产许可证,方可从事相关产品的生产活动;任何企业未取得生产许可证,不得生产实行生产许可证制度管理的产品;任何单位和个人不得销售或者在经营活动中使用未取得生产许可证的产品;取得生产许可证的企业,需要每年度向省、自治区、直辖市工业产品生产许可证主管部门提交企业自查报告;县级以上地方工业产品生产许可证主管部门组织定期、不定期的监督检查,要求生产企业保证产品质量稳定合格,不得降低取得生产许可;企业必须在其产品或者包装、说明书上标注生产许可证标志和编号;生产许可证有效期(一般为 5 年,食品加工企业生产许可证的有效期为 3 年)届满,企业继续生产的,应当在生产许可证有效期届满 6 个月前向所在地省、自治区、直辖市工业产品生产许可证主管部门提出换证申请。

(二) 产品质量检验制度

产品质量检验制度,是指按照有关产品质量法律、法规规定的标准,进行产品质量检验,以保证产品质量合格的制度。产品质量检验的标准可以是国家标准、地方标准或行业标准,有特殊要求的产品,应该符合其特殊标准。产品质量检验主要集中于产品出厂前,进行产品质量检验的主体主要包括企业自己和国家确定的有资质的第三方检验主体。

根据《产品质量法》的规定,产品质量应当检验合格。因此,要求生产者在产品出厂前应当对产品进行检验,未经检验合格的产品,不得出厂销售。《产品质量法》规定,产品质量必须符合如下几方面的要求,否则生产者所生产的产品将是不合格产品,其将承担相应的质量责任。(1) 产品不存在危及人身、财产安全的不合理危险,有保障人体健康和人身、财产安全的国家标准、行业标准的,应该符合该标准。(2) 产品应当具备其应具备的使用性能。(3) 产品还需符合在产品或者其包装上标注的产品标准,达到该产品的说明或者样品的质量标准。企业在生产过程中生产不合格产品是普遍情况,但生产者应对其生产产品的质量负责,在产品出厂前进行严格的检验,若产品经检验不合格,达不到质量标准,应当返修或者重做,以防止不合格的劣质产品和假冒产品进入市场流通,危害消费者的人身、财产安全,扰乱市场秩序。

(三) 产品质量认证制度

产品质量认证是指由可以充分信任的第三方验证机构依据特定标准和相应要求,证实某一经鉴定的产品或者服务符合特定标准和要求并通过颁发认证证书和标志,以证明某一产品符合相应标准和要求的活动。根据《产品质量法》的规定,我国的产品质量认证制度包括企业质量体系认证制度和产品质量认证制度。

1. 企业质量体系认证

根据《产品质量法》第 14 条规定,企业质量体系认证是指由国务院产品质量监督部门或者由它授权的部门认可的认证机构,根据企业的申请,依照国际通用的

"质量管理和质量保证"系列标准，对企业的质量体系和质量保证能力进行审核，并对合格者颁发质量体系认证证书的活动。其实质是由权威的第三方对企业的质量保证能力作出评价，为消费者、社会公众提供可信赖的质量信息。我国企业质量体系认证有如下几方面内容。

(1) 认证依据为国际通用的质量管理标准。具体而言，主要是指国家技术监督局颁布的 GB/TI9000—ISO9000 系列国家标准。此标准等同于国际标准化组织 ISO 推荐采用的 ISO9000"质量管理和质量保证"系列国际标准。世界上许多国家和地区等同或等效采用该系列标准，并将其作为购买产品的前提条件，所以产品若要进入国际市场必须达到该标准。

(2) 认证原则为自愿原则。企业可以根据自愿原则，决定是否申请企业质量体系认证。法律赋予企业申请认证的选择权和自主权，任何部门和单位不得违反自愿原则强制企业申请。

(3) 认证机构为国务院产品质量监督部门认可或者国务院产品质量监督部门授权的部门认可的认证机构。主要包括国务院产品质量监督部门直接设立的认证委员会和授权其他行政主管部门设立的行业认证委员会。这些认证机构必须独立于生产者和用户、消费者之外，和任何一方都没有经济利益关系，能够得到消费者和社会公众的信任。

(4) 认证对象是企业的组织系统、生产经营者职权、目标等。因此，获得质量体系认证标志的是企业，而不是产品。

2. 产品质量认证

根据《产品质量法》第 14 条第 2 款的规定，产品质量认证是指由有认证资格的认证机构依照法定的程序，依据具有国际水平的产品标准和技术要求，对申请质量认证的产品进行审查和检验，对符合相应标准和技术要求的产品颁发认证证书和产品质量认证标志的活动。我国《产品质量法》和《产品质量认证管理条例》确定推行产品质量认证制度，其主要内容有。

(1) 认证依据为具有国际先进水平的国家标准、行业标准及其他补充技术要求；对于我国名、特产品依据经过国家技术监督局确认的标准开展认证；对于我国与国外认证机构签订了双边、多边认证合作协议的产品，依据协议中规定的标准开展认证工作。此外，对可能危及人体健康和人身、财产安全的工业产品，必须符合保障人体健康和人身、财产安全的国家标准、行业标准；未制定国家标准、行业标准的，必须符合保障人体健康和人身、财产安全的要求。

(2) 认证原则为自愿原则。企业自行决定是否申请产品质量认证，任何部门和单位不得违反法律规定的自愿原则强制企业申请质量认证。

(3) 认证机构是国务院产品质量监督管理部门认可的或者经国务院产品质量监督管理部门授权的部门认可的机构。我国产品质量认证采用第三方认证制度，该第三方独立于生产方和购买方，以保证消费者对产品质量的认可。中国电子元器件认证委员会是我国建立的第一个认证委员会。此外，我国还先后加入了国际标准化组织的合格委员会、国际电工委员会电子元器件认证组织等产品质量认证的国际组织。标志着我国的产品质量认证已经和国际接轨。

(4) 认证形式分为安全认证和合格认证。前者针对涉及人体健康及生命和财产安全的产品，其认定依据是法律规定强制性标准；后者针对一般产品，其认证依据是法律规定的国家标准和行业标准。

值得注意的是，产品质量认证不同于企业质量体系认证。前者的对象是某种特定的产品，而后者的对象是企业保证产品质量的综合能力。企业获得质量体系认证并不等于获得产品质量认证，但申请产品质量认证时可以免除对企业质量体系认证的检查。

(四) 产品召回制度

产品召回制度，是指产品的生产商、进口商或者经销商在得知其生产、进口或经销的产品存在可能危害消费者健康安全缺陷时，依法向政府部门报告，及时通知消费者，并从市场和消费者手中收回有问题的产品，采取更换、赔偿的积极有效的措施，消除缺陷产品的危害风险的制度。

产品召回制度于20世纪60年代发端于美国，日本、韩国、加拿大和英国等国也实行产品召回制度。产品召回制度针对的是缺陷产品，主要是指企业在产品设计上出现失误或在生产线某环节出现问题，导致大批量危及人身、财产安全的缺陷产品出现，而且已经流入市场。此处的缺陷产品既包括已经发生危险的产品——现实的缺陷，也包括在同一批次、同一类型中还没有发生危险的产品——潜在的缺陷。因此，缺陷产品的召回针对某一品牌、某一批次同期生产的大批量的产品，而非个别产品。该制度打破了传统私法事后救济模式，将事后救济与事先预防相结合，在各个方面都有十分突出的效能。(1) 企业召回缺陷产品既可以避免为数众多的司法诉讼和高额赔偿，也可以使众多消费者避免缺陷产品可能造成的安全隐患。(2) 企业主动召回缺陷产品，可以增强消费者对其产品质量的信赖。(3) 产品召回制度有助于形成生产、销售所需的正常、健康的市场环境，鼓励企业通过改进技术来提高产品质量，树立和增强品牌意识，使企业走上健康、稳定、良性的发展之路。

我国产品召回制度的立法起步比较晚，缺乏完善的制度和配套措施。2002年《上海市消费者权益保护条例》中首先规定产品召回制度。该条例第33条第1款规定：经营者发现其提供的商品或者服务存在严重缺陷，即使正确使用商品或者接受服务仍然可能对消费者人身、财产安全造成危害的，应当立即中止、停止出售该商品或者提供该项服务；商品已出售的，应当采取紧急措施告知消费者，并召回该商品进行修理更换或者销毁，同时应当向有关行政管理部门和行业协会报告。

2004年3月15日，国家质量检验检疫总局、国家发展和改革委员会、商务部和海关总署共同制定的《缺陷汽车产品召回管理规定》正式颁布，该规定是我国以缺陷汽车为试点首次实施的产品召回制度，也标志着我国有关产品质量的法律制度渐趋走向成熟。

缺陷产品召回的程序由生产者或者政府启动，其召回方式包括两种：主动召回和指令召回。这两种召回方式要求生产者承担的责任方式及程度完全不同。在主动召回中，生产者承担的责任主要是对其生产的缺陷产品进行免费的修理、更换、收回等，若通过上述方式仍无法解决产品存在的缺陷，则生产者可以通过退赔的方式来消除缺陷产品给公共安全带来的隐患。在指令召回中，生产者除了要承担主动召回时所应承担的一切责任外，还应承担未履行主动召回义务所应承受的惩罚。

第三节 产品质量义务与产品质量责任

一、产品质量义务

产品质量义务是指生产者或者销售者应当保证其生产或者销售产品的质量，依照法律规定必须做出一定行为或者不得做出一定行为。生产者和销售者作为市场主体，其通过生产和销售产品获得经济效益。在商品交易过程中，由于经营者对产品的性能理解远超过消费者，消费者处于天然的弱势地位。为此，《产品质量法》从保护弱势的消费者群体出发，严格规定了产品的生产者和销售者的义务。

（一）生产者的产品质量义务

1. 生产者应当保证产品质量

生产者应当对其生产的产品质量负责，按照《产品质量法》第26条的规定，生产者生产的产品质量应该符合下列要求：(1) 不存在危及人身、财产安全的不合理的危险，有保障人体健康和人身、财产安全的国家标准、行业标准的，应当符合该标准；(2) 具备产品应当具备的使用性能，但是，对产品存在使用性能的瑕疵作出说明的除外；(3) 符合在产品或者其包装上注明采用的产品标准，符合以产品说明、实物样品等方式表明的质量状况。

2. 产品标识应当符合法律要求

根据国家技术监督局于1997年发布的《产品标识标注规定》的有关规定，产品标识是指用于识别产品及其质量、数量、特性和使用方法所作的各种标识的统称。其通常用文字、图形、符合等方式表示，可以标注在产品上，也可标注在产品包装上。

根据《产品质量法》第 27 条规定，产品或者其包装上的标识必须真实，并符合下列要求：(1) 应有产品质量检验合格证明；(2) 应有中文表明的产品名称、生产厂名和厂址；(3) 根据产品的特点和使用要求，需要表明产品规格、登记、所含主要成分的名称和含量的，用中文相应予以标明；需要事先让消费者知晓的，应当在外包装上标明，或者预先向消费者提供相关资料；(4) 限期使用的产品，应当在显著位置清晰地标明生产日期和安全使用期或者失效日期；(5) 使用不当，容易造成产品本身损坏或者可能危及人身、财产安全的产品，应当有警示标志或者中文警示说明；(6) 裸装的食品和其他根据产品的特点难以附加标识的裸装食品，可以不附加产品标识。

产品标识具有区分不同产品、表明产品出处、标示产品的特征等功能。它给产品的销售者、消费者以信息，使他们更加了解产品的成分、质量、所执行的标准，说明产品的使用方法和保养条件，有利于指导消费者正确、安全消费。

3. 对某些特殊产品的包装应当符合要求

产品包装是指为了在产品运输、储存、销售过程中保护产品，方便运输，促进销售，按照一定技术方法而采用的容器、材料及辅助物并在包装上附加相关标识的总称。《产品质量法》只规定生产者对某些特殊产品的包装应当履行相应的义务。其第 27 条规定，易碎、易燃、易爆、有毒、有腐蚀性、有放射性等危险物品以及储运中不能倒置和其他有特殊要求的产品，其包装质量必须符合相应要求，依照国家有关规定作出警示标志或者中文警示说明，表明储运注意事项。

4. 生产者不得从事法律禁止的行为

该义务是指生产者的不作为义务。若生产者从事法律所禁止的行为，将承当相应的法律责任。《产品质量法》对生产者的不作为义务作了如下规定：(1) 生产者不得生产国家明令淘汰的产品；(2) 生产者不得伪造产品，不得伪造或者冒用他人的厂名、厂址；(3) 生产者不得伪造或者冒用认证标志等质量标志；(4) 生产者生产产品，不得掺杂、掺假，不得以假充真、以次充好，不得以不合格产品冒充合格产品。

(二) 销售者的产品质量义务

1. 建立并执行进货检查验收制度

销售者应当建立并执行检查验收制度，验明产品合格证明和其他标识。检查验收制度是指，销售者根据国家有关规定和同生产者或者其他供货者之间的合同约定，对产品标识、产品感官和产品的内在质量等进行检验的制度。这是《产品质量法》规定销售者必须履行的一项重要义务。若在验收中发现产品的质量不符合法定或者约定的内容，销售者应当提出书面异议，要求生产者或者其他供货方予以解决，若其未提出异议，责任由销售者自负。法律规定该项义务的目的是规制产品的货源，保证销售产品的质量。该制度是减少或杜绝假冒伪劣产品流入市场的重要措施，有利于销售者提高产品意识，加强质量监督和管理。

2. 保持销售产品质量

销售者应当采取措施，保证销售产品的质量。生产者生产的产品通过销售者到达用户、消费者那里，中间有一段时间差。在这期间，很有可能因销售者未采取应有的保质措施而使产品发生瑕疵或者缺陷。因此，法律规定销售者必须履行此项义务。根据《〈中华人民共和国产品质量法〉条文释义》的解释，销售者应当根据产品的特点，采取必要的防晒、防雨、防霉变措施，对某些特殊产品采取控制温度、湿度等措施，保持产品进货时的质量状况。该项义务虽然加重了销售者的注意义务和行为义务，但也是从销售者本身的利益考虑要求其采取相应的措施，减少纠纷，保持销售者良好的经营形象，维护经济秩序，保护“将来”用户和消费者的利益，以实现销售者利益、消费者利益和社会根本利益相统一的目标。

3. 销售产品标识符合法定要求

销售者销售产品的标识应当符合《产品质量法》第 27 条对生产的产品或者其包装上的标识的规定。即在产品标识义务方面销售者履行与生产者同样的义务。但销售者本身必须注意，其必须严格把握产品标识关，向生产者索要合法、齐全的标志和说明，坚决不接受不合格甚至假冒的产品标识。销售者本身不得假冒标识，并必须就产品警示标识履行直接向消费者告知和说明的义务。

4. 不得从事法律禁止的行为

《产品质量法》也列举了销售者不得从事的行为，包括：(1) 销售者不得销售国家明令淘汰并停止销售的产品和失效①、变质②的产品；(2) 销售者不得伪造产地，不得伪造或者冒用他人的厂名、厂址；(3) 销售者不得伪造或者冒用认证标志等质量标志；(4) 销售者销售产品，不得掺杂、掺假，不得以假充真、以次充好，不得以不合格产品冒充合格产品。

二、产品质量责任

(一) 产品质量责任概述

1. 产品质量责任的概念

产品质量责任是指产品的生产者、销售者以及对产品质量负有直接责任的人员违反产品质量义务所应承担的各种形式的法律后果。产品质量责任是中国特有的概念，就产品质量问题所应承担的责任，国际上通用术语是产品责任。在我国，

① 失效指超过产品质量保证期或安全使用期，它可能招致产品变质，但也可能只是产品价值下降。
② 变质是指产品不能再使用，它可由于失效造成，但也可能在产品的质量保证期和安全期内发生。

产品质量责任与产品责任是两个既有联系又有区别的概念。“产品责任”包含在广义的“产品质量责任”概念之中，其仅限于因产品缺陷使受害人招致人身、财产损害而发生的特殊侵权责任。因此，两者是属概念与种概念的关系。但两者在性质、构成要件及归责原则等方面都有明显区别，正确区分产品责任和产品质量责任具有理论和现实的重大意义。具体而言，产品质量责任具有以下法律特征。

(1) 产品质量责任的性质是一种综合责任，其不仅包括民事责任，还包括行政责任、刑事责任。相比较而言，产品责任只是一种民事赔偿责任。

(2) 产品质量责任可发生于产品生产运营过程的生产、运输、保管、使用消费等任一环节中，只要违反产品质量义务的行为发生，无论是否造成实际损害，均应承担产品质量责任。产品责任发生在产品缺陷造成消费者实际损害的消费过程中，产生实际损害后果是其成立的构成条件之一。

(3) 产品质量责任的主体不仅包括生产者、销售者，还包括对产品质量负有直接责任的组织或个人，如生产者、设计者、原材料和零部件的供应者、销售者，还包括承运者、仓储者，以及他们的领导和直接责任人。而产品责任的责任主体仅限于生产者、销售者。

2. 产品质量责任的构成要件

如前所述，产品质量责任是一种综合的法律责任，其构成要件有如下几方面。

(1) 生产经营者生产或销售的产品不符合法定或约定的产品质量要求。例如，生产经营者在生产销售过程中掺杂、掺假，以假充真、以次充好，或者生产经营者违反产品质量的明示、默示担保条件等。

(2) 生产经营者将不合格产品投入流通领域，并销售了此类产品。例如，生产者或者销售者冒用认证标志，并将劣质产品推向市场上，误导消费者。

(3) 生产经营者主观上有过错。产品质量责任采用的是过错责任，“过错”具体包括“故意”和“过失”两种情况，即生产者或者销售者故意或者过失违反产品质量义务，将瑕疵产品或者有缺陷的产品投入流通领域，才须承担产品质量责任。值得注意的是，除因缺陷产品侵权而应承担的产品责任以外，不论生产经营者的行为是否造成实际损害，只要行为人的做出了违反产品质量法规定的产品质量义务的行为，就要承担相应的产品质量责任。

(二) 违反产品质量法的民事责任

违反产品质量法的民事责任是指生产者、销售者违反法定或者约定的产品质量义务，所应承担的民事法律后果。违反产品质量义务的生产者、销售者应当承担的民事责任包括因一般质量问题引发的民事责任，即瑕疵担保责任和因产品缺陷造成的产品质量损害赔偿责任。

1. 产品瑕疵的损害赔偿责任

产品瑕疵主要是指产品不符合《产品质量法》第 26 规定的三项内容，即不具备应有的使用性能；不符合明示采用的产品质量标准，或不符合产品说明、实物样品等方式表明的质量状况。对具有上述情形之一的，销售者即应负瑕疵担保责任。具体责任形式为：负责修理、更换、退货；给购买产品的用户、消费者造成损失的，负有赔偿责任。销售者先行履行"三包"及赔偿责任之后，若责任在于生产者、供货者，销售者有权向他们追偿。但他们之间如订有购销、加工承揽合同且另有约定的，从约定。若销售者未履行上述责任，则由产品质量监督部门或工商行政管理部门责令其改正。

2. 产品缺陷的损害赔偿责任

产品缺陷的损害赔偿责任即产品责任，是指生产者和销售者因其生产或销售的产品有缺陷，造成用户、消费者或第三人人身和财产损害而应承担的民事责任。

(1) 产品责任的构成要件。《产品质量法》第43条规定：因缺陷造成人身、他人财产损害的，受害人可以向产品的生产者要求赔偿，也可以向产品的销售者要求赔偿。具体而言，生产者、销售者承担产品责任必须具备如下几个条件：第一，产品存在缺陷。该缺陷是指产品存在危及人体健康和人身、财产安全的不合理危险；产品不符合保障人体健康和人身、财产安全的国家标准、行业标准。其主要包括设计上的缺陷、制造上的缺陷和警示上的缺陷；第二，发生了损害人体健康和人身、财产安全的损害事实。产品责任的成立不同于产品质量责任的关键区别之一是，其以损害人身、财产安全的事实的发生为前提。只有产品给用户、消费者或者第三人造成了实际损害时，生产者、消费者才需承当相应的损害赔偿责任。否则，"无损害，既无责任"；第三，产品缺陷与损害事实的发生之间有因果关系。即损害事实是由产品缺陷造成的，而不是由于其他原因造成的。若损害事实的发生是由于外力或者受害人本身故意损害造成的，则生产者、销售者不承担产品责任。

(2) 产品责任的归责原则。根据《产品质量法》第41条规定，因产品存在缺陷造成人身、缺陷产品以外的其他财产损害的，生产者应当承担赔偿责任。因此，我国对生产者实行严格责任，即无论生产者有无过错，只要因产品存在缺陷致使他人人身、财产发生损害，生产者就应当承担赔偿责任。而《产品质量法》第42条规定，由于销售者的过错使产品存在缺陷，造成人身、他人财产损害的，销售者应当承担赔偿责任。销售者不能指明缺陷产品的生产者，也不能指明缺陷产品的供货者的，销售者应当承担赔偿责任。因此，一般情况下，我国对销售者实行过错责任原则，即由于销售者的过错使产品存在缺陷，造成损害，其才承担相应的责任。特别情况下，法律对销售者实行无过错原则，即销售者不能指明缺陷产品的生产者或者其他的供货者时，其需承担赔偿责任。

(3) 产品责任的免责事由。产品责任发生后，生产者或者销售者可以通过提出法定的免责事由全部或部分地免除赔偿责任。除了有关民事立法确立了一些民事责任免除的一般条件，《产品质量法》还针对产品责任的特殊性，规定了免除生产者产品责任的条件。该法第41条第2款规定，生产者能够证明有下列情形之一的，不承担赔偿责任：未将产品投入流通的；产品投入流通时，引起损害的缺陷尚不存在的；将产品投入流通时的科学技术水平尚不能发现缺陷的存在的。该法未对销售者的免责条件作出规定，所以销售者的免责条件应按照民事立法的一般规定确定。

(4) 产品责任的承担。此外，我国《产品质量法》规定生产者、销售者对产品责任承担连带责任。即因产品缺陷造成他人人身、财产损害的，受害人可以向产品的生产者或者销售者要求赔偿。之后，根据具体责任的认定，属于生产者的责任，销售者进行了赔偿，则其可以向生产者追偿；若属于销售者的责任，生产者进行了赔偿，则生产者可以向销售者追偿；若属于其他供货者的责任，销售者履行了赔偿责任，则销售者可以向其他供货者追偿。

(5) 产品责任的赔偿范围。产品责任的基本形式是赔偿损害。赔偿的范围大致包括对人身损害的赔偿和财产损害的赔偿。人身损害的赔偿范围包括身体、健康和精神损害的赔偿。财产损害的赔偿范围包括直接损失和间接损失的赔偿。对于是否将精神损害和间接损失列入赔偿的范围，各国的规定有所不同。美国法律规定的赔偿范围最宽，其将精神损害和间接损失均列入了赔偿范围，并且对赔偿总额没有限制。但欧洲、日本等国大都不将精神损害列入赔偿的范围，而且欧盟还规定了最高赔偿限额。我国《产品质量法》就因产品缺陷造成的损害予以赔偿作了如下规定：因产品存在缺陷造成受害人人身伤害的，侵害人应当赔偿医疗费、治疗期间的护理费、因误工减少的收入等费用；造成残疾的，还应支付残疾者生活自助具费、生活补助费、残疾赔偿金以及由其扶养的人所必需的生活费等费用；造成受害人死亡的，应当支付丧葬费、死亡赔偿金以及由死者生前扶养的人所必需的生活费等费用。因产品缺陷造成受害人财产损失的，侵害人还应当恢复原状或折价赔偿；受害人因此遭受其他重大损失的，侵害人应当赔偿损失。此外，最高人民法院《关于确定民事侵权精神损害赔偿责任若干问题的解释(2001年)》明确规定，精神损害的赔偿范围包括对生命权、健康权、身体权、死者人格权等的侵害。由此看出，我国已确立对精神损害赔偿制度，因此对产品侵权也可进行精神损害赔偿。

(6) 产品责任诉讼时效。缺陷产品受害人应当在产品责任的诉讼时效期限内要求产品的生产者或者销售者承担产品责任，世界诸多国家都对产品责任的诉讼时效作了明确规定。我国《产品质量法》第45条第1款规定，因产品存在缺陷造成损害要求赔偿的诉讼时效期间为2年，自当事人知道或者应当知道其权益受到侵害时起计算。该条第2款又规定：因产品存在缺陷造成损害要求赔偿的请求权，在造成损害的产品交付最初消费者满10年丧失；但是，尚未超过明示的安全使用期的除外。这两款规定体现了公平原则，有助于平衡产品的生产者和销售者之间的利益。

3. 民事责任的追究

生产经营者与消费者、用户之间就产品质量方面的权利义务的实现和分配产生纠纷，为此需追究相关当事人的产品质量责任，以解决产品质量问题纠纷。根据《产品质量法》第47条规定：因产品质量发生民事纠纷时，当事人可以通过协商或者调解解决。当事人不愿通过协商、调解解决或者协商、调解不成的，可以根据当事人各方的协议向仲裁机构申请仲裁；当事人各方没有达成仲裁协议或者仲裁协议无效的，可以直接向人民法院起诉。由此看出，解决产品质量纠纷，追究相关当事人的产品责任可以通过如下四种方式。

(1) 协商。协商是指生产经营者与消费者、用户在平等自愿的基础上，就相关争议进行协商，最终达成解决争议的方案。这是产品质量争议发生后最初最常采用的方式。消费者可以直接与生产者或者销售者协商解决，或者委托代理人与生产经营者协商和解。该方式具有简便易行、及时和节约成本等特点。

(2) 调解。根据作为调解者的第三方的性质，调解包括民间调解和行政调解两种。一般而言，调解者可以是质量监督部门、工商行政管理部门、有关行业主管部门以及消费者协会等。调解者作为中间人就有关争议进行协调，促使争议的双方当事人达成协议解决纠纷。值得注意的是，调解者并不是任何一方的代理人，其应依法公平调解，并在调解过程中贯彻如下原则：① 自愿原则，即整个调解过程必须在双方当事人自愿的基础上进行；② 合法原则，即调解过程以及调解协议不得违法，不得损害国家、集体和第三人的合法权益。

(3) 仲裁。仲裁是在产品质量争议发生后，争议双方可以根据其事先订有的仲裁条款(或协议)或争议发生后达成的仲裁协议，将其争议提交仲裁机构进行裁决来解决争议。符合仲裁条件的，不论该争议事先是否经过协商、调解，都可以向仲裁机构申请仲裁。仲裁裁决是终极裁决，具有法律效力，当事人必须自觉履行，不得起诉。

(4) 诉讼。当事人不愿通过协商、调解或者协商、调解不成，又没达成仲裁协议的，可以向人民法院提起诉讼，通过诉讼程序解决争议。由于诉讼由法院代表国家行使审判权，其判决具有国家强制力，因此毫无疑问是解决争议的有力方式。但消费者在选择解决争议途径时应坚持理性，需要权衡争议的解决成本，考虑交易费用。应选择总体上成本较少但纠纷仍能够得到彻底解决的方式。

上述四种方式，当事人可以自由选择。但仲裁和诉讼只能选择一个，即或裁决或诉讼。

(三) 违反产品质量法的行政责任

根据承担责任主体的不同，《产品质量法》的行政责任包括生产者、销售者的行政责任和国家机关及其工作人员的行政责任。

1. 生产者、销售者的行政责任

生产者、销售者产品质量行政责任是指生产者、销售者违反有关产品质量法律、法规,所应承担的行政法律后果。

《产品质量法》对生产者、销售者违反该法的行为规定了行政责任,通常由质量监督部门、工商行政管理部门按照国务院规定的职权范围对生产、销售有缺陷、有瑕疵产品以及违反产品质量标准和违反产品质量监督管理法律、法规的行为予以追究和制裁。具体而言,包括如下情形:生产、销售不符合保障人体健康和人身、财产安全的国家标准、行业标准的产品的;在产品中掺杂、掺假,以假充真、以次充好,或者以不合格产品冒充合格产品的;生产国家明令淘汰的产品的,销售国家明令淘汰并停止销售的产品的;销售失效、变质的产品的;伪造产品产地的,伪造或者冒用他人厂名、厂址的,伪造或者冒用认证标志等质量标志的;产品标识不符合《产品质量法》第 27 条规定的,以及有包装的产品标识不符合《产品质量法》第 27 条第 4、5 项规定的;拒绝接受依法进行产品质量监督检查的;明知属于《产品质量法》禁止生产或销售的产品而为其提供运输、保管、仓储便利条件,或为以假充真的产品提供制假生产技术的;服务业将禁止销售的产品用于经营性服务;隐匿、转移、变卖、毁损被产品质量监督部门和工商行政管理部门查封、扣押的物品。

《产品质量法》规定,对上述违法行为适用的归责原则是过错责任原则,当事人所应承担的行政责任方式有:责令停止生产;责令停止销售、没收违法生产或销售产品;没收违法所得;罚款;责令更正;责令停止整顿;吊销营业执照;取消或撤销检验资格或认证资格。值得注意的是,《产品质量法》第 70 条规定,吊销营业执照的行政处罚由工商行政管理机关决定,其他行政处罚由产品质量监督部门或工商行政管理部门按照国务院规定的职权范围决定。法律、行政法规对行使行政处罚权另有规定的,依照有关规定执行。

当事人对行政处罚不服,可以在接到处罚通知之日起 15 日内向作出处罚决定的机关的上一级机关申请复议;当事人也可在接到处罚通知之日起 15 日内,直接向人民法院起诉。复议机关应当在接到复议申请之日起 60 日内作出复议决定。当事人对复议决定不服的,可以在接到复议决定之日起 15 日内向人民法院起诉。复议机关逾期不作出复议决定的,当事人可以在复议期满之日起 15 日内向人民法院起诉。当事人逾期不申请复议也不向人民法院起诉,又不履行处罚决定的,作出处罚决定的机关可以申请人民法院强制执行。

2. 国家机关及其工作人员的行政责任

此处国家机关及其工作人员的行政责任主要是指产品质量监督部门或其他国家机关及其工作人员违反法律、法规的规定,在行使产品质量监督管理过程中滥用职权或者超越职权实行质量监督管理行为,所应承担的行政性法律责任。

根据《产品质量法》第 65 到第 68 条的规定,国家机关及其工作人员有如下情形之一的，依法给予行政处分：产品质量监督部门或者其他国家机关违反《产品质量法》第25条的规定，向社会推荐生产者的产品或者以监制、监销等方式参与产品经营活动的；产品质量监管部门或者工商行政管理部门的工作人员滥用职权、玩忽职守、徇私舞弊，但未构成犯罪的；产品质量检验机构、认证机构伪造检验结果或者出具虚假证明；各级人民政府工作人员和其他国家机关工作人员包庇、放纵产品生产、销售中的违法行为，帮助违法人员逃避查处，阻挠或干预执法部门依法进行的查处并造成严重后果。这一类责任的主要形式就是行政处分，在此不再赘述。

（四）违反产品质量法的刑事责任

违反产品质量法的刑事责任是指违法产品质量法的单位或个人，由于其行为造成严重后果、构成犯罪所必须承担的刑事法律后果。修订后的《产品质量法》作出了追究违法行为人刑事责任的规定，其目的在于加强对产品生产、销售环节的层层把关，遏制假冒伪劣产品的蔓延，加大保护消费者权益的力度。

根据《产品质量法》的相关规定，以下行为构成犯罪，依法追究刑事责任：生产、销售不符合保障人体健康、财产安全的国家标准行业标准的产品；在产品中掺杂、掺假，以假充真、以次充好，或以不合格产品冒充合格产品；销售变质、失效的产品；产品质量检验机构、认证机构伪造检验结果或出具虚假证明；明知属于《产品质量法》禁止生产或销售的产品而为其提供运输、保管、仓储便利条件，或为以假充真的产品提供制假生产技术的；各级人民政府和其他国家机关工作人员包庇、放纵产品生产、销售中的违法行为，帮助违法行为人逃避查处，阻挠、干预执法部门依法进行的查处造成严重后果；产品质量监督部门和工商行政管理部门的国家工作人员滥用职权、玩忽职守、徇私舞弊；以暴力、威胁方法阻碍产品质量监督部门或工商行政管理部门的工作人员依法执行职务。此外，我国《刑法》中也作出了关于产品质量违法行为应当承担刑事责任的14类规定。2001年最高人民法院审判委员会、最高人民检察院通过了《关于办理、销售伪劣商品刑事案件具体应用法律若干问题的解释》，以依法惩治生产、销售伪劣商品的犯罪活动。

【复习思考题】

1. 结合实际，分析产品质量法的特点。
2. 结合实际，分析产品质量法的基本原则。
3. 简述产品质量的监督管理体系的基本构架与产品质量监督管理的主要制度。
4. 生产者与销售者要承担哪些产品质量义务？
5. 论述违反产品质量法的民事责任。

第十章　国有资产管理法

第一节　国有资产和国有资产管理

一、国有资产的概念、分类及形成

（一）国有资产的概念

国有资产有广义和狭义之分。从广义上理解，国有资产是指以国家名义行使或者国家享有所有权的一切财产。主要包括国家依法取得和认定的财产，或者国家以各种形式对企业投资所取得的收益，或者国家向行政事业单位、军队、国防等单位拨款形成的财产，以及国家通过其他各种渠道如接受赠与等所取得的财产。就广义而言，国有资产既包括经营性财产又包括非经营性财产，与国家财产内涵相同。从狭义上理解，国有资产仅指用于经营性的国家财产，即国家为了一定的政治、经济或社会目的，将其所取得的财产投入到经营性领域进行经营活动的全部财产。这部分国有资产按照投放的部门或领域的不同，有的要求体现营利性目的以保值增值，有的则具有社会公共事业、公益事业或社会保障等目的，并不要求以营利为目的。

从经济法的视角来看，国有资产是国家以"参与"的方式调节国民经济的物质基础和资源保障。[①] 无论是经营性资产，还是非经营性资产，国有资产的合法权益都应受到法律的保护。但经济法所调整的国有资产的范围应体现经济法的本质属性。我们认为，只有被国家用来或者可以用来以"参与"的方式调节国民经济的那部分国有资产才应归入经济法的调整范围中。从这个意义上讲，国有资产的投资运营、保值增值以及政府采购活动等国有资产的任何运用、权益变动等，都要对国民经济起到一定的国家调节作用。所以，对国有资产的概念，既不宜做广义上理解，也不宜做狭义上的理解，而应根据一定国有资产的特定运用来做具体理解。

综上而言，经济法语境下的国有资产是指以国家为所有者代表属于全民所有的、被国家以参与的方式用于或者可以用于调节国民经济的各种形态的资产的

① 漆多俊主编：《经济法学》，高等教育出版社 2007 年版，第 207 页。

总称。

（二）国有资产的分类

从广义上理解，根据国有资产的分布状况及用途特征，可将国有资产分为国家投资开办企业公司的经营性资产，行政事业单位的非经营性资产，土地、矿藏、海洋、水流、森林、草原、滩涂等资源性资产三类。这一分类方式在我国理论界被广泛认可。

所谓经营性国有资产，是指国家投入到各类企业、公司中从事产品生产、流通、经营、服务等活动，一般以营利为目的，产权属于国家所有的资本及其权益。它是国有资产最重要、最活跃的组成部分，也是国有资产管理和保护的重点对象。经营性资产包括国有企业的资产、股份制企业中的国有股份、中外合营合作企业中的国有出资、联营企业中的国有出资、集体企业中的国有资产以及其他企业形态中的国有产权部分，所以经营性国有资产又被称为企业国有资产。经营性资产的营运目的一般是为了营利，但也可用于政策性经营或公益性经营。① 例如，政府设立的水、电、气、公共交通等公用事业性企业或控股公司、政策性银行等对国有资产的运用，并非为了在每一项具体的投资、经营或交易中获利，而是在某种宏观范围内追求一定的经济目的或社会效益。总体上来说，经营性国有资产具有流动性、增值性和投资经营的多样性等特征。

所谓行政事业性国有资产，是指由国家行政事业单位占有、使用的，在法律上被认定为国家所有，能以货币计量的各种资产的总和。包括国家拨给行政事业单位的资产，行政事业单位按照国家法律政策规定运用国有资产所得收益形成的资产，以及接受捐赠或其他法律确认为国家所有的资产。行政事业性国有资产作为非经营性国有资产的主体，它一般具有配置领域的非经营性、使用者的公共性、占有使用的无偿性等特征。

所谓资源性国有资产，是指具有开发利用价值的国家所有的自然资源。它一般具有所有权上的国家垄断性、资源范围的相对稳定性等特征。

从严格的逻辑意义上说，上述三分法并不科学，在逻辑上并不周延。经营性国有资产是从功能上进行划分的，行政事业性国有资产是从特定的占有主体上进行划分的，至于资源性国有资产则是从资产的性质或属性上进行划分的。我们认为，国有资产分为经营性国有资产和非经营性国有资产就已经涵盖了整个国有资产。

但要说明的是，所谓的资源性国有资产，它要么是经营性国有资产，要么是非经营性国有资产，而不能是独立于两者之外的第三类国有资产。但是，资源性国有资产，无论是经营性的，还是非经营性的，都具有一些共同的特点，国家有必要对它们作一些特别的管理规定。换句话说，将国有资产做经营性国有资产、非经营性国

① 漆多俊主编：《经济法学》，武汉大学出版社 2001 年版，第 256 页。

有资产和资源性国有资产这种不合逻辑的划分，完全是出于人们认识国有资产、国家管理国有资产的需要。①

从经济法视角上进行理解，最有意义或价值的分类方式是将国有资产分为经营性国有资产和非经营性国有资产。可以分别对应于国家调节的积极参与和消极参与这两种方式。经济法应重点调整经营性国有资产。经营性国有资产在经济法中占有最主要、也是最重要的地位。

以上是国有资产最基本的法律分类。此外，以资产存在的形态为标准还可将国有资产划分为固定资产、流动资产、无形资产和其他资产。②

（三）国有资产的形成

国有资产主要通过以下方式形成：（1）依法征税和依法收取的各种规费所形成的资产；（2）国家以各种形式投资经营形成的资产。包括国家投入形成的资本及其收益；（3）国家依法或依权力取得和认定的属于国家所有的财产。在我国，主要包括依法没收的官僚资本和敌伪财产；依法宣布为国有的城镇土地、矿藏、海洋、水流、森林、草原等；依法赎买的资本主义工商业；依法征收征用的土地及依法征收的其他财产；依法没收的财产及依法收取的罚金罚款；依法认定和接收的无主财产和无人继承的财产等；（4）国家对行政事业单位等拨入经费形成的资产；（5）国家接受馈赠形成的资产包括公民、团体、企业、公司等赠与国家的财产以及外国友人、团体、政府赠与我国的财产。

二、国有资产管理的目标及其任务

（一）国有资产管理的目标

国有资产管理是指国有资产的所有者即国家，依据法律规定对国有资产所有权的行使、管理权限划分、资产运营状况、收益获取、资产处分等行为所进行的监督、管理和控制的全过程。

国有资产管理的目的一般认为是实现国有资产的保值增值。2003年5月27日国务院发布的《企业国有资产监督管理暂行条例》的规定为这一观点提供了支撑。该条例第1条开宗明义地规定："为建立适应社会主义市场经济需要的国有资产监督管理体制，进一步搞好国有企业，推动国有经济布局和结构的战略性调整，发展和壮大国有经济，实现国有资产保值增值，制定本条例。"经营性国有资产既然采取了企业的形式，企业的经营管理者就应当按照企业的本质去经营。企业的本质属性就是营利性，经营者在经营中应当最大限度地追求利润。因此，将经营者管

① 漆多俊主编：《经济法学》，高等教育出版社2007年版，第209页。
② 谢次昌：《国有资产法》，法律出版社1997年版，第4页。

理国有企业的目标界定为“保值增值”是比较准确的。但是,国家对经营性国有资产的管理和国有企业自身的管理是不同的。将国家管理经营性国有资产的目的设定为“保值增值”,并没有抓住国家对经营性国有资产管理的本质。由于这种观点在我国理论和实务界都占主导地位,导致我国经营性国有资产监督管理上存在诸多的误区。①

要准确把握国有资产管理的目的,就得考察国有资产的性质和使命,从国家设定经营性国有资产的目的说起。国家设定经营性国有资产,主要是国家投资开办国有企业。“统观历来各国开办国有企业或其他国有经济形式的目的和用意,不外以下三个方面:(1) 财政性目的,即扩大财源以满足国家机关活动经费和供统治者挥霍的需要;(2) 政治性(及军事性)目的,即为了维护和巩固国家政权,抵御外敌入侵或对外侵略,而由国家控制某些经济要害部门;(3) 经济性(经济调节性)目的,即通过国家直接投资经营,调节社会经济结构和运行,促进社会经济协调、稳定和发展。”②“20 世纪以来出现的国有企业(现代国有企业),其大量开办主要在于经济性目的,即通过国家直接投资于某些行业和产品的生产经营,直接调节国民经济的结构和运行,同时通过对国有资产的控制和运营,增强国家调节社会经济的物质力量。执行国家经济政策,保障国家调节经济,是现代国有企业所担负的主要使命。”③既然国家设定经营性国有资产的主要目的是经济调节性的,保值增值就不应当是经营性国有资产监督管理的主要目的。为了经济调节的需要,有时明知投资会亏损,也要投入国有资产;而有时国有资产在经营中能够很好地保值增值时,国有资产也可能要退出。

那么,国家对国有资产进行管理的目标究竟应当如何界定呢?这要追溯到国家是以什么身份来管理国有资产这一本源问题。国有具有公共管理者和所有者双重身份,这两种身份都有权对经营性国有资产进行管理。作为公共管理者,它对一切资产(无论公有私有)进行平等的保护和管理,这不是本章所要讨论的国有资产管理。本章只讨论国家作为所有者如何管理国有资产。如此一来,问题就变得简单,作为所有者,其对自有财产的管理,无非是两个方面,一是保护自己的财产不受侵犯;二是使财产按照自己的意图使用和处分,最大限度地满足自身的需要。具体到国家对经营性国有资产的管理来说,其管理目标就是:(1) 保护国有资产,防止国有资产的流失;(2) 保障国家对国有资产的支配权,实现国家的经济调节目标。④

---

① 漆多俊主编:《经济法学》,高等教育出版社 2007 年版,第 214 页。

② 漆多俊:《转变中的法律:以经济法为中心视角》,法律出版社 2007 年版,第 269 页。漆多俊:《对国有企业几个基本问题的再认识》,《经济学家》1996 年第 2 期。

③ 同上。

④ 漆多俊主编:《经济法学》,高等教育出版社 2007 年版,第 215 页。

2008年10月28日通过的《中华人民共和国企业国有资产法》第1条的规定已经有了明确的转变。该条规定："为了维护国家基本经济制度，巩固和发展国有经济，保障国有资产权益，发挥国有经济在国民经济中的主导作用，促进社会主义市场经济发展，制定本法。"

综上所述，我们可以认为，国有资产的保值增值是基础目标，保障国家经济调节职能的实现是最高目标或终极目标。

（二）国有资产管理的任务

国有资产管理的主要任务包括：（1）保障国有资产国家调节职能的顺利实现；（2）确保国有资产的国家所有权不被侵犯；（3）优化国有资产结构；（4）保障国有资产的良性循环和不断增值；（5）正确处理国家所有权人与企业、事业单位使用权人之间的关系，维护国有资产使用单位的合法权益。

第二节　国有资产管理法概述

一、国有资产管理法的概念与特征

（一）国有资产管理法的概念

国有资产管理法是调整国有资产管理关系的法律规范的总称。国有资产管理关系是指国家通过对国有资产行使占有、使用、收益、处分等基础性行为来配置和分配国有资产调节国民经济的运行的过程中所引发的社会关系。它是理顺国有资产产权关系、界定国有资产产权的依据，是国家投资经营法的基础组成部分。我国国有资产管理立法内容大致包括两个方面：一为基础性管理立法，二为分类性管理立法，但两者并非并列关系，前者是对管理工作按管理环节和管理内容进行相应立法，后者则是对国有资产分类管理进行立法。前者内容大致包括国有资产清产核资制度、产权界定制度、产权登记制度、产权交易制度、资产评估制度、统计制度、流失查处制度等；后者从广义上理解主要包括经营性国有资产管理制度、行政事业单位国有资产管理制度和资源性国有资产管理制度等；①从狭义上理解仅包括经营性国有资产管理制度。本章内容仅涉及讨论狭义上的国有资产管理法。

所以说，国有资产管理法是财产法与管理法相结合并以国有资产所有权与经营权相分离为中心内容的法律制度。

目前我国尚无一部统一的国有资产管理法。全国人大常委会和国务院都高度

① 漆多俊主编：《经济法学》，武汉大学出版社2001年版，第257页。

重视国有资产法的制定工作。1993 年第八届全国人大常委会将制定国有资产法列入本届立法规划，由全国人大财经委员会组织起草。第九届全国人大常委会将继续制定国有资产法列入立法规划。第十届全国人大常委会将国有资产法列入五年立法规划和 2007 年立法计划。2007 年第十届全国人大财经委员会在第八届、第九届全国人大财经委员会为制定国有资产法所做大量工作的基础上，经反复论证，形成了《中华人民共和国国有资产法(草案)》，并经全国人大财政经济委员会第 94 次全体会议审议通过。2007 年 12 月第十届全国人大常委会第 31 次会议对国有资产法(草案)进行了第一次审议。会后，法制工作委员会于 2008 年 6 月 5 日召开会议对草案进行了逐条审议，并于 6 月 18 日再次进行了审议。通过审议，法律委员会于 6 月 24 日提出了关于《中华人民共和国国有资产法(草案)》修改情况的汇报，建议对本法的名称再作研究，法律委员会同财政经济委员会和国务院法制办、国资委研究认为，将本法名称定为“企业国有资产法”更为恰当。该建议得到全国人大常委会采纳。2008 年 6 月第十一届全国人大常委会第 3 次会议对企业国有资产法(草案二次审议稿)进行了第 3 次审议。2008 年 10 月 24 日第十一届全国人大常委会第 5 次会议对企业国有资产法(草案三次审议稿)进行了第 3 次审议。10 月 25 日法律委员会又进行了修改，10 月 28 日第十一届全国人大常委会第 5 次会议通过了《中华人民共和国企业国有资产法》。

我国是否应当制定一部统一的国有资产法，在《中华人民共和国国有资产法(草案)》的起草、审议，直到将名称变更为《中华人民共和国企业国有资产法》后的审议过程中，一直充满了争议。对经营性国有资产、行政事业性国有资产和资源性国有资产是否应纳入国有资产法的调整范围，有不同意见。

主流意见认为，一是从可行性上看，上述三类国有资产在功能和监管方式等方面有较大的不同：企业国有资产作为投资性资产，要求通过经营活动取得投资回报、实现保值增值，需要有出资人代表行使出资人权利、维护出资人利益。行政事业性国有资产作为非投资性资产，由国家机关和事业单位占有使用，主要是要求占有使用单位按照国家有关规定节约和合理使用，避免损失和浪费。资源性国有资产即国家所有的自然资源，作为国家所有的不动产，应直接适用《物权法》关于不动产物权的规定以及有关自然资源保护和合理开发利用的法律规定；如果国家以土地使用权或者探矿权、采矿权、海域使用权等自然资源的使用权作价出资的，因该项出资而形成的经营性国有资产，应适用企业国有资产的有关规定。如果将上述三类在表现形态、实现功能和监管方式等方面有很大差异的国有资产都纳入一部“大而全”的法律全面调整，立法难度太大，可行性很小。

二是从立法紧迫性上看，目前对行政性国有资产的管理，已有国务院及国务院财政、机关事务管理等部门制定的相关行政法规、规章和有关规范性文件加以规范；有关国家自然资源的权属及其保护和开发利用等，除《物权法》外，已有《土地管理法》、《矿产资源法》、《森林法》、《水法》、《海域使用管理法》等相关法律调整；而企业国有资产在国有资产中占有很大的比重，具有特殊的地位和作用，实践中迫切需要专门立法的问题突出。

国家对金融类企业的出资所形成的权益，也属于企业国有资产的一部分，应当纳入企业国有资产法统一规范。但考虑到对金融类资产监管的一些特殊问题，并且国家已分别制定了《人民银行法》、《银行业监督管理法》、《商业银行法》、《证券法》、《保险法》等有关金融方面的法律法规，为了与这些法律法规相协调，所以对金融企业国有资产的管理与监督，应优先适用上述法律法规的规定。

（二）国有资产管理法的特征

国有资产管理法具有以下法律特征：

(1) 国有资产管理法是一种财产法与管理法相结合的法律制度。国有资产的一项重要内容是确认国有资产的权属，明确国有资产所有权的主体并通过立法明确该所有权的主体。从这个角度讲国有资产法是财产法，属财产法的范畴；同时，国有资产管理法的另一个重要内容是对国有资产的控制、配置、监督与管理，其大量实体内容是以管理和配置为中心展开的。从这个角度讲，它又是管理法。

(2) 国有资产管理法是以国有资产所有权的实施为基础以国家调节权的运用为中心内容的法律制度。国有资产管理法律关系的基本权利主体是作为所有者的国家，而法人和自然人作为国有资产管理法律关系的当事人出现时，则是被管理和被调节主体，而其内容则以国家所有权的实施为基础，以国家调节权的运用为中心。

(3) 国有资产管理法由众多单行法律规范组成。国有资产管理法的渊源除了上述《企业国有资产法》、金融类国有资产管理法律和自然资源类国有资产管理法律外，还包括大量的国务院制定和颁布的规范国有资产管理的行政法规，如《企业国有资产产权登记管理办法》、《国有资产评估管理办法》等。同时还有财政部和其他有关主管部门颁布的规章及其他规范性文件。

二、国有资产管理法的基本原则

（一）国家统一所有，政府分级代表原则

国家统一所有是指国家是国有资产的唯一所有者，其他任何单位、社会组织和个人都不是国有资产的所有权主体。政府分级代表是指由县级以上各级人民政府，依法或依照国务院的授权，对其管辖的国有资产具体行使所有权的管理职能。《中华人民共和国企业国有资产法》第 3 条规定，国有资产属于国家所有即全民所有。国务院代表国家行使国有资产所有权。第 4 条规定，国务院和地方人民政府依照法律、行政法规的规定，分别代表国家对国家出资企业履行出资人职责，享有出资人权益。国务院确定的关系国家经济命脉和国家安全的大型国家出资企业，重要基础设施和重要自然资源等领域的国家出资企业，由国务院代表国家履行出资人职责。其他的国家出资企业，由地方人民政府代表国家履行出资人职责。

国有资产作为公有资产的重要组成部分，其所有权必须掌握在国家手中。只有这样，国家才能真正控制国民经济的命脉，才能体现其全民的性质，才能发挥其在国民经济中的主导作用。但是，我国是一个地域辽阔、资源众多、分布极广的国家，国务院不可能对国有资产都进行直接管理，它除了对一部分中央管辖的国有资产进行管理外，还可授权地方政府对其管辖的国有资产进行管理，以充分调动地方各级人民政府的积极性。国家统一所有、分级代表的原则，集中表现在国务院与地方人民政府对国有资产享有的权利不同。国务院享有对国有资产管理的立法权、资产划拨权、财产处置的决定权、收益权和监督权；地方各级人民政府对其直接管辖的国有资产行使占有权、使用权、收益权和处分权。

（二）国家的社会经济管理职能与国有资产出资人职能分开的原则

国家的社会经济管理职能与国有资产出资人职能分开是指国家以社会管理者的身份行使的职能与国家以财产出资人的身份行使的职能相分离。国家的这两种职能分开，主要是因为这两种职能产生的依据、性质和行使的原则、方式不同。国家的社会经济管理职能依据的是政治权力，而国家作为国有资产出资人的职能依据的则是财产权利。国家的社会经济管理职能包括国民经济的宏观调控和管理的职能、监督各类市场主体依法从事经营活动维护正常的市场秩序的职能；提供社会保障促进公平分配和保护环境的职能等。国有资产出资人职能是政府作为国家出资企业的出资人代表，从国有资本管理与营运的角度对其资产进行监管，以行使出资人的权利。坚持这两种职能分开的原则，不仅有利于克服计划经济体制下长期形成的政企不分造成的各种弊端，有利于政府找准自己的角色定位，把职能真正转变到经济调节、市场监管、社会管理和公共服务上来；同时也有利于政府履行好国有资产出资人的代表职责，确保国有资产出资人代表到位，保障国有资产安全，对国有资产的保值增值承担起责任。《中华人民共和国企业国有资产法》第 6 条规定，国务院和地方人民政府应当按照政企分开、社会公共管理职能与国有资产出资人职能分开的原则，依法履行出资人职责。

（三）国有资产的所有权与经营权相分离的原则

国有资产的所有权与经营权相分离是指在保持国有资产所有权不变的前提下，国有资产占有者、使用者对国家授予其经营管理的财产依法享有经营权。经营权是从所有权中派生出来的一种独立的财产权。所有权与经营权分离的原则产生于我国的经济体制改革时期，并在改革中得到了发展和完善，《全民所有制工业企业法》对此作了明确的规定。该法第 2 条规定：“全民所有制工业企业是依法自主经营、自负盈亏、独立核算的社会主义商品生产的经营单位。企业的财产属于全民所有,国家依照所有权和经营权分离的原则授予企业经营管理。企业对国家授予其经营管理的财产享有占有、使用和依法处分的权利。企业依法取得法人资格,以国家授予其经营管理的财产承担民事责任。企业根据政府主管部门的决定,可以采取承包、租赁等经营责任形式。”

需要指出的是,国家对不同组织形式的企业出资所形成的权益,有不同的表现形式。国家对企业的出资,作为出资人对其所出资的企业享有资产收益、参与企业重大决策和选择管理者等权利。一旦完成出资,国家不再对该出资财产享有直接的所有权。由全体出资人出资而形成的企业的动产和不动产、固定资产和流动资金等则由企业依据企业法、公司法等法律法规和企业章程享有占有、使用、收益和处分的权利。当然,国家要认真履行出资人的职责,确保国有资产的合法权益不受侵犯并努力追求国有资产的保值增值。而不是国家作为出资财产的直接所有者代替企业行使其出资财产的所有权。《中华人民共和国企业国有资产法》第 6 条规定,国务院和地方人民政府应当按照不干预企业依法自主经营的原则,依法履行出资人职责。

第三节 国有资产管理体制及其完善

一、我国国有资产管理体制的历史变迁

国有资产管理体制是关于国有资产管理的机构设置、职权划分以及国有资产管理的政策目标及其实现方式与方法等有关制度的总称。

新中国成立以来,我国的国有资产管理体制随着计划经济向市场经济改革的转变,也经历着变革与发展。[①] 从 1949 年新中国成立到 2003 年现行国有资产管理体制建立之前,主要经历了四次大的变革。

(一) 1949 年到 1978 年高度集中的计划管理体制阶段

1949 年到 1978 年,我国的国有资产管理体制是按照计划经济理论建立起来的,其特点是实行高度集中的计划管理,国有资产的占有使用、生产要素的配置和产品的分配基本上都靠国家计划,国家通过各经济部门统一组织国有企业的经济活动,财务上统一收支,投资采取无偿办法,由国家统一安排。这种管理体制对我国国民经济的前期发展曾起过积极作用,但随着经济的发展其弊端日渐明显:国家在行使财产所有权对国有资产进行管理的同时,直接操纵着国有资产的经营,政

① 漆多俊主编:《经济法学》,武汉大学出版社 2001 年版,第 259 页。

府行政权与所有权不分，所有权与经营权不分，造成企业产权虚置。经济效益低下，加之按计划配置资源及按产品分类设置部门管理国有资产，导致条块分割，重复建设，资产存量凝固闲置，利用率不高，企业也不能真正担当起资产保值增值责任，国有资产流失严重。

（二）1978 年至 1992 年由计划经济体制向市场经济体制转轨阶段的过渡

1978 年至 1992 年是国有资产管理体制由计划经济向市场经济转轨阶段的过渡。回顾这一阶段经济体制改革，基本上按照以下线索展开：一是政府逐步退出；二是国有企业市场主体人格逐渐形成；三是适应市场经济体制的国有资产管理模式逐渐形成。1983 年，国家对国有企业实行"利改税"；1988 年七届全国人大一次会议通过的《全民所有制工业企业法》，明确国有企业对国家授予其经营管理的财产享有占有、使用和依法处分的权利，并开始在国有企业中推行承包经营和租赁经营；1988 年 1 月，国务院决定建立国家国有资产管理局，这一方案在第七届全国人大一次会议上获得通过。同年 10 月国有资产管理局（简称国资局）挂牌成立，逐步确立了国家统一所有、政府分级监管的国有资产管理体制。

国有资产管理局由财政部归口管理，主要体现在受部长、部务会议的领导。国有资产管理局在国务院批准的职责范围进行业务活动，并定期向财政部长、部务会议报告工作。国有资产管理局是专司国有资产管理的职能机构，主要任务是对中华人民共和国境内外的国有资产进行综合管理。其职责有：（1）会同有关部门制定国有资产管理的政策、法律、法规及规章制度，经批准后组织实施，检查、监督执行情况，对违法事件进行行政处罚；（2）负责国有资产的清产核资、产权界定、处理产权纠纷、进行产权登记、资产汇总报表等基础性管理工作，建立、健全国有资产管理信息系统，培育和发展国有资产产权交易市场并进行监督管理；（3）会同有关部门按照分级监督的体制决定或批准企业国有资产的经营形式和国有企业的设立、合并、分立、终止、拍卖、审批产权变动和财产处理等重大问题，组织清算和收缴被撤销、被解散企业的国有资产，会同有关部门管理在境外的国有资产；（4）对国家投资的分配和国有资产重大投入项目提出意见和建议，并对投资效益进行重点跟踪监测；（5）参与研究国有企业税后利润和国家股权收益的分配方案，并监缴国有资产产权收益；（6）会同有关部门制订考核国有资产保值增值的指标体系，监督、考核和评价企业国有资产的资产负债、经营损益等财务状况，选派本局代表参加有关监事会、董事会等企业产权管理机构；（7）会同有关部门研究制订国有资源性资产管理和行政事业单位的国有资产管理的制度和方法，参与处理重大产权纠纷；（8）对国有资产评估机构进行资格审查，颁发评估资格证书并对其进行管理和监督，决定重要评估项目的立项并负责确认评估结果；（9）指导和监督各专业经济管理部门和地方国有资产管理机构的工作，推动国有资产管理体制的改革试点；（10）制定国有资产管理人员的教育培训规则，组织指导规划的实施；

(11) 承办国务院和财政部交办的其他事项。

为了保证国家有关国有资产管理的政策、法令、条例的贯彻执行,地方各级人民政府也先后成立了国有资产管理机构。地方国有资产管理机构的设置和中央国有资产管理机构的设置大体相同,多数是财政厅、局管理的二级局。

(三) 1992 年至 2002 年社会主义市场经济体制初步建立阶段

1992 年至 2002 年,是我国社会主义市场经济建立发展阶段。历届党的中央全会关于国有资产管理体制的原则性表述表明适合于市场经济体制的国有资产模式正在发展和完善。党的十四届三中全会作出的《中共中央关于建立社会主义市场经济体制若干问题的决定》指出:"对国有资产实行国家统一所有、政府分级监管、企业自主经营的体制","按照政府的社会经济管理职能和国有资产所有者职能分开的原则,积极探索国有资产管理和经营的合理形式和途径。"十四届三中全会还明确提出了"出资者所有权与企业法人财产权分离"的原则,并把建立现代企业制度作为企业改革的方向,其目的是把企业真正变为自主经营、自负盈亏、自我约束、自我发展的法人实体和市场竞争主体。党的十四届五中全会提出"把专业经济管理部门逐步改组为不具有政府职能的经济实体或改为国家授权经营国有资产的单位和自律性行业管理组织"。党的十四届五中全会还指出:"搞好配套改革,重点是建立权责明确的国有资产管理、监管和营运体系。"这是对党的十四届三中全会提出的"国家统一所有,政府分级监管,企业自主经营"管理体制的补充和发展。

1998 年,国务院根据精简机构的现实需要,在机构改革调整中撤销了国有资产管理局,于 1998 年 7 月成立中央企业工委,专门负责对国有大型企业负责人的任免,即"管人";而"管资产"和"管事"这两大权力则分别交由财政部和国家经济贸易委员会等部门掌管。

2000 年 10 月党的十五届五中全会《关于制定国民经济和社会发展第十个五年计划的建议》提出:"国有企业改革是经济体制改革的中心环节。国有大中型企业要进一步深化改革,建立产权清晰、权责明确、政企分开、管理科学的现代企业制度,健全企业法人治理结构,成为市场竞争的主体。积极探索国有资产管理的有效形式,建立规范的监督机制。鼓励国有大中型企业通过规范上市、中外合资和相互参股等形式,实行股份制。"从表述中可以看出,我国国有资产管理模式应当积极适应市场经济体制的发展与完善的要求。

二、我国现行国有资产管理体制及其进一步完善

(一) 依据党的十六大方针建立起来的国有资产管理新体制

2002 年 11 月 8 日召开的党的十六大,在报告中明确提出,继续调整国有经济的布局和结构,改革国有资产管理体制是深化经济体制改革的重大任务。在坚持

国家所有的前提下，充分发挥中央和地方的积极性。国家要制定法律法规，建立中央政府和地方政府分别代表国家履行出资人职责，享有所有者的权益，权利、义务和责任相统一，管资产和管人、管事相结合的国有资产管理体制。关系国家经济命脉和国家安全的大型国有企业、基础设施和重要自然资源等，由中央政府代表国家履行出资人职责。其他国有资产由地方政府代表国家履行出资人职责。中央政府和省、市(地)两级地方政府设立国有资产管理机构。继续探索有效的国有资产经营体制和方式。各级政府要严格执行国有资产管理法律法规，坚持政企分开，实行所有权和经营权分离，使企业自主经营、自负盈亏，实现国有资产保值增值。

根据党的十六大和十六届二中全会精神，国务院和省、市(地)新设国有资产监督管理委员会，专司国有资产管理。2003 年 4 月 6 日，根据十届全国人大一次会议关于国务院机构改革方案，将国家经贸委的指导国有企业改革和管理的职能、中央企业工委管人的职能以及财政部有关国有资产管理的部分职能整合起来，于是国有资产管理委员会(简称国资委)这一国务院直属的正部级特设机构挂牌成立。根据国务院机构改革方案，按照权利、义务和责任相统一，管资产和管人、管事相结合的原则，国资委的主要职责是：根据授权，依照《公司法》等法律和行政法规履行出资人职责，指导推进国有企业改革和重组；代表国家向部分大型企业派出监事；通过法定程序对企业负责人进行任免、考核并根据其经营业绩进行奖惩；通过统计、稽核对所管国有资产的保值增值情况进行监督；拟定国有资产管理的法律、行政法规和制定规章制度，依法对地方国有资产管理进行指导和监督；承担国务院交办的其他事项。

新设立的国有资产监督管理委员会强调国有资产监督管理机构一方面要切实履行出资人职责，维护所有者权益，另一方面要支持企业依法自主经营，不干预企业的生产经营活动。与过去的国资局相比，新组建的国资委的不同点表现在以下几个方面：首先，国资委的监管范围不同，过去的国资局要监管众多的进行股份制改造的国有企业，不仅面广，而且量大。现在的国资委是在国有经济进行战略性调整的大背景下成立的，国资委所要监管的主要是国有大型企业中的国有资产。不仅如此，为了提高国有资产的监管效率以及调动地方政府的积极性，实行国有资产的分级管理。即中央与地方分别代表国家行使国有企业的所有者职能，国资委负责监管中央所属企业的国有资产，地方政府的国有资产管理机构负责监管地方所属企业的国有资产。由于监管范围的显著缩小，国资委就有能力代表国家履行出资人的角色。其次，国资委的权威性不同，新成立的国资委是国务院直属正部级特设机构，其对国有资产监管的权威性明显增强。党的十六大明确指出，新成立的国资委既要管财，又要管事与管人，为此将国家经贸委的指导国有企业改革和管理的职能、中央企业工委管人的职能以及财政部有关国有资产管理的部分职能全部合并到国资委。最后，国资委的营运模式不同。新成立的国资委由于能充分地履行出资人职责，并且监管的国有企业数量有限，因此，它不必建立链条很长的委托代理关系，而可以直接根据国家的授权，依据《公司法》等法律和行政法规履行出资人职责。通过政资分开达到政企分开的目的，进而通过所有权与经营权的分离把国有企业改造成自主经营、自负盈亏的市场竞争主体，实现国有资产的保值与增值。

2003年5月27日国务院发布的《企业国有资产监督管理暂行条例》对上述国有资产管理体制予以了确认。该条例第4条明确规定："企业国有资产属于国家所有。国家实行由国务院和地方人民政府分别代表国家履行出资人职责，享有所有者权益，权利、义务和责任相统一，管资产和管人、管事相结合的国有资产管理体制。"

（二）进一步完善国有资产管理体制

我国2003年建立起来的国有资产管理新体制经过几年的实践，取得了明显的成效。党的十七大提出要"完善各类国有资产管理体制和制度"。2008年10月28日通过的《中华人民共和国企业国有资产法》第8条规定，国家建立健全与社会主义市场经济发展要求相适应的国有资产管理与监督体制。这对进一步完善我国国有资产管理体制提出了新要求。建立健全与社会主义市场经济发展要求相适应的国有资产管理与监督体制是进一步深化改革的必然要求，它表明我国国有资产管理体制的不断改革与完善仍然是今后我国经济体制改革中的一项长期、重要而艰巨的任务，需要在实践中不断探索。

第四节 国有资产基础管理法律制度

国有资产基础管理工作，主要包括清产核资、产权界定、产权登记、产权交易、资产评估监管、国有资产流失查处等内容。国有资产基础管理工作是国家掌握国有资产总量、结构、变动和收益等基本情况的重要途径。为保证其准确性、全面性和权威性，应当建立全国统一的国有资产基础管理法律制度。《中华人民共和国企业国有资产法》第9条规定，国家建立健全国有资产基础管理制度。具体办法按照国务院的规定制定。

一、国有资产清产核资制度

国有资产清产核资，是指依法在法定范围内对国有资产进行清查、界定、估价、核实、核销、核定、登记以明晰产权大小诸活动的总和。这是摸清国有资产"家底"的基础性工作，为国家宏观决策的投资经营提供依据。

我国目前关于清产核资方面的主要规定有：《关于清产核资中全民所有制企

业资产清查登记工作方案》、《清产核资总体方案(试行)》、《关于清产核资中全民所有制企业、单位对外投资的清理和界定的暂行规定》以及《清产核资中土地估价的实施细则》等。

清产核资的范围包话：各地区、部门所属的各类国有企业和实行企业管理的事业单位，以及各级国有企业、单位以国有资产为主体投资举办并拥有实际控制权的国内联营、合资等企业和单位；各类国有金融企业，含银行机构和各级政府、各业务部门及企业所开办的信托公司、投资担保公司、财务公司、租赁公司、评估公司等；各地区、各部门和各级国有企业、单位投资举办的境外企业和开设的各类境外机构；各地区、部门的各行政、事业单位投资创办的具有法人资格的各种经济实体。

清产核资的主要内容是：清查资产，摸清“家底”；界定资产所有权，明确国有资产界限；进行资产价值重估，解决价值不实问题；对企业占用的国有土地进行清查估价入账；核实各种国有资金占用量，进行国有资产产权登记；建立健全必要制度，切实加强国有资产管理。

二、国有资产产权界定制度

国有资产产权界定，是指国家依法划分财产所有权和经营权、使用权等产权归属，明确各类产权主体行使权利的财产范围及管理权限的一种法律行为。产权界定是依法确定国有资产的产权边界，明确产权归属的行为。

目前，我国规范产权界定的基本法律规范有：《国有资产产权界定和产权纠纷处理暂行办法》、《集体企业国有资产产权界定暂行办法》和《集体科技企业产权界定若干问题暂行规定》等。

(一) 国有资产产权界定的范围

国有资产产权界定包括国有企业中的国有资产界定、集体所有制企业中的国有资产界定、中外合资经营企业和中外合作经营企业中的国有资产界定，以及股份制企业和联营企业中的国有资产界定四类。

(二) 国有资产产权界定的原则

(1) 国家所有、分级管理的原则。国有资产属于国家所有，即国家是国有资产所有权的唯一主体，任何人不得侵犯国家对国有资产的所有权。但是，在管理上又必须实行分级进行。分级管理即是按中央和地方人民政府来分级管理。这一原则要求既要做好国有资产所有权的确认工作，又要做好其派生权利的分配确认工作。

(2) “谁投资、谁拥有产权”的原则。国有资产产权界定既要维护国有资产所有者及经营使用者的合法权益，又不得侵犯其他财产所有者的合法权益，由国家投资的，其资产为国家所有；由集体或个人投资的，其资产归该集体或该个人所有。享有经营权的主体利用国有资产投资形成的资产，仍归其继续经营使用。

（三）产权界定的组织实施

国有资产产权界定工作，应按照资产的现行分级管理关系，由各级国有资产管理部门会同有关部门进行。经常性的产权界定工作由国有资产管理部门负责，省级以上国有资产管理部门应当成立产权界定和产权纠纷调处委员会，具体负责产权界定和纠纷调处工作。

占有、使用国有资产的单位，发生下列情形之一的，应当进行产权界定：(1) 与外方合资、合作的；(2) 实行股份制改造和与其他企业联营的；(3) 发生兼并、拍卖等产权变动的；(4) 国家机关及其所属事业单位创办企业和其他经济实体的；(5) 国有资产管理部门认为需要界定的其他情形。

产权界定的程序包括：(1) 全民所有制单位的各项资产及对外投资，由全民所有制单位首先进行清理和界定，其上级主管部门负责督促和检查。必要时也可以由上级主管部门或国有资产管理部门直接进行清理和界定。(2) 全民所有制单位经清理、界定，已清楚属于国有资产的部分，按财务隶属关系报同级国有资产管理部门认定。(3) 经认定的国有资产，须按规定办理产权登记等有关手续。

占用国有资产的其他单位的产权界定，可以参照上述程序办理。

（四）产权纠纷处理程序

全民所有制单位之间产权纠纷的处理程序包括：(1) 调解和裁定。全民所有制单位之间因对国有资产的经营权、使用权等发生争议而产生的纠纷，由当事人协商解决。经协商不能解决的，应向同级或共同上一级国有资产管理部门申请调解和裁定。必要时报有权管辖的政府裁定，但最终裁定权由国务院行使。(2) 申请复议。对裁定不服的，可以在收到裁定之日起 15 日内，向上一级国有资产管理部门申请复议，上一级国有资产管理部门应当自收到复议申请之日起 60 日内作出复议决定。

全民所有制单位与其他经济成分之间的产权纠纷的处理程序包括：(1) 协商，即由全民所有制单位提出处理意见，报同级国有资产管理部门同意后，与对方当事人协商解决。(2) 司法程序，经协商不能解决的，依司法程序处理。

三、国有资产产权登记制度

国有资产产权登记是国有资产管理部门代表国家对国有资产进行登记，依法确认国家对国有资产的所有权以及企事业单位占有、使用国有资产的法律行为。它包括企业国有资产产权登记和行政事业单位产权登记两类。国有资产进行产权登记，对贯彻所有权与经营权相分离的原则，保障国家对国有资产的所有权，落实占有、使用国有资产的企业单位的经营权和经营责任，提高国有资产的运营效益，巩固和发展全民所有制经济有着十分重要的意义。

目前，规范国有资产登记的基本法律规范有：1996 年 1 月 25 日国务院发布的《企业国有资产产权登记管理办法》、1992 年 6 月 10 日国家国有资产管理局发布的《国有资产产权登记管理试行办法实施细则》。

（一）国有资产产权登记主管机关

产权登记主管机关是国家国有资产管理局和地方各级国有资产管理部门。产权登记按照统一政策、分级管理的原则由县级以上政府负责国有资产管理的部门，按企事业单位财务隶属关系组织实施；按财务隶属关系不便组织实施的，可结合行政隶属关系组织实施；按财务和行政隶属关系均不便组织实施的，可结合属地关系组织实施。

（二）国有资产产权登记的适用范围和程序

1. 国有资产产权登记的适用范围

根据《企业国有资产产权登记管理办法》第 3 条的规定，国有资产产权登记适用于以下企业：（1）国有企业；（2）国有独资企业；（3）持有国家股权的单位；（4）以其他形式占有国有资产的企业。

2. 国有资产产权登记的程序

国有资产产权登记的基本程序是申请受理、填报审查、审核认定和核发证书。

（三）企业国有资产产权登记

根据《企业国有资产产权登记管理办法》的规定，企业国有资产产权登记分为占有产权登记、变动产权登记和注销产权登记。

（四）产权登记年度检查

企业应当于年度终了后 90 日内，办理工商年检登记之前，向原产权登记机关申办产权登记年度检查。

（五）违反产权登记的法律责任

企业的法律责任。企业违反《企业国有资产产权登记管理办法》的规定，有下列行为之一的，由国有资产管理部门责令改正、通报批评，可以处以 10 万元以下罚款，并提请政府有关部门对企业领导人和直接责任人员按照规定给予纪律处分：（1）在规定期限内不办理产权登记的；（2）隐瞒真实情况，未如实办理产权登记的；（3）不按照规定办理产权年度检查登记的；（4）伪造、涂改、出卖或者出借国有资产产权登记表的。

国有资产管理部门工作人员在办理产权登记中玩忽职守、徇私舞弊，构成犯罪的，依法追究刑事责任；尚不构成犯罪的，依法给予行政处分。

四、国有资产产权交易制度

（一）产权交易的定义与特征

产权交易是指交易双方当事人，依照法律规定和合同约定，通过购买、出售、兼并、拍卖等方式，将一方当事人所享有的企业产权转让给另一方当事人，而使被交易企业丧失法人资格或改变法人实体的法律行为。

目前，我国规范产权交易的法律规范主要有：1989 年 2 月 19 日国务院发布的《关于出售国有小型企业产权的暂行办法》、1994 年 4 月 22 日国务院发布的《关于加强国有企业产权交易管理的通知》和 1995 年 5 月 12 日国家国有资产管理局发布的《关于加强企业国有资产转让监督管理工作的通知》等。

产权交易具有以下几个法律特征：

(1) 转让企业产权的交易主体，应是被交易企业的所有者或者所有者代表。交易双方主体可以是国有单位，也可以是非国有单位和个人，法律允许企业产权在不同的所有者或经营者之间交易。

(2) 产权交易是以企业的产权，包括所有权和经营权这一特定的企业财产权利为标的而进行的一种交易行为，它反映了社会经济生活中物质资料的转移和归属。

(3) 产权交易一般是有偿的，转让方要收回企业产权的资产价值。因此，产权交易不同于行政指令下的企业合并、撤销等变动方式。

(4) 产权交易行为最终导致被交易企业法人地位的消灭或法人实体的改变。

(二) 产权交易的原则

产权交易应遵循以下原则：

(1) 产权交易应以国民经济发展战略和产业政策为指导，使资金存量向需要发展的重点产业、新兴产业和生产短线产品的企业流动，实现生产要素的优化组合。

(2) 产权交易应遵循自愿、互利、有偿的原则，在市场竞争过程中实现优胜劣汰。

(3) 产权交易应遵循注重实效的原则，其衡量标准是优化产业结构、产品结构和企业组织结构，提高企业的整体素质和社会效益。

(4) 产权交易除国家有特殊规定者外，不受地区、所有制、行业隶属关系的限制。

(5) 产权交易既要促进企业规模经济效益，又要防止形成垄断，以利于企业之间的竞争。

(6) 商业企业的产权交易，不仅要考虑经济效益，还应考虑方便人民生活。

(三) 产权交易的程序

产权交易活动过程复杂，一般来讲有以下几个程序：

(1) 通过直接洽谈或产权交易市场，初步确定交易双方和被交易的企业。

(2) 对被交易企业现有资产进行评估，清理债权债务，以确定资产或产权转让底价。

(3) 以底价为基础，通过协商、招标投标等方式确定成交价，被交易企业是全民所有制企业的，其成交价要经产权归属的所有者代表确认。

(4) 交易双方签署协议。协议内容包括：被交易企业概况、交易价格、付款方式、原有债权债务处理、退休及在职职工安置办法以及双方商定的其他事项。国有企业所有者代表为负责审核批准企业产权交易的机构。产权交易协议应进行公证。

(5) 产权交易成交后，交易双方应办理产权转让的交接、清算及法律手续。法律手续包括办理产权和土地使用权转移手续；向工商行政管理部门申报换发营业执照；办理其他有关法律手续。

(四) 产权交易的监督管理

为了规范产权交易行为，特别是规范国有资产的产权交易行为，国家制定了一系列规范产权交易关系的法律、法规，加强产权交易的监督和管理。具体内容包括：

(1) 企业中国有资产的转让、出售、兼并、拍卖，必须经有批准权限的国家机构进行审批。

(2) 各级国有资产管理部门要加强对企业国有资产转让活动的监督和管理，为政府把好关，严禁各种以明晰产权为名，把国有资产无偿或低价卖给集体或个人，搞"负债持股"或以行政干预方式有意低估国有资产价值，损害国家利益，造成国有资产流失的行为。

(3) 各级国有资产管理部门应严格按照国家的要求，认真做好产权变动登记和产权注销登记工作，充分发挥产权登记在监督企业国有产权变动方面的功能与作用，并根据本地区产权变动情况，定期编制国有资产产权变动分析报告，反映企业中国有产权变动的总体情况，分析评价产权变动对国有资产产业结构、区域分布、经营效益及国有经济发展趋势的影响。

五、国有资产评估制度

国有资产评估，是指评估机构根据特定的目的，遵循公正、客观、实事求是的原则，按照法定的程序，运用科学的方法，对国有资产的现价进行评定和估算的法律活动。国有资产评估对于防止国有资产流失，维护市场竞争主体的合法权益，促进市场经济的发展具有重要意义。

目前，我国规范资产评估活动的基本法律规范有：1991 年 11 月 16 日国务院发布的《国有资产评估管理办法》，1992 年 7 月 18 日国家国有资产管理局发布的《国有资产评估管理办法施行细则》等。

(一) 资产评估机构

资产评估机构是从事资产评估业务的社会中介组织。具备条件的社会中介服务机构，在征得主管部门批准后，方可按其所属关系向国家或省、自治区、直辖市和计划单列市国有资产管理部门申请资产评估的资格。经审查具备评审条件的机构，发给资产评估资格证书。

（二）国有资产评估的范围

1. 法定评估的范围

法定评估是指国有资产的占有单位发生了法律规定的情况，必须进行的资产评估。国有资产占有单位有下列情形之一的，应当进行资产评估：(1) 资产拍卖、转让的；(2) 企业兼并、出售、联营、股份经营的；(3) 与外国公司、企业和其他经济组织或者个人开办中外合资经营企业或者中外合作经营企业的；(4) 企业清算的；(5) 依照国家有关规定需要进行资产评估的其他情形。

2. 任意评估的范围

任意评估是指国有资产占有单位发生了法定评估以外的情况，而当事人认为需要进行资产评估时进行的评估。该类评估是根据当事人的愿望来进行的，故又称自愿评估。国有资产的占有单位有下列情形之一的，可以进行任意评估：(1) 资产抵押及其他担保的；(2) 企业租赁的；(3) 需要进行资产评估的其他情形。

（三）国有资产评估的原则

国有资产评估工作涉及国家及社会各方面的经济利益，是一项政策性很强的工作，在国有资产评估过程中应坚持以下原则：

1. 真实性原则

所谓真实性包含三个方面的含义：(1) 进行评估所依据的数据资料必须是真实的。提供数据资料的人，必须实事求是，提供真实的、客观存在的数据资料。进行评估的人对其数据资料的真实性应进行考察鉴别；(2) 评估过程是真实的，即必须是按照规定确实是实施了每一个评估步骤，而不是只估不评，随意虚估；(3) 提供的评估报告必须是真实的，即不能弄虚作假。

2. 科学性原则

所谓科学性原则，即是要充分运用国有资产评估中的客观规律来开展评估工作。国有资产评估的规范、标准、程序、方法等，必须符合客观规律。与此同时，国家有关部门制定的评估规则必须反映资产价值表现的规律。

3. 可行性原则

可行性原则又称有效性原则。所谓有效性原则是指提出的评估结果必须是被法律所承认，评估结果必须是在法律上有效。具体而言，评估组织必须是合法的，其程序、方法、标准均是依照法定程序进行的。

（四）国有资产评估方法

国有资产评估的基本方法有收益现值法、重置成本法、现行市价法、清算价格法。

（五）国有资产评估程序

国有资产评估的法定工作程序由申请立项、资产清查、评定估算、验证确认四个阶段组成。被评估的单位接到资产评估结果确认通知书或者裁定通知书后，应根据资产评估的目的和国家有关会计制度进行财务处理。

（六）违反资产评估制度的法律责任

1. 占有单位和直接责任人员的责任

占有单位违反有关资产评估的法律规定，提供虚假情况和资料，或者与资产评估机构串通作弊，致使资产评估结果失实的，国有资产管理行政主管部门可以宣布资产评估结果无效，并可以根据情节轻重，单处或者并处下列处罚：(1) 通报批评；(2) 限期改正，并可处以相当于评估费用以下的罚款；(3) 提请有关部门对单位主管人员给予行政处分，并可以处以相当于本人 3 个月基本工资以下的罚款。情节严重，构成犯罪的，由司法机关依法追究刑事责任。

2. 资产评估机构的责任

资产评估机构作弊或者玩忽职守，致使资产评估结果失实的，国有资产管理主管部门可以宣布资产评估结果无效，并可以根据情节轻重，对该资产评估机构给予下列处罚：(1) 警告；(2) 停业整顿；(3) 吊销国有资产评估资格证书。情节严重，构成犯罪的，由司法机关依法追究刑事责任。

六、国有资产流失的查处制度

（一）国有资产流失的概念和特征

国有资产流失是指国有资产的投资者、经营者及管理者违反国有资产管理法律、法规，造成国有资产损害亏损或者致使国有资产处于流失状态的行为。

根据以上定义，国有资产流失一般应具备以下几个法律特征：(1) 主体的特定性，即造成国有资产流失的主体仅限于国有资产的投资者、经营者及管理者。(2) 行为人主观上具有故意或者重大过失。(3) 行为的违法性，即当事人的行为违反了国有资产管理法律、法规所规定的义务。(4) 必须有国有资产流失的结果发生，即违法者行为造成了国有资产的损害、流失、亏损、私分、侵占等后果。(5) 违法行为与危害结果之间有因果关系。

（二）造成国有资产流失的违法行为

根据有关法律、法规和相关国有资产管理的规定，造成国有资产流失的违法行为主要有以下几种，它实际上是国有资产流失的几条主要渠道，也是依法追究当事人的法律责任的法定依据。

(1) 在应当进行国有资产评估时，不按规定进行评估，或者在评估中故意压低评估值，造成国有资产流失的行为。

(2) 在进行国有资产转让时，违反国家规定或超越法定权限，将国有资产低价出让或无偿转让给非全民单位或者个人，造成国有资产流失的行为。

(3) 在处置国有有形资产或无形资产时，违反国家规定或超越法定权限，擅自处置，造成国有资产流失的行为。

(4) 在国有企业承包或租赁经营中，违反国家规定，低价发包或出租，造成国有资产流失的行为。

(5) 在国有企业股份制改造时，违反国家规定将国有资产低价折股、低价出售、或者无偿分给个人，造成国有资产流失的行为。

(6) 在公司制企业、中外合资、合作企业设立或经营管理过程中，国有股持股单位或其委派的股权代表、中方出资者、合作者与他人恶意串通，损害国家所有者权益或对损害国家所有者权益的行为不反对、不制止，造成国有资产流失的行为。

(7) 国有企业经营者在行使经营权时，不受所有者约束，滥用企业经营权，造成国有资产流失的行为。

(8) 国有资产运营、管理机构在行使出资权、管理监督权时，违反规定，非法干预企业经营权，造成国有资产流失的行为。

(9) 在企业重组中，不依法办理资产转移手续，或借机逃避国家债务，造成国有资产流失的行为。

(三) 国有资产流失的查处

国有资产流失查处，是指国家有关机关依照法律赋予的职权对国有资产的经营者、占用者、出资者和管理者等相关机构和人员违法造成国有资产流失的行为进行调查并进行处理的职能性工作。这项职能性工作是国家所有权范围内的内部事务，所以必须由国家特定的机构来行使，国有资产管理部门承担着国有资产案件查处主管机关的责任。

国有资产管理部门担负起查处国有资产流失主管机关的责任，不等于包揽查处国有资产流失案件的全部工作，而是要与监察、检察审计、财政部门和国有企业的监督机构共同构成一个查处国有资产流失的体制。

制止国有资产流失，对损害国有资产的行为进行查处是一个复杂的系统工程，需要用法律的手段，逐步建立、健全国有资产的保护体系。

(1) 依法加强国有资产的基础性管理工作。主要包括清产核资工作、产权登记工作、资产评估工作和产权界定工作，贯彻重在制止的原则，以防患于未然。

(2) 完善国有资产的法律监督机制。加强财政监督、审计监督、会计监督和银行监督，以及中介组织和社会舆论的监督，同时完善司法机关的监督功能，检察机关和审判机关应通过查处各类造成国有资产流失的行为，挽回损失。

(3) 运用司法手段，惩办侵占国有资产的犯罪行为。我国《宪法》规定，社会主义公有财产神圣不可侵犯，国家保护社会主义公有财产，禁止任何组织或个人用任何手段破坏国家或集体财产。《刑法》也明确规定了损害国有资产罪、私分国有资产罪，这些都为惩治侵吞国有资产的行为提供了法律依据。

【复习思考题】

1. 如何在经济法体系中给国有资产管理法进行定位？国有资产管理法具有哪些特征？
2. 国有资产可以分为哪些类型？其最基本的法律分类是什么？
3. 你认为我国是否应当制定一部统一的国有资产法？为什么？
4. 国有资产管理法有哪些基本原则？
5. 你认为应如何进一步完善我国国有资产管理体制？
6. 我国国有资产基础管理法律制度包括哪些组成部分？

第十一章 国家投资法

第一节 国家投资法概述

一、国家投资与国家投资法的概念

（一）国家投资

投资，本属经济学和金融学的范畴，一般是指投资主体以追求更大利润为目的而投放货币或其他有价值资源于生产及扩大再生产或其他经济领域，并进而将之转化为实物资产、金融资产或其他资产形式以获得一定收益的一种营利性经济活动。

按照不同的标准，对投资可以作多种不同的分类。以投资对象为标准，可以分为基本建设及基础设施投资、公共产品及公用事业投资、企业固定资产投资、企业流动资产投资和金融资产投资；以投资是否借助金融中介为标准，可以分为直接投资和间接投资；以用于投资的资产性质及资产来源为标准，可以分为国家投资和民间投资（民间投资也可称为社会投资、私人投资等）；以投资主体的身份为标准，可以分为政府投资、企业投资、机构投资和个人投资；以用于投资的资产来源是境内还是境外为标准，可以分为内资投资和外资投资；以资本投向是境内还是境外为标准，可以分为境内投资和境外投资。

国家投资是相对于民间投资而言的，是指国家主要是政府及政府授权的专门投资机构通过财政拨款及其他方式所实施的直接投资行为。西方国家又称之为政府投资或公共投资。其中，重点是政府对经济基础设施、社会公共产品及国有企业固定资产的直接投资，它是国家直接参与生产经营活动的重要环节，也是国家调节社会经济的结构和运行，促进社会经济协调、稳定和发展的重要方式和手段。

（二）国家投资法

在国家投资过程中发生以国家及其主管部门和其授权进行专门投资的机构为一方主体的各种社会关系，国家需要制定法律予以调整。作为关于国家投资的专门法律，国家投资法就是规范国家投资行为，调整国家投资关系的法律规范的总称。它与国有资产管理法以及国有企业法一起构成国家投资经营法，是经济法的重要构成部分。①

国家投资法有广义和狭义之分，狭义的国家投资仅指国家固定资产投资，狭义的国家投资法也仅指调整国家固定资产投资关系的法律规范的总称。在我国实行计划经济体制的阶段，国家广泛进行固定资产投资，调整固定资产投资的法律规范构成国家投资法的主体部分甚至是全部。广义的国家投资是指国家为了调节社会经济的结构和运行，促进社会经济协调、稳定和发展，所进行的各种直接和间接投资活动。主要包括基本建设及基础设施投资、公共产品及公用事业投资、企业固定资产投资、企业流动资产投资和金融资产投资等。在社会主义市场经济体制下，国家要根据社会经济的总体运行情况，采取灵活的投资政策，多样化的投资手段，不断调整投资对象、投资规模、投资方向、投资结构和投资布局，采取有所为、有所不为，有进有退的投资策略，以确保社会经济协调、稳定和健康发展。本章国家投资法采广义。

二、国家投资法的基本内容

规范国家投资行为，是国家投资法的重心所在，而国家投资行为合理有效与否与国家投资政策、投资管理体制、投资基础法律制度是否科学、合理不无关系。因而，关于国家投资政策、国家投资管理体制和国家投资基础法律制度等方面的规定，便构成了国家投资法的基本内容。

（一）国家投资政策

国家投资政策是关于国家投资的基本原则和大政方针，体现着政府对国家投资的宏观指导和管理。它通常包括投资规模政策和投资结构政策两大类。前者通过控制总体规模以调节社会供给与需求的总量平衡关系；后者通过控制投资在国民经济各组成部分的分配比例，以调节社会供给和需求的结构矛盾。② 国家对于其自身投资的政策，其核心问题是国家投资规模、方向和重点的确定。③

（二）国家投资管理体制

国家投资管理体制是投资管理机构的设置、职权划分以及管理方式等有关制度的总称，包括投资决策管理体制、投资计划管理体制、投资项目管理体制和投资许可证制度。投资管理体制既涉及国家投资机构与国家投资主体之间以及投资管理机构相互之间的权力义务关系，具有实体性规范的内容，也包含着具体的管理程序，具有程序法的色彩。

---

① 漆多俊主编：《经济法学》，高等教育出版社 2003 年版，第 253 页；漆多俊主编：《经济法学》，高等教育出版社 2007 年版，第 239 页。

② 漆多俊：《经济法基础理论》（第四版），法律出版社 2008 年版，第 216 页。

③ 同上书，第 229 页。

（三）国家投资基本法律制度

国家投资基本法律制度是指专门针对国家投资的基本要素和重要环节进行规范的法律制度，包括国家投资主体法律制度、国家投资对象管理法律制度、国家投资程序法律制度和国家投资责任法律制度。这些基本法律制度通过经济手段、行政手段和法律手段的方式给予规范国家投资行为有力的制度支撑。

三、国家投资法的渊源

世界各国均没有制定专门的调整国家投资的法律。西方国家的投资主体主要是私人资本家和垄断财团，国家投资的比重十分有限。因此，对国家投资并没有进行专门的立法。

我国在计划经济时期，实行的是单一的国家投资体制，由国家按部门或按行业对资金进行分配，主要依靠行政手段，也不需要国家投资法。改革开放后，我国投资体制发生了深刻变化，单一投资主体的格局已被打破，出现国家、企业、个人投资并存的局面。为了规范投资行为，加强对全社会投资的宏观管理，控制投资总规模，调整投资和改善建设布局，全面提高投资效益，国家先后颁布了一系列专门的法规和规范性文件。另外还有大量的国家投资规范散见于有关产业政策、投资政策及国家预算、国家计划、国家发展规划等法律法规及规范性法律文件之中。这些法规和文件一般适用于包括国家在内的各类投资主体的投资行为。因此，目前我国也没有针对国家投资的专门性法律。①

目前，我国有关投资的法规、规章和规范性法律文件主要有：《国务院关于投资体制改革的决定》（2004 年 7 月 25 日发布）、《中华人民共和国固定资产投资方向调节税暂行条例》（国务院令第 82 号 1991 年 4 月 16 日发布）、《国务院关于固定资产投资项目试行资本金制度的通知》（1996 年 8 月 23 日发布）、《国务院办公厅转发发展改革委等部门关于加强固定资产投资调控从严控制新开工项目意见的通知》（2006 年 6 月 13 日发布）、《国务院关于发布实施〈促进产业结构调整暂行规定〉的决定》（2005 年 12 月 2 日发布）、《国务院关于加快推进产能过剩行业结构调整的通知》（2006 年 3 月 12 日发布）、国家发展改革委员会颁布的《企业投资项目核准暂行办法》（2004 年 9 月 15 日发布）、《国家发展改革委关于实行企业投资项目备案制指导意见的通知》（2004 年 11 月 25 日发布）、国务院国有资产监督管理委员会发布的《中央企业投资监督管理暂行办法》（2006 年 6 月 28 日发布、7 月 1 日起实施）等。

① 漆多俊主编：《经济法学》，高等教育出版社 2007 年版，第 239 页。

四、国家投资法与相邻法律的关系

（一）国家投资法与国有资产管理法

国有资产管理法是调整国有资产管理关系的法律规范。国有资产管理包括对经营性国有资产、行政事业性国有资产及资源性国有资产的管理，涉及产权管理、收益管理、处分管理等多方面。属于经济法调整范围的主要是对经营性国有资产的管理。而国家投资法则是关于国家投资决策和实行的法，其规制的对象是国家的投资行为。二者各有侧重，不可代替。国家投资本身即是对国有资产的一种处分，对投资效益也须予以监督和管理，所以，国家投资法与国有资产管理法之间也存在着密不可分的联系。[①]

（二）国家投资法与国有企业法

国家投资的决策和实行与国家投资的企业（国有企业）的组织和经营管理，是国家直接参与生产经营活动全过程的两个基本环节，因此，国家投资法和国有企业法同属国家投资经营法体系中的两个基本组成部分，有十分密切的联系。在计划经济体制下，前者只调整企业基本建设竣工验收建成这段时间所发生的固定资产投资关系；而基本建设竣工投产和企业成立后的组织及经营关系同由国有企业法予以调整。[②]

（三）国家投资法与宏观调控法

很多经济法学教材都将国家投资法归入宏观调控法中。[③] 这混淆了国家自己作为投资主体直接进行投资和国家对其他投资主体投资的宏观调控。其他投资主体的投资是一种市场行为，而国家投资则是一种非市场行为，即对市场投资的一种替代和补充行为。规范国家投资行为的法律属于国家投资法的范围，规范国家对市场主体的投资行为进行引导的行为则属于宏观调控法的范围。还有一些教材将国家投资法混杂于国有资产法中列于其他经济法律制度之中，[④]而另有一些教材则将之排除在经济法研究视野之外。[⑤] 漆多俊教授和顾功耘教授都将国家投资法作为国家参与经济的调节方式独立作为经济法的一个重

---

① 漆多俊主编：《经济法学》，武汉大学出版社 1998 年版，第 286 页；漆多俊主编：《经济法学》，高等教育出版社 2003 年版，第 254 页。

② 同上。

③ 如李昌麒主编：《经济法学》（第三版），中国政法大学出版社 2007 年版；杨紫烜、徐杰主编：《经济法学》（第五版），北京大学出版社 2009 年版；黄河、王兴运主编：《经济法学》，法律出版社 2008 年出版；程宝山主编：《经济法学》，郑州大学出版社 2004 年版等。

④ 如李曙光主编：《经济法学》，中国政法大学出版社 2007 年版。

⑤ 如王保树主编：《经济法原理》，社会科学文献出版社 2004 年版；张守文主编：《经济法学》，北京大学出版社 2008 年版；王卫国、李东方主编：《经济法学》，中国政法大学出版社 2008 年版等。

要组成部分。①

第二节 国家投资政策和国家投资管理体制

一、国家投资政策

国家投资政策是指国家对其自身的投资活动所确定的基本方略，其核心是对国家投资的规模、重点和投资布局的确定。②

（一）国家投资规模与比重

国家投资规模是国家投资活动所需投入资金和已投入资金的多少，是从投资总量上讲的。投资规模可分为宏观投资规模和项目投资规模。宏观投资规模是指国家投入资金的总体规模；项目投资规模则主要是指投资于某一具体项目或单位的资金的多少。国家投资政策所确定的投资规模，是指国家的宏观投资总量的大小。

国家投资规模的大小不仅决定着国家投资所用资金的多少，而且还直接关系着国家投资与民间投资的比例，即国家投资在整个社会投资中的比重问题，因此是国家投资政策调整的重点。

国家投资是国家调节经济的手段和力量，国家投资规模的确定，以充分满足国家调节的需要，有利于社会经济协调、稳定和健康发展为基本准则。既要确保一定比例的国有经济，实现国家对国民经济的有效调节，又不能以政府投资完全取代社会投资。

国家投资规模及比重的确定，应主要依据国家投资的目的和使命、国有企业的经营特点和国家各个时期的政治、经济、社会形势。现代国家投资的主要目的是调节经济结构和运行及其他政治、社会政策性目的。国家完全不作投资是不行的，但为上述目的所需，国家投资也不会太多。国家投资开办的国有企业本是一种特殊企业，其固有的性质和经营方式特点决定其经营的经济效益往往欠佳。开办多了，必影响整个国民经济效益，同时还会制约市场机制作用的充分发挥。因此在投资决策时，对国家投资以及国有企业的总体规模和比重应加以控制，合理确定其投资的度。当然，国家投资的规模和比重的确定，也同各国各时期政治、经济和社会情

① 见漆多俊：《经济法基础理论》，武汉大学出版社 1993 年版，1996 年修订版，2000 年版；法律出版社 2008 年版；漆多俊主编：《经济法学》，武汉大学出版社 1998 年版，高等教育出版社 2003 年版、2007 年版等。顾功耘主编：《经济法教程》，上海人民出版社 2002 年版。

② 漆多俊主编：《经济法学》，高等教育出版社 2003 年版，第 256—258 页。漆多俊主编：《经济法学》，高等教育出版社 2007 年版，第 250 页。

况和形势相关，例如，在发生战争、重大灾害、经济危机及金融危机时与平常时期的情况会有所不同。①

我国国家投资规模政策应当是适当控制国家投资规模，鼓励民间投资，压缩国家投资占社会总投资的比重。为了有效实现这一政策，一方面，要将国家投资计划纳入预算管理，以保证国家投资项目的资金供应和控制投资规模。对于国家对国有企业的投资，应形成国有资本经营预算制度，通过编制国有资本经营预算来统筹对国有企业的投资规模。另一方面，要不断扩大允许和鼓励民间投资的领域和范围，适当调整市场准入门槛，提高民间投资在社会总投资中的比重。

（二）国家投资结构

投资结构是指投资在国民经济各个行业、部门和再生产的各个方面的分配比例及其相互关系。投资结构直接关系到资源在各个行业、各部门间的分配格局，其合理与否关系到国民经济能否稳定、协调和持续、高速地发展。② 通过控制国家投资的方向来调整整个社会投资的结构，是国家投资调节经济的重要方式。③

由于市场的唯利性，有些领域、行业和部门，私人投资不愿进入，需要国家投资。在这种情况下，国家投资不是为了盈利，而是为了弥补民间投资的不足，履行公共服务和调节经济的职能。这也就明确和限定了国家投资的主要方向和范围。

我国在计划经济时期，政府垄断了投资。改革开放后，投资体制进行了多次改革，不断压缩了政府投资的范围。2004 年《国务院关于投资体制改革的决定》规定："政府投资主要用于关系国家安全和市场不能有效配置资源的经济和社会领域，包括加强公益性和公共基础设施建设，保护和改善生态环境，促进欠发达地区的经济和社会发展，推进科技进步和高新技术产业化。"据此，我国的政府投资应当主要限定在上述四类情形。

对于公益性和公共基础设施建设的投资，私人一般不愿意进行投资，但社会发展必不可少，政府必须提供。但是，对于一些具有营利性的项目，私人愿意投资的，可以采取一定的措施鼓励私人提供，政府不一定要大包大揽。如可以利用特许经营、提供投资补助等多种方式，吸引社会资本参与有合理回报和一定投资回收能力的公益事业和公共基础设施项目的建设。对于具有垄断性的项目，可以试行特许经营，通过业主招标制度，开展公平竞争，以保护公众利益。对于已经建成的政府投资项目，具备条件的，经过批准也可以依法转让产权或经营权，以回收的资金滚动投资于其他社会公益等各类基础设施建设之中。④

① 漆多俊：《经济法基础理论》(第四版)，法律出版社 2008 年版，第 230 页。

② 同上。

③ 漆多俊主编：《经济法学》，高等教育出版社 2003 年版，第 256—258 页。漆多俊主编：《经济法学》，高等教育出版社 2007 年版，第 250—251 页。

④ 漆多俊主编：《经济法学》，高等教育出版社 2007 年版，第 241 页。

对于保护和改善生态环境的投资、促进欠发达地区的经济和社会发展的投资以及推进科技进步和高新技术产业化的投资，主要是国家为了落实科学发展观，促进社会全面发展和可持续发展，改善地区和区域发展不平衡状况，而从事的具有经济调节性质的投资。对于这些类别的投资，当然也可以吸引和鼓励私人投资。

（三）投资布局

投资布局是指投资资金在各地区的分配比例及其相互关系。投资布局与投资结构是投资分配的两个重要方面，有着密切的联系。投资结构是从纵的方面，从国民经济各个部门、各个行业乃至不同经济成分上，解决建设资金的合理配置问题。这要通过一定的地域分布得到实现。而投资布局正是从横的方面，着重解决建设资金的横向分布问题，其实质就是不同产业和行业集聚形成的地域投资综合体。①

国家投资政策不仅要解决国家投资的方向和重点，还应该确定国家投资的地域布局。安排国家投资布局的重点是，根据不同经济地带和经济区域的生产力水平，针对各自的资源条件，围绕全国经济发展的总体目标，确定能够发挥地区优势的产业结构和战略决策，并在此基础上，选择每个时期的地区投资重点，安排好不同时期重点建设地区的转移和衔接；同时确定地区内部不同规模、不同类型经济基地和项目的建设战略，并据以分配投资。②

由于种种复杂的历史原因，我国投资布局曾一度失当，导致资金使用分散，沿海、内地投资比例失调等问题，因此，国家投资必须充分考虑我国投资布局的历史和现状，充分发挥区域优势，克服区域投资现象，贯彻效益原则与补偿原则相协调、梯度转移与增长点扩散相结合的原则，发挥国家投资的调节功能，在全国形成合理的生产力布局，带动偏远地区和少数民族地区的经济发展。③ 目前，我国的政府投资的布局政策是不断加大对欠发达地区的投资力度。

投资结构、投资布局和投资方向有着密切联系。投资方向是指投资资金的投向，投资方向的总和就是投资结构与投资布局。投资方向科学与否直接决定着投资结构是否合理，所以，明确各类投资主体的投资方向是形成合理投资结构的关键所在。④

由于各类投资主体的投资利益与动机不同，投资主体的投资方向也就有所不同。具体说来，我国的固定资产投资大体可以划分为三类：(1) 盈利性建设投资，它形成各种生产能力(使用效益)，具有明确的利益效益。绝大部分加工工业投资即属于此类。(2) 基础性建设投资，它为整个国民经济和社会发展提供共同的一般条件，形成社会再生产(包括物质资料再生产和劳动能力再生产)的物质技术基

① 漆多俊：《经济法基础理论》(第四版)，法律出版社 2008 年版，第 230 页。
② 同上。
③ 漆多俊主编：《经济法学》，高等教育出版社 2007 年版，第 251 页。
④ 漆多俊：《经济法基础理论》(第四版)，法律出版社 2008 年版，第 230—231 页。

础。这类投资给投资者带来的直接经济效益往往不大，但却有明显的社会效益。属于这一类投资的主要是关系到国计民生的基础设施、基础工业的投资和一些非生产性的建设投资。(3) 消费性建设投资，它直接为个人消费所服务，如住宅建设投资。①

由于国家投资具有不同于民间投资的特殊动机，投资行为并非为直接的经济利益所驱动，相反，投资行为取决于国家的综合利益，包括长远的经济、社会、技术发展、国家安全、生产力布局及特殊区域的开发等，因此，国家投资应该首先以弥补社会投资的不足，形成合理的投资结构和产业结构为己任。至于盈利性投资和一般性的消费性投资，不该成为国家投资的重点。国家投资应该重点保证那些投资多、盈利少、无人愿意投资建设，却又束缚国民经济发展的基础性产业，以及涉及国家安全的特殊行业。至于一般的盈利性建设项目和消费性建设项目，民间社会投资一般比较踊跃，市场机制能够较好地发挥对于投资的调节作用，国家投资一般不必介入，而应充分动员社会力量，大力鼓励和正确引导民间投资。

二、国家投资管理体制

投资管理体制是关于投资管理机构的设置、职权划分以及决策管理、计划管理、项目管理、资金管理、许可证管理等管理方式等制度的总称。我国在党的十一届三中全会以后，对高度集中、全统全包的旧的投资管理体制进行了全面、系统的改革，逐步打破国家单一投资主体的模式，初步形成了以国家投资为主的多元化投资体系、多种投资方式和多种投资渠道的新的投资格局；并通过投资决策体制、计划管理体制、投资资金管理体制等的改革，极大地提高了投资决策和管理水平。

(一) 国家投资主管部门

我国没有设置专门的国家投资管理机构，对国家投资和其他投资由统一的投资管理机构管理。我国实行"统一领导，分级管理"的投资管理体制。② 国务院统一领导全国的投资管理工作，国务院投资主管部门和地方各级投资主管部门分别主管中央和地方投资工作。

目前，国务院投资主管部门是国家发展和改革委员会，下设投资司具体负责投资管理工作。其主管投资的职责是：提出全社会固定资产投资总规模，规划重大项目和生产力布局；安排国家财政性建设资金，指导和监督国外贷款建设投资的使用，指导和监督政策性贷款的使用方向；引导民间资金用于固定资产投资的方向；研究提出利用外资和境外投资的战略、总量平衡和结构优化的目标和政策；安排国

① 漆多俊主编：《经济法学》，高等教育出版社 2003 年版，第 257 页。
② 漆多俊主编：《经济法学》，高等教育出版社 2007 年版，第 240 页。

家拨款的建设项目和重大建设项目、重大外资项目、境外资源开发类和大额用汇投资项目;组织和管理重大项目稽查特派员工作。

地方各级发展和改革委员会负责对本地区的投资规模和水平进行管理,负责审批使用地方财政性资金的投资项目和对属于其职权范围内的企业投资项目进行核准或备案。

(二)国家投资决策管理制度

国家投资决策包括宏观决策与微观决策。微观决策主要是指具体投资项目的决策,它主要属于投资程序问题,因此这里所谓投资决策主要是指宏观决策。宏观决策虽然一般不包括具体投资项目决策,但某些重大项目影响全局而具有战略性,对它们的决策也属于宏观决策范围。投资决策管理是国家投资管理体制的一个重点环节。如1984年国务院颁发的《关于改革建筑业和基本建设管理体制若干问题的暂行规定》等有关文件,对基本建设和大型技术改造项目的决策程序作出了明确规定,改变了过去只靠定性分析的拍板定项方法,开始引用定量分析手段,着手建立投资咨询机构和项目评估审议制度,把可行性研究正式列入了基本建设决策程序。宏观决策也改变了过去单靠行政部门定项目的决策方式,逐渐形成民主化、科学化、分层次化的决策体系。

(三)国家固定资产投资计划管理制度

国家投资应当有计划地进行,纳入计划的投资被称为计划内投资。国家投资计划的任务是确定一定时期国家投资的总体规模、结构、布局、方向和重点,统筹规划新建、改建和更新改造项目,合理安排资金,改善投资结构和生产力布局,提高投资效益。

在我国计划经济体制时期及改革后的相当长的时期内,我国的国家投资主要集中在对企业固定资产投资上。相应地,这一时期的国家投资法重点也是规范国家的固定资产投资行为。早期一些有代表性的经济法学教材甚至将国家投资法看作为固定资产投资法的一个组成部分。① 至今还有一些有代表性的经济法教材并不区分国家投资法与固定资产投资法,或只讲固定资产投资法而不讲国家投资法,②或将国家投资法取狭义仅指调整国家固定资产投资关系的法律规范总称。③可见,企业固定资产投资在我国国家投资法中的重要地位。需要指出的是,随着我国社会主义市场经济体制的逐步建立和完善,国家对固定资产的投资比重将逐步下降,国家也将逐步淡出对固定资产投资的管理,转向由市场投资为主,并以引导等间接调节为主要手段。

① 漆多俊主编:《经济法学》,武汉大学出版社1998年版,第286页。

② 李昌麒主编:《经济法学》(第三版),中国政法大学出版社2007年版,第412页;杨紫烜、徐杰主编:《经济法学》(第五版),北京大学出版社2009年版,第343页。

③ 漆多俊主编:《经济法学》,高等教育出版社2007年版,第239页。

国家固定资产投资计划管理的内容主要包括企业基本建设投资计划管理和更新改造投资计划管理两个方面。

(1) 企业基本建设投资计划的管理。基本建设投资中,国家预算内"拨改贷"的投资,纳入国家信贷计划的基建贷款,利用国际金融组织和外国政府的贷款安排基本的建设,由国家负责平衡,实行指令性计划。这部分投资主要用于基础设施建设、重点建设和国防建设等方面,地方部门自筹投资和国家统借自还以及地方部门自借自还的外资安排的基本建设,由地方部门负责平衡,经国家主管机关审批确定计划额度,执行允许在10%范围内浮动。

(2) 企业技术改造投资计划管理。依规定,技术改造投资中,由国家预算拨款,国家利用外资安排的技术改造,实行指令性计划,纳入国家信贷计划用于技术改造的贷款,由中国人民银行按计划进行控制。由部门、地方、企业自筹安排的技术改造,实行指导性计划。

随着计划体制和投资体制的进一步深化,国家将进一步改革投资计划管理方法。对投资总量将不再单纯依靠计划指标进行控制,改从资金流量方面入手,通过产业政策、税收等经济手段对固定资产投资进行间接调控。

(四) 项目业主负责制和项目法人制

自1992年起,国家对全民所有制单位新开工和进行前期工作的项目实行项目业主负责制,由项目投资各方组成项目建设管理班子,对建设项目的筹划、筹资、设计、建设实施直至生产经营、归还贷款等全面负责并承担风险,这种责任制形式被称为项目业主负责制。如果项目投资各方依照公司法或其他企业法组建成实体性组织,并具备法人资格,经法人登记成为法人,即为项目法人制。推行投资项目业主负责制和项目法人制,是为了使投资决策和其他投资管理制度在微观(具体项目)上得到切实落实。我国当前国家投资建设项目普遍推行项目业主负责制或项目法人制。

(五) 国家投资许可证制度

投资许可证制度是国家为了加强固定资产投资管理,引导有关单位根据国家的产业政策进行投资,控制盲目建设和重复建设,配合投资方向调节税的征收工作而实行的一种投资管理制度,即只有取得投资许可证后才能从事项目投资建设。其目的在于通过政府的直接控制,使投资按照国家的投资计划和产业政策所规定的目标运行。实行市场经济的国家,对于民间投资只在少数重要行业实行投资许可证制度,而对国家投资项目大多普遍实行投资许可证制度。

投资许可证是单位取得项目建设资格和投资权利并承担相应义务的一种书面凭证。建设单位必须依法领取投资许可证后,才能进行项目建设。根据国家计委等部门发布的《投资许可证发放办法》(1991年7月12日发布)的规定,凡在中华人民共和国境内进行的各种固定资产投资项目,都必须按规定领取投资许可证。

不论投资项目源于何种所有制、建设项目性质和隶属关系，均由省、自治区、直辖市及计划单列市计委(计经委)，按规定统一发放投资许可证。建设单位只有缴纳了投资方向调节税后才能领取投资许可证，取得投资许可证后才能从主管建设项目投资的银行拨款或贷款。

第三节 国家投资主体

一、国家投资主体的概念

国家投资主体是指由法律规定或政府授权的，代表国家所有权人进行投资的有关国家机关或组织。国家投资的资产所有人是国家。没有法律规定或政府授权的机关或组织，不能成为国家投资的主体。各国规定有权代表国家进行投资的主体不尽相同，例如，中国当前的国家投资主体主要是中央和地方各级政府下面设立的国家控股公司(国资公司)及国家授权的特定部门。①

二、国家投资主体的分类

(一) 中央政府

我国当前的固定资产投资实践根据国民经济各行业的性质和特点，将建设项目划分为竞争性项目、基础性项目和公益性项目，并在此基础上确定各类投资主体的投资范围和融资渠道。中央政府的投资范围包括关系国民经济全局的重大能源、原材料工业基地，跨地区的、面向全国的运输、邮电骨干设施，大江大河治理的骨干工程，重大农业商品基地和重点防护林工程，国家产业政策重点支持的支柱产业项目，关键的新兴产业项目，重要的公益性和国防建设项目，以及扶持不发达地区建设项目。

中央政府的融资渠道，主要是中央财政性资金，国家开发银行贷款，商业银行贷款，国家专项建设基金，部分国家保险金，债券，国家投资控股公司的注册资本金和自有资金，以及国际金融组织和外国政府贷款。

(二) 地方政府

地方政府的投资范围为本地区的公益性项目、基础性项目以及竞争性项目中符合经济规模、技术先进、对地方经济发展有重要作用的支柱产业项目和高新技术

① 漆多俊:《经济法基础理论》(第四版)，法律出版社 2008 年版，第 231 页。

开发项目。

地方政府的融资渠道主要包括地方财政预算内的资金和机动财力，电力、交通、城市建设等各项专项资金，投资方向调节税收入的地方分成部分，经批准对地方国有企业产权转让的收入，地方政府从土地批租、商品房销售以及对基础设施使用中的各项合理收费收入，政策性银行贷款，商业银行及非银行金融机构贷款，经批准发行股票、债券取得的收入，以前年度地方财政"拨改贷"和经营基金的回收收入，经批准借用外资和吸收的外资，以及经批准的其他融资渠道。

（三）国家控股公司及国家授权的特定部门

近年来，国务院成立了能源、交通、原材料、机电轻纺、农业、林业等多种国家专业投资公司，负责管理和经营本行业国家投资的项目。这些专业投资公司既是从事固定资产投资开发、经营的企业，又是组织、管理投资活动的主体；既承担进行国家政策性投资的职能，又具有控股公司的作用。

国家控股公司融资方式主要是通过市场筹措资金，融资渠道主要是企业自有资金及商业银行和非银行金融机构的贷款，经批准发行企业投资债券和股票等有价证券获取的资金，通过长期资金市场筹措的其他资金。企业以自己的名义投资并对其投资承担责任，这与政府的投资方式有别。

第四节　国家投资项目资金管理

国家投资项目的资金来源渠道主要有二：一为财政拨款；二为由建设单位向银行贷款。中国原来长期实行高度集中的固定资金管理体制，国家投资资金渠道单一，主要靠国家预算内拨款。十一届三中全会后，我国政府对我国固定资产投资的资金管理体制进行大幅度改革。1979 年 8 月 28 日国务院转批国家计委、国家建委、财政部《关于基本建设投资试行贷款办法报告》，明确提出，基本建设投资贷款，试行有借有还、谁借谁还的原则，从而拉开了基本建设投资由拨款改为贷款的历史序幕。1984 年 12 月 24 日国家计委、财政部和中国人民银行发布了《关于国家预算内基本建设投资全部由拨款改为贷款的暂行规定》，其中对科学研究机构、学校、行政单位等没有还款能力的建设项目规定可豁免本息。至此，国家预算直接安排的基本建设投资分别为国家预算内拨款投资和国家预算内"拨改贷"投资两部分。其中，用拨款投资安排的基本建设项目的范围限于以下非经营项目：(1) 国防科研项目；(2) 各级各类学校项目；(3) 国务院各部门和各地方所属医院、救济中心、卫生检疫站；(4) 国务院各部门、各省、自治区、直辖市和计划单列省辖市所属没有直接收益的科研建设项目；(5) 由国家行政经营开支、列入国家行政机关编制的办公楼及其机关所属职工宿舍、食堂、幼儿园、托儿所和培训中心的建设；

(6) 由国家财政事业经费开支、且没有经营收入的事业单位的开支；(7) 国家物质储备局的仓库建设；(8) 防汛、排涝工程、市政工程、国防边防公路和边境县以下邮电通讯工程；(9) 不实行收费办法的公路和独立公路大桥；(10) 其他非经营部门所属非营业性的、无还款能力的项目。

对于上述项目之外的建设项目，则一律实行贷款制，并逐步建立法人投资和银行信贷风险责任制。即凡竞争性项目投资由企业法人(包括国家专业投资公司)自主决策，自担风险，并由企业法人对筹划、筹资、建设直到生产经营、归还贷款利息及资产保值增值全过程负责。

一、国家基本建设项目资金管理的法律规定

新中国成立以来，我国的基本建设投资一直实行由国家财政拨款，建设单位无偿使用的办法。为改善基本建设的管理，加强投资使用的责任制和提高投资效益，从 1979 年开始，国家预算内基本建设投资逐步由财政拨款改为银行贷款。从 1986 年起，凡是由国家预算安排的基本建设项目全部由财政拨款改为银行贷款，科研、学校、行政单位等没有还款能力的建设项目除外。这样基本建设资金来源渠道，由过去主要依靠国家财政拨款的、单一的资金来源渠道，发展到目前的依靠国家财政拨款、银行贷款、利用外资、自筹资金等多种资金来源渠道。由于资金的来源渠道不同，对资金的具体管理办法亦不同。

(一) 基本建设投资拨款的管理

基本建设投资拨款是指由国家财政通过银行分次、逐笔付给建设单位无偿使用的建设项目的资金。用拨款投资安排的建设项目，必须严格按国家计委、财政部、建设银行联合颁布的《关于调整国家预算内基本建设投资拨款改贷款范围等问题的若干规定》(1985 年 12 月 14 日发布，1986 年 1 月 1 日起实施)的范围进行，防止自行扩大国家财政拨款建设项目的范围。最初投资拨款由建设银行管理，随着银行体制改革的进行，这方面的职能正逐步转移给国家开发银行等政策性银行。

(二) 基本建设贷款的管理

根据国家计委、财政部、建设银行《关于国家预算内基本建设投资全部由拨款改为贷款的暂行规定》(1985 年 1 月 1 日发布并施行)，除经营性机关、学校、事业单位和经营性质决定没有经济效益的企业、事业单位外，经营性、生产性的企业投资一律由财政拨款改为银行贷款，简称“拨改贷”。

基本建设贷款是有偿使用的，实行有借有还、谁借谁还、贷款实行差别利率的原则，对不同地区、部门和产品的贷款规定不同的还款期和差别利率，以鼓励短线产品的生产，限制长线产品的生产和重复建设，促进产业结构的优化。

基本建设投资除“拨改贷”方式的银行贷款外，另一种是由银行利用存款发放

的贷款。这两种银行贷款都是按银行贷款方式进行管理,但在确定贷款利率上存在根本区别。"拨改贷"项目的贷款利率按建设项目的产品盈利情况实行差别利率,而利用银行存款进行贷款项目的利率主要是根据贷款时间的长短来确定。建设资金实行"拨改贷"的初始意图,是强化资金使用责任,提高资金使用效益。但建设资金"拨改贷"的实行结果,却使财政停止向企业注资,企业过度负债经营提高了企业的资产负债率和企业还本付息负担,造成企业经营困难。实践证明,企业没有自己的资本金,完全负债经营是不行的,必须建立企业资本金制度。

（三）基本建设自筹资金的管理

随着经济体制改革的进行,自筹资金在整个基本建设投资中所占比重不断增大,管理好这批资金,是加强宏观调控的重要环节。

目前,基本建设自筹资金有两类：一类是各级财政的自筹资金,另一类是各企业、事业单位的自筹资金。用自筹资金进行基本建设,要求资金来源正当、落实。自筹资金要专户存入建设银行,坚持先存后批、先批后用的原则,由建设银行监督使用。

企业自有资金中可用于基本建设的资金,只限于生产发展基金和职工福利基金等。更新改造基金、大修理基金、新产品试制基金,以及由银行贷款形成的流通资金等,均不得作为基本建设资金使用。

目前,银行贷款和自筹投资已成为固定资产投资资金来源的主渠道,起着举足轻重的作用。

（四）利用外资的管理

凡属国家向国外政府和外国金融组织统借的贷款,其项目的审批与国内基本建设项目相同。国家对这部分贷款的管理比较严格,这主要是从提高国外贷款的使用效率和保证国家信誉方面考虑的。凡地方、部门自借自还的,且生产建设条件能自行平衡的,每个项目总投资的审批权由目前的 3 000 万美元提高到 1 亿美元。在国家下达的借债指标内,地方的审批权提高到 5 000 万美元,2.5 亿美元以上的项目需报国务院批准。

凡主要利用自借自还的外资,自筹资金、材料和进口设备进行建设,不需要国家综合平衡的非生产性建设项目,由各部门和省、自治区、直辖市自行审批。

（五）基本建设基金制

基本建设投资大,建设周期长,只有保证稳定的资金来源,按合理工期组织施工,才能提高投资效果。而原有的财政用于建设的投资一年一定,且年度间有时数量差别很大,使基本建设难以按合理工期进行。为解决这一矛盾,1988 年国家规定,建立中央基本建设基金。基本建设基金的来源是能源、交通重点建设基金和其他财政收入。基本建设基金与经常性的财政预算分开,实行有偿使用,自我循环,成立若干投资公司对其进行管理,并通过相应的银行,按国家计划承办基本建设基金的贷款任务，监督贷款的使用。

二、国家更新改造项目资金管理的法律规定

更新改造主要是对现有企业用新设备、新技术、新工艺进行技术改造，对“三废”进行治理以及改善劳动安全设施等。其重点应放在降低能源、原材料消耗，提高产品质量、性能，增加品种，增加出口创汇能力和增产适销对路的产品上；不要在原有技术基础上扩大生产能力，特别要严格限制扩大长线产品和耗能高、技术落后的产品的生产能力。如果扩大生产能力超过同类产品的中型基本建设项目的规模时，需经国家有关部门核准。

更新改造资金来源包括：企业的生产发展基金、用于与主体改造工程配套的生活福利建设的福利基金、银行贷款、国家预算内拨款和利用外资等。以上资金的使用，都要纳入更新改造计划。其中银行贷款、国家预算内拨款和利用外资搞的更新改造，实行指令性计划，其余实行指导性计划。更新改造项目应尽量减少土建工程。单项工程新增建筑面积不能超过原有面积的30%；用于土建工程的资金量，不得超过资金总额的20%；个别项目确需超过以上规定的，必须按项目分级管理的有关规定，报经有关部门批准。

限额以上的更新改造项目的项目建议书、设计任务书，按基本建设程序办理。项目建议书所附可行性研究报告，由国家计委委托有关咨询公司进行评估。限额以下的项目，单项工程新增建筑面积超过原有面积30%的，也要按基本建设程序办理。其他项目，由有关部门或省、自治区、直辖市和计划单列的省辖市自行解决。

更新改造项目在完成技术改造任务并达到技术改造目标后，要按隶属关系和分级管理原则，组织工程验收和产品验收。

更新改造项目自开工年份至投产这一时期内，在每年的年报中，都要向主管部门报送固定资产交付使用率、生产能力建成率和资金占用率等投资效益考核报告；建成投产报告中要分析总投资完成率、技术改造工期、预计达到设计生产能力的年限和预计收回全部投资的年限等指标。

三、主权投资基金管理法律制度

（一）主权投资基金的概念与特征

关于主权投资基金的概念，存在诸多表述方式。依据中国人民银行《2007年国际金融市场报告》的相关表述，可将主权投资基金定义为与私人财富基金相对应的，由一国政府通过特定税收与预算分配、可再生自然资源收入和国际收支盈余等方式积累形成的，由政府控制与支配的，一般以外币形式持有的国家投资基金。一

般而言，我们可以把主权投资基金理解为由一个国家或地区政府设立的官方投资基金。

主权投资基金有两个显著的特征：一是主权投资基金是由国家直接拥有、控制与支配的，二是追求风险调整后的回报最大化目标。

（二）我国主权投资基金的设立

在我国高额外汇储备急需增值渠道和全球主权投资基金方兴未艾的背景下，2007 年 9 月 29 日，中国投资有限责任公司（China Investment Corporation）（简称中国投资公司、中投公司、CIC）成立，公司注册资本 15 500 亿元人民币（2 000 亿美元）。公司章程规定的经营范围为：境外外币债券等外币类金融产品投资；境外债券、股票、基金、衍生金融工具等金融产品投资；境内外股权投资；对外委托投资；委托金融机构进行贷款；外汇资产受托管理；发起设立股权投资基金及基金管理公司；国家有关部门批准的其他业务。

（三）我国主权投资基金的目标和职能

考虑到中投公司成立的特殊背景，在现阶段应从立法层面对中投公司的目标和职能进行一分为二的考量：一方面，从中投公司从事对外外汇投资的功能看，应从立法高度确立中投公司的商业利益导向（即为股东创造尽可能大的利润），防止授人以柄，使中投公司在境外投资中遭遇不必要的投资壁垒；另一方面，中投公司除了进行外汇投资之外，还有一个附属功能，就是延续汇金公司代表国家管理国有金融资产、向国有金融机构注资的职能，在这个方面，又应该淡化其商业利益导向，而强调其国家战略功能。

（四）我国主权投资基金的投资范围和投资策略

根据主权投资基金行为准则的要求，中国主权投资基金在对外投资的范围和策略上，应尽量坚持长期投资策略，并应主要从事纯粹意义上的境外投资，防范“返程投资”可能对国内外汇储备所造成的压力。所谓对“返程投资”的防范，应至少限制两种情况，其一为认购中国内地公司海外发行的股份并由该上市公司汇入境内使用；其二为入股境外投资机构再由该等投资基金对中国资产进行投资。中国内地公司发行海外股票，本身是为了募集境外资金，而由中投公司去认购股份，则不仅没有真正起到利用国外资金的目的，而且在中国的强制结售汇法律体系下，回流外汇资金会进一步增加中国的外汇储备，从而抵消中国人民银行为影响人民币汇率所作出的努力。

（五）中投公司与外管局在外汇投资上的分工

在我国，除了中投公司之外，另一家政府机构——国家外汇管理局也在进行着大量类似的境外股权投资。在中投公司设立后，中国的外汇储备盈余大体已经被分为两块，一块是保证国际清偿能力，以高安全性、高流动性和低收益性而存在的资产，这类资产构成外汇储备；另外一块则是实施相对积极管理的、中等流动性和较高收益的外汇投资，后一块则应由中投公司来运作。为保证国际清偿能力而对外汇储备进行流动性管理和为保证投资收益而对外汇投资进行积极管理，毕竟是两种风格迥异的投资管理，如果外管局和中投公司的投资组合大同小异，那么后者存在的必要性就基本消失。从主权投资基金行为准则角度看，以应付流动性为主要功能的外汇储备与以收益率为主要目标的主权投资基金不仅应在类别上进行分类，而且在投资原则、投资机构及其权限上也应有所不同。因此，应在法律上确定外汇储备与主权投资基金的划分方式，并对不同部分的管理和投资规定不同的原则和主管部门。在目前中国的法律框架下，管理外汇储备的机关应是中国人民银行，而对外汇储备的管理应以安全性和流动性为第一要义；管理主权投资基金进行外汇投资的应是财政部，通过投资中投公司进行，以追求有管理风险基础上的收益率为第一要义。

第五节 国家投资程序法律制度

一、国家投资建设程序

投资建设程序是指每个建设项目从投资决策、建设实施直到竣工验收、交付使用的全过程中应经过的阶段及其先后顺序。它是人们在长期实践中对固定资产投资等国家投资经营活动规律性的认识。国家所进行的固定资产投资活动也必须遵循基本建设程序，不能违反。根据《国家计委关于基本建设设计工作管理暂行办法》(1983 年 10 月 4 日发布并实施)、《国家建委关于设计文件的编制和审批办法》(1978 年 9 月 15 日发布并实施)以及《建设工程招标投标暂行规定》(1984 年 11 月 20 日发布并实施)、《建设项目(工程)竣工验收办法》(1990 年 9 月 11 日发布并实施)等文件的规定，现行的建设程序包括项目建议、可行性研究、项目设计、施工准备、项目施工、竣工验收等几个阶段。①

(一) 项目建议

提出项目建议是投资建设程序的最初阶段，由建设单位根据国家长远规划，以及部门、地区、行业发展规划的要求，以项目建议书的形式，提出某种项目建设的建议，供主管部门选择，并确定是否进行下一步可行性研究工作。

项目建议书是投资者对准备建设的项目提出的大体轮廓性的设想和建议。其主要内容包括：(1) 建设项目提出的必要性和依据(其中引进技术的进口设备项

① 漆多俊主编：《经济法学》，高等教育出版社 2003 年版，第 260—263 页。

目，还要说明国内外技术差距概况以及进口的理由）；（2）产品方案、拟建的生产规模、建设地点的初步设想；（3）资源情况、建设条件、协作关系（引进技术和进口设备的要作出引进国别、厂商的初步分析和比较）；（4）投资估算和资金筹措设想（利用外资项目要说明理由，外资的可能性以及偿还能力的大体测算）；（5）项目引进安排；（6）经济效益和社会效益的初步估计。

项目建议书按要求编制完毕后，按项目建设规模和建设性质分别向有关机关报批。其中，大中型基本建设项目和限额以上项目建议书，由行业归口管理部门根据中长期规划的要求，着重从建设布局、资源合理利用、经济合理性、技术政策等方面进行初审，提出意见报国家计委（依据国务院机构改革方案，原国家计划委员会于1998年更名为国家发展计划委员会，又于2003年将原国务院体改办和国家经贸委部分职能并入，改组为国家发展和改革委员会，其相关主管职能划归国家发展改革委员会，下同）；国家计委从建设总规模、生产力布局、资源优化配置、资金供应可能、外部协作条件等方面进行综合平衡后审批。小型和限额以下项目，中央投资为主的，由行业归口部门审批；地方投资的，由地方计划部门或行业主管部门审批或者由投资企业自主决定。

（二）可行性研究

开展可行性研究是项目建议书批准后项目定向决策的关键性阶段。由项目建设单位组织，对项目技术是否先进、实用、可靠、经济是否合理，以及财务上是否赢利进行论证，并作出可行性研究报告。可行性研究报告时确定建设方案的基本文件主要包括以下内容：（1）项目提出的背景和依据；（2）需求预测和拟建规模；（3）产品方案及技术经济比较分析；（4）资源、原材料、燃料及公用设施情况；（5）建设条件及地址方案；（6）设计方案；（7）环境保护；（8）组织、劳动定员和人员培训；（9）实施进度；（10）投资估算和资金筹措；（11）社会及经济效益评价。

经过可行性研究，对各种方案比较分析，证明项目建设确属可行，即可申报可行性研究报告。其中，大中型和限额以上项目由国家计委委托中国国际工程公司对项目的可行性研究报告进行评估，同时由该项目的行业主管部门进行初审，提出审查意见。然后，根据评估报告和审查意见，由国家计委进行审批。其中总投资在2亿元以上的项目，由国家计委进行审核后，报国务院批准。地方投资安排的文化、教育、卫生事业大中型项目，由省级计划部门审批，报国家计委和有关部门备案。小型项目和限额以下项目，属中央项目的由行业归口部门审批，属地方项目的由地方计划部门审批。

可行性研究报告批准后，不得随意修改、变更。如确需调整可行性研究报告中主要指标的内容，必须经原批准单位重新审查批准。

（三）项目设计

前两个阶段是项目决策阶段，项目设计阶段则是项目建设实施的开始阶段。

因设计以勘察为依据，需要勘察提供足够的水文、地质等重要基础材料，故常把这一阶段称为勘察设计阶段。

一般项目设计实行两阶段设计，即初步设计和施工图设计；特大型的、技术特别复杂的项目实行三阶段设计，即初步设计、技术设计、施工图设计。有些比较简单的小型项目也允许将施工图设计合并进行，一次完成。一些大的煤矿、林区、油田、大型联合企业，为解决总体开发方案和总体部署等重大问题，在初步设计之前，还要编制总体设计。

设计阶段的主要成果是设计文件，这是国家安排建设计划和项目组织工作施工的主要依据。其中，初步设计时根据批准的可行性研究报告和必要、准确的基础资料，对设计对象进行的通盘研究、概略研究和总体安排，初步设计文件一般包括以下几个方面的内容：(1) 设计依据和指导思想；(2) 建设产品方案，原材料、燃料和动力的需要量和来源；(3) 工艺流程、主要设备造型和配置；(4) 主要建筑物、构筑物、公用辅助设施和生活区建设；(5) 总运输图、占用面积和土地使用情况；(6) 外部协作配合条件；(7) 综合利用、环境保护和抗震、人防措施；(8) 生产组织、劳动定员和各项技术经济指标；(9) 建设顺序和期限；(10) 工程总概算等。技术设计是在初步设计确定的建设方案基础上，对重大技术问题进一步进行科研试验、设备试制，取得可靠数据和资料，由此完成高一阶段的设计工作。技术设计的具体内容要比初步设计更具体、更精确。施工图设计是设计工作的最后一个阶段，是根据初步设计(或技术设计)进行编制，按照建筑工程、安装工程和非标准设施制造需要，进一步将初步设计具体化、明确化，把工程和设备各构成部分的尺寸，布置和主要施工方法，用图纸和文字形式加以确定，是初步设计的细部补充，是工程据以施工的基本蓝图。

设计文件完成后要按规定报有关部门审批。国家重点项目、大中型建设项目和限额以上项目，按项目隶属关系，由中央主管部门或省级主管部门批准，小型项目的审批权限，由中央主管部门和地方政府自定，或由企业自行审定；施工图设计的质量由设计单位负责。

设计文件经批准后同样不得擅自改动。凡修改及可行性报告主要内容的，须经原审批可行性报告的部门批准，凡修改涉及初步设计主要内容的，需经原设计文件批准单位同意。

（四）施工准备

设计文件批准后，可申请将建设项目列入年度固定资产投资计划，同时进行施工准备工作，包括编制建设的具体实施方案，制定年度工作计划；组织设备和材料订货，进行招标或预算，选择施工单位，或直接委托施工单位，并订立施工合同；进行征地、拆迁和平整场地；完成施工用的水、电、路和场地；准备必要的施工图纸；施工单位完成组织设计，进行临时设施建设等。

（五）项目施工

完成各项准备工作，项目列入年度计划后，即可提出开工报告，申请批准工作。其审批权限是：大中型项目或限额以上项目，由国家计委批准；小型或限额以下项目，按隶属关系，中央项目由主管部门或其委托部门审批，地方项目由同级计委或者政府的主管部门、行业主管部门审批。开工报告获得批准后，建设单位就可根据施工合同，委托施工单位组织实施。

（六）竣工验收

建设项目竣工验收是项目建设实施全过程的最后一个阶段，是考核项目建设成果、检验设计和工程质量的重要环节，也是建设项目由建设转入生产或使用的一个重要标志。按国家现行规定，凡列入固定资产投资计划的建设项目或单项工程，不论项目的建设性质如何，只要按批准的设计文件内容建设完毕，具备投产和使用条件的，都必须及时组织竣工验收，根据项目大小，按隶属关系由国务院及主管部门或项目所在地的有关部门组织验收。

二、国家投资监管程序

国家投资监管主要包括立法机关、政府和有关社会组织对投资活动的审查监督。我国现在尚未建立完善的监管程序，从国务院 2004 年发布的《投资体制改革的决定》中我们可以看出完善投资监管要求建立和完善政府投资监管体系；建立健全协同配合的企业投资监管体系；加强对投资中介服务机构的监管；完善法律法规，依法监督管理。现有的投资管理制度主要包括以下方面。

（一）重大项目评议制度①

为了提高项目决策的科学化、民主化水平，我国固定资产投资体制改革将重大项目评议制度列为建设项目管理的一项重要措施。按照要求，凡事关国计民生和长远发展的重大建设项目，在项目决策时，要邀请工程技术、经济管理、社会发展等各方面的专家、学者和各界人士进行评议，广泛听取各方意见。对少数投资规模特别大的项目要经过全国人民代表大会审查批准。

（二）项目概预算管理制度②

按照规定，建设项目概预算的编制必须依建设项目的概预算构成内容，包括静态投资和动态投资，打足投资，不留缺口；铺底流动资金也要纳入项目总投资。要提高概预算编制的准确性，确保其严肃性，严格按照批准的可行性研究报告进行工程设计。初步设计概预算超过原可行性研究报告估算的总投资一定比例的，要报

① 李昌麒：《经济法学》（第三版），中国政法大学出版社 2007 年版，第 424 页。
② 同上。

原批准单位重新确认。

（三）建设项目招投标制度①

建设项目招投标制度是工程建设引入竞争机制以及对建设项目进行管理的有效措施。全面推行招投标制度，是我国固定资产投资体制改革的方向之一。建设项目的设计、施工、成套设备的采购和监理单位的选定，除受资源限制和国家有关特殊规定者外，都要按规定程序由建设单位通过招投标自主择优确定，任何单位和个人不得非法干预。

【复习思考题】

1. 为什么说国家投资法是经济法的重要组成部分？
2. 试析国家投资法与国有资产管理法、国有企业法、宏观调控法的关系？
3. 国家投资政策包括哪些具体内容？
4. 国家投资管理体制应如何适应社会经济发展的需要？
5. 国家投资主体包括哪些？
6. 什么是主权投资基金？

① 李昌麒：《经济法学》(第三版)，中国政法大学出版社 2007 年版，第 424 页。

第十二章 国有企业法

第一节 国有企业概述

一、国有企业的定义、性质和特征

（一）国有企业的定义

长期性的国家投资经营活动需要组建企业，即国家投资企业。国家投资企业按国有资产投入比重，可分为国家全资（独资）企业、国家（或国有）控股企业、国家一般持股企业。[①] 国有企业是指资本全部由国家投入或国有资本在所投资企业中处于控制地位，依法设立从事生产经营活动的组织体。在各国国有企业发展历程中，初期多为国家独资并由国家直接经营的国有企业、国营企业，以后除仍保留少数国有全资企业外，多改为由国家控股的公司。

（二）国有企业的性质

1. 国有企业兼具私法人与公法人的特性

国有企业全部或主要由国家投资设立，由国家有关主管机关或其授权部门进行管理，在国有并国营情况下，它们还委派国家工作人员进驻企业，担任企业负责人，主持生产经营活动。但国有企业的设立和组织体制毕竟不同于国家机关。国有企业分担一定的国家管理职能，但不同于国家机关以专司某种国家管理为本职，而是主要从事生产经营活动。国家及其有关政府部门对国有企业进行较为严格的管理，但毕竟不同于对一般国家机关或科室的管理，而赋予其相当的自主权。国有企业的组织与活动所适用的法律具有公法性，但又有许多私法性质的条款，并适用其他一般企业法的许多基本规定。

2. 国有企业兼具社团法人与财团法人的特性

国有企业是一个组织体，具有“人的团体”的特征，但它并不必备“两个以上出资人”的要求，而是全部或主要由国家出资，体现出以国家拨付（投资）的“特定财产为中心”这一财团法人因素。它具有社团法人“对于人的团体赋予权利能力”的特

① 漆多俊：《对国有企业几个基本问题的再认识》，《经济学家》1996 年第 2 期。

征,又有财团法人“对于供一定目的(用于生产经营)的特定财产赋予权利能力”的性质。国有企业有一定的人作为其成员,设立人于企业成立后,它或由它委派的代表即为其成员,但其作为成员并非股东,只是国家股东的代表。社团法人的设立须有二人以上的合同行为,但国有企业可以由一个国有投资主体设立,成为国有独资企业。国有企业也有其最高意思机关即最高权力机关,但不是社员(股东)大会。国有企业的最高权力机关有一定的决策权,但并非为全权,企业许多重大事项须经国家主管机关决定,它并非为完全自主性的法人。此外,财团法人限于公益法人,不具有营利性,但国有企业兼具公益性和营利性二者的特点。

3. 国有企业兼具营利法人与公益法人的特性

国有企业一般有营利的目的,但往往不以营利为其唯一目的。有些国有企业从其开办之初就不是或主要不是为了营利,而是为了实现国家调节经济或其他国家政策,为了国民经济的总体和长远发展或其他方面的国家和社会利益,此即为了公益。营利法人不仅应有营利目的,而且以其利润分配于成员。国有企业在实行国营时,其利润上交国家;实行其他经营形式的,利润也在国家与地方经营者之间进行某种分配。

综上所述,国有企业是企业,但它是一种特殊企业;国有企业是法人,但它是一种具有特殊性的法人。如果加强国有企业的营利性一面,而减轻其政策性使命,扩大它的生产经营自主权,而减少政府对它的干预管理,则国有企业更像一般企业(更接近于一般企业的各项特征)。作为法人,它更接近于私法人、社团法人和营利法人;反之,则国有企业更像国家机关或其附属物,作为法人,它更接近于公法人、财团法人和公益法人。

从上述国有企业的特性中我们还可以得出以下一般结论:(1)企业的特性在于其经营性,而非营利性。所谓经营性是指基于一定的经济目的进行筹划运作,考虑投入产出,重视经济核算,以参与社会的经济或文化活动。经营的目的在大多数情况下是为了营利,但经营性与营利性不能画等号。一般而言,私人企业一般以营利为目的,但国家参与投资设立的为社会提供公共产品的企业,可以不以营利为目的。[①] (2)国有企业并不全部具有法人性,不能将法人作为定义国有企业的属概念。在国有企业当中,有的具有法人资格,也有的不具有法人资格。[②] 不具有法人地位的国有企业在各国虽不多见,但一直是客观存在的事实。如在我国就至少可能存在两类不具有法人资格的国有企业:(1)依据《民法通则》第52条可以组建国有联营企业;(2)依据《中外合作经营企业法》可以组建以国有资本为主导的中外

① 漆多俊:《经济法学》,高等教育出版社2007年版,第261页。
② 同上书,第262页。

合作经营企业。①

（三）国有企业的特征

国有企业具有企业的基本特征：(1) 它从事生产经营活动，可以具有营利性；(2) 依法设立，法律确认其一定的权利义务；(3) 它可以具有法人资格。

国有企业是一种特殊企业，其特殊性表现在以下几个方面。

(1) 国有企业的资本构成全部或主要来自国家投资。国家以其所有的资产(国有资产)出资，投入企业运营。国家(它授权的投资主体)可以作为企业唯一的出资人，开办国家独资企业，成为企业全部资本的所有人，对企业行使所有者权利。国家授权的投资主体也可以同其他一个以上国家授权投资主体共同出资组成企业，这时该企业的资本(股份)所有权由两个以上国家授权投资主体共同或集体行使。由于各个国家授权投资主体均作为国家所有权人的代表，他们所代表行使的均为国家所有权，国家所有权是统一的，所以这种企业的财产权仍全部为国有。国家授权投资主体还可以同非国有单位或个人共同出资开办企业。如果其中某一国有投资主体的出资在企业总出资中占主要部分，即占50%以上，或者虽然低于50%，但实际上控制了该企业的经营决策，这种企业便是国有控股公司。国有控股公司中的财产所有权属于公司，国家对公司中的国有股份享有股权。

(2) 国有企业并不必然以营利为目的。国有企业虽然同其他所有制企业一样都从事生产经营活动，但民间投资企业从事生产经营活动是以营利为目的。国有企业从事生产经营活动虽然也有营利目的，或者说一般也为营利，但也有非营利性目的，或者说它不以营利为唯一目的。国有企业要执行国家计划和经济政策，担负一定的政治和社会公共职能。对于某些重要行业和产品，明知在一定时期内不能营利，也要或者说更需要国家投资开办企业。而等到以后其经营能够营利或盈利率较高时，民间社会愿意投资了，这时国家倒往往可以减少投资，甚至退出这些领域。

(3) 国有企业同所有其他企业一样都必须依法设立，但它们所依据和适用的法律有所不同。国有企业依据和适用国家制定的关于国有企业特别法，虽然它们也适用一般企业法的许多一般性规定。国有企业法同一般企业法比较，在企业设立程序、企业的权利义务、国家对企业的管理关系等方面，其规定有所不同。国有企业设立的法律程序较其他企业更为严格、复杂。国有企业往往享有许多国家给予的政策性优惠和某些特权，如某些行业经营的垄断性、财政扶助、信贷优惠以及在资源利用、原材料供应、国家订货和产品促销、外汇外贸等方面的优惠、亏损弥补和破产时的特殊对待等。但同时国有企业也受到国家和有关主管部门的政策性限制，承担许多特别的义务，如必须执行国家计划、价格权限制、生产经营自主权限

① 史际春：《国有企业法论》，中国法制出版社1997年版，第52页。

制，要优先保障国家和社会需要，满足国家调节经济的要求，有时利微或无利也得经营，等等。国家对其他企业的管理，主要是制定其组织和活动的一般规则，要求其守法和照章纳税；而对于国有企业，国家需要以政权和所有者双重身份进行管理。在许多方面，国家(其代表者)要以自己为一方主体同企业和企业中有关各方直接发生各种法律关系。在国有并实行国营情况下，这种情况尤为突出。在国有民营时，国家对企业的直接管理较为宽松一些。

(4) 国有企业凡具备法定条件，即取得法人资格，但国有企业作为法人，同一般企业法人比较有其特殊性。凡法人都应拥有独立财产，一般企业法人对其财产拥有所有权。依据《全民所有制工业企业法》具有法人资格的国有企业(这里指国有独资企业)对财产只享有经营管理权，而无所有权，所有权归国家。依据《公司法》组建的国有独资公司和国有控股公司享有独立的法人财产权。另外，在所属法人类型上，国有企业法人也有其特殊性。法人通常可分为私法人与公法人、社团法人与财团法人、营利法人与公益法人等。一般的企业法人属于私法人、社团法人和营利法人，国有企业却兼具不同类型法人的特点。

认识国有企业的上述性质特点具有重要意义。国家可以由此来恰当确立政府同企业的关系，制定正确的政策和法律。对于那些必须让其负担重要的政策性任务的企业，国家有必要适当地予以控制和管理；对于其他国有企业，则可以适当强化其企业性的一面，让其更接近于一般企业的各项特征。另一方面，国有企业既然是特殊企业，则不管如何强化其企业性的一面，它终究不能完全如非国有企业那样具有独立性和自主性等特点。并且，它既然是特殊企业，那么在整个国民经济中的比重不宜过大，不宜成为社会中企业的主体，即主要的企业形态。

二、国有企业的分类①

无论是在实践中，还是在理论上，国有企业都可以被划分为不同的类型。这些类型划分主要是用来反映国家在国有企业中所占资本比例的不同，也反映了由此带来的国有企业与政府关系的差异。

(一) 对国有企业可以适用多重标准进行分类

对国有企业的分类标准不是唯一的，从不同的角度出发，可以对国有企业进行不同的分类。通用的分类方法至少包括以下几种。

(1) 按是否存在竞争以及竞争程度大小可以分为垄断性国有企业和竞争性国有企业。

(2) 按投资来源的不同可以将国有企业分为中央政府直接投资的国有企业、

① 漆多俊：《经济法学》，高等教育出版社 2007 年版，第 265—269 页。

地方政府投资的国有企业和混合投资的国有企业。

(3) 按中央政府投资的国有企业的资本比例不同可以分为政府独资企业、政府投资控股企业和政府投资参股企业等。

(4) 按行政隶属关系的不同可以将国有企业分为中央国有企业和地方国有企业。

(5) 按国家对企业的控制程度的不同,可以将国有企业分为三种:一种是政府及其部门控制的没有独立人格的国有企业,其财务在一定程度上与政府预算有直接联系;第二种是公法人企业,系指依照专门的法律设立和经营的国有企业;第三种是政府控制的商事公司,即依照私法设立和经营,政府作为股东,依民商法和公司法参与其决策和经营的企业。

(6) 从法律地位的不同可以分为具有独立法人地位的国有企业和不具有独立法人地位的国有企业。这种分类具有典型意义,可以被视为对国有企业的基本分类。

(7) 根据国有企业组织形态的不同,国有企业大致可以分为非公司制国有企业和公司制国有企业两类。非公司制国有企业是指那些尚未进行公司制改组的国有企业,这类国有企业主要仍以传统的工厂制的形态存在。公司制的国有企业是指那些由传统的工厂制国有企业改组而来或直接按公司制度的要求新设立的国有企业。公司制的国有企业又可以分为国有独资公司和一般的公司制国有企业两类。

上述诸种对国有企业的分类,其意味并不一致,有的更具有法律意味,而有的更具有经济学和管理学的意味,鉴于本书的立场,下面我们着重分析两种较具有法律意味的分类。

(二) 以法律地位为标准对国有企业的分类

从法律地位的角度对国有企业进行分类具有典型意义。以法律地位为标准划分的国有企业可以分为以下几类。

1. 政府直接管理的不具有独立法人地位的国有企业

非法人性质的国有企业主要分布在一些公用事业及其基础设施建设领域,包括:邮政部门、国家印刷厂、存款银行以及与基础设施相关联的供水、供电、公路建设等。这类国有企业完全由国家投资设立,在人事、财务等方面都受政府的控制,企业不能独立承担责任。

非法人性质的国有企业在很多国家都存在。例如,根据美国的法律规定,非法人的公共事业机构,如国家科研机关、实验室以及各种实验性企业和工场,也被划入国有制企业的行列。又如在日本,政府直接管理的不具有独立法人地位的国有企业又叫做政府企业,或现业。但是为确保获得必要的事业收入,在经营管理方面也具有一定的自主性。这些企业中最典型的就是"政府四现业",即大藏省的造币局、印刷局(仅承担银行券、纸币、邮票等的印刷),以及农林水产省负责的国有林业、邮政省负责的邮政事业。不过,总体来说,目前,这类企业在各国国有企业中所占的比例较少。

2. 全部由国家出资具有独立法人地位的国有企业

这类国有企业又可以分为两类:一类是受国家直接控制的国有企业,亦称之为官方企业。这类企业完全属于国家所有,并直属于国家某一行政机构。在行政和财务上无独立权限,所有经济活动都通过各国中央和地方政府的预算进行。另一类是国家间接控制的国有公司(也叫公共公司)。这类企业与前类企业相比,虽然在职能、权限以及部分资产出售等方面需按中央和地方政府的指示办事,但在生产和财务上则拥有较大程度的独立性,并可以作为独立的法人同其他私人公司(也包括外国公司)发生合同关系。

在日本,特殊法人企业即属于这类国有企业。特殊法人是根据商法以外的特别法设立的。每个特殊法人的设立背后,都有一件特别的立法。如1948年根据《日本国有铁路法》成立了特殊法人"日本国有铁路公社";1952年9月根据《电源开发促进法》成立了特殊法人"电源开发股份公司"等。此外,在英国、法国、新加坡等国也存在这一类国有企业。

总的来看,此类国有企业在世界各国一般都存在于以社会服务为基本目标的公用事业行业,如铁路、邮政、电讯、煤气、自来水等。它们是依据国家某项具体法规创办和经营并隶属于政府某一管理部门的经济实体。

对于我国而言,具有法人地位、资产又全部归国家所有的企业主要是一些非公司形态的传统国有企业和按公司法设立的国有独资公司。

3. 国家拥有控股权或控制权的具有独立法人地位的混合型国有企业

此种国有企业,一般采用股份公司的形式。混合型企业中,有国家股份和私人股份;在国家股份中,既有中央政府的也有地方政府的。在我国,国有企业完成公司制改组后,大多数变成了这一类企业。这类国有企业又采取了两种形式:股份有限公司和有限责任公司。

(三)根据所处行业竞争状况的不同对国有企业的分类

根据国有企业所处行业的竞争状况的不同,我们可以将国有企业分为两大类:即垄断性国有企业和竞争性国有企业。

1. 垄断性国有企业

垄断性国有企业是指这些企业不具有竞争性,存在规模效益或网络效益,并需要大量基础设施投资。这类企业主要集中在能源、交通、邮电通信等基础产业和基础设施部门。为了保证国家和社会的利益,对于这些国有企业主要由中央或地方政府直接或直接授权有关机构投资经营,在这些行业的竞争必然要受到限制,或者根本就不允许竞争。在法律上,这类企业多为特殊企业,企业形态主要表现为由特别法调整的法人企业、国有独资公司、国家控股公司等形式。

一般而言，垄断性国有企业同时还具有政策性特征，营利不是它们的主要经营目标。

2. 竞争性国有企业

竞争性国有企业，是指所处的部门存在大量私人企业、国内和国际市场上有众多竞争对手的国有企业。这类企业主要集中在加工工业、建筑业、商业、服务业等领域。一般而言，竞争性国有企业还具有营利性特征，在其经营目标中营利占有较重要的地位。

正是由于政府与竞争性国有企业的关系较不同于垄断性国有企业，所以，在法律适用上也有较大不同，竞争性国有企业一般直接适用于普通的商法，而无更多的特殊法来对之进行调整。

第二节 国有企业法概述

一、国有企业法的概念、性质和特征①

（一）国有企业法的概念

凡国家全资或国家控股的企业统称为国有企业，关于国有企业的组织和经营管理的法律，即为国有企业法。② 根据不同的标准，国有企业法可以有不同的分类。例如，按照立法形态的不同可以分为形式的国有企业法和实质的国有企业法，按照立法内容的不同可以分为狭义的国有企业法和广义的国有企业法。

狭义的国有企业法只包括关于国有企业组织与运行的法律规定，而不包括国有企业改革法律规定。而广义的国有企业法则既包括关于国有企业组织与运行的法律规定，也包括国有企业改革的法律规定。

（二）国有企业法的性质和地位

说起一部法的性质，无非是指这部法在法律体系中的部门法地位和归属，也即它究竟属于哪一种部门法。在我国，学者们一般都认可国有企业法在总体上属于经济法的范围，但是在更具体的分析上，则存在不同的看法。有的学者认为，国有企业法“属于经济法中的主体制度或企业制度，它与民法中的主体制度和企业制度——自然人和法人的一般人格制度、自然人独资经营和合伙经营的企业制度等，

① 漆多俊：《经济法学》，高等教育出版社 2007 年版，第 256—259 页。
② 漆多俊：《经济法基础理论》（第四版），法律出版社 2008 年版，第 216 页。

共同对社会主义市场经济活动的主体加以法律规范”[①]。另有学者认为，国有企业法属于经济法的三大组成部分之一——国家投资经营法的范围，国有企业法、国家投资法和国有化、私有化或国企改革法三者共同组成了国家投资经营法。[②] 我们赞同后一种观点。以下对此简要论述。

在以所有制形式为标准划分企业形态的时期，国有企业（全民所有制企业）曾经是一种极为重要的企业类型，与集体所有制企业和私营企业一起组成了我国旧有的企业形态体系。在传统的企业法律形态体系下，国有企业不仅是体现国家特殊政策指向的载体，而且也是《民法通则》等法律所承认的民事主体的一种。目前，在社会主义市场经济体制下，虽然国家出于调整产业结构等特殊目的的需要，还保留了国有企业、乡镇企业、高新技术企业等特别企业形态，但是我国的企业形态体系的划分已经逐步过渡到以产权形式、责任承担方式和企业组织形式为标准进行划分，企业形态体系已经主要由公司、独资企业和合伙企业组成。国有企业本身也采取了股份有限公司、有限责任公司、国有独资公司、非公司制国有独资企业及合伙企业等多种形式。国有企业在法律上的独特性主要体现在与国家关系方面，也即国家对其采取的特殊政策上，而不是在企业的组织结构等方面。所以国有企业立法作为市场主体立法的特殊性已经逐步淡化，而作为国家政策立法的特征却在逐步加强。

国有企业法是国家投资经营法的重要组成部分，在中国和其他社会主义国家经济法体系中的地位很重要。国有企业由于其特殊的性质而与国家有着密切的联系，它是国家直接参与经济运行并运用经济方法调控经济的重要手段，在我国，企业改革后所保留的国有企业更是对于国民经济运行有着举足轻重的作用。对这一重要企业组织和行为的规范有助于充分发挥国有企业实现国家经济政策目标、维护社会公共利益、维护社会稳定的职能；也有助于引导其他形式企业的发展，保持产业结构的基本稳定；更有助于政府真正转变职能，把对国有企业的管理纳入法制轨道。[③]

在实行生产资料社会主义公有制的国家，国有经济长期居于领导地位，并成为国民经济的主要部分，特别是众多的国有大中型企业掌握着国家的经济命脉，控制着各种重要的生产和流通。国家经济工作的重点一直放在国家投资和国有企业方面。关于这方面的立法在整个国家经济立法中占据着重要的地位，其数量之多，内容之广，体系之完备，超过了其他任何方面的立法。中国自 20 世纪 70 年代末开始经济体制改革，而改革的中心环节一直是国有企业的改革。为了保障和推进改革，

① 史际春：《国有企业法论》，中国法制出版社 1997 年版，第 85 页。
② 漆多俊：《经济法基础理论》（第四版），法律出版社 2008 年版，第 4 页。
③ 刘大洪：《试论市场经济下中国国有企业及国有企业法》，《法律科学》1997 年第 3 期。

国家不断地颁布和修订大量的关于国有企业改革的法律、法规。这使得这方面的立法在整个国家经济立法中的地位更加重要。1992 年国家决定实行社会主义市场经济。1997 年中共中央十五大决定进一步加快国有企业改革步伐，并实行改组改制。我国国有企业改革还将经历较长时期。在当前及今后一段时间内，关于国有企业，特别是关于国有企业改革的立法，仍将主导着我国的整个经济方面的立法，仍将在经济法体系中占据重要地位。①

（三）国有企业法的特征

(1) 国有企业法是一种组织法。国有企业法以国有企业的这种社会组织为规范对象，规定并调整其设立、变更、终止。同时，国有企业的这种组织的存在依靠各种运作行为来支撑，例如，企业的兼并或改组、股份和债券的发行及转让、债务的偿还、盈余的分配等，这些行为中有的与非国有的普通企业的运作行为无异，可以适用一般民商法的规范，而有的行为却因国有企业的身份带上了特有的内容，应该属于国有企业法的范畴。

(2) 国有企业法也具有政策法的特质。国有企业是一种特殊的企业，其特殊之处就在于"国有"二字，它们资本的全部或主导部分属于国家，它们不同程度地受到国家的控制，它们的经营要服从国家调节社会经济的根本需求，政策对于国有企业而言是很重要的，国有企业法中的政策性特质也是相当重的。大凡国有企业的分布领域，国家与国有企业的关系等无不涉及政策性的内容，而这些方面也正是国有企业法的重要内容。从国有企业所承载的功能来看，国有企业法作为国家政策法的性质也是十分明显的。国有企业是作为国家调节社会经济的手段和工具而出现的。为满足国家调节社会经济的需要，国家对国有企业适用特殊的政策，既要在金融、税收等方面对国有企业给予优惠，又要求国有企业服从于国家调节社会经济的大局。国有企业无论是采取股份有限公司的形式，还是采取有限责任公司甚至非公司制企业的形式，其与非国有企业的区别都在于与国家的特殊关系方面。国有企业与国家之间关系的特殊性根源在于国有企业所承担的任务的特殊性，其外在表现就是国家对于国有企业采取的政策的特殊性。

二、国有企业法的渊源

国有企业立法的表现形式基本上分为两大类：一类是专门的国有企业立法，其包括的法律规范仅仅或者主要是适用于国有企业；另一类是非专门适用于国有企业的立法，如公司法，国有企业采取公司的形式的，要适用公司法的相关规定。②

① 漆多俊：《经济法基础理论》（第四版），法律出版社 2008 年版，第 226 页。
② 漆多俊：《经济法学》，高等教育出版社 2007 年版，第 259—260 页。

1. 国有企业基本法

国有企业基本法是指由全国人民代表大会或其常委会制定颁行的法律文件。在我国,国有企业基本法主要是指1988年4月13日通过并于同年8月1日起施行的《全民所有制工业企业法》。这部法律从名称上看仅适用于工业企业,但是该法中明确规定其原则还适用于全民所有制交通运输、邮电、地质勘探、建筑安装、商业、外贸、物资、农林、水利企业等。虽然该法施行的效果并不理想,但是不可否认的是,这是我国第一部调整国有企业的基本法律。

2. 单行法律规定

这是我国国有企业的主要立法形式。这些单行法规中全国人大常委会制定颁行的数量很少,主要由国务院及国务院各部委发布,采用条例、规定、办法及意见等形式,具有较强的时效性和针对性。如《全民所有制工业企业转换经营机制条例》(1992年)、《国有企业监事会暂行条例》(2000年)、《全民所有制工业企业厂长工作条例》(1986年)、《全民所有制工业企业职工代表大会条例》(1986年)、《全民所有制工业企业承包经营责任制暂行条例》(1988年)、《全民所有制小型工业企业租赁经营暂行条例》(1988年)等。这些单行法规数量多,涉及范围广,丰富了国有企业法的内容。

3. 其他相关部门立法中有关国有企业的规定

在民商事立法、行政立法及其他立法中也有一些有关国有企业的法律规范,这些规范也是国有企业法的有机组成部分。如,在《公司法》中就有不少关于国有企业的规定,主要有:关于国有公司董事会应当有职工代表的规定(第45条);关于国有独资公司的规定(第二章第四节)等。

第三节　国有企业的设立和经营制度

一、国有企业的设立、变更和终止

(一) 国有企业的设立

涉及国有企业的设立的法律制度较为广泛,包括国有企业的设立方式和途径、设立原则、设立条件和程序等。在这些内容中,有些属于一般公司均适用的规定,有些则只是国有企业才能适用,或主要为国有公司所适用的规定。在这里,我们重点介绍与国有企业的设立具有独特联系的法律制度。

(1) 公司制国有企业的设立方式。我国《公司法》规定了公司的两种设立方式:发起设立和募集设立。国有企业同样可以适用这两种新设立的方式。另外,国有企业还可以通过改制设立公司制国有企业。

(2) 非公司制国有企业的设立方式。国有企业的特殊性和表现形式的多样化,决定了其设立方式的多元化。主要包括财政直接拨款设立、国家授权投资的机构或者国家授权的部门单独或共同设立、通过股权收购或整体购买使民营企业转变为国有企业等。

(二) 国有企业的变更

政府可以决定或者批准国有企业的合并。政府决定或者批准合并的,在国有企业的范围内,可以采取资产无偿划转方式进行,合并方案由政府主管部门或者企业提出。在政府主管部门的主持下,合并各方充分协商后,订立合并协议。原企业的债权债务由合并后的企业承担。企业可以自主决定兼并其他企业。企业被兼并须经政府主管部门批准,被兼并企业的债权债务由兼并企业承担。经政府批准,国有企业可以分立。企业分立时,应当由分立各方签订分立协议,明确划分分立各方的财产和债权债务等。在发生了变更之后,应该在法律规定的期限之内办理相关的变更登记手续。

(三) 国有企业的终止

国有企业的终止是指作为法律主体资格的消灭。国有企业由于下列原因之一终止:(1) 被撤销。(2) 被解散。(3) 依法被宣告破产。(4) 其他原因。

企业被政府主管部门决定撤销或解散的,由政府主管部门制定成立清算组进行清算。企业被宣告破产的,由人民法院依法组织有关机关和有关人员组成清算组进行清算。国有企业的终止,应当依照法律法规的规定,经工商行政管理部门核准登记,并向国有资产管理部门办理产权注销登记。

二、国有企业的经营方式

(一) 企业经营的主要方式

企业的经营方式,按照其财产所有权同经营权结合或分离关系诸形态,最基本的有以下几种:

(1) 同一式。企业财产由出资的所有权人直接经营,经营权人与所有权人同为一体。

(2) 代表式。企业财产由出资的所有权人从其成员中委派代表负责经营。该经营者代表所有权人主要行使经营权,但也行使部分所有权。其经营权和所有权都不充分,企业的许多重大事项必须向委派者请示汇报才能作出决定。

(3) 代理式。企业财产所有权人委托他人(第三人)代理经营事务,行使经营权,经营后果由所有权人承受。

(4) 租赁式。企业财产所有权人委托他人经营,所有权人为出租方,经营者为承租方,双方签订企业租赁经营合同,具体确定经营权行使的范围和方式,经营后果主要由经营者承担。

(5) 合股式。财产所有权人以特定财产出资，同其他出资人共同组成公司。各出资人向公司让渡出资财产原所有权，组成公司法人财产所有权，出资人成为公司股东，换取股权；公司组成负责经营的机构，在公司内部实行两权分离。合股式又分为控股式与一般持股式两种。

(二) 国有企业的经营方式

国有企业的经营制度有着许多不同于其他企业的显著特点。

国有企业的经营方式不能实行同一式。因为不能由国家这个庞大的集合体或作为其代表者的最高国家机关来直接经营企业。但可以按照统一分工由国家的各级有关政策部门负责各国有企业的经营管理工作。各个政府部门也不能直接进行经营，只能由其委派国家工作人员作为负责人进驻企业，主持企业经营管理事务。这就是代表式经营。例如我国过去的国有企业都实行国营，国营实际上就是这种代表式经营方式。代表式经营有利于企业执行国家政策，贯彻国家管理意图，但不利于企业独立自主经营，充分接受市场调节，企业经济效益往往欠佳。这种企业太多，势必影响国民经济总体效益，制约经济发展。我国经济体制改革以后，于20世纪80年代后期，国有企业改变了这种经营方式。

国有企业也可以实行代理式经营。但代理式经营后果需由被代理人承担，如果经营不善，造成的亏损全落到国家头上。因此，经营代理人挑选十分重要，他们一般应是“亲政府人士”。西方有实行含代理式因素经营方式(例如在法国，国有企业董事会成员中1/3为政府代表，1/3为社会人士，1/3为企业职工代表。董事长可以由社会人士担任，但必须为亲政府人士)，但各国都未见有典型的代理式经营的国有企业。

国有企业实行租赁式经营，无论在西方国家或我国都有(美国自二战期间开始，纯国有企业大都出租给私人垄断公司经营)。租赁经营由合同明确出租方与承租方的权利义务，经营权范围比较确定，特别是经营的盈亏后果由经营者承担，有利于增强经营者的责任心，提高经营效益。为了避免因经营不善而使国有资产遭受大的损失，承租方应在承租时提供足够的财产担保。西方国家一般是由政府将企业出租给私人公司经营，私人公司有承担风险责任的财产基础；但在中国，私人承租者难以提供充分的财产担保。所以这种经营方式在中国只适用于小型国有企业。

我国的国有企业自80年代后期普遍实行承包经营。其实，承包经营是个内容不很确定的概念。从承包主体看，如果是作为发包方内部成员的承包，则它实际上同于代表式；如果是发包方以外的第三人承包，则可能是代理式或租赁式；从承包的内容和范围看，如果经营权限较大，承包者包盈亏后果，则近于租赁式，否则为代表式或代理式。我国实行的承包经营责任制，承包人不能承担经营亏损责任，并且承包人大都仍然保留着国家干部身份，在人事组织关系上属有关政府主管部门管辖。因此，这种承包制虽不完全同于原来的国营，但仍然保留着浓厚的代表式经营即国营的色彩。实践证明承包制存在许多弊端和局限性。其中虽然有些是工作作法问题。可以完善，但有些则是由承包制本身固有的特点所决定的，不能通过完善作法以求克服。这就是后来国家决定推行股份制的原因所在。

股份制或公司制，即为本文所谓合股式经营方式。合股式经营同承包制或其他经营方式比较，有许多明显的特点和优点，这主要是因为合股式不仅实行所有权同经营权分离，而且其两权分离形态较为特殊。①

首先，合股式的公司其经营权不是同各出资人对出资财产的原所有权的直接分离，而是先由出资人向公司让渡其所有权，形成公司法人财产所有权，公司再组建业务执行机关行使经营权，公司的经营权相对于出资人的原所有权来说，是间接分离，直接分离容易使所有权人对经营权进行干预；间接分离则能避免原所有权人的直接干预，公司各股东的意志一般只能通过股东会形成集体决议，再影响公司业务执行机关。这有利于保障公司经营权人自主经营。

其次，合股式公司行使所有权和经营权的股东会和董事会，都是公司内部的机关，其所有权同经营权是一种内部分离；而承包、租赁等，发包方或出租方于承包或租赁经营合同签订后，一般不进入企业内部，不深入企业生产经营领域，是一种外部分离。外部分离不便于所有权人对企业经营活动作经常性的了解、配合和监督，内部分离则在公司内部建立起互相配合、互相监督和制约的机制。

再者，合股式经营的两权关系和经营权权限受公司法调整，这是法定分离关系；承包、租赁的两权关系由合同约定，是约定分离。公司法多为强行性规定，合同约定任意性较强。因此，合股式的经营权权限更具确定性。

此外，承包或租赁合同的期限不能过长，经营者到期可能变动，这难免引发短期行为。而公司存续期长，董事和经理人虽然变动，但作为公司业务执行机关及其职责却具有长期性和稳定性。合股式的两权关系是一种较为稳定的分离，这有利于公司制订长期发展规划和经营策略。②

第四节　国有企业的治理制度

一、国有企业的出资人

（一）国有企业出资人的概念和种类

在国有独资企业中，国有企业的出资人是指以其所有的资产（国有资产）作为

① 漆多俊：《论公司制两权分立形态》，《现代法学》1992 年第 3 期。
② 漆多俊：《对国有企业几个基本问题的再认识》，《经济学家》1996 年第 2 期。

唯一出资人而设立企业的国家。国家(它授权的投资主体)作为企业唯一的出资人,国家成为企业全部资本的所有人,对企业行使所有者权利。而在国有控股企业中,国有企业的出资人指以其所有的资产共同开办企业的国家、非国有单位和个人。国有投资主体的出资在企业总出资中占主要部分,即50%以上,或者虽然低于50%,但实际上控制了该企业的经营决策。国有控股公司中的财产所有权属于公司,国家对公司中的国有股份享有股权。在这里我们主要探讨国家作为出资人这一种情况。

(二)国有企业出资人的权利、义务和责任

国家作为企业出资人,一般并不由最高国家机关(最高国家权力机关或中央政府)直接进行具体的投资管理和经营活动,而是按照"统一领导、分级管理"原则,分别由各级有关国家机关或其授权的部门,代表国家所有权人负责的投资、管理和经营活动。关系国家经济命脉和国家安全的大型国有企业、基础设施和重要自然资源等,由中央政府代表国家履行出资人职责。其他国有资产由地方政府代表国家履行出资人职责。①

国有企业出资人的权利就是出资人的职能,中央政府和地方政府通过各自设立的国有资产管理委员会,除了代表国家享有公司法规定资产收益、重大决策和选择管理者等出资人权利外,还主要享有:授权政府代表国家行使国有资产所有权;授权政府代表国家行使行政管理权;授权政府代表国家行使国有资产监督管理权。②

关于国有企业出资人的义务和责任,《企业国有资产法》第12—15条、《企业国有资产监督管理暂行条例》第14、15、38—41条、《全民所有制工业企业法》第56、57、58条、《全民所有制工业企业转换经营机制条例》第40—47条等作了详细规定。

需要明确的是,国家实行国有企业出资人制度的前提是国家统一所有,国家是国有企业的出资人。中央政府与地方政府都只是分别代表国家履行出资人职责,享有出资人权益,不能把国家所有与政府所有等同起来。

二、国有企业的经营者

(一)国有企业经营者的法律地位和职权

非公司制国有企业的经营者主要是指厂长或经理。《全民所有制工业企业法》规定,企业实行厂长(经理)负责制,企业建立以厂长为首的生产经营管理系统。厂

① 关于国务院和地方人民政府的具体分工参见《企业国有资产法》和《企业国有资产监督管理暂行条例》的相关规定。

② 具体内容详见《全民所有制工业企业法》、《全民所有制工业企业转换经营机制条例》和《企业国有资产监督管理暂行条例》的相关规定。

长在企业中处于中心地位，对企业的物质文明和精神文明建设负有全面责任。企业组织机构的设置和协调以厂长为中心，企业的生产经营实行权威性领导，企业的管理贯彻责任制原则。在工厂制国有企业中厂长有广泛的职权，厂长领导企业的生产经营管理工作，行使生产经营管理决策指挥权、人事权、提案权、奖惩权等。

公司制国有企业的经营者主要是董事和经理。我国《公司法》确立了董事会负责制的公司领导体制，它在各国公司法得到了普遍确立。对于国有企业来讲，在推行现代企业制度即实施公司化改造后，将由公司法确立其主体地位并调整其行为，实施董事会领导体制势在必行。目前，已经完成或已在进行试点改制的企业中已推行了这一体制。①

（二）国有企业经营者的产生、罢免和法律责任

公司制国有企业的经营者的任免和法律责任适用《公司法》的相关规定。这里主要介绍非公司制国有企业经营者的产生、罢免和法律责任。

根据《全民所有制工业企业厂长工作条例》的规定，担任厂长者必须具备一定的政治、业务和知识水平条件。厂长的产生，除国务院另有规定外，由政府主管部门根据企业的实际情况采取下种方式：(1) 政府主管部门委任或者招聘；(2) 企业职工代表大会选举。政府委任或者招聘的厂长人选，须征求职工代表的意见；企业职工代表大会选举的厂长，须报政府主管部门批准。政府主管部门委任或者招聘的厂长，由政府主管部门免职或者解聘，并征求职工代表的意见；企业职工代表大会选举的厂长，由职工代表大会罢免，并须报政府主管部门批准。

依据《企业国有资产法》和《企业国有资产监督管理暂行条例》的规定，国有全资企业的厂长(经理)、国有独资公司的董事的任免权由新组建国有资产监督管理委员会集中行使。国有资产监督管理委员会虽然是政府机构，但不承担任何社会公共职责，它是国家在各类企业中投资资产的权益管理人，是管理国有资产的利益主体。这一改革措施的采用，推进了政府职能的转变，使国有资产的监督管理产生了业主机制，必将对国有企业的改革产生深远影响。②

厂长的各项具体的法律责任，在《全民所有制工业企业厂长工作条例》第 34、35 条和《全民所有制工业企业法》第七章的相关条文中作了明确规定。

三、国有企业的监事会

（一）非公司制国有企业监事会的法律地位和职权

2008 年通过的《企业国有资产法》规定，国有独资企业由履行出资人职责的机

① 甘培忠：《企业与公司法学》(第四版)，北京大学出版社 2006 年版，第 109 页。
② 同上书，第 107—108 页。

构按照国务院的规定委派监事组成监事会。根据《国有企业监事会暂行条例》(2000年3月15日国务院发布)的规定,监事会以财务监督为核心,根据有关法律、行政法规和财政部的有关规定,对企业的财务活动及企业负责人的经营管理行为进行监督,确保国有资产及其权益不受侵犯。监事会与企业是监督与被监督的关系,监事会不参与、不干预企业的经营决策和经营管理活动。监事会的主要职权是:(1) 检查企业贯彻执行有关法律、行政法规和规章制度的情况;(2) 检查企业财务,查阅企业的财务会计资料及与企业经营管理活动有关的其他资料,验证企业财务会计报告的真实性、合法性;(3) 检查企业的经营效益、利润分配、国有资产保值增值、资产运营等情况;(4) 检查企业负责人的经营行为,并对其经营管理业绩进行评价,提出奖惩、任免建议。国有企业的监事会除了享有详述职权外还享有公司法规定的相关权利。

(二) 公司制国有企业监事会的法律地位和职权

《企业国有资产法》规定,国有独资公司、国有资本控股公司和国有资本参股公司依照《中华人民共和国公司法》的规定设立监事会。国家出资企业的监事会依照法律、行政法规以及企业章程对董事、高级管理人员执行职务的行为进行监督,对企业财务进行监督检查。

我国公司法规定,除规模较小和股东人数较少的有限责任公司可不设监事会,只设1—2名监事外,其他有限责任公司和股份有限公司都应设监事会。监事会由主席一人、监事若干人组成。监事会成员不少于3人。但公司法对国有独资公司的监事会作出了特别规定,即国有独资公司必须设立监事会,且监事会成员不少于5人,其中职工代表的比例不得低于1/3。监事会主席由国有资本出资人指定。

四、国有企业的职工和职工代表大会

(一) 非公司制国有企业的职工和职工代表大会

职工是企业的主人,其合法权益受法律保护。职工的权利有:参加企业民主管理,对企业的生产和工作提出意见和建议的权利;依法享有劳动保护、劳动保险、休息、休假的权利;向国家机关反映真实情况,对企业领导干部提出批评和控告的权利;女职工有依照国家规定享有特殊劳动保护和劳动保险的权利。职工的义务有:应当以国家主人翁的态度从事劳动;遵守劳动纪律和规章制度;完成生产和工作任务。

职工代表大会是企业实行民主管理的基本形式,是职工行使民主管理权力的机构。职工代表大会享有广泛的职权,包括审议建议权、审查通过权、审议决定权、评议监督权以及选举权等。职工代表大会至少每半年召开一次。每次会议应有2/3以上的职工代表出席。遇有重大事项,经厂长、工会委员会或1/3以上职工代表的提议，可召开临时会议。职工代表大会在其职权范围内决定的事项，非经职工代表大会同意不得修改。

在职工代表大会闭会期间，需要临时解决的重要问题，由职工代表大会的工作机构——企业工会委员会召集职工代表团（组）长和专门小组负责人联席会议，协商处理，并向下一次职工代表大会报告予以确认。企业工会委员会负责职工代表大会的日常工作。

（二）公司制国有企业的职工和职工代表大会

公司制国有企业的职工和职工代表大会依据公司法的一般规定参与国有控股公司的经营管理，依据公司法的特别规定参与国有独资公司的经营管理。国有独资公司董事会和监事会成员中的职工代表由公司职工代表大会选举产生。

五、国有企业的党组织

（一）非公司制国有企业中党组织的地位和职能

实行企业厂长（经理）负责制后，企业党组织的任务和职能也发生了变化。党委不再直接指挥生产经营和管理工作，不讨论决定企业生产经营活动中的重大问题。党委的职能是对党和国家的方针政策在本企业的贯彻执行实行保证监督。具体来说，党委要积极支持厂长（经理）形式经营管理决策和统一指挥生产经营活动的职权。通过调查研究为厂长（经理）决策出主意，或在管理委员会上献计献策，保证企业的决策和生产经营活动符合国家法律和法规、政策；党委通过做好职工的思想政治工作，保证企业决策的实现；在企业中层干部任免时，党委应负责向厂长（经理）推荐考核；党委通过组织党员学习党的文件，提高党员觉悟，带领党员起到先锋模范作用，把企业的精神文明建设搞好；做好本企业党组织的建设、党员教育和发展党的队伍的工作。①

（二）公司制国有企业中党组织的地位和职能

我国公司法规定，在公司中，根据党章的规定，设立党的组织。在公司中设置的党的各级组织，不能成为公司的管理机构，不能直接干预公司的日常决策和经营业务，不能取代股东会和董事会而行使公司的经营决策权。其主要任务是贯彻党的方针、政策，发挥政治核心和监督保证作用，通过抓好党的自身建设，增强党员在生产和工作中的模范带头作用。符合条件、受到股东和职工信任的党委委员，可以被选举为董事会和监事会成员，但决不能依靠党和政府的背景大权独揽，干扰董事会执行公司事务。②

① 甘培忠：《企业与公司法学》（第四版），北京大学出版社 2006 年版，第 114—115 页。
② 漆多俊：《经济法学》（修订版），武汉大学出版社 2004 年版，第 359 页。

第五节　国有企业改革[①]

一、国有企业改革的探索历程

我国国有企业改革已经走过了30年的时间，国有企业改革立法一直与之相伴而行。以1992年"小平南方讲话"为分水岭，这30年时间基本上可以分为两个时期，即1992年以前的国有企业改革立法和1992年以后的国有企业改革立法。1992年以前的国有企业改革立法基本上是维持原有的企业形态不变，改革具体的经营机制；而1992年以后的国有企业改革立法则以国有企业的公司化改制为重心。

(一) 1992年以前的国有企业改革

1. 扩大企业自主权的试点阶段

这种试点是由四川省率先于1978年10月在6家国有企业中进行的。1984年5月，国务院又颁布《关于进一步扩大国营工业企业自主权的暂行规定》，把扩权工作又推进了一步。扩大企业自主权的试点在较早阶段激发了企业的积极性，但是随着时间的推移，这种作用逐渐消失，反而造成了国家财政赤字不断加大，所以，扩大企业自主权的举措在后来就停止实施了。

2. 试行经济责任制阶段

1981年4月国务院召开的全国工业交通工作会议，明确提出了在国营工业中建立和实行经济责任的要求。随后国务院批准了国家经委和国务院体制改革办公室《关于实行工业企业经济责任制若干问题的意见》。1983年初，短短的两三个月内，全国绝大多数国有企业普遍实行了利润包干制。由于时间仓促和未注意规范，致使经济秩序发生混乱并形成物价涨势。于是，中共中央和国务院作出决定，停止全面推行利润承包和加快"利改税"的改革，以便企业能够在更大程度上自负盈亏。

3. 试行利改税阶段

1983年4月，国务院批准了财务部《关于全国利税工作会议的报告》和《关于国营企业利税试行办法》，自6月1日起开始实施。1984年9月国务院批准了财政部《关于国营企业推进利改税第二步改革的报告》和《国营企业第二步利改税试行办法》。从效果上来看，第二步利改税不仅没有消除税收的不规范状态，为企业创造一个平等竞争的外部环境，调节税的设置反倒使企业间"苦乐不均"、"鞭打快

① 本节主要内容参见漆多俊：《经济法学》，高等教育出版社2007年版，第291—304页。

牛”的问题更加突出了。

4. 推行承包经营责任制阶段

1986年12月，国务院在《关于深化企业改革、增强企业活力的若干规定》中提出，要“推行多种形式的承包经营责任制，给经营者以充分的经营自主权”。国务院并于1988年12月发布《全民所有制工业企业承包经营责任制暂行条例》。这样，承包经营责任制就在大中型国有企业中迅速推开。

与承包经营责任制相类似的法律设计还包括国有企业的租赁经营。根据国务院1988年2月发布的《全民所有制小型工业企业租赁经营暂行条例》中的规定，这种制度的设计目标与承包经营责任制大体相近，只是具体内容有些不同。租赁经营一般只适用于小型企业。

（二）1992年以后的国有企业改革立法

1992年以后，我国国有企业改革开始进入新的时期，国有企业改革立法的内容也发生了较大的转变，其核心是国有企业的公司化改制。

1. 以转换企业经营机制为重点的深化企业改革阶段

1991年9月中共中央工作会议制定了增强国有大中型企业活力的20条措施，以促进国有企业经营机制的转换。1992年7月国务院颁布了《全民所有制工业企业转换经营机制暂行条例》，规定国有企业享有14项经营权。《条例》的推出，使得下放给企业的自主权有所落实，因而“转机”工作有了一些新进展。但由于《条例》未解决产权问题，企业经营机制难以从根本上转换，转机目标中的“自主经营”在绝大多数企业中无法实现，“自负盈亏”更是流于空谈。

2. 以建立现代企业制度为目标的深化企业改革阶段

1992年以后，我国的国有企业改革开始进入以建立现代企业制度为目标和主要内容的新阶段。1993年11月，中国共产党十四届三中全会通过的《中共中央关于建立社会主义市场经济体制若干问题的决定》，提出了我国国有企业改革的目标是建立现代企业制度，并把现代企业制度概括为是适应市场经济和社会化大生产要求的，产权清晰、权责明确、政企分开、管理科学的企业制度，并通过建立现代企业制度，使企业成为自主经营、自负盈亏、自我发展、自我约束的法人实体和市场竞争主体。其后，国务院各部委颁布了一系列相关规章，贯彻中共中央的决定。这样，就逐步将中共中央的决定变成了国有企业改革的法律设计。这标志着我国国有企业改革开始正式步入实施现代企业制度改革的阶段。

二、国有企业的公司制改造

国有企业改组为公司，可视其具体情况采取不同的目标选择。它既可以改组为有限责任公司，也可以改组为股份有限公司，具备条件的还可改组为国有独资公司。国有企业改组为股份有限公司与改组为有限责任公司在改组途径和程序方面颇有相似之处，因此，我们可以以国有企业改组为股份有限公司为典型来论述国有企业改组为公司的途径和程序。为节省篇幅，对于国有企业改组为有限责任公司则予以略过。

（一）国有企业改组为股份有限公司的途径

根据《公司法》和1992年国务院有关部委发布的《股份制试点办法》的相关规定，国有企业改组为股份有限公司的主要途径包括下列几种。

(1) 企业扩建或者新增投资时，将多方投资的份额转换成股份，或者通过发行股份筹集资金，并将企业原有资产评估核股，按照股份有限公司设立的条件和要求改组。

(2) 在企业兼并中，被兼并企业的资产所有者将资产作为股份入股到兼并企业，兼并企业也将其资产评估核股，按照股份有限公司设立的条件和要求，将兼并后的企业改组为股份有限公司。

(3) 在组建企业集团过程中，核心企业按照股份有限公司设立的条件和要求改组为股份有限公司。企业集团的核心企业通过持股、控股，其他成员相互参股，使有关成员企业按要求改组为股份有限公司。

(4) 完全靠贷款建设，负债率较高的企业，通过发行股份改变不合理的资本结构，并按要求改组为股份有限公司。

(5) 将国有企业实有资产评估核股，并出卖一部分股份，按照要求改组为股份有限公司。

（二）国有企业改组为股份有限公司的程序

国有企业改组为股份有限公司的程序，因其改建途径不同而有所不同。例如，由企业兼并而改建的，需履行兼并程序；由组建企业集团而改建的，须按企业集团组建程序办理。但无论经由哪种途径改建为股份有限公司，都必须遵循股份有限公司设立的一般程序和国有企业改建公司的特别程序。

按照《公司法》规定，国有企业改建为公司，必须依照法律、行政法规规定的条件和要求，有步骤地清产核资，界定产权，清理债权债务，评估资产，建立规范的内部管理机构。在《股份制企业试点办法》中，对国有企业改组为公司规定了以下程序。

(1) 报原企业资产所有者及政府授权部门批准。这是企业改组的必经程序，只有在获得了此种批准后，方可进行公司改组。

(2) 发起人协议。依照规定，国有企业改组公司，可以联合企业和单位共同发起设立，也可以由企业或其所有者单独发起设立。如果发起人为多人，发起人应就设立公司的有关事项进行协商，达成协议，并制定或修改公司章程。

(3) 清理企业存量资产。企业存量资产清理完毕，编制好财产清册、报表以后，应委托具有资格的资产评估机构进行资产评估。

(4) 评估资产。资产评估的对象主要是有形资产和无形资产。评估结果应报同级国有资产管理部门核准。

(5) 界定产权关系。界定产权关系是指划分企业存量资产的归属。协商界定彼此在企业存量资产总额中享有的产权比例,以及折合人民币的具体数额。

(6) 设置股权。设置股权时投资各方对经过改组重组后的公司利益的基本分配,它是重组后公司享有权利和承担义务大小的基础。国有股的设置须报国有资产管理部门确认。

(7) 转移资产及招股。发起人应按股权设置情况处置,并办理有关财产权转移手续。其中,采取募集设立方式组建股份有限公司的,还应制作招股说明书,报证券管理部门审批,公告招股,并委托银行代收股款,以向社会募集股份。

(8) 建立规范的组织机构。采取发起设立方式组建的公司,应有发起人协商选举董事、监事,组成符合公司法要求的董事会和监事会;采取募集设立方式组成股份有限公司的,应于股份全部募足后 30 日内召开创立大会,选举产生公司的董事会及监事会。

(9) 申请设立登记。董事会成立后,应于创立大会结束后 30 日内持有关文件向公司登记机关申请设立登记。公司登记机关审核通过后,签发营业执照并公告公司成立。

三、国有股减持和股权分置改革

(一) 国有股减持

1. 国有经济比重的调整与国有股减持

我国国有企业的数量多,国有经济在社会经济总量中的比重过高,产生了许多问题,在国有企业改革进行到一定程度的时候,优化国有经济比重的任务自然提上了国有企业改革的议事日程。十五届四中全会提出了“坚持有进有退,有所为有所不为”国企改革原则,为国有资本在部分领域的退出打开了政策通道。

国有经济的退出可以采取多种形式,针对不同类型的国有企业,我们可以采取整体转让、部分资产转让以及股份转让的方式。不过,经过一段时期的改革以后,一些大中型的国有企业纷纷以公司尤其是股份公司的形态存在,国有资产转变成了国有股份。在此背景下,国有经济的退出在很大程度上已经表现为国有股份的退出,也即国有股的减持。

2. 国有股减持立法及其主要内容

我国国有股份的退出在较早以前就出现了,采取的第一种方式是回购国有股份。由于采取公司回购国有股份的方式推行国有股减持需要一定的条件,那就是公司本身具有足够的资金。如果公司资金不足,则这种方式很难实行。在国有股减持方面试用过的第二种方式是将国有股份按一定比例直接配售给其他股东。因价格设置不合理等原因出现认购不足，配售试点基本失败，表明配售也不是减持国有股的有效方式。

2001 年 6 月，国务院正式发布《减持国有股筹集社会保障资金管理暂行办法》(以下简称《减持国有股办法》)，这标志着国有股减持工作进入了新阶段，即通过国有股存量发行方式减持国有股的阶段。《减持国有股办法》是迄今为止我国关于国有资本退出的级别最高、最典型的一项立法文件。

(1) 国有股减持的目的。根据《减持国有股办法》规定，国有股减持是为了筹集资金，补充全国社会保障方面的历史欠债。这种立法目的影响到国有股减持具体政策的制定，例如，对于减持的国有股的定价不能太松。这些都直接影响到了国有股减持的最终效果，国有股减持最终喊停与此似乎不无关系。

(2) 国有股减持的方式。国有股减持主要采取国有股存量发行的方式。凡国家拥有股份的股份有限公司(包括在境外上市的公司)向公共投资者首次发行和增发股票时，均应按融资额的 10%出售国有股；股份有限公司设立未满 3 年的，拟出售的国有股通过划拨方式转由全国社会保障基金理事会持有，并由其委托该公司在公开募股时一次或分次出售。减持国有股原则上采取市场定价方式，即公司新发行股份时，国有股的转让价格应与新发行股份价格相同，由市场决定。另外，还可以采取协议转让的方式减持国有股。

3. 国有股减持的实施效果

尽管有关部门在该办法实施前采取了多种方法进行宣传，稳定广大股民的心理，但是，《减持国有股办法》的实施还是对股市造成了巨大的冲击。“办法”正式实施后，中国股市出现了大幅下挫的局面。在强大的社会压力下，有关方面不得不对国有股减持政策进行了调整。2001 年 10 月 23 日，中国证监会宣布暂停国有股减持，为了进一步稳定股市，2002 年 6 月 23 日，国务院作出决定，停止通过国内证券市场减持国有股。这意味着《减持国有股办法》的实施遇挫，新一轮的国有股减持实验以失败告终。

我国国有股减持之所以如此艰难，原因是多方面的。我国的国有经济总量巨大，体现为国有股份的总量也十分庞大，国有股的减持需要强大的民间社会财富的支持。此外也有制度设计不完善方面的原因。主要是圈钱的目标含量过重，这直接影响了具体政策的制定。从更高的层次上分析，这还与国有股减持立法方面的缺陷有关。国有股减持牵涉到全民利益，在我国应该是一项根本性的大事，应秉持公平与效率相协调的理念，均衡各方的利益而为。

(二) 股权分置改革

1. 股权分置改革的含义及其必要性

(1) 股权分置改革的含义。股权分置是指 A 股市场的上市股份按能否在证券交易所上市交易被区分为非流通股和流通股。上市公司股权分置改革，是指通过非流通股股东和流通股股东之间的利益平衡协商机制，消除A股市场股份转让制度性差异的过程。更具体地说，就是通过股权分置改革，使非流通股转变为流通股。

(2) 股权分置改革的必要性。当初，为了迅速推进国有企业的股份制改革，我国在大多数股份公司中采取了股权分置的方案。1992年中国人民银行总行、国家体改委、国家计委、财政部联合发布的《股份制企业试点办法》规定："根据投资主体的不同，股权设置规定为：国家股、法人股、个人股、外资股四种形式。"根据1994年3月国家国有资产管理局颁发的《股份制试点企业国有股权管理的实施意见》的相关规定，"国家股"是指有权代表国家投资的政府部门或机构，向股份制企业出资形成或依法定程序取得的股份，即国家拥有的股份。"法人股"是指具有法人资格的企业以其依法占用的法人资产向独立于自己的股份制企业出资形成或依法定程序取得的股份，即法人拥有的股份。法人股又分为国有法人股和社会法人股。如果法人是国有企业、事业及其他单位，那么形成的法人股为国有法人股，否则为社会法人股。国有股和国有法人股都属于国有资产。

当国家股、法人股及社会公众股共存于同一家股份公司时，按照公司法原理，本应"同股同权"，然而在早期的股份制改革实践中，社会公众认购的股份可以上市流通，而国有股、法人股却不能上市流通。流通股的交易是广大股民在场内通过集合竞价或连续竞价的方式进行的，而国家股和法人股不能在证券交易所交易，只能是场外交易。由此形成了国有股、法人股与公众个人股分置的格局。股权分置人为割裂了上市公司的股权构成，造成了同股不同权的异象。为促进我国证券市场的有序发展，就必须消除这种股权分置的局面。

2. 股权分置改革的主要立法及其基本内容

(1) 股权分置改革的主要立法文件。股权分置改革发轫于2004年1月国务院发布《国务院关于推进资本市场改革开放和稳定发展的若干意见》(下称"国九条")。这份文件中国务院明确提出"积极稳妥解决股权分置问题"。为了进一步推进资本市场改革开放和稳定发展，落实"国九条"，解决股权分置问题被正式提上日程。2005年4月29日，经国务院批准，中国证监会发布了《关于上市公司股权分置改革试点有关问题的通知》(下简称《通知》)，宣布正式启动股权分置改革试点工作。2005年6月17日，国资委发布了《关于国有控股上市公司股权分置改革的指导意见》(下简称《指导意见》)，对国有控股上市公司的股权分置改革作了原则性的指导。2005年8月23日，中国证监会、国资委、财政部、人民银行、商务部联合发布《关于上市公司股权分置改革的指导意见》，认为股权分置改革试点工作已经顺利完成，总体上具备了转入积极稳妥推进的基础和条件。2005年9月5日，中国证监会出台《上市公司股权分置改革管理办法》，对股权分置改革进行了具体规定，标志着股权分置改革结束试点转为全面正式展开。①

(2) 股权分置改革立法的基本内容。股权分置改革的核心是非流通股股东向流通股股东支付一定的对价以获得流通权。支付对价的方式有现金补偿、送股补偿等。②

股权分置改革的基本操作程序包括：非流通股东提出股权分置改革动议，经审议后形成改革方案；召开相关股东会议投票表决改革方案，须经参加表决的股东所持表决权的 2/3 以上通过，并经参加表决的流通股股东所持表决权的 2/3 以上通过。

股权分置改革还涉及原非流通股东获得流通权后在交易所转让股权的限制措施。根据《管理办法》第 27 条的规定，改革后公司原非流通股股份的出售，应当遵守下列规定：在改革方案实施之日起，在 12 个月内不得上市交易或者转让；持有上市公司股份总数 5%以上的原非流通股股东，在前项规定期满后，通过证券交易所挂牌交易出售原非流通股股份，出售数量占该公司股份总数的比例在 12 个月内不得超过 5%，在 24 个月内不得超过 10%。

3. 股权分置改革与国有股减持的关系

《指导意见》第 4 条明确指出，股权分置改革是为非流通股上市交易作出的制度安排，并不以通过资本市场减持国有股份为目的，当前国家也没有通过境内资本市场减持上市公司国有股份筹集资金的考虑。非流通股可上市交易后，国有控股上市公司控股股东应根据国家关于国有经济布局和结构性调整的战略性要求，合理确定在所控股上市公司的最低持股比例，对关系国计民生及国家经济命脉的重要行业和关键领域，以及国民经济基础性和支柱性行业中的国有控股上市公司，国家要保证国有资本的控制力、影响力和带动力，必要时国有股股东可通过证券市场增持股份。可见，股权分置改革并不以通过资本市场减持国有股为目的。

不过，通过股权分置改革，使国有股和国有法人股可以通过证券交易所自由流通，对于国有股的减持来说，客观上消除了一大制度障碍。因此，尽管五部委的《指导意见》特别强调减持国有股不是股权分置改革的目的，但股权分置改革与减持国有股之间的联系是客观存在的。五部委的《指导意见》的"特别强调"在很大程度上是为了消除证券市场尤其是股民对于股权分置改革不必要的恐惧。

4. 股权分置改革条件下国有股减持的监管立法

股权分置改革基本完成后国有企业改革，尤其是国有股减持进入了新的阶段，需要通过立法来加强监管。2007 年国资委和证监会联合发布了《国有股东转让所持上市公司股份管理暂行办法》(下简称《暂行办法》)。

① 孙光焰：《公司治理模式趋同化研究》，中国社会科学出版社 2007 年版，第 254 页。
② 孙光焰：《股权分置改革对价的改革观》，《华东政法学院学报》2007 年第 1 期。

首先,《暂行办法》规定了减持国有股的基本要求和主要方式。国有股东转让所持上市公司股份应坚持公开、公平、公正的原则,符合国家的有关法律、行政法规和规章制度的规定,符合国家或地区的产业政策及国有经济布局和结构战略性调整方向,有利于促进国有资产保值增值,有利于提高企业核心竞争力。根据《暂行办法》第3条的规定,转让国有股的主要方式包括: 通过证券交易系统转让,以协议方式转让,无偿划转,间接转让。

其次,《暂行办法》规定了转让国有股的价格确定办法。国有股东转让上市公司股份的价格应根据证券市场上市公司股票的交易价格确定。以前的国有股减持的主要障碍之一是国有股的价格确定,股权分置改革以后,这个问题就迎刃而解了,可以直接根据证券市场上市公司股票的交易价格来确定国有股的价格。

再次,《暂行办法》具体规定了四种不同转让方式的实施程序,包括申报程序、审批程序、确定价格的具体办法、信息披露、受让方的条件限制等。

最后,《暂行办法》还规定了各种违法行为的法律责任,包括民事责任、行政责任和刑事责任。

【复习思考题】

1. 为什么说国有企业是一种特殊企业?
2. 如何理解国有企业法的性质和地位?
3. 国有企业有哪些经营方式?
4. 国有企业党组织在国有企业治理中应发挥什么作用?
5. 什么是股权分置改革? 为什么要进行股权分置改革?

第十三章 财政法

第一节 财政法概述

一、财政法的基本范畴

（一）财政法的概念与性质

1. 财政法的概念

财政法是调整财政关系的法律。在不同的政治经济体制下，财政都是国家收入与支出款项的客观反映，但财政所反映的社会属性、资源配置效率、运作机制与法律制度却各不相同。与封建制度相适应的“家计财政”，与计划经济相适应的“生产型财政”和与市场经济相适应的“公共财政”，均说明财政在政治经济体制下的特殊性。公共财政体制是与民主政治、市场经济相适应的现代财政体制。英国是现代公共财政的发源地，并通过预算制度建立了财政的民主决策、法治管理与司法监督的公共财政管理模式，标志着现代预算法律制度的诞生。新中国成立后，中国进入了社会主义计划经济时代，财政也由“战争供给型”进入到“生产建设型”，但总的来说当时的财政体制都属于“国家财政”。在高度集中的计划经济体制下，政府代表全国人民掌握着全部的生产资源与生活资源，公有制一统天下，国营企业上缴的利润是国家财政的主要来源，国家的财政收入也主要用于生产建设。1992 年党的十四大确定了社会主义市场经济建设目标，1998 年开始实施公共财政体制建设，并进行了与公共财政体制相适应的部门预算、政府采购、国库集中支付、收支两条线等预算制度改革。同时随着预算法的修改，预算公开、预算监督、预算法律责任等制度将得到进一步的完善。

在公共财政体制下，财政关系是政府为满足其履行公共职能的需要，依法进行的财政收入、财政支出及财政监督、管理活动所发生的社会关系。财政关系的主体是政府，而政府取得财政收入最直接的目的就是为满足其履行公共职能的需要，公共性是政府取得财政收入的正当性依据。从资源配置效率的角度来看，公共性即意味着在市场经济条件下，政府为满足社会公共需要，弥补市场机制的缺陷，而向社会公众提供公共产品或公共服务，不是参与市场竞争。财政的公共性是基于公共意志，服从于民主决策，体现社会大多数人的利益。因此，应当以法治形式建立民主、规范、公开、透明的财政运行机制与管理体制。

公共财政是服务于公共需求的财政，不是权力部门任意支配的财政，也不是厚此薄彼，有失公平公正的财政。按照公共经济学的观点，由于存在垄断市场、收入分配两极分化、失业、通货膨胀等原因，导致市场机制失灵，出现不能有效配置资源，公共物品供给不足。政府通过公共投资、市场规制和宏观调控，有效弥补市场机制的不足，促使经济健康、稳定、持续的发展。“国家调节机制的形成及其作用，是对市场缺陷和市场失灵的救济”①，国家调节不是与民争利，公共投资不是政府的营利性投资，在政府与市场的关系中，政府创造环境，老百姓创造财富。财政收入的主要用途是教育、医疗、社会保障等社会公共需求，其目标是最大限度地满足公共需要，实现公共产品与公共服务的均等化。因此，公共财政是建立在法治基础之上的财政，必须通过代表民意的人大的民主决策，必须置于预算的法律约束之下，公开透明、程序规范、监督到位、责任严明是应有之义。唯有这样，才能使国家的财政权得到正当的行使，财政的公共性得到切实的维护，财力的有效性得到充分的发挥。

现代预算法律制度是公共财政体制的法律保障。从形式意义上说，财政关系是政府通过预算程序所发生的政府性收支关系及由此产生的财政监督管理关系。从实质意义上说，财政关系是建立在市场经济体制与代议制民主制度的基础上，政府为满足社会公共需要，在履行公共管理与公共服务的职能的过程中所发生的政府性收支关系。因此，现代财政法是建立在市场经济与民主政治制度的基础上，是调整政府通过预算程序，为满足社会公共需求，而履行公共职能，所发生的公共经济关系的法律规范的总称。

财政法的概念包括以下四个方面的含义：(1) 财政法的调整对象是公共经济关系；(2) 政府性收支及监督、管理关系是公共经济关系的主要方面；(3) 政府性收支的直接目的是满足社会公共需求；(4) 政府性收支置于代议制民主决策与预算约束之下。

2. 调整对象

财政法的调整对象是财政关系。按照不同的标准，财政关系可以作不同的分类。财政关系以财政行为为标准可分为财政收入关系、财政支出关系、财政收支平衡关系；以财政主体的权利义务为标准可分为财政实体关系、财政程序关系；以财政权的性质与范围为标准可分为财政征收关系、财政分配关系、财政管理关系和财政监督关系。其中，财政征收与财政分配关系即政府因筹集和取得财政资金，分配和使用财政资金，而形成的政府之间、政府与各种社会组织之间、政府与公民之间

① 漆多俊：《经济法基础理论》，法律出版社 2008 年版，第 21 页。

的财政关系，是最主要、最广泛的财政关系，是财政法调整对象的主要方面。在公共财政体制下，根据宪法原则和不同层级政府的公共管理职能，划分并确定中央与地方政府的财政管理权限，形成相应的财政管理关系，这也是财政关系的基本面。在民主法治的原则下，无论是财政收入、财政支出，还是财政管理或财政监督，都必须按法定程序规范进行，由此所形成的财政程序关系，也是财政关系的重要组成部分。具体包括：

(1) 财政管理权限关系。财政管理权限关系是划分与确定中央与地方政府之间财政权限而发生的财政关系，包括财政立法权限关系、财政收支权限关系、财政管理权限关系等。

(2) 预算关系。预算是财政收入和财政支出的法律方式，是各级财政部门与预算单位在进行预算活动和预算管理过程中所发生的财政关系，包括国家权力机关、行政机关和国家司法机关、中央与地方、总预算和单位预算之间的权责关系和收支分配关系及其预算活动程序关系，也包括一般预算关系与专项预算关系及国家金库管理关系。

(3) 税收与非税收入关系。税收关系是国家在税收征收和管理过程中所发生的财政关系，包括税收征纳关系、税收管理关系、税收征收程序关系和税收监督关系等。在公共财政体制下，费改税是中国税制改革的重点，但目前非税收入仍然是财政收入的重要方面。非税收入关系即是相关政府部门在非税收入征收与管理过程中发生财政关系。

(4) 政府信用关系。政府信用关系是政府以财政收入为信用基础所形成的财政关系。包括国债、公债关系和财政融资关系以及相应的管理关系。

(5) 财政监督关系。财政监督关系即国家权力机关对政府财政机关的预算审查与执行监督以及司法机关的司法监督与财政机关对预算单位的财政职能监督所形成的财政监督关系。

3. 财政法的性质

(1) 财政法是公法。关于公法判断标准有多种不同的观点，有利益说、主体说、法律关系性质说，但一般而言公法是维护国家利益或社会公共利益的法律，它主要调整国家机关之间、国家机关与公民个人、社会组织之间以及社会整体利益与个体利益之间的关系，并以规范公共权力的运行为特征。无论从财政关系的性质，财政主体的特殊性，还是从财政职能的利益指向，都具有鲜明的公法色彩，财政法是无可争议的公法。政府始终是财政关系的主体一方，并代表国家履行公共的财政职能，维护国家利益与社会公共利益。

不仅如此，按照“取之于民，用之于民”的财政原则，无论是财政收入，还是财政支出，都应当在民主、透明、公平的机制下进行。公共财政是现代国家制度中联结市场经济与民主政体的核心要素，政府预算构成财政法的基本框架。政府预算是现代国家民主决策的重要方面，与宪政制度有直接的联系。无论是西方法治国家，还是新兴市场经济国家，财政权都是议会最重要的权力之一，议会财政权也是现代民主制度的重要方面，是议会制约政府权力，保障财政公共性的重要机制。在中国根据宪法与预算法的规定，政府预算必须经人民代表大会的审查与批准，预算执行结果与决算也须报经人民代表大会监督审查与批准。

（2）财政法是经济法。财政法是经济法，这是现代市场经济发展的结果。到目前为止，学界对此仍有不同的看法，一曰财政法是行政法；二曰财政法是经济法；三曰财政法既属经济法，也属行政法。持财政法是行政法观点的学者认为，财政权是一种国家权力，财政职能本身是政府社会管理职能的一部分，无论从财政权的划分，还是财政权的行使以及对财政权的监督，均属于行政法的范畴，因此财政法是行政法。在"家计财政"与传统市场经济时代，财政关系形式上是一种国家收支计划关系，实质上是满足国家开支需要的国库管理关系，财政权直接依附于国家权力，财政关系从属于权力关系，调整财政关系的财政法也不可能摆脱行政法而存在。但是，现代财政法所调整的财政关系不是行政关系，而是一种公共经济关系，以现代财政关系为调整对象的财政法不是行政法。

"国家调节既是一种经济调节机制，又是现代国家的一种职能。"[①]现代财政是公共财政，民主政体与市场经济是公共财政体制产生并得以存在的基本前提。如前所述，政府通过公共财政职能向社会所提供的公共产品与公共服务，与市场经济体制向社会提供的私人产品与私人服务同时并存。公共财政是建立在市场经济基础之上的财政，是在市场经济社会中与"私人经济"相对应，并相互影响和相互作用的公共经济或公共部门经济。现代财政关系虽然源于国家权力关系，但已经超越了传统财政的行政属性，成为独立的公共经济关系。经济法是调整"在国家调节社会经济过程中发生的各种社会关系"的法律，[②]"通过国家调节经济结构和运行，使社会经济协调、稳定和发展，并进而解决其他社会问题"。[③] 与公共财政相适应的财政法以公共经济关系为其调整对象，并规范政府财政行为，保障政府公共财政职能的正当履行，有效满足社会的公共需求，实现资源的合理配置，财政法是经济法。

（3）财政法是宏观经济调控法。在传统市场经济时代，政府是"守夜人"，对经济采取了放任的态度，因此税收最少的政府是最好的政府。与此相适应，节约政府开支、减少税收征收，是财政管理的重要目标。为了保障私有财产神圣不可侵犯，确立了"非经议会预算不得支出"、"非经法律政府不得征税"的宪法原则，财政法是以国家、政府需要为中心的权力法。在现代市场经济条件下，凯恩斯的国家干预主

① 漆多俊：《经济法基础理论》，法律出版社 2008 年版，第 65 页。
② 同上书，第 68 页。
③ 同上书，第 69 页。

义奠定了消极政府逐步转为积极政府的理论基础，政府由消极的“守夜人”，变成了积极的“调节者”，市场无形之手与政府有形之手，成为两种相互补充的经济调节与资源配置的机制。“调节机制二元化，标志着市场经济进入了第二个发展阶段”，①市场机制对资源调节发挥基础性作用和主体性作用，政府调节机制则严格限定在市场机制失灵的领域，而且要求政府调节机制的运用要遵循市场规律，并受到宪法和法律的严格限制。政府与纳税人的关系是一种双务有偿的权利义务关系，政府以提供公共产品或公共服务为代价，取得财政收入，而纳税人以履行纳税义务为代价，取得公共产品或公共服务。财政也不仅仅是政府的收支活动，而是通过政府的收支活动，影响收入的分配，进行资源配置。现代财政法不同于传统财政法，它以满足公共需求为目的，以弥补市场机制不足为中心，规范政府资源配置、调节经济的行为。财政政策与货币政策组合，是政府进行资源配置、宏观调控的主要政策措施，税率包括出口退税税率、优惠税率、关税税率与利率、汇率是政府核心的财政政策工具，财政法是宏观调控法。

（二）财政法的基本原则

财政法的基本原则是财政法基本法律精神的体现，对各类财政行为具有普遍规范意义与约束效力。建立在市场经济与代议制民主制度基础上的现代财政是公共财政，是民主财政，也是法治财政，因此，财政的公共性、民主性与法治性是财政法的基本法律原则。

1. 财政公共性原则

财政的公共性是现代财政的根本属性，是“集公众之财，办公众之事”的必然要求。在“朕即国家”的封建时代，国计与家计不分，国家财政本质上是家计财政，不具有公共性。即使在传统市场经济时代，由于政府与市场关系的定位在于“政府不干预市场”，政府的公共管理职能被限定在狭隘的范围之内，即国防、司法、公共机关和公共工程等纯公共产品或基本国家职能，财政尽管为政府履行职能提供经费保障，但这种财政充其量只是一种“国家财政”。但建立在私有制基础上的国家财政，已经具备了“集公众之财，办公众之事”的特性。进入到现代市场经济时代，政府与市场的关系有了新的定位，政府的公共管理职能有了大幅度的扩张，特别是“福利国家”的产生，教育、医疗、环保、社会保障等与社会大众生活密切相关的领域，以及其他市场不能提供的准公共产品或服务，均是政府公共职能范畴，原来仅仅是满足国家机器运转的“吃饭财政”，演变成现代意义上的公共财政。公共财政“是作为纳税人的公众的财政”②，无论是财政收入，还是财政支出，公共性均是财政的本质属性，财政公共性原则是构建财政法律制度的基石。

① 漆多俊：《转变中的法律》，元照出版公司 2008 年版，第 29 页。
② 焦建国：《英国公共财政制度变迁分析》，经济科学出版社 2009 年版，第 215 页。

2. 财政民主性原则

财政民主性是由财政公共性所决定的,同时也是公共性的重要体现。不仅仅是公共财政应当体现公共意志,而且“公共性并不是财政活动的必然结果,而是财政活动追求的目标”①,为了防止财政权的滥用,引入民主决策机制是必要的制度安排。财政民主意味着社会公众对重大财政事项有决策权、参与权、监督权与知情权。在人民主权的政治体制下,财政权源于人民主权,并受制于人民主权。在代议制民主国家,宪法都规定了国会两院实际掌控国家的财政权,非经国会同意,政府不能擅自征税与开支。根据我国宪法规定的人民主权原则,财政权属于各级人民代表大会,但由于中国的政府管理职能与财政体制尚处于改革的过程中,各级人大对财政预算的审查、批准、监督等权力在实际的执行中流于形式,政府预算未能涵盖政府收支的全貌,使预算的法律约束力软化,也使政府拥有超越职权范围的财政自由裁量权。中国正在加快政治体制改革的步伐,随着预算法的修订,公共财政体制改革的深化,与公共财政相适应的民主决策机制,必将步入规范化、制度化的轨道。

3. 财政法治性原则

财政法治是财政民主性和财政公共性的法律保障,缺乏法治的财政不可能是民主的财政、公共的财政。财政的公共性要求财政应当把有限的资源通过合理配置,最大限度地满足社会公共需要,要达成这一目的或要求,必须要建立民主决策机制,也必须要有完善的法律制度约束。实际上,财政始终是在法律制度的框架内运行,财政法是关于财政民主决策与公共监督的法律制度。在财政法治原则下,不仅国家的财政权力法定,而且相对人的财政义务、财政责任法定,同时强调包括财政立法、财政执法、财政监督、财政救济等财政程序法定,并对政府的财政自由裁量权作出明确的法律限制。唯有这样,才能保障国家财政权的正当行使。

(三) 财政法的渊源与体系

1. 财政法的渊源

(1) 宪法。宪法是国家的根本大法,宪法中的关于财政方面的条款,既是财政法的立法依据,也是财政法的法律渊源。中国《宪法》第 2 条、第 56 条、第 62 条、第 67 条、第 117 条等条款,分别规定了人民主权、公民纳税义务、人民代表大会的财政审查监督权及民族自治地方的财政自治权。

(2) 法律。法律是财政法最基本的法律渊源。无论是财政收入法,还是财政支出法,均是国家的基本法律制度,根据《立法法》的规定,均应当由全国人民代表大会统一立法。目前已经通过的财政法律包括《预算法》、《政府采购法》、《企业所得税法》、《个人所得税法》、《税收征管法》等法律,随着公共财政体制改革的推进,

① 刘剑文、熊伟:《财政税收法》,法律出版社 2007 年版,第 18 页。

财政领域的其他法律也将通过全国人大制定，如《转移支付法》、《国债公债法》、《流转税法》、《国库集中收付法》等，这些财政法律的出台必将大大改善我国财政法治化的环境。

(3) 行政法规。财政行政法规是国务院经全国人大的授权，在宪法、法律规定的范围内所制定的有关财政性法规。行政立法权虽有明确的范围限制，但目前中国财政行政法规数量庞大，甚至按《立法法》要求，应当由全国人大立法的情况下，也以行政法规的形式出现，如《增值税暂行条例》、《消费税暂行条例》、《营业税暂行条例》等。随着中国政治体制的改革，人大的立法权回归的同时，财政行政立法必将得到进一步的规范，财政民主原则与财政法治原则也将得到加强。

(4) 部委规章。部委规章是财政部、国家税务总局等部门所发布的有关财政的规定、决定、命令、实施细则。

(5) 地方性法规。地方性法规是省、自治区、直辖市及较大的市的人民代表大会，按照《立法法》的规定，根据本行政区域的实际需要，在遵循宪法、法律、行政法规的前提下，制定的地方性财政法规。目前地方人大没有税收立法权，但《预算法》规定"一级政府一级预算"，因此有立法权的地方人大可以制定《预算审查监督管理条例》。

(6) 地方政府规章。地方政府规章是省、自治区、直辖市及较大的市人民政府所制定财政规章。

此外，有关财政方面的特别行政法律、国际条约等，也是财政法的渊源。

2. 财政法的体系

(1) 财政管理体制法。它是确定中央和地方各级政府及其财政部门财政管理权限的法律制度。

(2) 预算法。它是调整财政收支及其管理关系的法律。其内容主要包括预算的编制、审批、执行和监督，以及财政资金的入库、出库与管理。

(3) 财政收入法。它是调整财政收入关系和财政收入管理关系的法律，包括税法、公债法、非税收入法、彩票法等。

(4) 财政支出法。它是调整财政支出关系和财政支出管理关系的法律，包括财政转移支付法、政府采购法、财政投资法、财政贷款法等。

(5) 财政监督法。它是调整财政监督关系的法律，内容包括财政监督机关及其设立、权限、行使及责任。

(四) 中国财政法治的建设与发展

1. 中国财政法治建设的成就

改革开放30年，中国先后进行了三次财政体制改革，推进了财政法治建设的步伐。1978年第一次财政体制改革的重点是国营企业"利改税"，其间接目标是配合经济体制的改革进程，促使国营企业向国有企业的转变，落实国有企业独立法人地位；直接目标是逐步建立中央与地方财政分权的管理体制。1980 年实行“划分收支，分级包干”；1985 年实行“划分税种，核定收支，分级包干”，颁布《个人所得税法》、《外商投资企业所得税法》、《外国企业所得税法》、《预算管理条例》、《国库券条例》、《国家金库条例》等法律、法规。1994 年第二次财政体制改革，全面实行分税制的财政管理体制，在划分各级政府事权的基础上，明确各级政府的财政支出范围，根据事权与财权相适应的原则，将税收划分为中央税、地方税、中央地方共享税，确立各级政府的财权。在立法上制定了《中华人民共和国预算法》，并建立了与市场经济体制相适应的税收法律制度体系，包括《个人所得税法》、《企业所得税法》、《税收征管法》、《增值税条例》、《营业税条例》、《消费税条例》等。从 1998 年开始，先后启动了部门预算改革，国库集中支付、收支两条线、政府采购制度改革和流转税转型、所得税统一等一系列的改革措施，为公共财政体制改革奠定了基础；颁布了《政府采购法》、《企业国有资产法》，启动了《预算法》的修订程序与《转移支付法》的起草工作，逐步构建了非税收入规范体系，颁布了政府性基金预算管理办法、彩票管理条例等。2008 年第三次财税体制改革的重点是以建立公共财政体制为目标，以关注民生增加公共支出为重点，完善财税法律规范体系。

2. 中国财政法治建设的发展

随着中国发展方式的转型与政府管理职能的转变，公共财政体制改革将得到进一步的深化，财政的法治化也将得到不断的加强。在财政管理体制方面，在明确政府公共管理职能的基础上，理顺中央政府与地方各级政府之间的财权与事权关系，健全国家权力机关对财政预算审查监督机制。在财政收入方面，开征资源税、环境税、社会保障税等，完善与公共财政相适应的税收体系；实施非税收入征收管理法律制度的改革，规范政府收费行为，加强纳税人权利保护。在财政支出方面，深化预算管理体制的改革，建立全额预算管理的体制与机制，将财政投资、政府性负债、政府基金、非税收入等全部纳入预算的范围，接受预算的约束与监督管理；修订政府采购法，理顺政府采购法与招投标法的关系以及一般项目与工程项目的政府采购预算管理体制；加快与完善部门预算、财政转移支付与国库集中收付制度的改革，规范财政预算行为，健全财政的公共管理职能。通过这一系列的财政体制改革，真正建立与市场经济、法治政府、公共财政相适应的财税法律体系。

二、财政权及其法律规范

（一）财政权的概念与特征

1. 财政权的概念

广义上的财政权是国家权力的重要组成部分，是根据宪法的规定所确立的人大财政权、政府财政权与司法财政权的统称。狭义上的财政权则是根据财权与事权相适应的原则，明确从中央到地方各级政府的收支范围，从而确立各级政府的财权，以及由此所产生的财政支配、财政使用、财政管理、财政监督的权力。财政权的优化配置与运行机制的合理制约是国家政治权力良性运行的重要保障。而如何优化配置与合理制约财政权，既是一个法律问题，也是一个政治问题；既是一个技术问题，又是一个民生问题。它不仅与国家机关的权力分工密切相关，而且是保障国家权力正常运行的经济基础；不仅关系到财政权的依法规范行使，也关系到社会公众合法财产权利的法律保护。

2. 财政权的特征

（1）财政权是与私人财产权密切相关的公共权力。财政权的实质是对私人财产的征收，财政实际上是国家和个人财产关系在公法上的体现。“整个财政制度，包括岁入与岁出的关联，只有置入人权和政府职能的历史语境中理解，才能得到合理的解释。”①因为财政权是公共权力，它的产生需要宪法依据，而且它关系到国家对私人财产权征收的合法性。因此，财政民主原则成为财政法的基本原则，财政立宪问题成为中西宪法学者研究的热点。

（2）财政权是基于公共管理的国家权力。政府基于公共选择而履行公共管理的职能，向社会提供必要的公共产品与公共服务，由此所产生的成本与费用由享受公共利益的社会公众承担，公共管理是财政权合理性的社会基础，而保障政府切实履行公共管理职能的需要，才使财政法治成为财政法的基本原则。

（3）财政权是与政治权力密切相关的经济权力。财政权既是国家政权体系的构成要素，也是保障国家政权体系正常运行的经济来源。在现代市场经济体制下，政府履行的资源配置、经济稳定和收入再分配职能，均是财政权的重要体现，也是公共财政产生的经济原因。

（二）财政法治原则下对财政权的法律规制

1. 财政权依法产生

财政权作为一种公共权力，它的产生不仅有宪法依据，而且源于法律的直接规定。根据《立法法》和《各级人民代表大会监督法》的规定，财政立法权与财政监督权属于各级人民代表大会及其常务委员会，根据《宪法》与《预算法》的规定，财政执行权属于各级人民政府，财政司法权属于各级法院、检察院。在明确权力归属的前提下，上述法律及其配套的行政法规、部委规章、地方性法规、规章，进一步明确规定了国家三机关的权力分工与权限范围以及行使权力的法律程序，从而使财政法治的原则精神转化为具体的行为规范。

2. 财政权须依法行使

财政权的依法行使是实现财政公共管理职能的关键。这不仅是贯彻财政法治

① 李龙、朱孔武：《财政立宪主义论纲》，《法学家》2003 年第 6 期。

原则的要求，也是提高财政管理效率，只有财政权的依法行使才能高质量地实现政府的资源配置、经济调节、社会稳定等管理职能。财政权的依法行使是规范政府财政行为的客观需要，只有将财政权的行使置于法律的规制之下，才能真正保障财政权不被滥用，防止贪污腐败，杜绝对私人财产权的非法侵犯。

3. 财政权依法受到监督

财政监督是源于"权力制约"理论所建立的法律制度。以权力制约权力是为了防止权力的滥用，但财政监督权本身也是一种国家权力，它的产生、权限的范围、行使的程序、违法的责任，同样基于法律的规定，依法监督是财政监督权法定的应有之义。

三、财政管理体制

（一）财政管理体制概述

财政管理体制是国家财政权运行的机制，核心是解决中央政府与地方政府之间财政权的分配问题。"统一领导、分级管理"是我国财政管理体制的基本原则，1994 年起，中国实行分税制的财政管理体制。核心内容集中体现为以下两个方面。

1. 明确中央与地方政府事权和支出的范围

根据中央政府与地方政府所承担的职能的不同，明确中央财政负责中央国家机关运转，履行国家安全、外交职能，调整国民经济结构、协调地区发展、实施宏观调控，以及由中央直接管理的事业发展。地方财政主要承担本地区政权机关运转以及本地区经济与社会发展。

2. 明确中央与地方政府财政收入范围

根据事权与财权相结合的原则，财政收入按税种划分中央与地方的收入。将与维护国家权益，实施宏观调控相关的税种确定中央税，将与经济发展相关的税种确定为中央地方共享税；将地方性税种确定为地方税，并通过转移支付，充实地方政府财政权。

（二）中国财政管理体制的改革与完善

1978 年实行"划分收支、分级包干"的财政管理体制，重点解决国家与企业之间的分配关系，打破计划经济条件下的财政统收统支体制，使企业成为自主经营、自负盈亏的市场主体。1994 年"分税制"改革，主要解决中央与地方政府之间的分配关系，实行按税种划分中央税、地方税、中央与地方共享税，建立国税、地税两套税务机构，分别征管。2008 年公共财政体制改革，重点解决政府的财政收支关系，通过税费改革、税收制度改革、财政预算制度改革，健全财政的公共职能和分税制的财政管理体制，实现"透明财政、法治财政、公共财政"的建设目标。由于没有制定财政基本法，有关财政管理体制的规定散见于相关法律与行政法规、部委规章中，如 1993 年 12 月国务院《关于实行分税制财政管理体制决定》，2001 年国务院颁布了《所得税收入分享改革方案》，2008年财政部、国家税务总局和中国人民银行联合下发《跨省市总分机构企业所得税分配及预算管理暂行办法》等。它们是确定中央和地方政府之间的财权关系，以及财政部门财政管理权限的法律制度。

第二节 预算法

一、预算法概述

（一）预算法的概念

预算法是财政法的核心内容。广义上的预算法是关于社会公众参与和监督国家财政活动的法律制度，与宪政制度有关；狭义上的预算法则是调整国家在进行预算资金的筹集和取得、使用和分配、监督和管理等过程中所发生的社会关系的法律规范的总称。世界各国无一例外地十分重视预算立法，新中国成立后，预算立法经过了从无到有，从行政法规上升为预算法律的不断完善的过程。1951年颁布了《预算决算条例》；1991年10月国务院发布了《国家预算管理条例》；1994年3月22日第八届全国人民代表大会第二次会议通过《预算法》，国务院于1995年11月22日发布施行《预算法实施条例》。由于现行的预算法已经不再适应公共财政体制建设需要，目前预算法已列入了全国人大的法律修订程序。

（二）预算法的原则

根据我国《预算法》的立法宗旨与基本法律制度，结合中国的国情特色与预算管理体制，确立了以下预算法律原则。

1. 一级政府一级预算原则

国家实行一级政府一级预算，设立中央，省、自治区、直辖市，设区的市、自治州，县、自治县、不设区的市、市辖区，乡、民族乡、镇五级预算。不具备设立预算条件的乡、民族乡、镇，经省、自治区、直辖市政府确定，可以暂不设立预算。在划分中央与地方事权的基础上，确定中央与地方财政支出范围，并按税种划分中央与地方预算收入的财政管理体制，保障各级政府支出所需的财政收入。

中央政府预算由中央各部门（含直属单位）的预算组成；地方预算由各省、自治区、直辖市总预算组成。中央预算包括地方向中央上缴的收入数额和中央对地方返还或者给予补助的数额。地方各级政府预算包括下级政府向上级政府上缴的收入数额和上级政府对下级政府返还或者给予补助的数额。地方各级总预算由本级政府预算和汇总的下一级总预算组成；下一级只有本级预算的，下一级总预算即指下一级的本级预算。没有下一级预算的，总预算即指本级预算。地方各级政府预算由本级各部门(含直属单位)的预算组成。各部门预算由本部门所属各单位预算组成。单位预算是指列入部门预算的国家机关、社会团体和其他单位的收支预算。

2. 预算平衡原则

预算平衡原则最初的目的是为了约束政府超越议会授权的范围超额开支,防止政府滥用财政权力。从经济学的角度认为财政赤字是一种社会公害,是导致通货膨胀,破坏经济增长的罪魁,倡导减税减支,实现预算平衡。"从 20 世纪 30 年代起,自美国总统罗斯福推行新政和凯恩斯为赤字财政政策提供了系统的理论依据以来,西方主要资本主义国家已基本上放弃了年度预算平衡理论。"①在中国,"既无内债、又无外债"曾被视为政治稳定和经济健康的重要标志。预算法明确规定"各级预算应当做到收支平衡"。② 但鉴于发行公债对拉动内需,刺激经济增长所发挥的作用,预算平衡的原则实际上已经被突破。

3. 预算程序性原则

预算程序性原则是预算民主与预算法定的具体体现,只有程序合法,预算才具有相应的法律效力。预算是以数字形式所表现的行政纲领,预算法规定:"经本级人民代表大会批准的预算,非经法定程序,不得改变。"③因此,预算从编制、审查、批准、执行、调整到决算,依法都应当按照法定程序进行,并具有法律的约束效力。预算程序性原则是预算刚性的要求,但必须建立在预算科学、合理、真实、全面、完整、统一的基础上,才能实现预算程序约束的法律目标。

4. 预算年度原则

预算年度即财政预算的收支起止期限,通常为一年。预算按年度编制,我国预算年度自公历 1 月 1 日起,至 12 月 31 日止。

二、预算实体法

预算实体法是关于国家权力机关与国家行政机关之间以及国家行政机关各部门之间,分配与落实财政预算权的法律。根据宪法与法律的规定以及国家权力的分工制约原则,预算立法权属于国家权力机关,预算执法权属于国家行政机关,并由各级财政部门具体行使预算管理的职能。

(一) 国家权力机关的预算管理权

1. 全国人大的预算权

全国人大是国家的权力机关,实行会议制度,执掌预算立法权,并对中央预算

① 王源扩:《财政法预算平衡原则再探讨——兼论我国预算法之修改》,《安徽大学法律评论》2003 年第 3 卷第 1 期。
② 参见《中华人民共和国预算法》第 3 条。
③ 参见《中华人民共和国预算法》第 9 条。

拥有审查批准与监督管理权。具体包括：审查权，审查中央和地方预算草案和预算执行情况报告；批准权，批准中央预算及其执行情况报告；变更撤销权，变更或撤销全国人大常委会关于预算、决算不适当的决议。

2. 全国人大常委会的预算权

全国人大常委会是全国人大的常设机关，行使全国人大闭会期间的预算权。具体包括：预算监督权，监督中央和地方预算的执行；预算审批权，审查和批准中央预算调整方案和中央决算；预算撤销权，撤销国务院、省级人大及其常委会制定的违反上位法的预算、决算规范性文件。

3. 县级以上各级人大的预算权

县级以上各级人大对本级政府预算具有审批监督权。具体包括：审批权，审查和批准本级预算和预算执行情况报告；变更撤销权，变更或撤销本级人大常委会关于预算、决算的不适当的决议，本级政府关于预算、决算的不适当的决定和命令。

4. 县级以上地方各级人大常委会的预算权

县级以上地方各级人大常委会行使本级人大闭会期间的预算权。具体包括：监督权，监督本级总预算的执行；审批权，审批本级预算调整方案和本级决算；撤销权，撤销本级政府关于预算、决算的不适当的决定和命令，下一级人大及其常委会关于预算、决算的不适当的决议。

5. 乡级人大的预算权

我国宪法规定乡一级人大不设常委会，其预算管理权由乡一级人大直接行使。具体包括：审批权，审查和批准本级预算和预算执行情况报告；监督权，监督本级预算的执行；撤销权，撤销本级政府关于预算、决算的不适当的决定和命令。

（二）国家行政机关的预算管理权

1. 国务院的预算权

国务院是最高国家行政机关，是最高权力机关的执行机关，负责国家预算法的执行。根据预算法，国务院行使下列预算管理权：编制权，编制中央预算、决算草案和中央预算调整方案；报告权，向全国人大作关于中央和地方预算草案的报告；将各省级预算汇总后报全国人大常委会备案，向全国人大及其常委会报告中央和地方预算执行情况；执行权，组织中央和地方预算的执行；决定权，决定中央预算预备费的动用；监督权，监督中央各部门和地方政府执行预算；变更撤销权，变更或撤销中央各部门和地方政府关于预算、决算的不适当的决定和命令。

2. 县级以上地方政府的预算权

县级以上地方政府是地方各级权力机关的执行机关，行使以下预算管理权：编制权，编制本级预算、决算草案和本级预算方案；报告权，向本级人大作关于本级总预算的报告，将下一级预算汇总后报本级人大常委会备案，向本级人大常委会报告本级总预算执行情况；执行权，组织本级总预算的执行；决定权，决定本级预算预备费的动用；监督权，监督本级各部门和下级政府执行预算；变更撤销权，变更或撤销本级各部门和下级政府关于预算、决算的不适当的决定和命令。

3. 乡级政府的预算权

乡级政府是基层行政机关，主要负责编制本级预算、决算草案和本级预算调整方案；向本级人大报告本级预算草案和本级预算执行情况；组织本级预算的执行；决定本级预算预备费的动用。

（三）国家财政机关的预算管理权

各级财政部门的预算职权是本级政府的预算职权的具体化。主要内容为：具体编制本级预算、决算草案和本级预算调整方案；具体组织本级预算的执行；提出本级预算预备费动用方案；定期向本级政府和上级政府财政部门报告本级总预算的执行情况。

三、预算程序法

（一）预算编制程序

1. 预算编制的概念

预算编制，是指各级政府、各部门、各预算单位，按规定的时间，制定预算收入与预算支出的年度计划，并报送预算草案。预算编制应当遵循国家有关预算编制的原则，按照编制办法和程序进行。根据预算编制的方式不同，预算分为单式预算和复式预算。单式预算，是将预算年度内全部收支汇集编入一个总预算内，而不按收支性质类别分别编制；复式预算，是按照收入或支出的性质不同分别编成两个或两个以上的预算，一般是先编制经常性预算并做到平衡后，再编制建设性预算。

2. 预算编制的要求

（1）各级总预算的编制，分别由各级政府负责并相应由各级财政部门具体进行。

（2）中央预算的编制。中央各部门根据国务院下达的编制预算草案的指示和财政部门的部署，具体布置所属各单位编制预算草案，并负责汇总编制本部门预算草案，报财政部审核，财政部审核汇总中央各部门预算草案，编制出中央预算草案。

（3）地方预算的编制。在本级政府下达编制预算的指示后，地方财政部门根据该指示和上级财政部门的部署，具体布置本级各部门和下级财政部门编制预算草案，并编制本级总预算草案，最后由财政部负责汇总。

（二）预算审批程序

中央预算草案由财政部汇总后上报国务院，经国务院审核后由财政部向全国人大作关于预算草案的报告，全国人大经讨论通过，作出批准预算的决定。地方预算草案由本级财政部门交本级政府审定后，提请本级人大审议和批准。各级总预算经本级人大批准后，财政部门应当及时向本级各部门批复预算，各部门应当向本部门所属单位批复预算。

（三）预算执行程序

各级财政部门应当在本级政府领导下做好预算执行工作。其主要环节是：(1) 组织预算收入，及时、正确、足额地把应征的收入纳入国库；(2) 按照计划拨付资金，保证用款单位的资金需要。在预算执行中，国库作为财政资金的出纳机构及时、准确地办理预算收入的收纳、划分、留解和预算支出的拨付。除经同级财政部门的许可，任何部门、单位和个人都无权动用或者以其他方式支配国库库款。

（四）预算调整程序

在预算的执行过程中，由于某些特殊情况的出现而需要增加支出或减少收入，使总支出超过总收入或者原举借债务的数额增加，可依法定程序对已批准的预算进行调整。预算调整方案由各级财政部门提出，经本级人大常委会审批，地方预算调整方案经批准后，须由本级政府报上级政府备案。

四、决算法

在每一预算年度终了后，各级政府，各部门、各单位都要按国务院规定的时间编制决算草案。各部门对所属各单位的决算草案，应当审核并汇总编制本部门的决算草案，在规定期限内报本级财政部门审核。由各级财政部门汇总编制的决算草案，应当报送同级政府审定，审定后除乡级决算草案由本级人大审批外，其他均由本级人大常委会审批。决算批准后，各级财政部门要向本级各部门批复决算，地方各级政府还应当将决算报上级政府备案。

五、预算责任法

根据《预算法》的规定，承担预算法律责任有以下几种情况。

(1) 各级政府未经批准擅自变更预算、使经批准的收支平衡的预算的总支出超过了总收入，或者使经批准的预算举借债务的数额增加的，对负有直接责任的主管人员和其他直接责任人员追究行政责任。

(2) 违反法律、行政法规的规定，擅自动用国库库款或者擅自以其他方式支配国库的库款的，由政府财政部门责令退还或者追回国库库款，并由上级机关给予负有直接责任的主管人员和其他直接责任人员行政处分。

(3) 隐瞒预算收入或者将不应当在预算内支出的款项转为预算内支出，由上一级政府或者本级政府财政部门责令纠正，并由上级机关给予负有直接责任的主管人员和其他直接责任人员行政处分。

六、中国预算法的修改与完善

(一) 预算法的不足

1994 年预算法和 1995 年预算法实施条例的出台,极大地推动了中国预算的法治化进程,人大常委会监督法的施行,强化了宪法赋予国家权力机关对财政预算的审查监督权,对于规范财政预算行为,提高政府效率,具有重要的法律意义。但是随着公共财政体制的改革,预算法在实际的适用过程中日益暴露出制度缺陷与不足,最突出的问题有:一是预算不完整,缺乏刚性问题。从中央到地方,有相当多的政府性收支没有纳入预算,已经纳入到预算的资金,也没有按照预算进行严格管理。中央政府预算权由各政府部门分散行使,各政府部门预算各自为政,包括社会保障预算、国有资本经营预算以及地方债务收支及或有债务等重要的政府收支项目未纳入预算管理。二是人大对预算审查、监督的虚化问题,审计监督流于形式。三是地方政府预算外非税收入的征收缺乏规范以及财政预算重分配轻管理问题等。

(二) 预算法的修订与完善

目前全国人大已经启动《预算法》修订程序,《预算法》征求意见稿将在广泛征求各方意见的基础上,进一步形成《预算法》修改情况的报告交全国人大常委会审议。新的《预算法》在制度上将着重作以下三方面的完善:预算的统一完整性;预算执行的严格规范性;预算监督的严肃有效性。

1. 预算的统一完整性

实行全口径预算管理,将政府的收入和支出全部纳入预算范围,实行统一的、完整的、规范的管理,从根本上解决预算的体外循环问题。全口径预算编制是“复式预算体系”,应包括政府公共预算、国有资本经营预算、社会保障预算在内;其中政府公共预算应包括一般预算、基金预算、债务预算;并在不同预算之间建立规范、明确、透明的资金往来渠道。

2. 预算执行的严格规范性

预算一经人大审查批准,具有法律约束力,应当严格执行;未经法律程序,任何预算单位不得擅自变更已经生效的预算;财政部门应当对政府所有的预算收支的实行财政统一管理。为此,修订后的《预算法》将对预算调整作出严格的程序规范,控制预算执行中的自由裁量权,防止通过事实上的预算调整,致使大量新增预算收支脱离人大的监督,损害预算的法律效力。这种新的制度安排,必将改变“只要在人大批准的收支平衡范围内不出现赤字,或者只要人大所批准的赤字预算不被突破,即不属预算调整”的习惯做法。通过规范事实上的预算调整,从根本上规范预算执行。

3. 预算监督的严肃有效性

各级人大对财政预算的审批与监督是宪法赋予的重大权力，预算法关于预算审批与监督程序的法律规定是各级人大行使预算审批监督权的法律保障。当前预算管理制度的改革，重点是落实宪法赋予的人大对预算审批监督权，加强人大常委会预算监督的履职能力，使人大对预算的形式监督变为实质监督。因此，各级人民代表大会不仅要在立法层面对同级政府的全部预算收支，实行"全口径"控制和监督，而且真正代表人民履行预算的民主决策权与合法性审批监督权。

第三节 财政支出法

一、财政支出法概述

（一）财政支出法的概念

财政支出法是调整财政支出关系的法律，财政支出关系包括财政拨款关系、财政投资关系、财政贷款关系、政府采购关系等，因此财政拨款法、财政投资法、财政贷款法、政府采购法均是财政支出法的组成部分。与财政收入法对私人财产的强制征收不同，财政支出法的目标在于政府为社会公众提供公共产品与公共服务。在财政收入关系中相对人利益受损，而在财政支出关系中相对人受益。财政支出法对政府财政支出行为的规范，是为了防止权力的滥用，保障财政支出的合法、公平与高效。

（二）财政支出法的立法现状

当前财政支出方面的立法远远滞后于财政实践，在立法体系上残缺不全，许多领域无法可依，如财政投资、财政贷款，再加上预算外资金在人大监督管理上的缺位，使政府部门的自由裁量权在没有任何制约的情况下行使，财政支出的实际效果完全取决于执法者的个人素质与自律。已经制定的法律，如政府采购法，也存在规范体系上的矛盾冲突，缺乏可操作性，从而使财政的公共政策效果大打折扣，造成财政资金的浪费。此外，收支两条线，国库集中收付与财政转移支付等方面的立法，也需改革、完善，提升立法层次。

二、财政支出一般法

（一）财政收支分离法

财政收支分离法是针对国家特定收入，以规范支出为目的所建立的管理制度，即收支两条线。中国政府除了税收收入之外，非税收入规模很大，达到了税收收入的 50%，而非税收入不受一般预算的制约，属于预算外管理或专项预算管理，因此收支两条线实际上就是专门针对非税收入的支出管理所建立的法律制度。

财政部、国家发改委、监察部、审计署发出财综(2003)29 号令即《关于加强中央部门和单位行政事业性收费等收入收支两条线管理的通知》要求中央部门和单位按照国家有关规定收取或取得的行政事业性收费、政府性基金、罚款和罚没收入、彩票公益金和发行费、国有资产经费收益、以政府名义接收的捐赠收入、主管部门集中收入等属于政府非税收入，必须严格按照国务院或者财政部规定全额上缴国库或财政专户，不得隐瞒、截留、挤占、坐支和挪用。实行中央与地方分成的政府非税收入，应当按照国务院或者财政部规定的分成比例上缴中央和地方国库或财政专户。未经国务院或者财政部批准，中央部门和单位不得擅自对政府非税收入实行中央与地方分成，或者集中地方政府非税收入。

专项预算管理的改革在逐步推进，对“全额上缴国库”的政府非税收入，被纳入了预算管理的范围，实行财政专户管理的政府非税收入，也在尝试纳入部门预算，实行统一管理。随着预算改革的推进，专项预算与一般预算并列，在“体外循环”的局面必将得到根本改变。

（二）财政转移支付法

财政转移支付法是规范政府间因无偿财政资金转移所产生的社会关系的法律，简称中央与地方财政关系法。财政转移支付是政府间的资金无偿转移，包括纵向转移支付与横向转移支付。财政转移支付对于平衡地方政府预算收支，保障公共产品有效供给，优化资源配置，加强中央政府的宏观调控能力等方面发挥重要作用。上级政府对下级政府的纵向转移支付是各国普遍采用的做法，但比较而言，中国中央政府向地方政府的财政转移支付规模更大，而法律制度供给相对不足。美国是联邦制国家，联邦政府、州政府与地方政府三级之间的职能与财政税收相对独立，事权与财权相匹配，联邦政府要介入州与地方政府的事务，才会进行附条件的财政转移支付，一般有数额限制。中国是单一制的社会主义国家，1994 年分税制改革没有从根本上解决各级政府之间事权与财权相适应的问题，纵向财政转移支付是一个体制性现象，再加上预算外资金规模巨大，专项财政转移支付成为纵向转移支付中的重要方面，“跑步钱进”的现象突出。

在制度建设方面，1995 年制定了《过渡期转移支付办法》，2002 年通过了《所得税分享改革方案》和《一般性转移支付办法》，这些办法的实施明确了一般性转移支付的范围，中央对地方的税收返还、专项拨款以及中央与地方财政年终结算与上缴等事项。早在 2003 年，《财政转移支付法》已被列入第十届全国人大常委会五年立法规划，但至今没有出台。2010 年全国人大强调要加快《财政转移支付法》立法步伐，按照集权和适当分权相结合的原则，合理划分中央政府与地方政府之间的事权和财政支出范围，按照财权、财力与事权相适应的原则，理顺中央财政与地方财政的分配关系，确保各级财政正常履行相应职能的基本需要，建立政府间和谐财政关系。

（三）国库集中收付法

国库集中收付法也称国库单一账户法。政府所有的财政收入和全部财政支出，都集中在国库或国库指定的代理行开设的账户收付。2001 年 3 月 16 日财政部发布了《财政国库管理制度改革试点方案》，标志中国国库制度改革的启动。2001 年 7 月财政部下发《财政国库管理制度改革试点方案会计核算暂行办法》，2002 年 5 月和 7 月，财政部和中国人民银行先后下发《中央单位财政国库管理制度改革试点资金支付办法》和《中央单位财政国库管理制度改革试点资金银行支付清算办法》。2003 年 12 月，财政部下发《财政国库管理制度改革试点年终预算结余资金管理暂行办法》。这些规定的出台，初步建立了国库集中收付制度，并构建了国库单一账户体系，从而规范收入收缴、支出拨付的程序。

三、财政支出特别法

财政支出特别法是调整政府与相对人之间，因财政资金有偿流转所产生的社会关系的法律规范的总称。包括财政贷款法、财政投资法、政府采购法等。目前除政府采购法外，我国尚未制定财政贷款法和财政投资法，有关财政投资与财政贷款方面的规定分散在相关其他法律、法规中，如预算法、国有资产管理法、合同法、公司法、邮政法、铁路法、公路法、科技进步法、教育法、卫生法、环境保护法等。

（一）财政投资法

财政投资法是调整政府用财政资金投资所形成的社会关系的法律。其内容包括：(1) 财政投资主体制度，即规定财政投资的主体资格、财政投资管理体制和项目法人制度；(2) 财政投资宏观调控制度，即规定财政投资的宏观决策、计划管理、结构管理、财税管理等；(3) 财政投资资金管理制度，即规定基本建设拨款管理、专项建设基金管理和基本建设贷款管理；(4) 财政投资项目管理制度，即规定项目资本金管理、项目招标投标管理、项目合同管理、工程项目监理及效益分析报告等；(5) 财政投资建设程序制度，即主要规定项目建议书、可行性研究、工程设计、施工、验收、交付使用等程序。目前我国尚未制定财政投资法。

财政投资是一种国家直接投资，财政投资的主体是政府，投资资金的性质是财政资金，投资目的是为了满足社会公共需求，是用政府之手弥补市场调节机制缺陷的方式之一。“国家直接投资是针对由于市场唯利性，民间投资不愿进入某些领域这一缺陷，而采取的一种国家参与式调节方式。”[①]政府投资与市场投资最根本的

① 漆多俊：《时代潮流与模块互动》，漆多俊经济法网（http：//www.qiduojun.com/FX_INDEX/index.asp）。

区别是公益性投资，主要包括基本建设投资、教育卫生投资与其他社会福利性投资等方面，其中基本建设投资是财政投资最集中的领域，对拉动经济增长具有直接的、明显的效果。在市场经济体制下，政府的财政投资被排斥在市场竞争领域之外，但中国的社会主义市场经济体制是从计划经济体制下演变而来，“国退民进”是一个渐进的过程，目前在市场竞争领域仍然有规模庞大的国家直接投资，但新增的财政投资项目应当严格控制在公共领域。

财政投资是一种政府性项目投资，投资规模取决于公共需求与政府财力。其中政府财力是一种刚性约束，当政府的投资冲动与财力不足发生矛盾时，就会出现负债投资的现象。一般来说，财政投资的资金来源主要有财政拨款、专项建设资金和财政贷款三种途径。传统上财政拨款与专项建设资金是主要的方式，财政贷款则由于受到预算平衡与偿债能力的限制，使财政贷款无法被广泛采用，但在今天，这种情况已经得到根本性的改变，财政贷款成为地方政府缓解财政压力的有效手段，被广泛运用。

（二）财政贷款法

财政贷款法是规范财政贷款行为及其由此产生的财政资产归属关系的法律。财政贷款是财政投资重要的资金来源，也是地方政府解决资金瓶颈问题的基本方式。目前我国没有制定财政贷款方面法律、法规，但财政贷款的实际规模却很大，2009年为拯救深受金融危机影响的实体经济，中央财政以项目投资的形式，启动“4万亿”财政刺激计划，并由地方政府进行财政资金的配套，地方政府的配套资金除了来源于地方财政收入外，很大一部分是来源于地方融资平台的财政担保性质的银行贷款。近年来，由于地方政府财力不足与社会公共需求增长之间矛盾的加剧，导致地方政府财政赤字难以平衡，通过财政担保贷款所产生的政府负债规模不断扩大，可能诱发不可控制的系统性金融风险和财政风险，这亟待立法加强管理。

根据《行政事业单位国有资产管理办法》、《企业国有资产管理办法》的有关规定，由财政贷款所形成的债权债务关系，无论是否计息，贷款人都须承担到期还债的责任，贷款的安全是法律规制的重要方面。从产权归属的角度看，通过财政贷款所进行的项目投资或基本建设，其性质为国有，包括财政贷款资产和基于财政贷款项目的新增资产，均属国家所有。

（三）政府采购法

1. 政府采购法概述

政府采购法是公共财政法律框架体系中规范财政支出的重要法律，其内容涵盖了政府采购的主体资格、采购资金、采购方式与程序、采购的监管体制与执行机制等法律制度。《中华人民共和国政府采购法》于2002年6月29日第九届全国人大常委会第二十八次会议通过，并于2003年1月1日开始实施。政府采购是一种不同于私人采购的公共采购，具有采购的市场性和管理的公共性。这种双重性决定了政府采购在受到市场经济法律规则约束的同时，也受到公共财政管理法律规则的约束。中国随着市场竞争机制不断健全，市场经济的法律体系也日益完善，但由于公共财政体制的改革与政府职能的转变密切相关，包括政府采购法在内的公共财政法律制度建设尚处于起步阶段，无论在法律制度体系上，还是在具体的规范内容上，均有待于进一步的完善。

2. 政府采购法主要内容

(1) 明确政府采购是指各级国家机关、事业单位和团体组织，使用财政性资金采购依法制定的集中采购目录以内的或者采购限额标准以上的货物、工程和服务的行为。(2) 政府采购应遵循公开透明、公平、公正与诚实信用的原则。(3) 政府采购的基本模式为集中采购和分散采购，除纳入集中采购目录的政府采购项目，必须委托集中采购机构进行代理采购外，其他项目由采购人按自主原则选择采购代理人。(4) 政府采购当事人，即采购人、集中采购机构和供应商；其中采购人是用财政性资金采购符合法律规定的货物、工程和服务的各级国家机关、事业单位和社会团体；集中采购机构是负责集中采购的代理机构，是非营利性事业法人；按规定设区的市、自治州以上的人民政府根据本级政府采购项目组织集中采购的需要设立集中采购机构；供应商是符合法定条件，向采购人提供货物、工程或者服务的法人、其他组织或者自然人。(5) 政府采购方式，包括公开招标、邀请招标、竞争性谈判、单一来源采购、询价及其他采购方式；其中公开招投标是政府采购的主要采购方式。(6) 政府采购合同，是采购人或者由采购代理机构代理采购人与供应商之间基于平等、自愿的原则就双方的权利、义务所达成的协议；政府采购合同适用于《合同法》的规定。(7) 质疑与投诉程序。

3. 政府采购法的不足与立法完善

政府采购法的不足集中体现在两个方面。一是政府采购法与招投标法的矛盾。工程采购采用招投标方式的，适用招投标法的规定，由于政府采购法与招投标法分别由不同的部门执法，使占政府采购 80%的工程采购实际上游离于政府采购法的管制之外。二是政府采购法实施条例缺位。不仅意味着政府采购法律体系本身的不完善，也使政府采购缺乏具体的操作性规范标准，再加上部门规章与地方性法规规章混乱，进一步加剧了政府采购的法律冲突。

完善政府采购法，首先应确立政府采购法的基本法地位。政府采购法是公共财政领域中独立的、重要的法律部门，它是由《政府采购法》、《招投标法》、政府采购的部门规章与地方性法规、地方政府规章所构成的法律规范体系。但在政府采购法中，《政府采购法》处于基本法的地位，它所规定的立法宗旨、法律原则、调整对象、监管体制、激励制约机制等制度是制定政府采购特别法或操作性法律规范的法律依据，并在政府采购特别法或操作性法律规范中加以具体落实，确保贯彻执行。其次，完善政府采购法律制度的规范体系，制定《中华人民共和国政府采购法实施条例》，弥补政府采购法律制度体系中行政法规的空缺，使《政府采购法》的法律制度与法律原则更具操作性，并发挥承上启下的作用，理顺当前政府采购法存在的部门规章、地方性法规、地主政府规章及其他规范性文件之间的矛盾与冲突，构建科学、合理、有效的政府采购国内法体系，为在适当的时候加入 WTO 政府采购协议创造条件。并在此基础上理顺政府采购管理体制，强化执法监督与管理。

第四节　财 政 监 督 法

一、财政监督法概述

财政监督法是调整财政监督主体在对财政主体的财政活动进行监督的过程中所发生的社会关系的法律规范的总称。我国目前尚没有专门的财政监督法，有关财政监督的法律规范散见在其他法律、法规之中，如《全国人大常委会监督法》、《预算法》、《审计法》、《税收征管法》、《行政监察法》、《关于违反财政法规处罚的暂行规定》、《国有企业财产监督管理条例》等。这些分散的立法已经不能满足社会主义市场经济条件下财政监督的现实需要，急需制定一部统一的《财政监督法》。

二、国家权力机关的财政监督

（一）国家权力机关财政监督权的法律依据

财政监督权属于各级国家权力机关，依法有权对各级政府及财政、税收部门依法执行国家财政法律、法规和其他规范性法律文件的情况所进行的监督检查。《宪法》第 67 条明确规定了全国人大常委会监督宪法和法律实施的职权，第 99 条明确规定了地方各级人大监督宪法、法律、法规和其他规范性法律文件在本地区内实施的职权。《地方各级人民代表大会和地方各级人民政府组织法》第 8 条明确规定了县级以上地方各级人大所享有的法律监督权，第 9 条明确规定了乡、民族乡、镇人大的法律监督权，第 44 条明确规定了县级以上地方各级人大常委会的法律监督权。2006 年 8 月 27 日第十届全国人民代表大会常务委员会第二十三次会议通过了《中华人民共和国各级人民代表大会常务委员会监督法》进一步明确了各级人大财政监督权的权限范围与工作程序。

（二）财政监督权的具体内容

根据《宪法》和《监督法》的规定，各级人大常委会的财政监督权主要包括：预算审查权，预算执行监督权与决算审查批准权。重点审查：预算收支平衡情况；重点支出的安排和资金到位情况；预算超收收入的安排和使用情况；部门预算制度建立和执行情况；向下级财政转移支付情况；本级人民代表大会关于批准预算决议的执行情况。此外，还应当重点审查国债余额情况，上级财政补助资金的安排和使用情况。①

三、行政机关的财政监督

（一）财政监察监督

财政监察监督是具有财政监察权的国家机关对财政预算单位及其工作人员对贯彻与执行财政法律、法规情况所进行的监督。财政部与国家税务总局于 1982 年 7 月和 1989 年 6 月发布的《财政监察工作的几项规定》和《事业机关检查工作暂行规定》是财政监察的法律依据。由于财政监察的规范体系不完善，效力层次太低。1997 年 5 月 9 日通过了《行政监察法》，对监察机关和监察人员、监察机关的职责、权限、监察程序和法律责任等作出了明确的规定，财政监察主体在进行财政监察活动时，应当严格按照《行政监察法》的有关规定执行。

（二）财政复议监督

财政复议监督既是财政机关上下级之间财政执法监督，也是公民、法人维护自身合法权利的救济措施。根据行政复议法的规定，公民、法人或者其他组织认为具体财政行政行为侵犯其合法权益，有权依法向财政机关提出财政复议申请；受理复议申请的财政机关应当按法定程序对具体财政行为的合法性与合理性作出认定，监督财政执法，维护相对人合法权益。

（三）财政审计监督

财政审计监督是政府内部的职能监督与专业监督。审计机关通过检查财政预算执行单位的会计凭证、会计账簿、会计报表以及其他资料和资产，依法监督财政收支或财务收支的真实性、合法性和效益性。1995 年 1 月 1 日《审计法》1997 年 10 月 27 日国务院《审计法实施条例》构成我国审计监督的法律体系。按照审计法的规定，国务院各部门和地方各级人民政府及其各部门的财政收支，国有金融机构和企业事业组织的财务收支，以及其他公共性财政、财务收支均应当接受审计监督。审计机关应当按照真实、合法和效益的原则，依法履行审计监督的职能。

四、财政司法监督

财政司法监督是法院、检察院对财政机关行使财政执法权的监督。司法监督

① 《中华人民共和国人民代表大会常务委员会监督法》第 18 条。

的对象是具体财政行为，重点审查具体财政行为的合法性。《财政违法行为处分处罚条例》对财政机关及其工作人员和财政相对人的财政违法行为，按其行为性质与造成后果进行了归纳与分类，并明确了相应司法救济程序。如保护相对人利益的行政诉讼程序，财政机关工作人员失职、渎职的刑事诉讼程序等。财政司法监督是一种事后的监督，当国家财政权因违法行使而造成相对人财产权损失时，相对人通过司法救济程序，可以得到国家赔偿。

【复习思考题】

1. 什么是实质意义上的财政法？请简要说明财政法与宪法的关系。
2. 如何理解财政法的性质？为什么说财政法已演变为经济法？
3. 为什么说法治政府的核心是法治预算？请简要说明中国预算法在执行中约束软化的主要表现与根源。
4. 请说明预算法实体规范及其法律价值；请说明预算法程序规范及其社会效果。
5. 请说明政府采购法与招投标法的关系？
6. 请分析财政监督及其法治意义。

第十四章 税 法

第一节 税法概述

一、税法的基本范畴

（一）税法的概念与性质

1. 税法概念

税法是调整税收征纳关系及由此产生的税收管理关系的法律规范的总称。税收历来都是任何国家财政收入最基本的来源，也是国家征税权与公民财产权博弈的重点领域。在具体的税收关系中，代表征税方的国家行政机关与代表纳税方的公民、法人，在形式上都是按照税法规定的标准与程序完成各自的征与纳的行为，这是一种单方法律关系，不具有权利义务的对应性；但作为一种法律秩序，征纳双方的和谐关系是由法律的强制性作保障的，任何一方违反税法的规定，均应承担违法的责任。尽管征纳双方所承担责任的方式与内容不尽相同，但就责任面前人人平等来看，体现了征纳双方在税法上平等关系。这种划一的责任约束既是税法权威的象征，也是国家税源稳定的保障。国家税收规模的大小与纳税人税负的轻重，既涉及国家机关的正常运行与政府公共职能的履行，又涉及社会公共需求的满足与社会经济的发展；既涉及政府的财政收入，又涉及纳税人财产的保护等错综复杂的利益关系；既有立法技术层面的问题，也有政治层面的问题。为了防止国家征纳权的滥用与政府的财政扩张，导致对纳税人财产利益的侵犯，资本主义宪政的发源地英国，早在资产阶级革命时期就确立了"未经议会同意，政府不能征税"的原则，后来被西方自由市场经济国家广泛采用。我国宪法也明确规定税收的立法权属于全国人大及其常委会。税法作为财政法的重要组成部分，其性质是公法，而公法的精要在于限制公共权力，保护私人权利。因此税法的直接目的是规范征纳双方的税收行为，保障国家税源与财政收入稳定，满足国家机器运转的财力需要，有效调节产业结构，优化资源配置，推动社会经济和谐持续平稳发展；而终极目标则是协调国家征税权与纳税人财产权之间的关系。

2. 税法的性质

(1) 税法既从属于财政法又独立于财政法。税法的调整对象是税收关系，而税收关系从根本上说是国家的财政收入关系，由政府的税收征收机关代表国家行使征税权，目的是为了满足国家的财政收入。无论是以收定支，还是以支定收，收与支都是国家财政活动的两个基本面，彼此之间有千丝万缕的联系，必须在一体化的理念下确立立法宗旨与法律原则，才能保障财政收入与财政支出法律规范体系的协调一致，避免因制度冲突而产生财税法规范调节功能的减损，因此税法从属于广义上的财政法。但税法毕竟是调节税收关系的特别法，税收的征收、缴纳与管理具有不同于财政支出的特点与属性，税法与财政法也具有不同的社会经济调节功能，税法的行为规范体系具有相对的独立性。正因为如此，中国的财税体制改革在分步推进的过程中，税法始终先行一步，并建立了与市场经济发展相适应的税法体系，而以财政支出关系为调整对象的狭义上的财政法，由于受制于政府行政管理体制，立法相对滞后。

(2) 税法既保障征税权又保护财产权。税收法律关系是国家征税权与公民、法人财产权之间的利益分配关系。衡量税法是良法的标准，是国家适度征税与公民、法人财产权的正当保护，而并非片面地保障国家税收的多征。通过减税来减轻纳税人的负担，促使经济的增长，从而保持税源的稳定和税收收入的可持续，这始终是各国税法根本的目标。税率的高低、税负的轻重，既要考虑纳税人的经济承受能力，更要考虑政府为社会所提供的公共产品与公共服务。从社会契约论的角度看，纳税人承担纳税义务是其享受政府所提供的公共产品或公共服务的代价，虽然在某个具体的税收关系中征纳双方的权利义务是不对等的，但在总体上说纳税人的纳税义务与政府的公共服务或公共产品之间是对等的。税收的增长应当与政府公共服务的增加相适应，国家征税权得不到保障，政府税收收入不足，会影响政府公共职能的履行，而过度征税，且税收的增长没有带来公共福利增加，同样会造成纳税人财产权的损害。为了平衡国家征税权与纳税人财产权之间的关系，税收的立法权和对税法执行的监督权应当由代议制民主机关来行使。

(3) 税法既是税收征收法又是宏观调控法。没有税收的征收就没有税收征纳关系，没有税收征纳关系就没有税法；不言而喻，税法是关于税收征收的法律。但税率的高低、税负的轻重，客观上具有引导投资，达到优化资源配置、调整产业结构的目的。税负不仅是市场主体经营成本的基本构成，而且是建立与维护市场公平竞争机制的核心要素，是体现国家宏观经济导向的重要方面。税率、出口退税率、起征点、免征额、税收优惠、税收减免及其他税式支出，无一例外是国家产业政策、竞争政策与经济政策的体现，税率本身就是一种国家财政政策工具，体现政府对经济实施宏观调控的政策意图，税法是宏观调控法。

（二）税法的基本要素

税法有下列基本要素构成：

（1）纳税主体。纳税主体即纳税义务人，是指税法规定的直接负有纳税义务的社会组织和个人。任何税种都有明确的纳税义务人。

（2）征税对象。征税对象是区分此税与彼税的标志，是征税的直接依据。根据征税对象的不同，税收分为流转税、所得税、财产税、资源税、特定行为税等。

（3）税目。税目是征税对象的具体化，是税法规定应当纳税的具体项目。

（4）税率。税率是指应纳税额与征税对象之间的法定比例。税率是税收制度的核心部分，是计算税额的尺度。目前我国税法规定了三种税率：比例税率、累进税率、定额税率。比例税率是对同一征税对象不论数额大小，均按同一比例计征的税率。累进税率是指对同一征税对象，随着数额的增多而逐级提高征收率的递增税率，分为全额累进税率和超额累进税率。全额累进税率将征税对象的绝对数额划分为若干等级，从低到高每一等级适用一个税率，纳税人的征税对象全部数额按与之相适应的等级税率计征。超额累进税率是**将征税对象的绝对数额划分为若干等级，并按等级规定对应的税率，纳税人根据征税对象所属等级的税率，分别计征后加总，计算出应纳税额。**累进税率还可分为超倍累进税率和超率累进税率。定额税率即是固定税率，对每一单位的征税对象直接规定固定的应纳税额，一般适用于从量计征的税种。

（5）纳税环节。纳税环节是应税产品在流转过程中，依法应当缴纳税款的环节。纳税环节一般根据有利于税源控制、税款入库、管理方便的原则来确定。

（6）纳税期限。纳税期限是纳税人依法应当缴纳税款的时间界限，是判断纳税人是否欠税、偷税及其处罚的标准。

（7）减免税。减免税是税法规定对特定的纳税人或征税对象，减少征税或免除征税的制度。减免税涉及税收公平性，一般在不损害市场公平机制的前提下，体现国家的宏观经济导向。

（8）法律责任。法律责任是征纳关系双方当事人违反税法所产生的法律后果，是税法权威性的重要体现。

（三）我国税法的体系与完善

1. 我国的税法体系

税法体系即是由税收基本法、税收征收法与税收管理法所构成的法律规范体系。目前中国尚未制定税收基本法，且税收的立法权属于中央，地方人大与地方政府均无税收立法权。因此，现行的税法体系是由全国人大及其常委会所制定税收法律与国务院制定的税收行政法规及财政部、国家税务总局、海关制定的税收部委规章所构成的有机整体。

1994 年“分税制”改革所取得的最重要的成果，其一，按照事权与财权相适应的原则，划分中央税、地方税、中央与地方共享税，使各级政府履行管理职能有了基本的财力保障；其二，初步构建了与市场经济体制相适应的税收体系，并在此基础上建立税法体系。税收立法采取单行法的立法体例，按税种立法。其中由全国人大及常委会制定的法律有：《税收征管法》、《外商投资企业与外国企业所得税法》、《个人所得税法》。由国务院制定的行政法规有：《增值税暂行条例》、《消费税暂行条例》、《营业税暂行条例》、《企业所得税条例》、《关税条例》、《农业税条例》、《车船税条例》、《税收征管法实施条例》、《企业所得税法实施条例》、《个人所得税法实施条例》等。由财政部、国家税务总局、海关制定的部委规章有：《增值税实施细则》、《消费税实施细则》、《营业税实施细则》等。

2004 年根据《中共中央关于完善社会主义市场经济体制的若干问题的决定》，在税收领域按“简税制、宽税基、低税率、严征管”的要求进一步深化改革，统一了内外资企业所得税法；完成了增值税、消费税、营业税等流转税的转型；改革了个人所得税；开征了燃油税；扩大了城镇土地使用税；取消了车船使用税和车船使用牌照税；五年内全国取消包括农业特产税和牧业税在内的农业税。

2. 我国税法体系的完善

经过 1994 年的分税制改革和 2004 年税制调整，中国已基本建立与市场经济体制相匹配的税收体系与税法规范体系，但与公共财政体制与税收法治的要求相比尚有一定的差距，需要通过进一步的改革加以不断的完善。

(1) 税收法律规范的立法层次有待于提升。按照《宪法》与《立法法》的规定税收立法权属于全国人大及其常委会，只有当“规定的事项尚未制定法律的，全国人民代表大会及其常务委员会有权作出决定，授权国务院可以根据实际需要，对其中的部分事项先制定行政法规”，当“授权立法事项，经过实践检验，制定法律的条件成熟时，由全国人民代表大会及其常务委员会及时制定法律”。目前中国除企业所得税和个人所得税外，其他税种全部属于全国人大授权国务院立法，税收行政法规是税收规范体系的主要形式，客观上造成政府既立法又执法，既征税又用税的局面，产生权力缺乏制约的现象。税收立法权的回归，不仅是公权力制约的需要，更是税收法治的要求。条件已经成熟的税收行政法规上升为税收法律，本身是对税法体系的完善，有助于树立税法的权威，改善纳税人自觉纳税的法律环境。

(2) 完善与公共财政相适应的税收体系。公共财政不仅意味着公共需求是财政支出的目标与导向，而且在税种的设置上体现国家的公共政策导向。目前我国的税种设计与税收体系更多地关注经济因素，忽视社会因素，这种状况随着公共财政体制建设正在逐步的改善，但步伐不大。环境税、资源税、社会保障税等与公共财政相适应的税种缺位，如何在不加重纳税人总体税负的基础，调整税收结构，使税收体系更趋合理，更能满足社会公共需求增长的要求，这是当前税制改革的重点。

(3) 理顺中央与地方政府的税收关系。"事权向下传递,财权向上集中"是1994年分税制改革以来的基本趋势,造成地方政府"入不敷出"的局面,行政收费与政府融资成为地方政府财政不足的基本途径,特别是土地出让费是地方政府财政收入的重要来源,目前行政收费收入已达到了税收收入同样的规模,这给"费改税"的推进带来困难,还直接助推了地方政府负债规模的膨胀和房地产价格的上涨。因此需要通过税制的改革,进一步理顺中央与地方政府的税收关系,建立与各级地方政府公共职能相适应的,既相对稳定又相对独立的税收收入体系,只有解决了地方政府财力不足的体制问题,才能推进公共财政体制的改革。

二、征税权及其法律规范

(一) 征税权的概念与特征

1. 征税权的概念

国家征税权即是税法执行权,是宪法和法律赋予政府开征、停征税收及减税免税、退税、补税和管理税收事务等权力的总称。国家征税权的产生是基于国家的存在和正常运转所需的物质基础,但随着时代的进步与社会的发展,政府满足不断增长的社会公共需求已经成为判断国家征税权正当性和合理性的标准。税法执行权与税法制定权有密切的联系,特别在中国由于授权立法,大部分的税种的立法权与执行权都属于政府,但这并不意味着税法制定权与税法执行权一样,都属于国家征税权。在现代市场经济条件下,税收关系不再是建立在片面强调国家强制力与税收无偿性基础上的单向财产移转关系,而是在总体上体现纳税义务与公共福利相对应的双向权利义务关系,纳税人也不再是国家征税权的实施对象,而是税法制定的参与者,税收的民主立法已经成为当今世界的主流,因此税法制定权不同于税法执行权,其性质属于国家立法权,而不是国家征税权。

2. 国家征税权的特征

(1) 公共性。国家的征税权被解释"为增进公共利益而对公民财产权的限制"。[①] 虽然在具体的税收关系中,税收征收机关的征税权与纳税人的纳税义务是基于法律的事先规定,因此是可预期的和固定的。但由于国家征税权与公民法人财产权上的利益冲突,客观上使征纳双方处于利益的博弈之中,纳税人千方百计地节税避税,而税收征收机关则想方设法地应税尽收,两者之间的利益冲突应当统一由税法加以规范,并根据社会公共需求的供给,通过民主的立法程序,不断完善税法规范体系,加强税法执行监督,特别是加强对税收征收机关自由裁量的限制,防止征税权行使过程中的过度扩张,实现和维护国家征税权的公共性。

① 刘书燃:《国家征税权的公法解析》,中国财税法网(http://www.cftl.cn)。

(2) 法定性。征税权法定是税法的基本原则。不仅征税权的产生须基于法律的直接规定，而且征税权的行使也必须按法定程序。无论对税收实体法的违反，还是对税收程序法的违反，都是违法执法，都须承担相应的法律责任。国家征税权的实现就是纳税人纳税义务的履行，国家征税权的扩张即是纳税人纳税义务的加重，因此税收法定是对国家征税权的控制和对纳税人权利的保护，也是国家征税权公共性的具体体现。按照法定性原则，征税权所指向的税收利益的归属法定；纳税主体、征税对象、税收归属、征税标准等实体权法定，征税权行使的程序法定；国家税收征收机关应当严格依法执法，非依法律规定不得擅自作出税收的开征、停征以及减税、免税、退税、补税的决定。征税权是一种有明确法定界限的权力。

(3) 强制性。国家征税权是一种国家权力，凡国家权力的行使均有国家强制力作保障，国家征税权也不例外。这种强制性具有双重属性，对纳税人而言，征税权的强制性以征税权的法定性为前提，税收征收机关一旦超越税法规定，其征税权的行使就会因为丧失合法性而失去强制性；对税收征收机关而言，国家征税权既是其依法执掌的国家权力，又是其承担的法定职责，不能越位、缺位与错位。国家征税权的强制性既制约纳税人，也制约征税人。

(二) 征税权的产生、分配、行使与限制

1. 征税权的产生

国家征税权产生的事实依据是社会公共需求，法律依据是宪法与税法的规定。在宪政体制下，"国家征税权是国家与人民在地位平等的契约状态下，国家以为人民提供公共产品与公共服务为代价经由人民授权而换取人民财产权的权力"。① 我国是人民主权的国家，根据宪法的规定"一切权力属于人民"，因此基于社会公众利益，以人民需要为出发点与最终目标的征税权，既符合"人民主权"国体，也符合宪法的规定。政府对社会公共需求的供给与纳税人纳税义务两者之间关系的平衡，以及各自的行为标准、实施方式与程序，均通过宪法与法律的规定加以具体化。《立法法》规定税收的立法权属于全国人大及其常委会，因此税收立法权的回归，改变政府自行制定税法的现状，是国家征税权公共性和法定性的基本要求，并在此基础上完善国家权力机关和国家司法机关对国家征税权的监督，理顺国家征税权的权属关系，保障征税权的实现。

2. 征税权的分配

征税权分为征税管辖权、利益归属权、税务监督权、税务行政处罚权、税务听证权、税务行政复议权等。征税权的分配基于法律的直接规定。

(1) 征税管辖权。征税管辖权分别由财政机关、税务机关和海关行使，其中财政机关管辖农业税等特定税种，海关负责管辖关税，除此之外的其他税收均由税务

① 席晓娟：《浅谈财产权与征税权的冲突与协调》，《河北法学》2008 年第 12 期。

机关管辖，包括国家税务机关与地方税务机关。

(2) 利益归属权。利益归属权即按税种确定各级政府的税收收入。目前归中央税收收入的有：关税；海关代征消费税和增值税；消费税；中央企业所得税；地方银行、外资银行、非银行金融企业所得税；铁道部、各银行总行、各保险总公司的营业税、所得税和城建维护税；中央企业上缴利润等。归地方政府的税收有：营业税；地方企业所得税；个人所得税；城镇土地使用税；固定资产投资方向税；城建维护税；房产税；车船使用税；印花税；屠宰税；农牧业税；农业特产税；耕地税；契税；遗产税；赠予税；土地增值税；国有土地有偿使用收入；地方企业上缴利润等。归中央、地方共享的税收有：增值税；证券交易税；资源税。增值税中央分享75%，地方分享25%；证券交易税中央与地方各享50%；资源税按品种划分，绝大部分由地方享受，海洋石油资源税为中央税。

(3) 税务监督权。税务监督权是税法执行权的派生权力，是税法执行权实施过程基于权力内控机制所产生的权力分工与制约，包括征管查分离、税务行政监察、税务审计、税务听证程序、税务行政复议等。税务稽查权、税务行政处罚权属于税务稽查机关；税务听证权属于各级税务机关负责听证机构；税务复议权属于作出具体税务行政行为的上级税务机关；税务行政监察属于各级监察机关；税务审计权属于各级审计机关。税务监督权是税法规定的有权监督，行使监督权的主体是法定的国家行政机关。国家征收权层面的监督，包括国家权力机关和司法机关的监督是更高层次的监督，但不属于税务监督权的范围。

此外，针对具体的税收征纳关系，从平衡国家征税权与纳税人财产权的角度，规定了税务行政处罚权、税务听证权和税务行政复议权，既赋予征税主体为实现国家征税权依法可以采取的强制手段，也赋予了纳税人为维护自身合法利益依法可以采取的救济措施。

3. 征税权的行使与限制

征税权的行使即是国家税收征机关依法履行税收执法的职责。依法执法是行使征税权的基本要求。征税权是一种法律上的权力，凡法律上的权力均是相对权，既有明确的权限范围，又有行使的程序规范，既有权力的监督制约，又有违法的责任约束。“无限制的权力被无节制地行使”是滥用国家权力的极端表现。在税收领域，政府集税收“行政立法、行政执法、行政司法”三权于一身，再加上广泛的自由裁量权，使纳税人的行政复议与行政诉讼等救济权失去实际价值，也使法律监督流于形式，这种状况与税收法治的要求与法治政府建设会相去甚远，应当予以改变。

(三) 征税权与财产权的关系

国家征税权实质上是对私人财产权的一种法定限制，依法纳税就是私人财产向政府过渡，是私人与政府之间财产所有权的无偿变更。承认与保护私有财产权是国家实现征税权的前提，国家征税权是相对于私人财产权而成立的，私人财产权的让渡是实现征税权的物质保障。公民财产权是一种宪法权利，可以对抗国家权力的非法侵害，但依法纳税是一种宪法义务，是公民、法人享受社会公共利益的代价。

由于税收是对私有财产权的法定限制，体现了公权力对私权利干预。财产权与征税权冲突并博弈的过程，是财产权与征税权协调的过程。为了防止征税权无限扩张与滥用，应当通过民主立法对征税权在实体上和程序上作出明确限制，使国家征税权借助于税收法定，受制于“人民主权原则”，既保障纳税人的私人财产权不受征税权的非法侵犯，又使国家在纳税人依法让渡财产权的基础上建立国家财力，并通过国家职能的履行，为纳税人提供公共产品与公共服务，增进社会公共福利。

三、税法原则与纳税人权利保护

（一）税法原则

1. 税收法定原则

税收法定是税法的基本原则，由税收要件法定、税收程序法定和税务合法三原则所构成。要求纳税主体、课税对象、归属关系、课税标准、纳税程序由法律作出明确详细的规定；税务机关严格依法征税，不允许随意的减征、停征、免征或加征。但税收法定原则的实质是对国家征税权的限制，重点是规范税收授权立法。根本的要求是税法必须由人民的代表机关制定，一切税收的征收依照税法的规定进行。

2. 量能课税原则

量能课税就是按照纳税人各自不同的税收负担能力来课征赋税，其目的是为了实现税收负担的公平分配，它作为税收法定原则的补充，体现了实质平等原则。纳税人纳税能力有强弱，如果不加区别按同一标准承担纳税义务，是一种形式上的公平，实质上的不公平。量能课税的原则，就是按照纳税人能力的不同，在税法上确定其相应纳税义务，从而使纳税能力强人纳税较多，纳税能力弱的人纳税较少。

（二）纳税人权利保护

1. 纳税人权利保护发展状况

纳税人权利保护是随着国际人权保护的发展而被提出，并成为 20 世纪 80 年代第三次税制改革的重点内容，不仅在立法上被广泛的重视，而且推动了以服务为导向的新型税收征管模式的建立，使私法意义上的“权利本位”在税法领域得到了一定延伸。纳税人权利的保护是与国家征税权的控制相伴随，并随着税收的法治化而得到不断的加强，目前世界上许多国家专门制定了纳税人权利保护法，旨在加强对纳税人权利的保护，如美国 1988 年《纳税人权利法案》，加拿大 1985 年《纳税人权利宣言》，西班牙 1997 年《纳税人权利法》。英国 1986 年对纳税人的权利作了立法补充，法国在宪法中规定了纳税人权利，另有许多国家在税收基本法、税收征管法或其他法律中规定了纳税人的权利。近年一些国际组织也加盟到纳税人权利保护的行列，如国际经合组织成员国制定了《纳税人宣言》，规定了纳税人基本权利，纳税人权利保护成为一个国际性话题。

2. 中国的纳税人权利保护

中国《税收征管法》在宪法权利的基础上，从税收管理与征纳的角度规定了十多项纳税人权利，形成了三个层次的纳税人权利体系，为纳税人权利保护奠定了法律基础。

(1) 宪法上的纳税人权利。宪法所规定的公民基本权利是最高层次的纳税人权利，通过附加国家机关义务性规定的方式，达到保护公民权利的目的。纳税人所享受的财产权、平等权、生存权、选举权与被选举权、言论自由权、结社权等宪法性权利，不受国家机关的非法侵犯。同时依法纳税是公民的宪法义务，根据《宪法》56条的规定，税收的征收与使用只有符合宪法规定的条件，纳税人才承担缴纳义务，从而形成了国家征税权的限制。不仅如此，公民的纳税义务与公民权利是统一的，承担纳税义务的公民有权获得国家公民权的保护与相应的公共利益。

(2) 在税收立法上的纳税人权利。纳税人税收立法上的权利是税收民主立法的产物。在宪政体制下的公共财政，使税收已不再是国家单方意志的体现，纳税人参与的民主立法是基本的发展趋势。根据税收"取之于民，用之于民"的原则，税收是满足人民自身的福利需要而经人民同意征收，从而使依法纳税的宪法义务成为纳税人的自觉行为。在我国，税收的民主立法是人民主权的政体要求，《立法法》明确规定税收的立法权属于由人民选举所产生的代表机构——全国人民代表大会及其常务委员会。立法机关应当按照立法程序制定税法，纳税人通过选举权与被选举权间接行使税收立法权，使税法成为国家意志与纳税人意志相协调的公共意志的产物。

(3) 在税法执行中的纳税人权利。税法执行中的纳税人权利是宪法权利的具体化，并有相应的程序保障。根据我国《税收征管法》的规定主要有三大类：一是税收征收中的纳税人权利；二是税务处罚中的纳税人权利；三是税收救济中的纳税人权利。具体包括：要求依据法律纳税的权利；要求公开税法信息的权利；仅支付正确税额的权利；不被双重征税的权利；不受歧视的权利；申请听证的权利；申请复议的权利；提起税务行政诉讼的权利等。

第二节 流 转 税 法

一、流转税法概述

流转税是以商品生产、商品流通和劳动服务的流转额为征税对象的一类税收。

流转额包括两种：一是商品流转额，即商品交易的金额或数量；二是非商品流转额，即各种劳务收入或服务性业务收入的金额。流转税以商品流转额或非商品流转额为计税依据，在生产经营及销售环节征收，收入不受成本费用变化的影响，而对价格变化较为敏感。我国现行的增值税、消费税、营业税、关税等都属于流转税。

在流转税中增值税与营业税是并列的关系，而与消费税则是递进的关系，从征税对象来看，动产、不动产和服务三大类中，在国内买卖或进口（为鼓励出口，出口货物实行零税率）属于动产的货物所发生的流转额，属于增值税的征收范围；在提供各种各样的服务中，只有提供加工、修理修配劳务属于增值税的征收范围，其他服务或买卖不动产或无形资产所发生的流转额均属于营业税的征收范围。消费税是调节生活消费的税收，法律在增值税征收范围内有选择地确定了买卖或进口特定的货物，在征缴增值税的基础上再征缴消费税。

二、增值税法

增值税是以增值额为征税对象的一种税。1994 年 1 月 1 日生效的《中华人民共和国增值税暂行条例》所确立的生产型增值税，由于经济转型升级的需要，于 2009 年改为消费型增值税。新的《增值税条例》主要包括以下内容。

（一）纳税主体

在我国境内销售货物或者提供加工、修理修配劳务以及进口货物的单位和个人，为增值税的纳税主体。进口货物的收货人或办理报关手续的单位和个人，为进口货物增值税的纳税人。在中国境内销售货物或者提供加工、修理修配劳务以及进口货物的外商投资企业和外国企业，也为增值税的纳税人。纳税人分为一般纳税人和小规模纳税人，小规模纳税人应符合下列条件。

（1）从事货物生产或者提供应税劳务的纳税人，以及以从事货物生产或者提供应税劳务为主，并兼营货物批发或者零售的纳税人，年应征增值税销售额在 50 万元以下（含本数）的。

（2）其他纳税人，年应税销售额在 80 万元以下的。以从事货物生产或者提供应税劳务为主，是指纳税人的年货物生产或者提供应税劳务的销售额占年应税销售额的比重在 50%以上。

（二）征税对象

增值税的征税对象是纳税人取得商品的生产、批发、零售和进口收入中的增值额，具体包括以下方面。

1. 购进货物或进口货物

购进货物或进口货物是指有偿转让货物的所有权。货物是指除土地、房屋和其他建筑物等不动产之外的有形动产，包括电力、热力、气体，但不包括既用于增值税应税项目(不含免征增值税项目)、也用于非增值税应税项目、免征增值税(以下简称免税)项目、集体福利或者个人消费的固定资产。

2. 提供加工、修理修配劳务

在中国境内有偿提供加工、修理修配劳务是增值税应税劳务。包括下列特殊销售行为。

(1) 视同销售行为。将货物交付其他单位或者个人代销;销售代销货物;设有两个以上机构并实行统一核算的纳税人,将货物从一个机构移送其他机构用于销售,但相关机构设在同一县(市)的除外;将自产或者委托加工的货物用于非增值税应税项目;将自产、委托加工的货物用于集体福利或者个人消费;将自产、委托加工或者购进的货物作为投资,提供给其他单位或者个体工商户;将自产、委托加工或者购进的货物分配给股东或者投资者;将自产、委托加工或者购进的货物无偿赠送其他单位或者个人。

(2) 混合销售行为。一项销售行为既涉及货物,又涉及非应税劳务的行为。从事货物的生产、批发或者零售的企业、企业性单位和个体工商户的混合销售行为,视为销售货物,应当缴纳增值税;其他单位和个人的混合销售行为,视为销售非增值税应税劳务,不缴纳增值税。

(3) 兼营行为。纳税人兼营不同税率的货物或者应税劳务,应分别核算不同税率货物或应税劳务的销售额。

(三) 税率

增值税采用比例税率,一般有基本税率、低税率和零税率三种。纳税人销售或进口货物、提供加工、修理修配劳务的,适用基本税率17%。粮食、食用植物油;自来水、暖气、冷气、热水、煤气、石油液化气、天然气、沼气、居民用煤炭制品;图书、报纸、杂志;饲料、化肥、农药、农机、农膜;国务院规定的其他货物,适用低税率13%。小规模纳税人增值税的征收率为3%。

(四) 增值税是价外计税

(1) 一般纳税人销售货物或者提供应税劳务,其应纳税额为当期销项税额抵扣当期进项税额后的余额。应纳税额计算公式为:应纳税额=当期销项税额-当期进项税额。因当期销项税额小于当期进项税额不足抵扣时,其不足抵扣部分可以结转下期继续抵扣。

(2) 进口的应税货物,按照组成计税价格和规定的增值税税率计算应纳税额。应纳税额计算公式为:应纳税额=组成计税价格×税率。

(3) 小规模纳税人销售货物或者提供应税劳务,按照销售额和规定的征收率,实行简易办法计算应纳税额,不得抵扣进项税额。计算公式为:应纳税额=销售额×征收率。

(4) 销项税额是纳税人销售货物或者应税劳务,按照销售额和增值税税率计

算，并向购买方收取的增值税额。销项税额计算公式：销项税额＝销售额×税率

(5) 进项税额是纳税人购进货物或者接受应税劳务支付或者负担的增值税额。增值税条例分别规定了准予从销项税额中抵扣进项税额的项目和不准从销项税额中抵扣进项税额的项目。

(五) 征收环节

增值税实行多环节征税，其纳税环节为货物或应税劳务销售环节和进口货物的报关进口环节。进口货物应纳的增值税由海关代征。

(六) 免税

免征项目有：农业生产者销售的自产农产品；避孕药品和用具；古旧图书；直接用于科学研究、科学试验和教学的进口仪器、设备；外国政府、国际组织无偿援助的进口物资和设备；由残疾人的组织直接进口供残疾人专用的物品；销售的自己使用过的物品。

(七) 起征点

纳税人销售额未达到国务院财政、税务主管部门规定的增值税起征点的，免征增值税；达到起征点的，依照规定全额计算缴纳增值税。增值税起征点的适用范围限于个人。具体按下列标准执行：销售货物的，为月销售额 2 000—5 000 元；销售应税劳务的，为月销售额 1 500—3 000 元；按次纳税的，为每次(日)销售额 150—200 元。

三、营业税法

营业税是对在我国境内提供应税劳务、转让无形资产和销售不动产的单位和个人，就其营业收入征收的一种税。现行的《营业税暂行条例》是 1994 年条例的基础上，为了适应拉动内需、配合增值税转型的需要，2008 年重新修订并于 2009 年 1 月 1 日起开始实施。其内容主要包括以下方面。

(一) 营业税的纳税义务人

在中华人民共和国境内提供本条例规定的劳务、转让无形资产或者销售不动产的单位和个人，均是营业税的纳税人，应当依法缴纳营业税。

(二) 营业税的征税范围

(1) 劳务。劳务是指属于交通运输业、建筑业、金融保险业、邮电通信业、文化体育业、娱乐业、服务业税目征收范围的劳务，即应税劳务。

(2) 转让无形资产。

(3) 销售不动产。

(三) 特殊情况的处理

1. 视同应税行为

对单位或者个人将不动产或者土地使用权无偿赠送其他单位或者个人；或单

位或者个人自己新建建筑物后销售，其所发生的自建行为；及财政部、国家税务总局规定的其他视同发生应税行为的行为，应缴纳税。

2. 混合销售行为

混合销售行为是指一项销售行为如果既涉及应税劳务、又涉及货物。

从事货物的生产、批发或者零售的企业、企业性单位和个体工商户的混合销售行为，视为销售货物，不缴纳营业税；其他单位和个人的混合销售行为，视为提供应税劳务，缴纳营业税。但纳税人提供建筑业劳务的同时销售自产货物的行为或财政部、国家税务总局规定的其他混合销售行为，应当分别核算应税劳务的营业额和货物的销售额，其应税劳务的营业额缴纳营业税，货物销售额不缴纳营业税；未分别核算的，由主管税务机关核定其应税劳务的营业额。

3. 兼营行为

纳税人兼有不同税目的应当缴纳营业税的劳务、转让无形资产或者销售不动产，应当分别核算不同税目的营业额、转让额、销售额；未分别核算营业额的，从高适用税率。

(四) 税率

不同行业，税率不同，具体如下：

(1) 交通运输业的税率为3%；

(2) 建筑业的税率为3%；

(3) 金融保险业的税率为5%；

(4) 邮电通信业的税率为3%；

(5) 文化体育业的税率为3%；

(6) 娱乐业的税率为5%—20%；

(7) 服务业的税率为5%；

(8) 转让无形资产的税率为5%；

(9) 销售不动产的税率为5%。

(五) 计税方式

营业税实行从价定律的计税方式，即按照纳税人提供应税劳务、转让无形资产或者销售不动产的营业额和法定税率计算应纳税额。具体营业额与应纳税额的确定，按以下公式进行：

营业额＝营业成本或者工程成本×(1＋成本利润率)÷(1－营业税税率)

应纳税额＝营业额×税率。

四、消费税法

(一) 消费税条例修改的核心内容

消费税是指对一些特定消费品征收的一种税。1994年制定的《消费税暂行条例》由于与我国产业结构、消费结构以及节能、环保等方面的要求不相符合，于2008年作了修订，新条例于2009年1月1日生效。调整内容主要有以下方面。

(1) 金银首饰、铂金首饰、钻石及钻石饰品的消费税调整在零售环节征收。

(2) 对卷烟和白酒实行复合计税办法。

(3) 税目由11项调整为14项，细目增多，范围更广。

(4) 在销售和有偿转让的定义、外汇销售额的折算、价外费用、纳税义务发生时间等方面的规定与增值税条例进行衔接，保持一致。

(二) 消费税纳税义务人

消费税的纳税人是在我国境内生产、委托加工和进口规定的消费品的单位和个人，以及国务院确定的销售本条例规定的消费品的其他单位和个人。纳税人生产的应税消费品于销售时纳税；自产自用的应税消费品，用于连续生产应税消费品的不纳税，用于其他方面的，于移送使用时纳税；委托加工的应税消费，受托方在向委托方交货时代收代缴税款；进口的应税消费品，于报关进口时纳税，税款由海关代征。

(三) 消费税征收范围与税率

消费税征收范围与相应税率具体如下：

(1) 甲类卷烟的税率为45%加0.003元/支，乙类卷烟的税率为30%加0.003元/支；雪茄烟的税率为25%；烟丝的税率为30%。

(2) 白酒的税率为20%加0.5元/500克(或者500毫升)，黄酒的税率为240元/吨，甲类啤酒的税率为250元/吨，乙类啤酒的税率为220元/吨，其他酒的税率为10%，酒精的税率为5%。

(3) 化妆品的税率为30%。

(4) 金银首饰、铂金首饰和钻石及钻石饰品的税率为5%，其他贵重首饰和珠宝玉石的税率为10%。

(5) 鞭炮、焰火的税率为15%。

(6) 含铅汽油的税率为0.28元/升，无铅汽油的税率为0.20元/升，柴油的税率为0.10元/升，航空煤油的税率为0.10元/升。

石脑油的税率为0.20元/升，溶剂油的税率为0.20元/升，润滑油的税率为0.20元/升，燃料油的税率为0.10元/升。

(7) 汽车轮胎的税率为3%。

(8) 摩托车分气缸容量(排气量，下同)在250毫升(含250毫升)以下的税率为3%，气缸容量在250毫升以上的税率为10%。

(9) 小汽车。乘用车气缸容量(排气量，下同)在1.0升(含1.0升)以下的税率为1%，气缸容量在1.0升以上至1.5升(含1.5升)的税率为3%，气缸容量在1.5升以上至2.0升(含2.0升)的税率为5%，气缸容量在2.0升以上至2.5升

(含 2.5 升)的税率为 9%,气缸容量在 2.5 升以上至 3.0 升(含 3.0 升)的税率为 12%,气缸容量在 3.0 升以上至 4.0 升(含 4.0 升)的税率为 25%,气缸容量在 4.0 升以上的税率为 40%;中轻型商用客车的税率为 5%。

(10) 高尔夫球及球具的税率为 10%。

(11) 高档手表的税率为 20%。

(12) 游艇的税率为 10%。

(13) 木制一次性筷子的税率为 5%。

(14) 实木地板的税率为 5%。

(四) 征收方式

消费税实行从价定率、从量定额,或者从价定率和从量定额复合计税三种征收方式。其中: 从价定率方式,应纳税额=销售额×比例税率;从量定额方式,应纳税额=销售数量×定额税率;复合计税方式,应纳税额=销售额×比例税率+销售数量×定额税率。纳税人销售的应税消费品,以人民币计算销售额,纳税人以人民币以外的货币结算销售额的,应当折合成人民币计算。

五、关税法

关税是设在边境、沿海口岸或国家指定的其他水、陆、空国际交往通道的海关,对进出国境的货物、物品征收的一种税。关税分为进口税和出口税。现行《中华人民共和国海关法》于 1987 年 1 月 22 日六届全国人大常委会第十九次会议通过,后 2000 年 7 月 8 日九届全国人大常委会第十六次会议修正。此外,国务院发布的《中华人民共和国进出口关税条例》也是关税法的组成部分。关税由海关征收。税率分为进口税税率和出口税税率,其中,进口税税率分普通税率和优惠税率。

第三节 所得税法

一、所得税法概述

所得税也称收益税,是以纳税人的各种收益额为征税对象的一类税收。所得税属于终端税种,税负不能转嫁,只能由纳税人自行承担。它体现了量能负担的原则,即所得多的多征,所得少的少征,没有所得的不征,目前已经成为世界各国税收制度中的主要税种。所得税的特点是: 征税对象不是一般收入,而是总收入减除准予扣除项目后的余额,即应纳税所得额,征税数额受成本、费用、利润高低的影响较大。对纳税人的应纳税所得额征税，便于调节国家与纳税人之间的利益分配关系，能使国家、企业、个人三者的利益分配关系很好地结合起来。我国现行的企业所得税、个人所得税、农(牧)业税等属于所得税范畴。但目前我国的农(牧)业税并不以净收入，而是以总收入作为征税对象。

二、企业所得税法

企业所得税是对在我国境内的企业和其他取得收入的组织所征收的一种税。1984年按不同经济性质分别建立了由国营企业所得税、国营企业调节税、集体企业所得税和私营企业所得税所组成的内资企业所得税体系。1994年税制改革，分别制定了内外有别企业所得税制度，为了建立公平的市场竞争机制，妥善处理所得税领域中偷税、避税问题，维护正常的税收秩序，2007年3月16日第十届全国人民代表大会第五次会议通过了内外资统一的《中华人民共和国企业所得税法》，并于2008年1月1日正式生效。

（一）纳税主体

在我国境内的企业和其他取得收入的组织，除个人独资企业、合伙企业外，均是企业所得税法的纳税人，包括居民企业和非居民企业。依照中国法律、法规在中国境内成立，或者依照外国(地区)法律成立但实际管理机构在中国境内的企业，为居民企业。依照外国(地区)法律、法规成立且实际管理机构不在中国境内，但在中国境内设立机构、场所的，或者在中国境内未设立机构、场所，但有来源于中国境内所得的企业，为非居民企业。

（二）征税对象

企业所得税的征税对象是企业的生产经营所得和其他所得。居民企业应当就其来源于中国境内、境外的所得缴纳企业所得税。非居民企业在中国境内设立机构、场所的，应当就其来源于中国境内的所得，以及发生在中国境外但与其所设机构、场所有实际联系的所得，缴纳企业所得税。非居民企业在中国境内未设立机构、场所的，或者虽设立机构、场所但取得的所得与其所设机构、场所没有实际联系的，应当就其来源于中国境内的所得缴纳企业所得税。应纳税所得额等于企业每一纳税年度的收入总额，减除不征税收入、免税收入、各项扣除以及允许弥补的以前年度亏损后的余额。

1. 收入总额

企业收入总额是其以货币形式和非货币形式从各种来源取得的收入，包括：销售货物收入；提供劳务收入；转让财产收入；股息、红利等权益性投资收益；利息收入；租金收入；特许权使用费收入；接受捐赠收入；其他收入。但财政拨款；依法收取并纳入财政管理的行政事业性收费、政府性基金；国务院规定的其他不征税收入,为企业不征税收入。

非居民企业在中国境内未设立机构、场所的,或者虽设立机构、场所但取得的所得与其所设机构、场所没有实际联系的,按照下列方法计算其应纳税所得额:(1) 股息、红利等权益性投资收益和利息、租金、特许权使用费所得,以收入全额为应纳税所得额;(2) 转让财产所得,以收入全额减除财产净值后的余额为应纳税所得额;(3) 其他所得,参照前两项规定的方法计算应纳税所得额。

2. 准予扣除项目

企业实际发生的与取得收入有关的、合理的支出,包括成本、费用、税金、损失和其他支出,准予在计算应纳税所得额时扣除。发生的公益性捐赠支出,在年度利润总额12%以内的部分,准予在计算应纳税所得额时扣除。在计算应纳税所得额时,企业按照规定计算的固定资产折旧、无形资产摊销费用,准予扣除。已足额提取折旧的固定资产的改建支出,租入固定资产的改建支出,固定资产的大修理支出,其他应当作为长期待摊费用的支出,作为长期待摊费用,按照规定摊销的,准予扣除。企业使用或者销售存货,按照规定计算的存货成本,准予在计算应纳税所得额时扣除。转让资产,该项资产的净值,准予在计算应纳税所得额时扣除。

3. 不准扣除项目

(1) 向投资者支付的股息、红利等权益性投资收益款项;企业所得税税款;税收滞纳金;罚金、罚款和被没收财物的损失;超出法定比例的捐赠支出;赞助支出;未经核定的准备金支出;与取得收入无关的其他支出。(2) 不得扣除折旧的固定资产:房屋、建筑物以外未投入使用的固定资产;以经营租赁方式租入的固定资产;以融资租赁方式租出的固定资产;已足额提取折旧仍继续使用的固定资产;与经营活动无关的固定资产;单独估价作为固定资产入账的土地;不得扣除折旧的其他固定资产。(3) 不得扣除摊销费用的无形资产:自行开发的支出已在计算应纳税所得额时扣除的无形资产;自创商誉;与经营活动无关的无形资产;其他不得计算摊销费用扣除的无形资产。(4) 企业对外投资期间,投资资产的成本在计算应纳税所得额时不得扣除。

(三) 税率

企业所得税采用比例税率,税率为25%;非居民企业在中国境内未设立机构、场所的,或者虽设立机构、场所但取得的所得与其所设机构、场所没有实际联系的,应当就其来源于中国境内的所得缴纳企业所得税,适用税率为20%。

(四) 税收优惠

1. 免税收入

国债利息收入;符合条件的居民企业之间的股息、红利等权益性投资收益;在中国境内设立机构、场所的非居民企业从居民企业取得与该机构、场所有实际联系的股息、红利等权益性投资收益；符合条件的非营利组织的收入。

2. 可以免征、减征企业所得税的收入

从事农、林、牧、渔业项目的所得；从事国家重点扶持的公共基础设施项目投资经营的所得；从事符合条件的环境保护、节能节水项目的所得；符合条件的技术转让所得；本法第三条第三款规定的所得。

3. 扶持中小企业

符合条件的小型微利企业，减按20%的税率征收企业所得税。国家需要重点扶持的高新技术企业，减按15%的税率征收企业所得税。

4. 税收优惠决定权

民族自治地方的自治机关对本民族自治地方的企业应缴纳的企业所得税中属于地方分享的部分，可以决定减征或者免征。自治州、自治县决定减征或者免征的，须报省、自治区、直辖市人民政府批准。

（五）特别纳税调整

特别纳税调整是新企业所得税法修改的一项重要内容，目的是为了规范企业关联交易的纳税行为。基本的内容：

(1) 企业与其关联方之间的业务往来，不符合独立交易原则而减少企业或者其关联方应纳税收入或者所得额的，税务机关有权按照合理方法调整。

(2) 企业与其关联方共同开发、受让无形资产，或者共同提供、接受劳务发生的成本，在计算应纳税所得额时应当按照独立交易原则进行分摊。

(3) 预约定价制度。企业可以向税务机关提出与其关联方之间业务往来的定价原则和计算方法，税务机关与企业协商、确认后，达成预约定价安排。

(4) 企业向税务机关报送年度企业所得税纳税申报表时，应当就其与关联方之间的业务往来，附送年度关联业务往来报告表。税务机关在进行关联业务调查时，企业及其关联方，以及与关联业务调查有关的其他企业，应当按照规定提供相关资料。

(5) 企业不提供与其关联方之间业务往来资料，或者提供虚假、不完整资料，未能真实反映其关联业务往来情况的，税务机关有权依法核定其应纳税所得额。

(6) 由居民企业，或者由居民企业和中国居民控制的设立在实际税负明显低于税率25%水平的国家（地区）的企业，并非由于合理的经营需要而对利润不作分配或者减少分配的，上述利润中应归属于该居民企业的部分，应当计入该居民企业的当期收入。企业从其关联方接受的债权性投资与权益性投资的比例超过规定标准而发生的利息支出，不得在计算应纳税所得额时扣除。

(7) 企业实施其他不具有合理商业目的的安排而减少其应纳税收入或者所得额的，税务机关有权按照合理方法调整。

(8) 税务机关依照规定作出纳税调整需要补征税款的，应当补征税款，并按照国务院规定加收利息。

（六）亏损弥补和税收抵免

纳税人发生年度亏损的，可以用下一纳税年度的所得弥补；下一纳税年度的所得不足弥补的，可以逐年延续弥补，但是延续弥补期最长不得超过5年。5年内不论是盈利或亏损，应连续计算弥补的年限。纳税人来源于中国境外的所得，已在境外缴纳的所得税税款，准予在汇总纳税时，从其应纳税额中扣除，但是扣除额不得超过其境外所得依照(中华人民共和国企业所得税暂行条例)规定计算的应纳税额。

（七）税收征管

企业所得税按纳税年度计算。企业所得税分月或者分季预缴。企业应当自月份或者季度终了之日起15日内，向税务机关报送预缴企业所得税纳税申报表，预缴税款。企业应当自年度终了之日起5个月内，向税务机关报送年度企业所得税纳税申报表，并汇算清缴，结清应缴应退税款。企业在报送企业所得税纳税申报表时，应当按照规定附送财务会计报告和其他有关资料。

三、个人所得税法

个人所得税是对个人(即自然人)取得的各项应税所得征收的一种税。《中华人民共和国个人所得税法》(1980年颁布，1993年第一次修正，1999年第二次修正)，与国务院颁布的《中华人民共和国个人所得税法实施条例》，共同构成我国个人所得税的法律制度。

（一）纳税人

个人所得税的纳税义务人是中国公民、个体工商户、合伙企业、个人独资企业以及在中国有所得的外籍人员(包括无国籍人员)和香港、澳门、台湾同胞。

（二）征收对象与税率

(1) 工资、薪金所得，适用超额累进税率，税率为5%至45%；

(2) 个体工商户的生产、经营所得和企、事业单位的承包、承租经营所得，适用5%至35%的超额累进税率；

(3) 劳务报酬所得，适用比例税率，税率为20%；

(4) 稿酬所得，适用比例税率，税率为20%并按应纳税额减征30%；

(5) 特许权使用费所得，利息、股息、红利所得，财产租赁所得，财产转让所得，偶然所得和其他所得，适用比例税率，税率为20%。

（三）所得额的计算

(1) 工资、薪金所得，以每月收入额减除费用800元后的余额，为应纳税所得额。

(2) 个体工商户的生产、经营所得，以每一纳税年度的收入总额，减除成本、费用后的余额，为应纳税所得额。

(3) 对企事业单位的承包经营、承租经营所得，以每一纳税年度的收入总额，减除必要费用后的余额，为应纳税所得额。

(4) 劳务报酬所得、稿酬所得、特许权使用费所得、财产租赁所得，每次收入不超过 4 000 元的，减除费用 800 元；4 000 元以上的，减除 20%的费用，其余额为应纳税所得额。

(5) 财产转让所得，以转让财产的收入额减除财产原值和合理费用后的余额，为应纳税所得额。

(6) 利息、股息、红利所得，偶然所得和其他所得，以每次收入额为应纳税所得额。对在中国境内无住所而在中国境内取得工资、薪金所得的纳税义务人和在中国境内有住所而在中国境外取得工资、薪金所得的纳税义务人，可以根据其平均收入水平、生活水平以及汇率变化情况确定附加减除费用 3 200 元。纳税义务人从中国境外取得的所得，准予其在应纳税额中扣除已在境外缴纳的个人所得税税额，但扣除额不得超过该纳税义务人境外所得依照个人所得税法计算的应纳税额。

此外，财产税、行为税、资源税也是我国税收体系中重要的组成部分。

第四节 税收征收管理法

一、税收征收管理法概述

税收征收管理法是规范税收征收管理关系的法律，1992 年 9 月 4 日第七届全国人大常委会第二十七次会议通过的《中华人民共和国税收征收管理法》，1993 年 8 月 4 日国务院发布了《中华人民共和国税收征收管理法实施细则》。1995 年 2 月 28 日第八届全国人大常委会第十二次会议通过了《关于修改税收征收管理法的决定》。2001 年 4 月 28 日第九届全国人大常委会第二十一次会议重新修订了《税收征管法》并于 2001 年 5 月 1 日起施行。

二、税务管理

(一) 税务登记

税务登记是纳税人应当向税务机关办理书面登记的法定手续。通过税务登记，意味着纳税人的生产经营活动得到税法的认可，其合法权益受税法的保护。

1. 开业登记

开业登记是企业及其在外地设立的分支机构和从事生产、经营的场所，个体工商户和从事生产、经营的事业单位自领取营业执照之日起30日内，持有关证件，向税务机关申报办理税务登记。税务机关应当自收到申请之日起30日内审核并发给税务登记证件。

2. 变更登记

变更登记是税务登记内容发生变化时，纳税人在工商行政管理机关办理注册登记的，应当自向工商行政管理机关办理变更登记起30日内，持有关证件向原税务登记机关申报变更税务登记。

3. 注销登记

注销登记是纳税人发生解散、破产、撤销以及其他情形，依法终止纳税义务的，应当在向工商行政管理机关办理注销登记前，持有关证件向原税务登记机关申报办理注销税务登记。

（二）账簿、凭证管理

账簿是用以记录各项经济业务的簿籍，是编制报表的依据。凭证是指会计凭证，它是记载经济业务的发生，明确经济责任，作为记账依据的书面证明。从事生产、经营的纳税人应自领取营业执照之日起15日内，按国务院财政、税务主管部门的规定设置账簿，根据合法、有效凭证记账，进行核算。同时将其财务、会计制度或财务、会计处理办法报送税务机关备案。

扣缴义务人应当自税收法律、行政法规规定的扣缴义务发生之日起10日内，按照所代扣、代收的税种，分别设置代扣代缴、代收代缴税款账簿。

发票由税务机关统一管理，未经省、自治区、直辖市人民政府税务主管部门批准，不得自行印刷、出售或承印发票。增值税专用发票由国家税务总局统一印制。

从事生产、经营的纳税人和扣缴义务人必须按照国务院财政、税务主管部门规定的保管期限保管账簿、会计凭证、完税凭证及其他有关资料。

（三）纳税申报

纳税申报就是纳税人就纳税事项向税务机关提出书面报告。纳税人、扣缴义务人必须在法律、行政法规规定的或者税务机关依照法律、行政法规确定的申报期限内，到主管税务机关办理纳税申报或者报送代扣代缴、代收代缴税款报告表；纳税人享受减、免税待遇的，在减、免税期间也应当依法办理纳税申报。

纳税人、扣缴义务人按照规定的期限办理纳税申报或者报送代扣代缴、代收代缴税款报告表确有困难，需要延期的，应当在规定的期限内向税务机关提出书面延期申请，经税务机关核准，在核准的期限内办理。如果是纳税人、扣缴义务人因不可抗力的原因而不能如期办理的，可延期办理，但应当在不可抗力情形消除后立即向税务机关报告，税务机关查明事实后，予以核准。

三、税款征收

税款征收是指税务机关按照税款规定将纳税人应纳的税款收缴入库。税款征收是税收征收管理的核心环节。

（一）征收税款方式

税务机关可以采取查账征收、查定征收、查验征收、定期定额征收、委托代征以及其他方式征收税款。如按正常的征收方式难以征收税款，可以采取核定税额的办法。

（二）延期纳税

纳税人、扣缴义务人应在规定的期限内缴纳或者解缴税款，纳税人因有特殊困难，不能按期缴纳税款的，经县以上税务局（分局）批准，可以延期缴纳税款，但最长不得超过3个月。税务机关征收税款和扣缴义务人代扣、代收税款时，必须给纳税人开具完税凭证。

（三）税款征收措施

1. 加收滞纳金

纳税人未按期纳税的，税务机关除责令限期缴纳外，从滞纳税款之日起，按日加收滞纳税款0.5‰的滞纳金。

2. 税收保全措施

税法规定，税务机关有根据认为从事生产、经营的纳税人有逃避纳税义务行为的，可以在规定的纳税期之前，责令限期缴纳应纳税款；在限期内发现纳税人有明显的转移、隐匿其应纳税的商品、货物以及其他财产或者应纳税的收入的迹象的，税务机关可以责成纳税人提供纳税担保。如果纳税人不能提供纳税担保的，经县以上税务局（分局）局长批准，税务机关可以采取以下税收保全措施：(1) 书面通知纳税人开户银行或者其他金融机构冻结纳税人的金额相当于应纳税款的存款；(2) 扣押、查封纳税人的价值相当于应纳税款的商品、货物或者其他财产。对于采取税收保全措施不当，或者纳税人在限期内已缴纳税款，税务机关未立即解除税收保全措施，使纳税人的合法利益遭受损失的，税务机关应当按国家赔偿法有关规定承担赔偿责任。

3. 税收强制执行措施

当从事生产、经营的纳税人或扣缴义务人未按照规定的期限缴纳或者解缴税款，纳税担保人未能按照规定的期限缴纳所担保的税款，经过税务机关责令限期缴纳，逾期仍未缴纳的，经县以上税务局（分局）局长批准，税务机关可以采取以下强制措施：(1) 书面通知其开户银行或者其他金融机构从其存款中扣缴税款；(2) 扣押、查封、拍卖其价值相当于应纳税款的商品、货物或者其他财产，以拍卖所得抵缴税款。

4. 出境清税

当欠缴税款的纳税人需要出境时，应在出境前向税务机关结清应纳税款或者据供担保。未结清税款，又不提供担保的，税务机关可以通知出境管理机关阻止其出境。

5. 税款追征

因税务机关的责任，致使纳税人、扣缴义务人未缴或者少缴税款的，税务机关在3年内可以要求纳税人、扣缴义务人补缴税款，但不得加收滞纳金。因纳税人、扣缴义务人计算错误等失误，而未缴或者少缴税款的，税务机关在3年内可以追征；有特殊情况的，追征期可以延长到10年。纳税人、扣缴义务人和其他当事人因偷税未缴或少缴的税款或骗取的退税款，税务机关可以无限期追征。

四、税务检查

税务检查是税务机关对纳税人、扣缴义务人履行纳税义务、扣缴义务情况进行审查监督。税务机关依法进行检查时，纳税人、扣缴义务人必须接受税务机关依法进行的检查，如实反映情况，提供有关资料，不得拒绝、隐瞒；有关部门和单位应当支持、协助，如实反映有关情况，提供有关资料及证明材料。

五、法律责任

(一) 违反税收管理的法律责任

纳税人违反税收管理，税务机关有权依法责令其限期改正，逾期不改正的，可以处2 000元以下的罚款；情节严重的，处2 000元以上10 000元以下的罚款。

(二) 纳税人违反纳税申报的法律责任

纳税人未按照规定的期限办理纳税申报，由税务机关责令其限期改正，并处以2 000元以下的罚款；逾期不改正的，可以处以2 000元以上10 000元以下的罚款。

(三) 纳税人偷税的法律责任

纳税人采取伪造、变造、隐匿、擅自销毁账簿、记账凭证，在账簿上多列支出或者不列、少列收入，或者进行虚假的纳税申报等手段，不缴或者少缴应纳税款的行为是偷税。纳税人偷税，由税务机关追缴其不缴或者少缴的税款、滞纳金，并处不缴或者少缴的税款50%以上5倍以下的罚款；构成犯罪的，依法追究刑事责任。

(四) 纳税人逃避追缴欠税的法律责任

纳税人欠缴应纳税款，采取转移或者隐匿财产的手段，妨碍税务机关追缴欠缴的税款的，由税务机关追缴欠缴的税款、滞纳金，并处欠缴税款50%以上5倍以下的罚款；构成犯罪的，依法追究刑事责任。

（五）纳税人骗取出口退税行为的法律责任

纳税人以假报出口或者其他欺骗手段，骗取国家出口退税款，由税务机关追缴其骗取的退税款，并处骗取税款1倍以上5倍以下的罚款；构成犯罪的，依法追究刑事责任。

第五节 非税收入法

一、非税收入与非税收入立法

（一）非税收入概念与范围

非税收入是政府税收外财政收入的总称，包括：行政事业性收费、政府性基金、国有资源有偿使用收入、国有资产有偿使用收入、国有资本经营收益、彩票公益金、罚没收入、以政府名义接受的捐赠收入、主管部门集中收入以及政府财政资金产生的利息收入等。目前中国的非税收入规模很大，达到全部财政收入的50%以上，是地方政府主要的财政收入来源。

（二）非税收入的立法现状

非税收入的征收标准大多分散在不同的法律、法规、规章中，程序上一般由物价部门和财政部门共同确定。近年来为了规范行政事业性收费的项目和收费的标准，各地都由物价部门公布了收费目录和收费标准，并建立了社会听证制度。但总的来说，非税收入的征收、使用与管理，缺乏统一的法律规范；征收的范围与征收的标准由政府的物价部门和财政部门以规范性文件的形式加以明确，没有建立必要的监督制约机制，消费明税的改革并没有减少非税项目或减轻被征收人的非税负担，也没有从根本上铲除政府部门乱收费的现象。

管理上，非税收入作为预算收入并没有列入预算法的调整范围，对非税收入的征收、使用与管理，无论全国人大及其常委会，还是国务院均未制定相应的法律或行政法规，各省、自治区、直辖市人大或政府虽制定了《预算外收入管理条例》或《政府非税收入管理条例》，其内容也仅限于非税收入的管理，而没有涉及非税收入的征收、使用等实质性问题，规范体系不完整、不系统。因此制定统一的非税收入征收管理法十分必要。

二、非税收入法的主要内容

（一）非税收入法的定义

非税收入法是调整政府在征收、使用、管理非税收入过程中所发生社会关系的法律规范的总称。非税收入虽然征收的面比较广泛，但除了国有资源有偿使用收入、国有资产有偿使用收入、国有资本经营收益外，其他非税收入均如税收一样由公民、法人无偿缴纳，因此不仅要通过立法确定征收的范围与标准，而且要体现民主立法原则，由全国人大及常委会制定《政府非税收入法》，并监督政府的依法执法。

（二）非税收入法的原则

制定《政府非税收入法》，应当明确规定政府非税收入征收制度的五项基本原则：(1) 合法原则，即政府非税收入的征收必须具有法律依据，必须由拥有法定职权的行政机关按照法定程序进行征收。根据其他省市的经验，可以考虑由财政部门主管政府非税收入的征收与管理，并设立专门的政府非税收入征收管理机关从事具体的征收工作。(2) 公开与公正原则，即政府非税收入征收机关应公开征税项目、征收依据、征收程序、征收标准，并公正地适用于被征收人。(3) 正当程序原则，即政府非税收入征收机关应保障被征收人的参与权，给予其陈述意见和申辩的机会。(4) 高效便民原则，即政府非税收入征收机关应采取措施降低政府非税收入征收成本，改进征收方式，方便缴款义务人。(5) 权利保障原则，即政府非税收入被征收人的合法权益受到损害时，有权依法通过行政复议、行政诉讼和国家赔偿等方式获得法律救济。

（三）非税收入法的主要内容

非税收入法的主要内容包括非税收入征收的范围、依据、主体、程序、标准、使用、管理、法律救济等方面。体系结构应当与税法保持一致，对不同的征收对象实行分类征收，并对非税收收入纳入统一的预算管理范围，加强非税收入支出的监督。行政事业性收费的征收制度应当与《行政许可法》相适应，重点明确行政收费的设定、征收机关、征收程序。

《非税收入法》总则的主要内容：(1) 征收的目的；(2) 征收的原则；(3) 征收权的设定；(4) 征收的范围及对象；(5) 征收的主体；(6) 征收率；(7) 征收的程序与时限；(8) 征收中的财产保全措施、强制执行措施；(9) 减征、免征的条件及范围；(10) 违法的法律责任；(11) 救济途径、方式及时效；(12) 听证；(13) 非税收入的流向、管理和使用。

《非税收入法》分则的主要内容：行政征收法、政府性基金法、国有资源有偿使用法、国有资产有偿使用法、国有资本经营收益法、彩票法、公益金法等。

三、公债法

（一）公债

公债是国债与地方债的总称，是政府为解决财务不足而以未来的财政收入为担保，向社会募集资金所发行债务证书。公债虽然是债券，体现了公债发行人与持有人之间的债权债务关系，但公债不同于企业公司债券，公债的发行目的、信用的基础与发行人及使用、管理均与企业公司债券不同。公债的发行人是政府，包括中央政府与地方政府。目前按照我国预算法的规定，公债实行国家计划管理，地方政府没有直接发行公债的资格，地方政府在计划额度内的公债，其发行应当委托中央政府有关部门进行。公债的发行基础是国家未来的财政收入，因此信用级别最高，偿债能力最强，安全性最好。发行公债的直接目的是弥补政府的财务不足，但根本的目标是满足政府履行公共管理职能的支出需要。公债关系是一种债权债务关系，具有双务有偿的性质，因此不同于一般的财政关系。

政府的财政支出受到财政收入状况的硬约束，一般来说财政的收支平衡是预算法规定的基本原则，政府应当遵守执行，但按照公共经济学的理论，财政赤字只要控制在一定范围与幅度内，不仅没有风险，而且对经济的发展具有积极的推动作用。当前赤字财政是各国政府解决财务需要与压力的普遍做法，具有世界储备货币地位的美国，更是将赤字财政的功能发挥到淋漓尽致的地步，用政府未来收入作担保，向全世界发行美国国债，使世界各国的财力向美国集聚，成为美国经济社会发展的重要财源。中国也不例外，根据公布的《关于 2009 年中央和地方预算执行情况与 2010 年中央和地方预算草案的报告》2010 年全国财政赤字安排达到10 500亿元，全国财政收支差额预计占 GDP 的 2.8%，与 2009 年基本持平，中央财政国债余额限额 71 208.35 亿元，国债余额占 GDP 的比重为 20%左右，事实证明，国债的发行在促进中国经济增长方面发挥重要作用。

（二）公债法

公债法是调整公债发行、流通、转让、使用、偿还和管理关系的法律，是平衡国家财政负债能力的基本法。其宗旨公债发行既要体现对支持国家经济社会发展的经济性功能，又要维护国家财政健全的原则，既要解决因政府财政收入不足而产生的财务压力问题，又要控制因财政赤字所带来的风险扩张问题。一般公债法都对政府举债分别规定了存量（未偿余额）及流量（每年举债数）的上限，并对举新还旧即以发行新债方式归还旧债作出限制。公债法是财政法的重要组成部分，其调整范围应当包括中央政府债券、地方政府债券与国家外债。美国、法国、日本、韩国等市场经济国家都制定了公债法。

（三）中国公债法

我国目前尚未制定公债法，1968—1981 年期间我国既无内债，又无外债；1981 年 1 月，国务院通过《中华人民共和国国库券条例》，启动发行国库券发行程序，以后又发行了国家重点建设债券、财政债券、重点企业债券、保值公债、特种公债等。1981—1992 年国务院每年颁布一个国库券条例，规定第一期国库券发行的对象、方式、数额、利率、还本付息的期限、贴现、抵押和转让、法律责任、管理机构等。

1992年3月18日《国库券条例》是现行的规范国债关系的行政法规。

根据预算法的规定中央政府为弥补建设投资资金的不足，除可以发行国债外，还可以举借外债，①但地方政府则不具有发行地方政府债券的资格。② 虽然地方政府应当以收定支，有义务保持预算收支的平衡，不列赤字，但由于地方政府管理职能的扩大，在一级政府一级财政的管理体制下，地方政府财政入不敷出加剧，通过地方融资平台的隐性地方政府负债规模不断增大，地方政府公债的存在也成事实。随着公债规模的扩大，尤其是地方政府的隐性债务与中国政府持有巨额美元债券，均面临巨大财政风险，加快公债法的立法步伐，开放地方政府债券发行权，规范公债发行与流通市场的管理，对于保障国家财产的安全，提高财政资产的效率，控制潜在的财政风险，保障国民经济的持续平稳健康的发展具有重要的意义。

（四）公债法的主要内容

中国公债法的体系由总则与分则两部分构成，总则规定：立法宗旨、法律原则、调整范围、调整对象以及公债的种类、发行、偿还、流通、转让、回购、风险管理、违约救济、法律责任等内容。分则规定：国债法、地方政府负债法、国家外债法。

1. 国债法

国债法即国家负债法，一般是指中央政府负债法。我国应当在现行的《国库券条例》的基础上，根据国债市场发展的实际，进一步完善规范的内容体系，提升立法层次，与地方政府负债法、国家外债法并列，成为调整公债关系的基本法。

2. 地方政府负债法

地方政府负债法是规范与控制地方政府举债行为的法律。调整范围包括地方政府发行的债券和由地方政府财政担保所发行的企业债券及银行贷款；地方政府负债应当纳入国家内债统一管理的范围，在单一还本付息担保机制的基础上，建立统一的公债风险评估机制与预警机制。

3. 国家外债法

国家外债法是调整本国政府或政府授权的部门与外国政府或国际组织之间所发生的债权债务关系的法律。内容涉及外债管理体制、法律原则、偿还机制与风险控制等内容。

【复习思考题】

1. 如何理解税法的独立性？

① 参见《中华人民共和国预算法》第27条。
② 参见《中华人民共和国预算法》第28条。

2. 税法如何协调国家征税权与公民财产权的关系？

3. 税收有哪些法定要素？

4. 请简要说明增值税、消费税与营业税的关系。

5. 什么是所得税？与流转税有何不同？请说明个人所得税法存在的不足，应如何改革？

6. 税收保全措施与税收强制执行措施的区别？

7. 如何构建成非税收入法的基本框架？

8. 公债法的调整对象与基本特征。

第十五章　金 融 法

第一节　金融法概述

一、金融与金融市场

（一）金融

金融，就是货币资金的融通。金融法意义上的金融，是指以银行等金融机构为中介的货币资金的信用融通活动，包括货币的发行、流通与回笼，存款的吸收、提取和贷款的发放、收回，票据的承兑与贴现，有价证券的发行与交易，国内、国际货币的支付结算、汇兑往来，财产的信托、融资租赁和保险，金融期货、期权等。①

金融是以信用为基础，以市场为条件，以金融机构为中介的货币资金融通活动。根据信用基础、融通市场和中介机构的不同，金融形态也各不相同。金融形态按不同标准可以作多种分类，但其中最基本的分类是把金融分为直接金融和间接金融。根据金融机构在资金融通中的不同作用，金融可以分为直接金融和间接金融。直接金融，是指货币资金的供求双方当事人通过股票、债券、基金等各种证券的发行、交易，投资者直接将资金融通给证券发行人（政府或企业）的资金融通行为。金融机构在证券的发行与交易中只起到一个承销或包销的中介作用，资金融通活动所形成的法律关系主要是证券发行人与投资者之间的债权债务关系或投资收益关系。间接金融，则是货币资金供求双方当事人以银行或者非银行金融机构为媒介而发生的资金借贷行为，即最终贷款人（存款人）通过银行或非银行金融机构间接地把货币资金借贷给资金需求者（贷款人），金融机构分别与存款人、贷款人形成存贷款法律关系。

金融本身是一种经济活动，在市场经济中，参与经济活动的主体（政府、企业和个人）由于生产经营活动季节性和周期性的货币盈余和赤字，而运用各种金融工具相互调节资金余缺的信用活动。它是随着货币、信用和银行等专业金融机构的出

① 对于金融的概念，并没有一个公认的界说，不同学科、不同行业的人从各自的角度有各自不同的理解。

现和发展而产生、发展的，是商品经济高度发达的产物。与商品经济一样，金融也受到价值规律、供求关系的内在作用，但与一般商品经济不同的是金融与各国的政治、历史、文化的高度相关性，各国的金融史表明，各种政治事件、内外战争、经济危机甚至金融个案①的处理等都对金融和金融制度的发展有着重要的影响，因此，“金融，从某种意义而言，更是政治、法律和危机的塑造物”②，近现代金融从产生之初就始终是受到管制和调控的经济活动。

（二）金融市场

金融市场是货币资金供应者和需求者双方以信用为基础、以金融机构为中介进行资金融通的场所。广而言之，金融市场是实现货币借贷和资金融通、各种票据和有价证券交易、汇兑、信托、融资租赁、保险等活动的场所，其构成十分复杂，是由许多不同的市场组成的一个庞大体系。但是，一般根据金融市场上交易工具的期限，把金融市场分为货币市场和资本市场两大类。货币市场是融通短期资金的市场，资本市场是融通长期资金的市场。货币市场和资本市场又可以进一步分为若干不同的子市场。货币市场包括金融同业拆借市场、回购协议市场、商业票据市场、银行承兑汇票市场、短期政府债券市场、大面额可转让存单市场等。资本市场包括中长期信贷市场和证券市场。中长期信贷市场是金融机构与工商企业之间的贷款市场；证券市场是通过证券的发行与交易进行融资的市场，包括债券市场、股票市场、基金市场、保险市场、融资租赁市场等。

一个完备的金融市场，一般应具有四个要素。

(1) 资金供应者和资金需求者。他们是金融交易和活动的参加者，包括政府、金融机构、企事业单位、个人和其他经济组织等。

(2) 信用工具。这是借贷资本在金融市场上交易的对象。如各种债券、股票、票据、可转让存单、借款合同、抵押契约等，是金融市场上实现投资、融资活动必须依赖的标的。

(3) 信用中介。这是指一些充当资金供求双方的中介人，起着联系、媒介和代客买卖作用的机构，如银行、投资公司、证券交易所、证券商和经纪人等。

(4) 价格。金融市场的价格指它所代表的价值，即规定的货币资金及其所代表的利率或收益率的总和。

金融市场是统一市场体系的一个重要组成部分，属于要素市场。它与消费品市场、生产资料市场、劳动力市场、技术市场、信息市场、房地产市场、旅游服务市场等各类市场相互联系，相互依存，共同形成统一市场的有机整体。在整个市场体系中，金融市场是最基本的组成部分之一，是联系其他市场的纽带。因为在现代市场

① 例如，我国信托与信托业的发展就曾受到一些信托公司的违规个案的很大干扰。

② 朱大旗：《金融法》，中国人民大学出版社 2007 年版，第 7 页。

经济中，无论是消费资料、生产资料的买卖，还是技术和劳动力的流动等，各种市场的交易活动都要通过货币的流通和资金的运动来实现，都离不开金融市场的密切配合。从这个意义上说，金融市场的发展对整个市场体系的发展起着举足轻重的制约作用，市场体系中其他各市场的发展则为金融市场的发展提供了条件和可能。

二、金融法

（一）金融法的概念与调整对象

金融法是调整金融活动中所发生的各种社会关系的法律规范的总称。详言之，金融法是调整以银行等金融机构为中介的货币流通和资金信用融通活动中各主体之间所产生的各种社会关系的法律，是金融活动的基本行为规范。

这些社会关系通常被称为“金融关系”，是金融法的调整对象。在现代市场经济国家，金融活动是资金供求双方在金融市场上，以信用为条件，以金融机构为中介，并在国家管制和调控下进行的。因而，金融关系通常分为两大类型：作为平等主体之间的金融交易关系和不平等主体之间的国家金融监管调控关系。

1. 金融交易关系

金融交易关系是指银行、非银行金融机构和其他非金融机构主体之间因金融活动（业务）而产生的各种经济关系。主要包括：

（1）因间接金融活动（业务）而发生在银行等金融机构与资金供求双方当事人（存贷款主体）之间的资金融通关系，如存款关系、贷款关系、拆借关系等。

（2）因直接金融活动（业务）而发生在证券、信托等非银行金融机构与投、融资主体（政府、企业和个人）之间的证券（股票、债券、基金等）发行、交易和服务关系，如证券发行买卖关系、证券交易买卖关系、证券发行的承销关系等。

（3）银行等金融机构为他人提供金融中介服务而与其他主体发生的金融中介服务关系，如结算、汇兑、信托、代理、咨询、理财等关系。

2. 金融监管调控关系

金融监管调控关系是指国家及其授权的金融主管机关在对金融机构、金融业务以及金融市场进行监督管理和金融调控过程中形成的金融监管关系和金融调控关系。

（1）金融监管关系。金融监管关系是指国家及其授权的金融监管机关对金融机构、金融业务及金融市场实施监管而产生的关系。包括金融监管部门对各类银行和非银行金融机构的设立、变更与终止的主体资格及其组织的监管关系；对各类金融机构从事各种金融业务的行为的监管关系。

（2）金融调控关系。金融调控关系是指国家及其授权的金融主管机关以稳定币值、促进经济增长为目的，对金融市场实施调节和控制而产生的关系。金融调控以中央银行制定和实施货币政策为主导，通过货币发行、回笼和调整基准利率、准备金率等，调整货币流通量和市场利率水平，同各类金融机构和非金融机构之间形成货币发行、货币流通管理、调控关系。

（二）金融法的基本原则

金融法基本原则是指金融法在调整金融关系时所应普遍遵循的行为准则。它是金融法本质和基本精神的集中体现，是由一国金融立法所确立的，贯穿金融立法、执法和司法全过程的根本准则。

金融法的基本原则往往与经济发展水平、货币金融政策目标等密切相关。在不同国家和同一国家的不同历史时期，由于经济发展水平、货币金融政策目标的不同，金融法的基本原则也不相同。而且，在各国立法中，金融法实际上是由银行法、保险法、证券法、信托法等大量法律法规组成的一个体系，并不存在一个法典性质的金融法。因而，金融法的基本原则虽然由这些法律所确立，但基于人们的不同认识和随着一国之经济发展状况、金融政策目标的变化，学者们对金融法的基本原则有着不同的表述和归纳。

根据现行我国现行的金融法法律法规，结合我国现阶段经济发展水平和金融政策目标，我国金融法应普遍遵循以下几个基本原则。

1. 保持货币币值稳定，促进经济增长原则

稳定货币，抑制通货膨胀，促进经济的发展是金融宏观调控的基本任务。西方市场经济国家的金融学理论和实践已经证明，货币币值稳定是经济持续、稳定和协调发展的前提条件。靠增发货币刺激经济，取得的是一时的经济繁荣，其代价必然是经济的大起大落，通货膨胀和经济危机。因此，在稳定货币币值的前提下，促进国民经济持续、稳定和协调发展作为金融法的基本原则，是现代金融乃至现代经济内在规律的要求，这一原则也为我国 1995 年和 2003 年修订的《中国人民银行法》所确认。

2. 维护金融稳定原则

防范和化解金融风险，维护金融稳定原则是由金融业本身的高风险性质和在现代经济中所具有的重大影响所决定的。金融是现代经济的核心和枢纽，实体经济对金融的依赖性和关联性越来越强，金融业已经成为事关经济全局、事关千家万户的公共性事业，金融活动的影响已经超越交易个体的自身范围，对其他人甚至全社会都会产生巨大的影响①，可以说，金融安全关乎一国的经济、社会乃至国家安全。而金融行业又是一个时刻面临多种类型风险威胁的高风险行业，充满了各种

① 单个金融机构的失败，不仅仅直接损及自身和与其往来客户、同业的利益，还往往会波及同一类型、同一区域乃至全国的金融机构，在金融机构系统内部发生连锁反应，形成“多米诺骨牌效应”，使局部金融风险演化为全国乃至全球金融危机、经济危机。

金融风险，诸如信用风险、利率风险、市场风险、流动性风险、法律风险、政治风险、社会风险、购买力风险、清算风险等。因此，通过加强监管，规范金融市场各参与主体的行为，通过建立诸如存款准备金制度、再贷款制度、破产接管制度、存款保险制度等方面的规则与程序，有效防范和化解金融风险，维护金融稳定、有序和协调发展，是金融法最基本的要求和准则。我国《中国人民银行法》第 2 条第 2 款规定："中国人民银行在国务院领导下，制定和执行货币政策，防范和化解金融风险，维护金融稳定。"

至于分业经营、分业监管，虽然为我国现行的《商业银行法》、《保险法》和《证券法》所规定，但只是我国金融机构从事经营业务的规则并不能视为我国金融法的普遍原则。中国的金融分业经营起始于 1993 年 7 月的抑制经济过热和"整顿金融秩序"政策，并为后来的金融立法所确认。1995 年的《商业银行法》和《保险法》规定，商业银行在境内"不得从事信托投资和证券经营业务，不得向非自用不动产投资或者向非银行金融机构和企业投资"(第 43 条，2003 年修订)，"保险业和银行业、证券业、信托业实行分业经营、分业管理，保险公司与银行、证券、信托业务机构分别设立"(第 8 条，2009 年修订)。1998 年的《证券法》也明确规定了"证券业和银行业、信托业、保险业分业经营、分业管理。证券公司与银行、信托、保险业务机构分别设立"(第 6 条，2005 年修订)。这些法律均规定了不允许在同一机构内进行银行、证券、保险等业务交叉，但并未否定金融控股公司同时控股银行、证券、保险、信托机构。而且从现实看，我国现在已经有光大、中信等一些大型金融集团出现，并具有同时涉足多个金融行业的金融控股公司特征。从混业经营的模式来看，金融控股公司的放松管制被视为美国、日本等国家从分业经营向混业经营演变的分水岭，金融控股公司模式也成为美、日等国混业经营(或者说综合经营)的主要模式①。此外，2010 年 5 月，中国证监会批准了中国平安保险股份有限公司向深圳发展银行股份有限公司股东新桥定向增发 2.99 亿股境外上市外资股，并获得保监会、银监会的原则同意②一事也足以证明以大型金融控股公司实现综合经营将成为我国金融行业由分业经营向混业经营演变的主要模式之一。因此，将我国《商业银行法》、《保险法》和《证券法》中禁止商业银行、保险公司和证券公司业务交叉的规定视作为我国金融法的基本原则，既与我国当前金融实践不符，也不利于我国金融业向综合经营体制的转变。

（三）金融法的渊源及体系

1. 金融法的渊源

(1) 宪法。宪法是国家根本法，它作为金融法的渊源，是指所有金融立法最根

① 姜欣欣：《金融机构：从分业经营到有限综合》，《金融时报》2010 年 3 月 29 日。
② 中国平安关于投资深发展股份交易的后续公告，来源于上海证券交易所公开信息。

本的法律依据是宪法，金融法总的指导思想、基本原则和基本法律制度都源于宪法中的相关规定，如我国《宪法》第 15 条关于维护社会经济秩序、加强宏观调控的规定等，是我国金融法律规范的最高表现形式。

(2) 金融法律。法律是金融法的基本法律渊源，是指由拥有立法权的国家机关指定的规范性法律文件。在我国，金融法律是由全国人民代表大会及其常委会制定的有关金融组织及其活动的规范性文件，包括专门的金融法律和其他法律中涉及金融活动的有关规定。前者如《中华人民共和国人民银行法》、《商业银行法》、《保险法》、《证券法》、《信托法》等，后者如《合同法》中关于借款合同、融资租赁合同的规定，《公司法》中关于金融公司的组织规定等。

(3) 金融行政法规和规章。国务院及国家金融监管调控部门所制定、发布的有关金融活动的规范性文件也是金融法的法律渊源之一。如我国国务院发布的《人民币管理条例》、《储蓄管理条例》、《外资银行管理条例》；人民银行制定的《贷款通则》、《金融机构管理规定》；银监会制定的《商业银行合规风险管理指引》；国家外汇管理局制定的《经常项目外汇账户和境内居民个人购汇操作规程》、《非银行金融机构外汇业务管理规定》等。

(4) 地方性金融法规、规章。地方权力机关和地方政府制定的有关金融活动的规范性文件也是金融法的法律渊源。在我国，地方人民代表大会及其常委会制定的地方性金融法规和地方人民政府制定的地方性金融规章，往往是对金融法律法规具体化的实施细则，或是针对本地区特殊情况和特殊需要而发布的因地制宜的规范性文件(如民族自治区域、经济特区等依法制定的法规和规章)。从建立全国统一的金融市场目标出发，地方性金融法规、规章，除金融改革实验区域如上海浦东新区、天津滨海新区等地区之外，应予以严格的控制①。

此外，根据我国"一国两制"的方针和宪法、特别行政区基本法的规定，我国特别行政区享有立法权，它们制定的金融法律、法规，不同于上述内地各地方和各民族自治区域所制定的地方性金融法规、规章。

(5) 自律性规章。金融行业协会或交易所制定的有关金融行业成员和自身行为的准则，经过授权、批准或备案后，对行业成员和协会、交易所自身具有约束力。如《中国证券业协会章程》、《上海证券交易所股票上市规则》、《深圳证券交易所股票上市规则》、《中国金融期货交易所交易规则》、《中国保险行业公约》和中国银行业协会的《自律公约》、《维权公约》、《反不正当竞争公约》等，这些行业协会和交易所制定的自律性规章对国家有权机关制定的规范性文件起到了有益的补充作用，也成为我国金融法律的一个重要渊源之一。

(6) 国际条约与国际惯例。我国所签订和加入的双边或多边国际金融条约、

① 朱大旗：《金融法》，中国人民大学出版社 2007 年版，第 17 页。

协定，是得到我国权力机关通过或政府承认的法律文件，对国内金融机构的金融活动具有约束力，是我国金融法法律渊源的重要组成部分。如我国缔结和参加的《国际货币基金组织协定》、《国际复兴开发银行协定》及其附则、《国际金融公司协定》及其附则、世贸组织的《服务贸易总协定》及《金融服务附件》、《金融服务第二附件》和《金融服务协议》等。

此外，在国际经济交往中所形成的为国际社会广泛接受并予以承认的商业惯例，经国家确认就具有法律约束力。如《巴塞尔资本协议》、《有效银行监管的核心原则》、《多元化金融集团监管的最终文件》、《商业单据托收统一规则》、《商业跟单信用证统一惯例》、《贷款协定和担保协定通则》等。

2. 金融法的立法体系

金融法的立法体系是指由调整不同领域金融关系的法律、法规、规章等法律规范组成的有机联系、层次分明的统一整体。我国金融法主要由如下几个部分构成。

（1）银行法。银行法是调整银行和非银行金融机构的主体组织和业务行为的法律规范的总称，包括中央银行法、商业银行法、政策性银行法、非银行金融机构管理法、外资银行管理法以及相关法规、规章。我国银行法的法律规范主要有：《人民银行法》、《商业银行法》、《银行业监督管理法》、《金融机构管理规定》、《外资银行管理条例》等。

（2）保险法。保险法是调整保险关系的法律规范的总称。保险除了具有经济补偿性质外，还具有很强的累积资金、投融资、储蓄等金融特征，因此，各国通常将保险业视为金融业予以监管、调控。我国保险法的法律规范主要有：《保险法》、《保险公司管理规定》、《外资保险公司管理条例》、《保险代理机构管理规定》、《再保险业务管理规定》等。

（3）证券法。证券法是调整证券发行、交易活动中发生的各种社会关系的法律规范的总称，包括平等主体间的证券发行、投资、交易、服务关系和监管机构与证券市场参与者之间的监管关系、交易所和行业协会的自律性管理关系。我国证券法的法律规范主要有：《证券法》、《公司法》、《证券投资基金法》、《期货交易管理条例》、《证券交易所管理办法》、《证券公司管理办法》、《期货公司管理办法》等。

（4）信托法。信托法是调整信托关系的法律规范的总称。信托是指委托人基于对受托人的信任，委托受托人按照委托人的意愿或指定的特定目的管理、处分其财产的行为。在信托中，受托人可以是金融机构，也可以是非金融机构的其他法人或自然人。作为受托人的非金融机构法人或自然人，在利用信托从事金融业务时，同样也应受到金融监管机构的监管和调控。我国现行信托法的立法还不太完善，现有的法律规范主要有：《信托法》、《信托公司管理办法》、《信托公司集合资金信托计划管理办法》、《证券投资基金法》等。

（5）票据法。票据法是规定票据的种类、形式、内容以及调整票据关系的法律规范的总称。我国票据法的法律规范主要包括:《票据法》、《票据管理实施办法》、《支付结算办法》、《支付结算业务代理办法》、《商业汇票承兑、贴现与再贴现管理暂行办法》等。

(6) 外汇管理(管制)法。外汇管理法是指一国政府对外汇收支、买卖、借贷、转移、国际结算、外汇汇率和外汇市场进行管理的法律规范的总称。外汇管理是稳定本国货币的汇率,平衡国际收支,防范外汇风险,促进经济发展的需要,目前,我国外汇管理方面的法律规范主要有:《外汇管理条例》、《境外投资外汇管理办法》、《境内外汇账户管理规定》、《外币清算业务管理办法》、《个人外汇管理办法》等。

3. 金融法的法理体系

按照不同的标准,金融法的法理体系也可以作不同的表述。这里主要从法的调整对象角度讨论金融法的法理体系。

以法的调整对象为标准,金融法所调整的金融关系通常分为两大类型:平等主体之间的金融交易关系和不平等主体之间的国家金融监督、管理、调控关系。据此,金融法可分为金融组织法、金融业务(行为)法和金融调控法、金融监管法。其中,调整平等主体间金融交易关系的金融业务法属于民商法范畴;金融组织法既包含规范金融主体自主设立(金融机构)的私法行为的民商事法律规范,又有规范国家审批监管的公法行为的行政法规范;金融调控法和金融监管法则属于经济法范畴,作为经济法教材中的金融法主要讨论金融调控法和金融监管法①两部分内容。

将以金融调控法和金融监管法为主要内容的金融法纳入宏观调控法体系,主要是基于以下三个理由。

(1) 金融监管和调控是各国对国民经济进行调控的主要手段之一。现代各国不仅把货币政策等金融工具当作是宏观经济调控的工具、手段,而且将维护金融稳定、完善国家宏观经济调控体系当成是金融法的立法目的和宗旨。因此,不仅金融调控法是宏观调控法的重要组成部分,金融法体系中的其他法律规范也负有维护金融稳定、完善宏观调控的任务。

(2) 金融监管固然包括规制金融市场竞争行为的规范,即国家有关部门依法对金融主体参与金融市场竞争的行为的监管规制,但金融监管更重要的一面是对银行及非银行金融机构贯彻执行国家金融调控、货币政策行为的监测、检查、督促和管理。例如,《人民银行法》规定:中国人民银行根据执行货币政策和维护金融稳定的需要,可以建议国务院银行业监督管理机构对银行业金融机构进行检查监督或经国务院批准直接对银行业金融机构进行检查监督。

(3) 金融监管和金融监管法是金融调控得以实现的必要措施和制度保障。中

① 有的经济法教材认为金融监管是国家规制市场的调节行为,因而将金融监管法放在市场规制法体系中论述。

央银行的货币政策、国家金融调控的目标和具体措施，都需要通过商业银行、政策银行以及非银行金融机构的具体金融业务行为得以实现。因而对银行及非银行金融机构是否在其业务行为中贯彻和执行了国家金融调控、货币政策进行检测、检查、督促和管理，就成了国家金融调控最终得以实现的必备措施。

综上，金融调控法和金融监管法都是国家宏观经济调控法体系的重要组成部分，人为地将它们割裂开来，把金融调控法和金融监管法分别纳入宏观调控法和市场规制法进行论述是不妥当的。

第二节 金融调控法

一、金融调控法概述

金融调控法是指调整国家及其授权的金融主管机关以稳定币值、促进经济增长为目的，对金融市场实施调节和控制而产生的各种社会关系的法律规范的总称。

各国的中央银行一般是各国金融调控的主要机构。金融调控以中央银行制定和实施货币政策为主导，通过货币发行、回笼和调整基准利率、准备金率等调整货币流通量和市场利率水平，同各类金融机构和非金融机构之间形成货币发行、货币流通管理、调控关系。中央银行法规定货币政策的目标、工具及其制定和实施的主体和程序，因此是金融调控法的主要法律。由于中央银行的各项金融调控、货币政策有赖于各类金融机构在其具体的业务行为中得以实现，因而我国在对银行、保险、证券业分业监管的同时，《人民银行法》保留并新增了人民银行与金融调控、货币政策紧密相关的部分监管职能。由于人民银行的这部分监管职能与其金融调控职能一脉相承，因此在下面的“中央银行法”一节中一并介绍。

此外，由于政策性银行从事政策性融资业务，充当政府发展经济、调整产业结构、进行宏观调控的手段和工具，其政策导向也是金融调控的重要内容，所以，政策性银行法作为金融调控法的组成部分，也在本节中予以介绍。

二、中央银行法

（一）中央银行法概述

中央银行是制定和执行一国货币金融政策，实施金融调控与监管，维护一国金融稳定的特殊金融机关。在现代市场经济国家，中央银行在一国金融体系中居于核心主导地位，是一国最高的货币金融管理机构。

中央银行法是确立中央银行的性质、地位与职能，规范中央银行的组织及活动的法律规范的总称。各国中央银行法一般规定三个方面内容：一是规定中央银行的性质、地位和职能；二是规定中央银行的组织形式和组织机构；三是规范中央银行的行为。

各国法律对中央银行的性质、地位和职能的规定虽不尽相同，但作为制定和执行货币政策、实施金融监管调控和维护金融稳定的特殊金融机关的基本性质和职能却是基本一致的。中央银行的这种基本性质和职能决定了中央银行法是金融调控法、金融监管法和金融服务法的统一体，是国家宏观经济调控法律体系的重要组成部分。我国《人民银行法》第 1 条也明确规定了该法的立法目的和宗旨是"保证国家货币政策的正确制定和执行，建立和完善中央银行宏观调控体系，维护金融稳定"。

1995 年 3 月 18 日，我国第八届全国人大第三次会议审议通过并公布了《中华人民共和国人民银行法》(以下简称《人民银行法》)。2003 年 12 月 27 日，第十届人大常委会第六次会议通过了《全国人大常委会关于修改〈中华人民共和国人民银行法〉的决定》，自 2004 年 2 月 1 日起施行。

中央银行法的立法模式有合并立法和分别立法两种，前者是将中央银行和商业银行、政策银行等统一立法，统称为银行法；后者则是分别制定中央银行法和商业银行法、政策银行法。现代世界各国大都采用后一种立法模式，以应对日趋复杂化的金融活动的监管、调控需要。我国目前也采取了分别立法的模式单独制定了《人民银行法》和《商业银行法》，但至今尚未制定政策银行法。

（二）中央银行的性质、职能

1. 中央银行的性质

中央银行是通过从事特定金融业务和服务，实施金融监管和调控，维护金融稳定、调节宏观经济的特殊国家机关。

一方面，中央银行不是一般的金融企业，它虽然也经营特定的金融业务与服务，但在经营目标、经营对象以及人员管理等方面都不同于普通银行：不以营利为目的，而以调控经济、监管金融、稳定社会为己任；不经营普通商业银行业务，其业务对象不是普通的工商企业、单位和个人，而是国家、政府、银行和其他金融机构；高级管理人员不由股东选任，而是由政府或议会任命，任免程序与政府机构行政首长的任免程序相同。

另一方面，中央银行又不同于其他国家机关，其调控、监管职能是通过以银行身份从事特定的金融业务、提供金融公共服务来实现，例如接受(金融机构的)存款，发放再贷款、再贴现，在公开金融市场上公开买卖有价证券等；其调控工具主要是货币政策等间接杠杆，而不是政府机关依靠行政命令的直接管理；中央银行因其职能的重要性和业务的特殊性，一般都具有相对独立性，其货币政策的制定和执行、人事组织管理等方面，既要接受政府一定程度的管制，又因金融活动自身的运行规律而不能完全听命于政府。

根据我国《人民银行法》第 2 条和第 8 条的规定，人民银行是我国的中央银行，是国务院领导下的特殊国家机关；其全部资本由国家出资，可以依法展开业务。

2. 中央银行的职能

根据中央银行的性质和在金融体系中的地位，中央银行的职能分别被表述为调控、服务、监管三大职能和发行的银行、银行的银行、政府的银行三大职能。

(1) 按照中央银行的性质，现代市场经济国家的中央银行通常具有调控、服务、监管三大职能。

调控职能。现代市场经济国家调节经济已成为国家的基本职能，中央银行是一国货币政策的制定和执行者，通过运用货币工具对货币、信用活动进行有目的的调控，影响和干预宏观经济的结构和运行，是国家经济宏观调控体系的重要组成部分。各国中央银行调控的对象主要是货币的供应量和流通量，调控的主要手段则是存款准备金制度、再贴现政策、公开市场业务等常规性货币政策工具以及各种信用控制、利率限制等选择性、补充性货币政策工具。

服务职能。为政府、金融机构和社会公众提供金融公共服务是中央银行的另一重要职能。中央银行通过代理国库、代理发行和兑付政府债券、代理国家经营管理外汇、黄金储备，以及代表国家参与国际金融活动、为政府提供金融咨询等为政府提供全方位的金融服务；为商业银行等金融机构提供收存存款准备金、办理结算、提供最后贷款等服务；为社会公众提供依法发行货币并维持币值稳定，收集、发布国民经济信息，维护存款安全等服务。

监管职能。中央银行的监管职能主要体现在两个方面，一是对商业银行的全面监管，二是配合其他如证监会、保监会等监管部门对非银行金融机构和金融市场进行监管。当代各国中央银行主要通过草拟、制定金融法律法规，监督和管理金融机构的组织、业务活动以及货币、资本、黄金、外汇等金融市场来保障国家金融体系的稳健运行，防范和化解金融风险。不过，最近十几年来，包括我国在内的很多国家都设立了独立的监管机构，剥离大部分中央银行对金融业的日常监管职能已是大势所趋。

(2) 按照中央银行在金融体系中的地位，中央银行的职能分为发行的银行、银行的银行、政府的银行三大职能。

发行的银行。中央银行垄断一国货币的发行权，有利于稳定币值，建立良好的货币发行和流通秩序，保证通货的投入量与商品流转的需求相适应。因而，各国立法通常都规定中央银行是发行货币的唯一机构。我国人民银行是唯一的人民币发行机关。

银行的银行。中央银行只与普通银行等金融机构发生业务往来，不直接面对一般工商企业、单位和个人经办金融业务。其具体表现为：集中保管各金融机构的存款准备金;以存款准备金和货币发行为资金来源,利用再贴现、再抵押等形式,对商业银行等金融机构放款,充当最后贷款人;对金融机构开立存款账户,办理各金融机构之间的转账结算,成为全国金融业的票据清算中心。

政府的银行。中央银行代表国家制定和执行货币金融政策,代为管理国家财政收支并为政府提供各种金融服务。其具体表现为:为政府开立存款账户,并在此基础上代理国家财政金库,代理政府办理出纳业务和政府债券的发行和兑付业务;当国家财政需要时,为政府提供贷款或者采取其他方式为政府筹集资金;代表政府监督管理商业银行等金融机构的活动及金融市场的运行,制定和实施货币金融政策,为政府提供金融和经济咨询,代表政府从事国际金融活动。

3. 中国人民银行的职能与职责

《人民银行法》第 2 条规定:"中国人民银行在国务院领导下,制定和执行货币政策,防范和化解金融风险,维护金融稳定。"该条款明确规定了中国人民银行的基本职能是制定和执行货币政策、防范和化解金融风险、维护金融稳定。第 4 条则具体规定了人民银行的 13 项职责。

(1) 发布与履行与其职责有关的命令和规章;

(2) 依法制定和执行货币政策;

(3) 发行人民币,管理人民币流通;

(4) 监督管理银行间同业拆借市场和银行间债券市场;

(5) 实施外汇管理,监督管理银行间外汇市场;

(6) 监督管理黄金市场;

(7) 持有、管理、经营国家外汇储备、黄金储备;

(8) 经理国库;

(9) 维护支付、清算系统的正常运行;

(10) 指导、部署金融业反洗钱工作,负责反洗钱的资金监测;

(11) 负责金融业的统计、调查、分析和预测;

(12) 作为国家的中央银行,从事有关的国际金融活动;

(13) 国务院规定的其他职责。

中国人民银行为执行货币政策,可以依照本法第 4 章的有关规定从事金融业务活动。

其中,第(1)、(4)、(5)、(6)、(10)项职责是中央银行监管职能的具体化;第(2)、(3)、(7)项职责是中央银行调控职能的具体化;第(8)、(9)、(11)、(12)项职责及依照本法第 4 章的有关规定从事金融业务活动则主要是中央银行服务职能的具体化。

(三) 中央银行的法律形态和法律地位

1. 法律形态

中央银行的法律形态是指中央银行的法定主体资格形式。各国中央银行法对中央银行的法律形式规定不一：(1) 法人。如《德意志联邦银行法》规定德意志联邦银行是“按公法设立的联邦直接法人”；《日本银行法》规定“日本银行为法人”；《韩国银行法》规定韩国银行为“无资本的特殊法人”；《俄罗斯联邦银行法》规定“俄罗斯银行是法人”。(2) 公司。如《美国联邦储备法》规定联邦储备银行“在其组织证书向货币总监备案后即成为一个公司实体”；《荷兰银行法》也规定荷兰银行是一个股份公司。(3) 官方组织。如《瑞典国家银行法》规定瑞典国家银行是“直属国会的官方组织”。另外，还有一些国家并未在银行法中明确规定中央银行的法律形态。虽然各国对中央银行法律形态的规定不一，在实践运作中，中央银行一般都有自己的资本，独立运营和管理，能够独立承担民事责任，具有法人资格。

我国《人民银行法》未明文规定中国人民银行的法律形态，但结合该法第2、10、12条的规定和人民银行运行实践来看，中国人民银行的法律形态是国家机关法人。

2. 法律地位

中央银行的法律地位是指各国立法规定的中央银行在国家机构体系中的地位，主要从中央银行与国会、政府和财政的关系，以及在制定和执行货币政策、展开业务时享有多大的权力或多大的独立性进行考察。

中央银行作为特殊的国家机关，一方面，它是政府的银行，具有国家机关的性质，因而必须接受政府一定程度的管制；另一方面，它又同时是特殊的金融机构，是发行的银行、银行的银行，在制定和执行货币政策、服务于其他金融机构以及社会公众时，不得不遵循金融活动自身的运行规律，因而又不能完全听命于政府，必须保持一定的独立性。另外，现代中央银行承担着或者说可以承担如此众多的职能，中央银行的独立性不可能涵盖其所有的职能领域——无论是从理论上进行分析，还是从各国的实践来看都是如此。因此，中央银行在何等程度上又有独立性，以及在哪种或哪些职能方面拥有独立性就成了一个颇具争议的问题。正因为各国对中央银行独立性的认识不同和各国政治、经济、金融体制的不同，决定了各国立法对中央银行法律地位的规定也不一样。目前世界各国对中央银行法律地位的立法主要有三种类型。

(1) 独立性很强型。这种类型的中央银行直接对国会负责，可以独立地制定和执行货币政策。政府不能直接对它发布命令，不得直接干预货币政策的制定和执行。当中央银行的货币政策与政府的经济决策发生矛盾时，则交由国会来决定。德意志联邦银行和美国联邦储备体系是各国中央银行中对政府享有很强独立性的典范。

(2) 相对独立型。这种类型的中央银行，法律上虽规定隶属于政府财政部门，但在制度设计和实际业务操作中却保持着较大的独立性。英格兰银行、日本银行、加拿大银行等即属此类。

(3) 不具有独立性型。这类中央银行，无论是在组织管理的隶属关系上，还是在货币政策的制定和执行上，均受政府严格控制。其货币政策的制定和执行需经政府批准，政府有权否决或停止中央银行的决议。意大利银行、比利时中央银行、澳大利亚储备银行、巴西中央银行等属于此类型。

3. 人民银行的法律地位

我国人民银行的法律地位是由其性质和国家政治体制决定的。根据《人民银行法》第 2 条、第 7 条等的规定，中国人民银行是在国务院领导下、具有相对独立性的国家金融调控与监管机关。

一方面，中国人民银行直接隶属于中华人民共和国中央人民政府即国务院，是国务院的一个职能部门。《人民银行法》第 2 条规定人民银行“在国务院领导下，制定和执行货币政策，防范和化解金融风险，维护金融稳定”；第 5 条第 1 款、第 10 条、第 12 条规定人民银行货币委员会的设立及其工作程序、正副行长的任免、重要事项的决定等要接受国务院的行政管辖。

另一方面，中国人民银行是依法享有相对独立性。《人民银行法》第 7 条规定，人民银行在国务院领导下依法独立执行货币政策，履行职责，开展业务，不受地方政府、各级政府部门、社会团体和个人的干涉；第 6 条规定，人民银行向全国人大常委会提出有关货币政策情况和金融监管情况的工作报告等。

(四) 中央银行的组织机构

1. 中央银行根据其性质、地位和职能设置各自的组织机构，包括权力机构、职能机构及分支机构

(1) 权力机构。中央银行的权力机构通常包括决策和执行机构二类。决策机构是中央银行的最高权力机关，如美国的联邦储备委员会、日本的政策委员会、德国的德意志联邦银行理事会①、法国的货币政策委员会、英国英格兰银行的董事会、韩国的金融通货运营委员会等。执行机构是中央银行的最高执行机构，如日本银行的理事会、德意志银行的执行理事会等。有些国家的央行还设有监督、咨询等机构，如日本银行设有监事 5 人、美联储设有 12 人组成的顾问委员会等。

(2) 职能机构。各国中央银行根据其职能和业务管理需要，在央行内部均设置了行政管理部门、业务部门、金融监管部门、调研机构等相应的职能部门。

(3) 分支机构。中央银行的分支机构是中央银行组织结构中的重要组成部分，各国中央银行分支机构一般是根据各国经济、金融发展的需要按区域(经济区域或行政区域)设立。除多元中央银行体制国家外，分支机构都是中央银行总行的派出机构，它根据总行的授权，在各自辖区内执行和完成总行制定的政策和职责。

① 由于德国加入了欧元区，因此德意志联邦银行有关货币政策的决策权实际上是由欧洲中央银行来行使的。

中央银行总行对分支机构实施垂直领导，分支机构不受地方政府管辖。在实施多元中央银行体制的联邦制国家，地方中央银行虽然具有一定的独立性，但无权独立制定货币政策，而只能在辖区内制定和推行与联邦中央银行相同的制度，执行联邦中央银行的各项政策规定，因此其实质也相当于联邦中央银行的派出机构。

2. 中国人民银行的组织机构

中国人民银行的组织机构分为三个层次，即权力机构和决策咨询机构、总行内部的职能机构和分支机构。

(1) 权力机构和决策咨询机构。根据《人民银行法》第10、11条的规定，中国人民银行设立行长1人，副行长若干人，并实行行长负责制。行长领导中国人民银行的工作，副行长协助行长工作。行长由国务院总理提名，全国人大决定；人大闭会期间，由全国人大常委会决定，国家主席任免。副行长由国务院总理任免。

根据《人民银行法》第12条和1997年4月15日国务院发布的《中国人民银行货币政策委员会条例》的规定，中国人民银行设立货币政策的咨询议事机构，即货币政策委员会。货币政策委员会的职责是：在综合分析宏观经济形势的基础上，依据国家的宏观经济调控目标，讨论货币政策事项，并提出建议。

(2) 职能机构。我国《人民银行法》未规定内部机构的设置，根据2003年9月中央编制委员会印发的《关于中国人民银行主要职责、内设机构和人员编制调整意见的通知》，中国人民银行内部设立18个职能司局：办公厅、条法司、货币政策司、金融市场司、金融稳定局、调查统计司、会计财务司、支付结算司、科技司、货币金银局(国务院反假货币联席工作会议办公室)、国库局、国际司、内审司、人事司(党委组织部)、研究局、征信管理局、反洗钱局(保卫局)、党委宣传部及机关党委。

(3) 分支机构。中国人民银行的分支机构是中国人民银行的派出机构，不具备法人资格，其履行职责必须根据中国人民银行的授权进行，人民银行对分支机构实行统一领导和管理。《人民银行法》第13条规定，中国人民银行的分支机构根据中国人民银行的授权，维护本辖区的金融稳定，承办有关业务。

在1998年人民银行管理体制进行重大改革以前，我国一直按行政区划设置分支机构。1998年12月，为强化中央银行的独立性，中国人民银行撤销了省级分行，在全国9个城市设立了跨省、自治区、直辖市的分行(称九大区行)，并在北京和重庆设立了中国人民银行营业管理部。此后在2003年由于人民银行金融监管职能的分离，人民银行又对分支机构的设立进行了调整。目前，人民银行在全国设有天津、沈阳、上海、南京、济南、武汉、广州、成都、西安9个分行和北京、重庆2个中国人民银行营业管理部，并在分行下设立20个省会(首府)城市中心支行、5个副省级城市中心支行、305个地(市)中心支行以及1 778个县(市)支行。

另外，为适应金融市场和对外开放的需要，人民银行还设立了1个上海总部和7个驻外机构。

（五）中央银行的货币政策

1. 货币政策的概念及其目标

(1) 货币政策的概念。货币政策是指中央银行为了实现宏观经济调控目标而采用的各种调节货币供求的方针、政策和措施的总称，是国家宏观经济政策的重要组成部分。制定和实施货币政策，是各国中央银行的核心职责。

在市场经济条件下，中央银行要实现国家宏观经济调控目标，只有通过其直接控制下的各种货币政策工具的运用，利用市场机制的传导作用，间接影响到市场经济主体的行为和国民经济的运行。具体地说，就是中央银行采取经济、法律和行政手段，通过对整个国民经济运行中的货币供应量、信用量、利率、汇率等金融市场宏观经济指标的调节和控制，进而影响社会总需求和总供给，对市场经济参与者的经济活动实施间接调控，最终达成国家宏观经济的调控目标。

货币政策的内容，按照其运行机制，分为货币政策最终目标、货币政策中介目标、货币政策操作目标、货币政策工具、货币政策传导机制、货币政策效应和货币政策监测等。其运行过程一般是：中央银行运用货币政策工具改变基础货币、短期利率等货币政策操作目标，影响货币供应量（中介目标发生变化），再通过货币政策传导机制，对市场经济主体的经济活动和国民经济的运行产生影响（货币政策效应），实现货币政策最终目标。

货币政策的内容，还可以按照其实施措施分为信贷政策、利率政策、外汇政策和金融监管政策等；按照其实施效应分为扩张性、紧缩性和中性货币政策。

货币政策的制定和实施，可以维持适度的货币供应量和信用量，为社会经济的正常运转提供稳定而良好的货币金融环境。同时，中央银行在经济危机或经济增长过热等情况出现时，可以通过货币政策的实施，提高或降低货币供应量，扭转货币、信用以外的短期波动因素，改变不足或过多的需求，从而实现经济的持续、稳定增长。

(2) 货币政策目标。货币政策目标是中央银行实施货币政策所要达到的对国民经济所产生的预期效果。根据中央银行对货币政策的影响力和影响速度，通常把货币政策划分为三个层次，即货币政策的最终目标、中介目标和操作目标。其中，货币政策最终目标是一国中央银行制定和执行货币政策所要达成的总目标，通常包括稳定物价、维持充分就业、促进经济增长、保持国际收支平衡四项；中介目标是连接最终目标和操作目标之间的过渡性指标，一般包括货币供应量和信用总量；操作目标是指货币政策工具直接作用的金融变量指标，一般包括短期利率和基础货币中的准备金。

《人民银行法》第3条规定："货币政策目标是保持货币币值的稳定，并以此促进经济增长。"可见，人民银行首要的和直接的货币政策目标是保持货币币值的稳定，在稳定货币的前提下，促进经济增长。这一规定也充分体现了稳定币值与经济增长之间的关联性和依存性。

2. 货币政策工具

(1) 货币政策工具及其制度与实施。货币政策工具是中央银行实现其政策目标的政策手段。根据货币政策工具的调节职能和效果划分,货币政策工具分为一般性货币政策工具、选择性货币政策工具和补充性货币政策工具三类。其中,一般性货币政策工具是指中央银行所采用的、对整个金融系统的货币信用的扩张与紧缩产生全面性或一般性影响的手段,一般包括法定存款准备金制度、再贴现政策和公开市场操作,俗称中央银行的三大法宝;选择性货币政策工具是指中央银行用来调整特定信贷业务或特定信用活动的货币政策工具,主要包括证券市场信用管理、消费信用控制、不动产信用控制和优惠利率等;补充性货币政策工具是对信用直接和间接控制的货币政策工具,分为直接控制工具和间接控制工具两类,前者包括信用分配、直接干预、流动性比率、利率最高限额、特种存款等,后者包括道义劝说和窗口指导等。

各国货币政策的制定和实施制度有 2 种模式:一种是由中央银行制定并予以执行,如美国、德国等国家;另一种是设立专门机构制定货币政策,由中央银行执行。如法国、日本、韩国等国。我国采前一种模式,《人民银行法》第 2 条第 2 款规定,中国人民银行“在国务院领导下,制定和执行货币政策”,其下设的“货币政策委员会”则是其制定政策的咨询议事机构,对人民银行的货币政策有建议权。

(2) 中国人民银行的货币政策工具。《人民银行法》第 23 条根据我国实际情况和今后金融改革的发展方向,规定了 6 种货币政策工具,其中既有一般性的货币政策工具,又有符合我国国情的特定工具。

存款准备金制度。我国根据 1983 年 9 月的《国务院关于中国人民银行专门行使中央银行职能的决定》,自 1984 年 5 月开始启动了存款准备金制度;1998 年 3 月人民银行发布《关于改革存款准备金制度的通知》,对存款准备金制度进行了重大改革;2004 年 4 月 25 日起实行差别存款准备金制度。其主要内容有:① 由中国人民银行规定和调整准备金率;② 规定缴存范围,所有一般存款(相对于财政性存款而言)均计提准备金;③ 存款准备金的考核与计提;④ 迟缴、少缴存款准备金的处罚。

中央银行基准利率政策。基准利率是指中国人民银行对商业银行及其他银行业金融机构确定的存贷款基础利率,又称法定利率。基准利率在利率体系中起主导作用,它的水平和变动决定其他各种利率的水平和变动。

再贴现政策。再贴现是指金融机构以合格票据向中央银行贴现,中央银行对金融机构提供信用,其实质是中央银行与商业银行之间票据买卖和资金让渡的过程。再贴现政策是指中国人民银行通过调整再贴现率,扩大或缩小金融机构的信贷量。

再贷款政策。再贷款是指中央银行对商业银行的贷款，其再贷款的资金来源主要是发行货币、存款准备金和财政性存款。中国人民银行根据经济发展需要和货币供应量的状况，决定对商业银行贷款的数额、期限、利率和方式，通过再贷款控制和调节商业银行的信贷活动，达到控制和调节货币供应量和信贷规模的目的。中国人民银行在贷款的期限最长不得超过1年。

公开市场业务。公开市场业务是指中央银行在公开市场上与一级交易商进行交易，买卖国债、其他政府债券及外汇，吞吐基础货币，控制和调节货币供应量。在我国，公开市场业务由中国人民银行总行设立的公开市场操作室操作，操作工具是国债和外汇。中国人民银行1997年3月29日发布的《公开市场暨一级交易商管理暂行规定》，规定了公开市场业务交易的品种、对象、方式等具体事项。

其他货币政策。《人民银行法》第23条第1款第6项规定了"国务院确定的其他货币政策工具"。目前我国经常使用的这类货币政策工具主要有：贷款额度控制、特种存款、消费和不动产信用控制以及窗口指导等。贷款额度，也称信贷规模，是指中国人民银行为控制社会货币供应量而对贷款金融机构设定的一种季度性或年度性的贷款计划指标，它一直是我国中央银行控制社会货币量的主要控制手段之一。特种存款是指在货币供应过多、出现通货膨胀时，要求商业银行须向中央银行缴存的特别存款。消费和不动产信用控制是指中央银行对不动产以外的消费品融资交易和不动产抵押贷款的管理与控制，如规定分期付款方式购物的首付比重、借款期限及商品种类，住房贷款的首付比例、贷款期限、贷款的最高限额等等。窗口指导是指中央银行根据产业、金融市场等的动向，通过与金融机构的日常业务往来对金融机构业务活动的方针、计划等进行的具体指导。

（六）中央银行的金融监管权

对金融市场和金融业的监督管理是中央银行的三大职能之一，现代各国的金融监管体制主要有两种：一是由中央银行全面行使金融监管权；二是设立专门的金融监管机构行使监管权，剥离中央银行对金融业的日常监管职能。

在我国，中国人民银行过去一直是我国金融业的统一监管机关，但随着1992年中国证监会、1998年保监会和2003年银监会的分别成立，人民银行对证券业、保险业和银行业的市场准入、日常业务监管等监督管理职责逐步剥离出去，人民银行的职能定位更集中于维护金融稳定和宏观调控方面。但是，由于金融监管与货币政策、金融稳定的关系密切，2003年修订后的《人民银行法》在第5章"金融监督管理"中仍然赋予了人民银行一定的金融监督管理权。

(1) 对金融市场的监测、调控权。《人民银行法》第31条规定，中国人民银行依法监测金融市场的运行情况，对金融市场实施宏观调控，促进其协调发展。

(2) 对金融机构及其他单位和个人的检查监督权。《人民银行法》第32条规定，中国人民银行有权对金融机构以及其他单位和个人的下列行为进行检查监督：

(1) 执行有关存款准备金管理规定的行为;(2) 与中国人民银行特种贷款有关的行为;(3) 执行有关人民币管理规定的行为;(4) 执行有关银行间同业拆借市场、银行间债券市场管理规定的行为;(5) 执行有关外汇管理规定的行为;(6) 执行有关黄金管理规定的行为;(7) 代理中国人民银行经理国库的行为;(8) 执行有关清算管理规定的行为;(9) 执行有关反洗钱规定的行为。

(3) 对银监会的检查监督建议权。《人民银行法》第 33 条规定,中国人民银行根据执行货币政策和维护金融稳定的需要,可以建议国务院银行业监督管理机构对银行业金融机构进行检查监督。国务院银行业监督管理机构应当自收到建议之日起 30 日内予以回复。

(4) 特定情况下对银行业的检查监督权。《人民银行法》第 34 条规定,当银行业金融机构出现支付困难,可能引发金融风险时,为了维护金融稳定,中国人民银行经国务院批准,有权对银行业金融机构进行检查监督。

(5) 要求银行业金融机构提交财务会计报表、资料权。《人民银行法》第 35 条规定,中国人民银行根据履行职责的需要,有权要求银行业金融机构报送必要的资产负债表、利润表以及其他财务会计、统计报表和资料。

(6) 编制和公布全国金融统计数据权。《人民银行法》第 36 条规定,中国人民银行负责统一编制全国金融统计数据、报表,并按照国家有关规定予以公布。

此外,为保障人民银行金融监管职责的履行和协调与其他金融监管机构的关系,《人民银行法》还在第 9 条、第 35 条第 2 款和第 37 条规定了"国务院建立金融监督管理协调机制",中国人民银行应当"和国务院银行业监督管理机构、国务院其他金融监督管理机构建立监督管理信息共享机制"、"建立、健全本系统的稽核、检查制度,加强内部的监督管理"。

《人民银行法》第 46 条规定了第 32 条所列行为违反有关规定的法律责任:有关法律、行政法规有处罚规定的,依照其规定给予处罚;有关法律、行政法规未作处罚规定的,由中国人民银行区别不同情形给予警告,没收违法所得,违法所得 50 万元以上的,并处违法所得 1 倍以上 5 倍以下罚款;没有违法所得或者违法所得不足 50 万元的,处 50 万元以上 200 万元以下罚款;对负有直接责任的董事、高级管理人员和其他直接责任人员给予警告,处 5 万元以上 50 万元以下罚款;构成犯罪的,依法追究刑事责任。

三、政策性银行法

(一) 政策性银行与政策性银行法

1. 政策性银行

政策性银行是为贯彻、配合国家产业政策和社会政策而专门经营政策性融资业务的银行机构，是非营利性的专业银行。与商业银行相比，政策性银行有其自身的特征。

(1) 由政府创立。大多数国家的政策性银行由政府全部出资创立(如美国的进出口银行)或由政府提供部分资金。

(2) 不以营利为目的。这是政策性金融机构与非政策性金融机构的根本区别。政策性银行在经营时主要考虑国家的整体利益、社会利益，不以盈利为目标，力争保本微利。

(3) 特定的融资途径。财政拨款、发行政策性金融债券是其主要的资金来源，不面向公众吸收存款。

(4) 特定的服务领域。政策性银行有自己特定的服务领域，不与商业银行竞争。这些领域集中在国民经济比较薄弱的环节或亟待发展的部门，共同特点是不易得到商业银行的资金支持，需要政府设立专门的金融机构予以特殊的资金支持。其名称往往与其特定的服务领域相适应，如进出口银行，一般是服务于进出口领域的。

(5) 一般不设立分支机构。政策性银行不以营利为目的，保本微利的经营目标决定了必须减少成本，同时，它不面向公众吸收存款，因而一般不像商业银行那样普遍设立分支机构，其业务一般由商业银行代理。

社会经济发展中，一些对国民经济、社会稳定有重要意义的农业、基础产业部门、高新技术产业部门等领域，往往投资规模大、周期长、风险大，很难得到商业银行的贷款。为扶持这些行业或产业的发展，各国便成立专门经营此类融资业务的专业银行。从 20 世纪 30 年代起，美国、德国、日本等世界上大多数国家都普遍建立了各自的政策性银行体系。

2. 政策性银行法

政策性银行法是规定政策性银行的组织和行为的法律规范的总称，它主要包括政策性银行的宗旨、性质、地位、业务领域与方式、组织形式和组织机构的设立、变更和终止等内容。

政策性银行一般采取单独立法，制定有政策性银行法的国家绝大多数都是针对每一个特定的政策性银行制定单独的法律。如《国际复兴开发银行协定》、《建立亚洲开发银行协定》，日本的《日本开发银行法》、《输出入银行法》，德国的《复兴开发银行法》，美国的《联邦住房放款银行法》等。

我国虽于 1994 年 3 月 17 日、4 月 19 日和 4 月 26 日分别成立了国家开发银行、中国农业发展银行和中国进出口银行三大政策性银行，但未就其组织及业务开展制定相应的法律，其组织管理及业务开展的依据除了《中华人民共和国人民银行法》和《中华人民共和国银行业监督管理法》等相关法律法规的规定之外，更多的是依赖三大政策性银行各自的章程和内部规定。而在三大银行的实际运作过程中，存在着大量的突破法律法规的非规范性做法,潜藏着很大的经营风险。因此,在政策性银行仍然有其存在的必要性的前提下,尽快制定相应的政策银行法是十分必要的。

（二）政策性银行的职能

政策性银行既具有商业银行具有的一般职能,又有商业银行不具备的特殊职能,即为了贯彻、配合政府政策或意图的职能。

1. 一般职能

政策性银行的一般职能与商业银行的职能相同,均具有金融中介职能。政策性银行通过其负债业务,吸收资金,再通过资产业务将资金投入到所需单位或项目,从而担负起金融中介的职能,实现资金从贷出者到借入者之间的融通。与商业银行不同的只是它不吸收社会公众的活期存款,其贷款业务的资金来源主要是国家财政资金或在金融市场上筹集。

2. 特殊职能

政策性银行特殊职能可以概括为倡导性、选择性、弥补性和服务性职能。特殊职能的综合作用使政策性银行主动、积极地贯彻实施政府的宏观经济政策,尤其是产业政策。倡导性职能是指政策性银行以直接的资金投放或间接地吸引民间或私人金融机构从事符合政府意图的放款,发挥其引导资金流向的作用。选择性职能是指政策性银行对融资领域的确定,是有选择而非任意的,选择的是市场机制不予选择的领域,即商业银行不愿融资的领域。政策性银行的弥补性职能是指政策性银行的金融活动客观上弥补了商业银行金融活动的不足,对以商业银行为主体的金融体系职能是一种完善,如政策性银行对投资回收期限过长、投资回报率低、市场风险高、成长中的项目进行融资补充。政策性银行的服务性职能是指政策性银行以其专业性银行的特征及在其服务领域所拥有的专业技术人才和丰富经验,为企业提供各方面的金融或非金融服务,为政府经济政策和产业政策提供参谋和咨询服务。

（三）我国的政策性银行

1994年,我国建立了三家政策性银行,即国家开发银行、中国进出口银行和中国农业发展银行。国务院以组建通知的形式,对三家政策性银行的性质、任务、资金来源、资金运用、经营管理进行了规范。

1. 国家开发银行

根据国务院1994年3月17日发布的《关于组建国家开发银行的通知》,国家开发银行是一家主要办理国家重点建设(包括基本建设和技术改造)项目的政策性贷款、投资及贴息业务的政策性投资开发银行,其设立宗旨是为了有效地集中资金保证国家重点建设,缓解经济发展的"瓶颈",增强国家对固定投资的宏观调控能力,进一步深化投融资体制改革。

国家开发银行是直属国务院领导的政策性金融机构,其在金融业务上要接受人民银行和银监会的指导和监管。国家开发银行的主要任务是按照国家的法律、法规和方针、政策，筹集和引导社会资金，支持国家基础设施、基础产业和支柱产业大中型基本建设和技术改造等政策性项目及其配套工程的建设，从资金来源上对固定资产投资总量进行控制和调节，优化投资结构，提高投资效益，促进国民经济持续、快速、健康地发展。

国家开发银行的资金来源于五个方面：(1) 财政部拨付的500亿注册资本、预算内经营性建设基金和贴息资金；(2) 向国内金融机构发行的金融债券和向社会发行的财政担保建设债券；(3) 吸收与贷款项目有关的存款；(4) 外国政府和国际金融组织的贷款、在国外发行的债券、国际商业贷款；(5) 中国人民银行的再贷款。

2. 中国农业发展银行

根据国务院1994年4月19日发布的《关于组建中国农业发展银行的通知》，中国农业发展银行是一家以承担国家粮棉油储备、农副产品收购等方面政策性贷款为主要业务的政策性银行。其设立宗旨是为了完善农村金融服务系统，更好地贯彻落实国家的产业政策和区域发展政策，促进农业和农村经济的健康发展。

中国农业发展银行是直属国务院领导的农业政策性金融机构，其在业务上要接受中国人民银行和银监会的指导和监督，并应按规定向人民银行交存存款准备金。其主要任务是：按照国家的法律、法规和方针、政策，以国家信用为基础，筹集农业政策性信贷资金，承担国家规定的农业政策性金融业务，代理财政性支农资金的拨付，为农业和农村经济服务。

与国家开发银行不同，中国农业发展银行实行独立核算，自主、保本经营，企业化管理。

3. 中国进出口银行

中国进出口银行是经国务院批准设立的直属于国务院领导的国有全资政策性银行，自主、保本经营，企业化管理，在业务上接受财政部、商务部、人民银行和银监会的指导与监管。其主要任务是：按照国家的法律、法规和方针、政策，筹集资金，支持我国机电产品和高新技术产品出口，支持企业开展对外承包工程和境外投资，促进对外经济技术合作与交流。

第三节　金融监督管理法

一、金融监管法概述

(一) 金融监管的概念与对象

金融监管，是指金融监管主体对金融监管对象所采取的检查、督促和领导、组织、协调、控制活动。从广义上说,金融监管包括金融主管机关对金融机构及其金融活动的监管,金融机构、金融行业协会的自律监管以及社会中介组织的监管。狭义的金融监管则仅指金融主管机关对金融机构及其金融活动的监管。

金融监管的对象,从理论上讲,应该包括对金融机构、金融业务、金融市场的监管和金融机构、金融市场的设立、变更、终止以及金融业务活动全过程的监管。但从实践来看,金融监管则主要表现为对金融机构及其业务活动的监管。因为对无形的金融市场的监管主要是通过对金融机构业务活动的监管来实现的,而有形的金融市场(如证券交易所)本质上也是一种金融机构,可以通过对其业务活动的监管来实现。

从主体的角度看,金融监管的主体分为监管主体和被监管主体。就广义而言,金融监管主体主要包括:(1) 金融主管机关。可以是国家机关,也可以是依法设立的特殊法人(事业单位或公司),如中央银行。(2) 金融行业协会等自律性组织。包括银行业协会、保险业协会、证券业协会以及采取会员制的交易所等。(3) 社会中介组织。(4) 金融机构的内控部门。被监管主体除了银行及非银行金融机构外,还包括参与金融活动的单位和个人,如上市公司、存款人、投资者等。

(二) 金融监管的目标与原则

金融监管的目标是金融监管活动所要达到的目的、标准。世界上绝大多数国家的金融法律一般都会对其监管目标作出具体规定,我国在 2003 年通过、2006 年修订的《中华人民共和国银行业监督管理法》(以下简称《银行业监督管理法》)中就明确规定了我国银行业监督管理的目标是“促进银行业的合法、稳健运行,维护公众对银行业的信心”和“保护银行业公平竞争,提高银行业竞争能力”等。结合我国《人民银行法》、《商业银行法》、《外资银行法》、《证券法》、《保险法》以及《银行业监督管理法》的其他条款,可以归纳出我国金融监管的主要目标。

(1) 促进金融业的合法、稳健运行,防范和化解金融风险,维护金融安全和金融市场稳定。

(2) 保护参与金融活动主体(包括商业银行等金融机构和存款人、投资者、保险活动当事人等客户)的合法权益,维护公众对金融业的信心。

(3) 维护公平竞争秩序,促进金融业和社会主义市场经济的健康发展,提高金融业竞争能力。

金融监管的原则是金融监管主体在金融监管过程中所应遵循的基本行为准则,结合我国相关金融法律法规,我国金融监管应遵循以下几个原则。

(1) 依法监管原则。依法行政是法治国家的应有之义,也是我国《行政许可法》的规定,金融监管作为一种行政执法行为当然应当依法实施。我国《人民银行法》第 31 条、《银行业监督管理法》第 4 条、《证券法》第 7 条以及《保险法》第 9 条均规定了金融监管机关须依法行使监管权。

(2) 公开、公正原则。公开原则要求金融监管主体在实施金融监管活动时，应向社会公众及相关当事人及时全面地公开信息，提高监管透明度；公开原则要求金融监管主体在金融监管过程中必须站在公平正直的立场上，客观公正地对待各方当事人，保证交易各方在交易过程中的平等地位，维护各方当事人的合法权益。

(3) 合理适度原则。这一原则要求监管主体对金融市场的监管要符合监管目标、理念(合理)，把握好市场监管、干预的度，要充分发挥市场规律的作用(适度)。正确处理好政府监管与市场之间的关系。

(4) 效率原则。金融监管的效率原则包括两个方面内容：一是经济效率、金融效率；二是行政效率，金融监管应以最小的成本达到最佳的监管效果。

(5) 统一监管原则。金融监管应将整个金融业和金融市场作为一个整体进行统一监管，各金融监管机构在监管职责上分工明确、协调统一，避免监管真空和重复监管。

(三) 我国金融监管立法与监管体制

我国《人民银行法》、《商业银行法》、《证券法》、《保险法》、《外资银行法》、《境外金融机构管理办法》、《外汇管理条例》等法律法规中均有金融监管的相关规定，其中 2003 年 12 月 27 日十届全国人大常委会第六次会议通过的《中华人民共和国银行业监督管理法》(以下简称《银行业监督管理法》)是我国第一部专门性的金融监管法律。

在 1998 年以前，我国实行的是以中国人民银行为核心的统一监管体制，1998 年以后的几次金融体制改革形成了目前仍在实行的多头分业监管体制：人民银行保留与货币政策相关的金融监管职能；银监会负责银行业金融机构及其业务活动的监管；证监会负责证券机构及其业务活动的监管；保监会负责保险公司及其业务活动的监管。同时法律还规定了金融监督管理协调机制(金融监管联席会议)和监管信息共享机制。

二、银行业监督管理法

(一) 中国银行业监督管理法

银行业监管，是指金融监管主体或银行业专门监管机构对银行业金融机构的组织及业务活动进行的监督和管理。监督是对银行业金融机构合法经营情况和风险状况的监测、评估和控制。管理是指金融监管机关制定相关的监管法规，核准银行业金融机构的市场准入和退出，并规制银行业金融机构及其行为。

中国银行业监督管理法是调整我国银行业监督管理关系的法律规范的总称，包括《银行业监督管理法》、《反洗钱法》、《全国人民代表大会常务委员会关于中国银行业监督管理委员会履行原由中国人民银行履行的监督管理职责的决定》以及

《人民银行法》、《商业银行法》等法律法规中的相关条款。其中《银行业监督管理法》是一部专门性的银行业监管法，共 6 章 50 条，分为总则、监督管理机构、监督管理职责、监督管理措施、法律责任和附则。其主要内容包括监管目标、原则、监管对象与内容、监管机构及其职责权限、监管措施以及违反监管规定的法律责任等。

（二）中国银行业监督管理的对象、目标和措施

《银行业监督管理法》第 2 条规定，银监会负责对全国银行业金融机构及其业务活动的监督管理工作。根据该法规定，我国银行业监督管理的对象是：(1) 银行业金融机构，即中华人民共和国境内设立的商业银行、城市信用合作社、农村信用合作社等吸收公众存款的金融机构以及政策性银行。(2) 在中华人民共和国境内设立的金融资产管理公司、信托投资公司、财务公司、金融租赁公司。(3) 经中国银监会批准设立的其他金融机构，包括外资、中外合资银行业金融机构、外国银行业金融机构的分支机构。(4) 经中国银监会批准在境外设立的金融机构。(5) 前述金融机构在境外的业务活动。

《银行业监督管理法》第 3 条规定，我国银行业监督管理的目标是：(1) 促进银行业的合法稳健运行，维护公众对银行业的信心；(2) 保护银行业公平竞争，提高银行业竞争能力。

《银行业监督管理法》第 4 章规定了银行业监管措施：(1) 要求银行业金融机构按照规定报送各类财务会计、统计报表、资料；(2) 进行现场检查；(3) 与银行业金融机构董事、高级管理人员进行监督管理谈话；(4) 责令依法披露信息；(5) 对违规行为的处罚措施；(6) 对发生信用危机的银行业金融机构实行接管或重组；(7) 对违法经营、经营管理不善等情形的银行业金融机构予以撤销；(8) 对涉嫌违法事项有关的单位和个人的执行权；(9) 查询、申请冻结有关账户。

（三）中国银监会的监管职责

根据《银行业监督管理法》和国务院的授权，中国银监会 2003 年 4 月 28 日发布 2003 年第 1 号公告，规定了中国银监会的主要职责：制定有关银行业金融机构监管的规章制度和办法；审批银行业金融机构及分支机构的设立、变更、终止及其业务范围；对银行业金融机构实行现场和非现场监管，依法对违法违规行为进行查处；审查银行业金融机构高级管理人员任职资格；负责统一编制全国银行数据、报表，并按照国家有关规定予以公布；会同有关部门提出存款类金融机构紧急风险处置的意见和建议；负责银行业、国有重点金融机构监事会的日常管理工作；承办国务院交办的其他事项。

（四）银行业市场准入监管和业务监管

1. 市场准入监管

银行业是具有社会公共性和高风险性的行业，绝大多数国家都对银行业的市场准入有严格限制。在我国，银行业金融机构的设立需要先由银行业监管机构审

批颁发金融许可证，然后方可进行工商登记注册。

我国《银行业监督管理法》第 16—20 条规定了银行业市场准入监管是银监会的法定职责：依照法律、行政法规规定的条件和程序，审查批准银行业金融机构的设立、变更、终止以及业务范围；对申请设立银行业金融机构，或者银行业金融机构变更持有资本总额或者股份总额达到规定比例以上的股东的资金来源、财务状况、资本补充能力和诚信状况进行审查；对银行业金融机构业务范围内的业务品种按照规定审查批准或者备案；对银行业金融机构的董事和高级管理人员实行任职资格管理；未经国务院银行业监督管理机构批准，任何单位或者个人不得设立银行业金融机构或者从事银行业金融机构的业务活动，对擅自设立或非法经营银行业务的单位和个人予以取缔并追究法律责任。

《银行业监督管理法》第 39、48 条以及《金融机构撤销条例》等法律还规定了银监会可以对违法经营、经营管理不善的银行业金融机构予以撤销，使其退出银行业经营；禁止违反法律、行政法规以及国家有关银行业监督管理规定的银行业金融机构中直接负责的董事、高级管理人员和其他直接责任人员一定期限直至终生从事银行业工作。

《商业银行法》对商业银行及其分支机构的设立、变更及高管人员任职资格进行了规定。

国务院发布的《外资银行管理条例》、银监会发布的《境外金融机构投资入股中资金融机构管理办法》和《汽车金融公司管理办法》等就外资进入中国银行业的市场准入监管作出了规定。

另外，中国银监会通过发布《行政许可实施程序规定》、《中资商业银行行政许可事项实施办法》、《外资金融机构行政许可事项实施办法》、《合作金融机构行政许可事项实施办法》，就中资商业银行、外资金融机构、合作金融机构的设立、变更、终止、业务范围、高管人员任职资格等事项的许可条件、具体操作流程、审批期限和市场准入行政许可的原则、程序作出了明确规定。

2. 业务监管

中国银监会对银行业金融机构的业务监管包括两方面内容：

一是业务合规监管。业务合规监管是对银行业金融机构开展业务活动是否符合法律法规的规定的监督管理。这方面的法律主要是《商业银行法》、《外资银行法》等法律法规中有关银行业金融机构从事业务行为的规定。

二是风险监管。我国有关法律法规和中国银监会制定的监管规章都对银行业金融机构的风险控制、审慎经营提出了要求并制定了具体规则。主要体现如下。

(1) 制定了大量部门规章和规范性文件加强对银行业金融机构的业务进行风险管理。如中国银监会先后颁布的《股份制商业银行风险评级体系(暂行)》、《商业银行房地产贷款风险管理指引》、《商业银行市场风险管理指引》、《商业银行个人理财业务风险管理指引》、《商业银行风险监管核心指标(试行)》、《银行业金融机构信息系统风险管理指引》、《商业银行合规风险管理指引》、《商业银行声誉风险管理指引》、《商业银行流动性风险管理指引》、《商业银行银行账户利率风险管理指引》、《商业银行资本计量高级方法验证指引》等。

(2) 规范、加强银行业金融机构的内部控制和治理。如中国银监会近年来发布的《商业银行内部控制指引》、《加强金融机构内部控制的指导原则》、《股份制商业银行公司治理指引》、《股份制商业银行独立董事和外部监事制度指引》、《商业银行内部控制评价试行办法》、《国有商业银行公司治理及相关监管指引》、《商业银行内部人和股东关联交易管理办法》等。

(3) 资本充足率和资产质量监管。资本充足率和资产质量监管是审慎经营监管的核心,近年来,中国银监会为了防范金融风险,通过发布和实施《商业银行资本充足率管理办法》、《商业银行资本充足率监督检查指引》、《商业银行资本充足率信息披露指引》和《商业银行不良资产监测和考核暂行办法》等,对商业银行的资本充足率和核心资本充足率提出了明确要求,加强了对商业银行资本充足率和资产质量的监管。

(4) 对外资银行的风险监管。《外资银行管理条例》在第 4 章中明确规定了外资银行营业性机构应当按照有关法律法规制定本行的业务规则,建立健全风险管理和内部控制制度;要求外商独资银行、中外合资银行遵守《商业银行法》、《商业银行资本充足率管理办法》等法律法规关于资产负债比例管理和资本充足率管理、有关公司治理、关联交易等方面的规定。

(五) 银行业协会的自律监管

中国银行业协会于 2000 年 5 月 10 日成立。中国银监会 2005 年发布了《银行业协会工作指引》,就银行业协会的性质、组织体系和结构、职责任务等作出了明确规定。按照该指引的规定,银行业协会在中国银监会及其派出机构的指导和监督下,履行下列行业自律职责。

(1) 组织会员签订自律公约及其实施细则,建立自律公约执行情况检查和披露制度,受理会员单位和社会公众的投诉,采取自律惩戒措施,督促会员依法合规经营,共同维护公平竞争的市场环境;

(2) 依据章程或行规行约,组织制定行业标准和业务规范,推动实施并监督会员执行,提高行业服务水平;

(3) 建立健全银行业诚信制度以及银行机构和从业人员信用信息体系,加强诚信监督,协助推进银行业信用体系建设;

(4) 制定从业人员道德和行为准则,对银行从业人员进行自律管理,组织银行从业人员资格考试和相关培训,提高从业人员素质;

(5) 对于违反银行业协会章程、自律公约、管理制度等致使行业利益受损的会

员,可按有关规定实施自律性处罚,并及时告知银行业监督管理机构;

(6) 对涉嫌银行业金融机构和从业人员违法违规的投诉案件和发现的业内涉嫌违法违规的行为,要及时报告银行业监督管理机构,并做好银行业监督管理机构批转投诉件的调查处理工作。

三、保险业监督管理法

(一) 中国保险业监督管理机构及其职责

保险业监管是指国家保险业监督管理部门依照法律的规定对保险业和保险市场实施监督和管理活动的总称。我国保险业监督管理机构是1998年成立的中国保险业监督管理委员会,在此之前,履行我国保险业监管职能的是中国人民银行(保险司)。中国保监会根据国务院授权履行行政管理职能,依照法律、法规统一监督管理全国保险市场,维护保险业的合法、稳健运行。中国保监会内设15个职能机构,在全国各省、直辖市、自治区、计划单列市设有35个派出机构。

保险业是金融业的重要组成部分,技术性和风险性较高。各国均建立有比较严格的监管体系和制度。中国保险业监督管理法是调整我国银行业监督管理关系的法律规范的总称,包括《保险法》、《外资保险公司管理条例》和国务院及相关部门的有关规定。

中国保监会的主要职责是:

(1) 拟定保险业发展的方针政策,制定行业发展战略和规划;起草保险业的法律、法规;制定保险业内规章。

(2) 审批保险公司及其分支机构、保险集团公司、保险控股公司的设立;会同有关部门审批保险资产管理公司的设立;审批境外保险机构代表处的设立;审批保险代理公司、保险经纪公司、保险公估公司等保险中介机构及其分支机构的设立;审批境内保险机构和非保险机构在境外设立保险机构;审批保险机构的合并、分立、变更、解散,决定接管和指定接受;参与、组织保险公司的破产、清算。

(3) 审查、认定各类保险机构高级管理人员的任职资格;制定保险从业人员的基本资格标准。

(4) 审批关系社会公众利益的保险险种、依法实行强制保险的险种和新开发的人寿保险险种等的保险条款和保险费率,对其他保险险种的保险条款和保险费率实施备案管理。

(5) 依法监管保险公司的偿付能力和市场行为;负责保险保障基金的管理,监管保险保证金;根据法律和国家对保险资金的运用政策,制定有关规章制度,依法对保险公司的资金运用进行监管。

(6) 对政策性保险和强制保险进行业务监管;对专属自保、相互保险等组织形式和业务活动进行监管。归口管理保险行业协会、保险学会等行业社团组织。

(7) 依法对保险机构和保险从业人员的不正当竞争等违法、违规行为以及对非保险机构经营或变相经营保险业务进行调查、处罚。

(8) 依法对境内保险及非保险机构在境外设立的保险机构进行监管。

(9) 制定保险行业信息化标准；建立保险风险评价、预警和监控体系，跟踪分析、监测、预测保险市场运行状况，负责统一编制全国保险业的数据、报表，并按照国家有关规定予以发布。

(10) 承办国务院交办的其他事项。

(二) 中国保监会的监管对象与监管内容

1. 监管对象

根据《保险法》和《外资保险公司管理条例》，中国保监会监督管理的对象主要包括：(1) 包括外资保险公司在内的保险公司及其分支机构；(2) 保险集团公司、保险控股公司；(3) 保险资产管理公司；(4) 外国保险机构的代表机构；(5) 保险代理人、保险经纪人、保险公估机构；(6) 境内保险机构和非保险机构在境外设立的保险机构；(7) 保险机构的高级管理人员和保险从业人员；(8) 保险行业协会；(9) 其他参与保险活动的人。

2. 监管内容

保险公司及其分支机构、保险集团公司、保险控股公司的设立；会同有关部门审批保险资产管理公司的设立；审批境外保险机构代表处的设立；审批保险代理公司、保险经纪公司、保险公估公司等保险中介机构及其分支机构的设立；审批境内保险机构和非保险机构在境外设立保险机构；审批保险机构的合并、分立、变更、解散，决定接管和指定接受；参与、组织保险公司的破产、清算。

中国保监会监督管理保险业的内容主要包括两个方面。

(1) 市场准入监管。包括机构设置、从业人员资质和重要险种的审批许可，以及其他险种的备案管理、保险机构和从业人员的退出监管等。

(2) 业务监管。对各类保险机构的业务运营实施监管，如保险公司保证金、各项准备金、保险保障基金的提取和核算，保险公司资金运用、偿付能力等的监督和管理；查处保险违法和犯罪行为；针对各类风险情况采取整顿、接管和救助等措施。

(三) 保险市场的行业自律监管

中国保险行业协会成立于 2001 年 3 月 12 日，是经中国保险监督管理委员会审查同意并在国家民政部登记注册的中国保险业的全国性自律组织，是自愿结成的非营利性社会团体法人。保险业协会的宗旨是：遵守宪法、法律、法规和国家政策，遵守社会道德风尚，依据《中华人民共和国保险法》，在国家对保险业实行集中统一监督管理的前提下，配合保险监管部门督促会员自律，维护行业利益，促进行业发展。

中国保险行业协会的监管职责：（1）维护公平竞争的市场环境，通过签订自律公约、制定行业标准和行业指导性条款来约束不正当行为；（2）弘扬诚实守信的职业道德，建立健全保险业诚信体系；（3）加强保险从业人员和中介机构的自律管理，监督执业行为，进行自律惩戒。

中国保险行业协会接受中国保险监督管理委员会、国家民政部的业务指导和监督管理。

四、证券业监督管理法

（一）中国证券业监督管理机构及其职责

证券监管，是指证券监管主体运用行政、经济和法律的手段，对证券发行、交易以及证券经营机构等主体及其行为进行的规范性监督管理活动，包括代表政府的证券监管机关的政府监管和证券交易所、证券业协会等机构的自律性监管。证券业监督管理法是指调整证券市场监督管理关系的法律规范的总和，我国证券业监管法的内容主要包含在《证券法》、《期货交易管理条例》以及大量的行政法规、部门规章之中。

按照我国《证券法》、《期货交易管理条例》等法律法规的规定，我国依法对证券业实施监督管理的政府机关是国务院证券管理机构——中国证券监督管理委员会。证券交易所、期货交易所、证券业协会等自律性组织则在中国证监会主导下就其各自领域进行自律性监管。

根据《证券法》、《期货交易管理条例》的规定，中国证监会的主要职责包括：

（1）制定有关证券市场、期货市场监督管理的规章、规则，并依法行使审批或者核准权；

（2）对证券的发行、上市、交易、登记、存管、结算和（期货）品种的上市、交易、结算、交割等期货交易及其相关活动，进行监督管理；

（3）对证券发行人、上市公司、证券公司、证券投资基金管理公司、证券服务机构、证券交易所、证券登记结算机构的证券业务活动和期货交易所、期货公司及其他期货经营机构、非期货公司结算会员、期货保证金安全存管监控机构、期货保证金存管银行、交割仓库等市场相关参与者的期货业务活动，进行监督管理；

（4）制定从事证券业务人员、期货从业人员的资格标准和行为准则或管理办法，并监督实施；

（5）监督检查证券发行、上市、交易和期货交易的信息公开情况；

（6）对证券业协会和期货业协会的活动进行指导和监督；

（7）对违反证券市场、期货市场监督管理法律、行政法规的行为进行查处；

（8）开展与证券期货市场监督管理有关的国际交流、合作活动；

(9) 法律、行政法规规定的其他职责。

中国证监会可以和其他国家或者地区的证券监督管理机构建立监督管理合作机制,实施跨境监督管理。

为了使中国证券监督管理委员会依法履行职责,《证券法》第180条授权中国证监会采取下列措施:

(1) 对证券发行人、上市公司、证券公司、证券投资基金管理公司、证券服务机构、证券交易所、证券登记结算机构进行现场检查;

(2) 进入涉嫌违法行为发生场所调查取证;

(3) 询问当事人和与被调查事件有关的单位和个人,要求其对与被调查事件有关的事项作出说明;

(4) 查阅、复制与被调查事件有关的财产权登记、通讯记录等资料;

(5) 查阅、复制当事人和与被调查事件有关的单位和个人的证券交易记录、登记过户记录、财务会计资料及其他相关文件和资料;对可能被转移或者隐匿的文件和资料,可以予以封存;

(6) 查询当事人和与被调查事件有关的单位和个人的资金账户、证券账户和银行账户;对有证据证明已经或者可能转移或者隐匿违法资金、证券等涉案财产或者隐匿、伪造、毁损重要证据的,经国务院证券监督管理机构主要负责人批准,可以冻结或者查封;

(7) 在调查操纵证券市场、内幕交易等重大证券违法行为时,经国务院证券监督管理机构主要负责人批准,可以限制被调查事件当事人的证券买卖,但限制的期限不得超过15个交易日;案情复杂的,可以延长15个交易日。

同时,《证券法》第181条规定,国务院证券监督管理机构依法履行职责,进行监督检查或者调查,其监督检查、调查的人员不得少于二人,并应当出示合法证件和监督检查、调查通知书。监督检查、调查的人员少于二人或者未出示合法证件和监督检查、调查通知书的,被检查、调查的单位有权拒绝。

此外,《期货交易管理条例》第51条还规定了中国证监会进行期货交易监管时可以采取的措施:(1) 对期货交易所、期货公司及其他期货经营机构、非期货公司结算会员、期货保证金安全存管监控机构和交割仓库进行现场检查;(2) 进入涉嫌违法行为发生场所调查取证;(3) 询问当事人和与被调查事件有关的单位和个人,要求其对与被调查事件有关的事项作出说明;(4) 查阅、复制与被调查事件有关的财产权登记等资料;(5) 查阅、复制当事人和与被调查事件有关的单位和个人的期货交易记录、财务会计资料以及其他相关文件和资料;对可能被转移、隐匿或者毁损的文件和资料,可以予以封存;(6) 查询与被调查事件有关的单位的保证金账户和银行账户;(7) 在调查操纵期货交易价格、内幕交易等重大期货违法行为时,经国务院期货监督管理机构主要负责人批准,可以限制被调查事件当事人的期货交易，但限制的时间不得超过15个交易日；案情复杂的，可以延长至30个交易日；(8) 法律、行政法规规定的其他措施。

（二）中国证券业监管的对象和主要内容

1. 中国证监会监管的对象

中国证监会监管的主要对象包括：(1) 证券发行人和上市公司；(2) 证券公司、证券登记结算机构和证券服务机构；(3) 证券交易所和期货交易所；(4) 证券业协会和期货业协会；(5) 证券、期货机构高级管理人员及从业人员；(6) 期货交易机构和服务机构；(7) 证券投资基金管理公司；(8) 其他参与证券期货活动的单位和个人。

2. 中国证监会证券期货监管的主要内容

(1) 市场准入监管。包括证券期货机构设立、变更、证券期货市场准入等，其中对发行市场(一级市场)的准入监管最为严格，也最为重要。

(2) 业务监管。业务监管是指对证券期货交易的全过程，包括证券发行上市和期货合约的上市、交易、登记、托管、结算以及信息披露等的监管。其中对上市公司、证券期货公司、证券交易的监管和投资者保护是业务监管的重心所在。

（三）证券业的自律监管

证券业自律监管，是指证券业自律组织和会员制的交易所通过其行业自律规范对证券机构和会员进行的监管。我国证券业自律组织包括证券交易所及其证券登记结算公司、期货交易所和证券业协会、期货业协会。

1. 我国证券交易所的监管职能

我国对证券交易所监管职能的规定散见于公司法、证券法、证券投资基金法、《证券交易所管理办法》等法律法规及交易所章程、业务合同等自律性文件中。《证券交易所管理办法》中的规定相对集中，第11条中规定了证券交易所的9项职能，在第5—7章中分别详细规定了证券交易所对交易活动、会员公司、上市公司的监管。

目前，我国内地有2家证券交易所：成立于1990年11月26日的上海证券交易所和成立于1990年12月1日的深圳证券交易所，是为证券集中交易提供场所和设施，组织和监督证券交易，实行自律管理的法人，接受中国证监会直接监督管理和指导。

2. 证券业协会的监管职能

成立于1991年8月28日的中国证券业协会，是依据《中华人民共和国证券法》、《中华人民共和国证券投资基金法》和《社会团体登记管理条例》的有关规定设立的证券业自律性组织，属于非营利性社会团体法人，接受中国证监会和国家民政部的业务指导和监督管理。

根据《证券法》、其他行政法规以及中国证监会的规范性文件，证券业协会主要履行下列监管职责：

(1) 制定自律规则、执业标准和业务规范，对会员及其从业人员进行自律管理；

(2) 监督、检查会员行为，对违反法律、行政法规或者协会章程的，按照规定给予纪律处分；

(3) 负责证券业从业人员资格考试、认定和执业注册管理；

(4) 负责组织证券公司高级管理人员资质测试和保荐代表人胜任能力考试，并对其进行持续教育和培训；

(5) 负责做好证券信息技术的交流和培训工作，组织、协调会员做好信息安全保障工作，对证券公司重要信息系统进行信息安全风险评估，组织对交易系统事故的调查和鉴定；

(6) 负责制定代办股份转让系统运行规则，监督证券公司代办股份转让业务活动和信息披露等事项；

(7) 行政法规、中国证监会规范性文件规定的其他职责。

五、外汇管理法

(一) 外汇管理与外汇管理法

外汇管理，又称为外汇管制，是指国家通过法律形式对所辖境内的外汇收支、兑换、借贷、转移和国际结算、外汇汇率和外汇市场等实施的管理或管制。外汇管理的目的是为了维护本国货币对外汇率的基本稳定，防范外汇风险，保护本国市场不受外来商品和资本的冲击，平衡国际收支。

世界上所有国家都实行外汇管理，只是在程度上有所不同。根据各国对经常性项目和资本项目下的外汇交易管理的宽严程度，各国的外汇管理可以分为三种类型：(1) 全面外汇管理——对经常性项目和资本项目都进行管制；(2) 部分外汇管理——对经常性项目下的外汇交易不予管制或基本上不予管制，对资本项目予以管制；(3) 自由的外汇管理——对经常性项目和资本项目下的外汇交易不实行普遍的限制。我国目前的外汇管理体制基本上属于第二种类型，即对经常性项目基本不予限制，但对资本项目予以严格管制。

外汇管理法是调整在外汇管理活动中发生的各种社会关系的法律规范的总称。我国在改革开放初期的 1980 年 12 月就制定了《中华人民共和国外汇管理暂行条例》及其配套的细则；1996 年 1 月颁布的《中华人民共和国外汇管理条例》，自 4 月 1 日起施行，于 1997 年 1 月 14 日和 2008 年 8 月 1 日进行了 2 次修改。修改后的条例共 8 章 54 条，包括总则、经常项目外汇管理、资本项目外汇管理、金融机构外汇业务管理、人民币汇率和外汇市场管理、监督管理、法律责任和附则。

（二）外汇管理管理机关和管理对象

根据《外汇管理条例》的规定，我国外汇管理机关是国家外汇管理局及其分局、支局。外汇管理的对象是境内机构、境内个人的外汇收支或者外汇经营活动，以及境外机构、境外个人在境内的外汇收支或者外汇经营活动。其中，境内机构是指中国境内的企事业单位、国家机关、社会团体、部队等，包括外商投资企业；个人是指中国公民和在中国居住满一年的外国人。

（三）外汇管理的主要内容

1. 经常项目和资本项目外汇管理

(1) 经常项目外汇管理。经常项目是指国际收支中经常发生的交易项目，包括贸易收支、非贸易收支和无偿转移。贸易收支是指出口和进口商品的外汇收入和支出；非贸易收支，又称为劳务收支或者无形贸易收支，包括货运、港口供应与劳务、旅游收支、投资收支和其他非贸易往来收支；无偿转移，又称为单方面转移，包括本国与国际组织、外国政府之间相互的无偿援助和捐赠，以及私人的侨汇和年金、个人或团体赠与等居民的其他外汇收入。

我国2008年修订后的《外汇管理条例》简化了经常项目外汇收支管理的内容和程序，规定对经常性国际支付和转移不予限制；取消了经常项目外汇收入强制结汇要求，经常项目外汇收入可按规定保留或者卖给金融机构；规定经常项目外汇支出按付汇与购汇的管理规定，凭有效单证以自有外汇支付或者向金融机构购汇支付。此外，为了保证经常项目外汇收支具有真实、合法的交易基础，条例要求办理外汇业务的金融机构应当对交易单证的真实性及其与外汇收支的一致性进行合理审查，同时规定外汇管理机关有权对此进行监督检查，监督检查可以通过核销、核注、非现场数据核对、现场检查等方式进行。

(2) 资本项目外汇管理。资本项目是国际收支中因资本的输入和输出而发生的跨国界收支项目，我国国际收支平衡表中的资本项目按期限划分为长期资本往来和短期资本往来。

《外汇管理条例》第3章规定了对资本项目的外汇管理。

直接投资管理。境外机构和个人在境内直接投资，须经有关主管部门批准，并到外汇管理机关办理登记；境内机构和个人向境外直接投资，要按照国务院外汇管理部门的规定办理登记，国家规定需要事先经有关主管部门批准或者备案的，还要在外汇登记前办理批准或者备案手续。

证券投资管理。境外机构和个人在境内从事有价证券或者衍生产品发行、交易，须遵守国家关于市场准入的规定，并按照国务院外汇管理部门的规定办理登记；境内机构和个人向从事境外有价证券、衍生产品发行、交易，与境外直接投资规定相同。

其他投资管理。① 国家对外债实行规模管理，借用外债应当按照国家有关规定办理，并到外汇管理机关办理外债登记，国务院外汇管理部门负责全国的外债统计与监测，并定期公布外债情况；② 提供对外担保，应当向外汇管理机关提出申请，由外汇管理机关根据申请人的资产负债等情况作出批准或者不批准的决定；国家规定其经营范围需经有关主管部门批准的，应当在向外汇管理机关提出申请前办理批准手续；③ 银行业金融机构在经批准的经营范围内可以直接向境外提供商业贷款；其他境内机构向境外提供商业贷款，应当向外汇管理机关提出申请，外汇管理机关根据申请人的资产负债等情况作出批准或者不批准的决定；④ 资本项目外汇收入保留或者卖给经营结汇、售汇业务的金融机构，应当经外汇管理机关批准；资本项目外汇支出，应当按照国务院外汇管理部门关于付汇与购汇的管理规定，凭有效单证以自有外汇支付或者向经营结汇、售汇业务的金融机构购汇支付。

2. 金融机构外汇业务管理和人民币汇率及外汇市场管理

我国《外汇管理条例》、《银行外汇业务管理规定》、《非银行金融机构外汇业务管理规定》等法规对金融机构外汇业务管理作出了规定：经营或终止经营外汇业务的审批；经营外汇业务的范围管理；实行综合头寸管理。

人民币汇率实行以市场供求为基础的、有管理的浮动汇率制度；经营结汇、售汇业务的金融机构和符合国务院外汇管理部门规定条件的其他机构，可以按照国务院外汇管理部门的规定在银行间外汇市场进行外汇交易。国家外汇管理局可以根据外汇市场的变化和货币政策的要求，依法对外汇市场进行调节。

3. 监督管理

《外汇管理条例》在第6章规定了国家外汇管理局对外汇的监管措施和监督检查、调查的程序。

【复习思考题】

1. 试论中国人民银行的性质、职能及其法律地位。

2. 中国人民银行有哪些货币政策工具？如何通过货币政策工具的操作来实现其制定的货币政策？

3. 简述我国金融监管的对象、目标及体制，并思考金融监管法的性质。

4. 中国银监会、保监会和证监会的主要职责有哪些？为什么要强调银行业金融机构的风险监管？

5. 试论金融业的自律监管。

6. 试论各国外汇管理的主要模式及我国外汇管理体制改革的方向。

第十六章　价 格 法

第一节　价格法概述

一、价格与价格体系

（一）价格的概念

价格，是商品价值的货币表现，是商品与货币的交换比例。从狭义上说，价格是指商品和服务的价格。商品价格是指各类有形产品和无形资产的价格，其中有形产品是指消费品、生产资料等有物质形态和物质载体的产品；无形资产是指没有实物形态的资产，如专利权、商标权、著作权、商誉权等。服务价格是指各类有偿服务的收费，包括经营性收费和公用、公益事业性以及行政性收费。广义上的价格还包括生产要素的价格，如劳动力、土地、资本等价格。

市场是市场经济的核心，而价格是市场的核心，市场对供求关系的调节、社会资源的有效配置以及国民收入的合理分配等主要是通过价格调节来实现的。价格调节也是国家宏观经济调控的重要手段之一，在国家调节中有着不可替代的作用。它不仅关系到参与市场的每个人的切身利益，而且影响国民经济的发展和社会稳定。因此，现代市场经济国家大都对价格进行一定程度的监管和调控。

根据我国《价格法》的规定，国家实行并逐步完善宏观经济调控下主要由市场形成价格的机制。在市场经济中，市场调节是基础性调节，国家调节只是、也只能是针对市场调节不足的补充和纠正。所有参与市场交换的商品、服务和生产要素，除国家从经济全局出发作出的调控和价格监督之外，都应当遵循商品经济的基本规律，在价值规律作用下的市场竞争中优胜劣汰，形成价格。

在这一原则的指导下，价格法规定我国实行市场调节价、政府指导价和政府定价三种价格形式。其中，市场调节价是指由经营者自主制定、通过市场竞争形成的价格；政府指导价是指由政府价格主管部门或其他有关部门按照定价权限和范围规定基准价及其浮动幅度，指导经营者制定的价格；政府定价是指由政府价格主管部门或其他有关部门按照定价权限和范围制定的价格。在我国，除极少数不适宜实行市场调节价的商品和服务需要实行政府指导价或政府定价以外，绝大多数商品、服务价格实行市场调节价,国家只是对其价格行为通过法律进行规范。

(二) 价格体系

价格体系是指由各种商品、服务价格及其相互联系、相互制约而形成的有机整体。价格体系按照不同的标准,可以作不同的分类。

(1) 价格形式体系。按照价格的形成方式,在我国当前可以分为市场调节价、国家指导价和国家定价。

(2) 比价体系。按国民经济的不同部门,可以把价格分为工业品价格、农副产品价格、建筑产品价格、交通运输价格、邮电通讯价格、劳务收费等。这些商品价格及其各部门内部各种价格之间的比价关系形成商品之间的比价体系。

(3) 差价体系。按商品的流通过程,可以把价格分为工业品出厂价格、农产品收购价格、批发价格、调拨价格、供应价格、零售价格,商品的地区性差别价格、季节性差别价格等。这些商品价格中的各种差价,比如批零差价、地区差价、季节差价、购销差价、质量差价等,形成商品的差价体系。

商品的价格形式体系、比价体系、差价体系及其相互关系构成了整个国民经济的价格体系。合理的价格体系是市场经济健康发展的重要保障,也是市场优化资源配置、创造公平竞争环境的重要手段。

二、价格立法

(一) 价格法的概念

价格法是调整价格关系的法律规范的总称。价格关系是经营者在价格形成过程中和国家在价格管理、监督和调控过程中所发生的各种社会关系。具体包括:经营者在自主定价过程中与政府价格主管部门、其他有关部门、行业组织在价格指导、监督和检查过程中所发生的价格关系;政府的价格主管部门、其他有关部门在制定、调整和执行商品价格和服务中所发生的价格关系;政府价格主管部门、其他有关部门和经营者之间因执行或违反价格法律、法规和政策而发生的价格关系。

上述各种价格关系经由价格法调整,形成相应的价格法律关系,即有关主体在价格方面的权利义务关系。

(二) 价格法在市场经济体制中的地位和作用

在市场经济国家,政府在价格方面的主要职能是实施监管和调控,以维护公平有序的竞争环境和市场价格体系的稳定、协调。国家的价格政策是国家调控经济的重要一环。价格法是经济法性质的法,属于宏观引导调控法中的一个重要组成部分。它的重要地位和作用表现在以下几个方面。

(1) 规制价格行为,保护消费者和经营者的合法权益。如前所述,价格反映着各种商品交换的经济关系,表现着参与市场活动的各方当事人的利益诉求,市场对供求关系的调节、社会资源的有效配置以及国民收入的合理分配等主要是通过价格调节来实现的。但市场价格机制发挥作用的前提是市场主体依法经营、公平竞争，价格法通过确立价格行为的基本行为准则，规制各类不当价格行为，保障健康有序的市场价格竞争秩序，保护消费者和其他经营者的合法权益。

(2) 有效配置社会资源，调节国民收入分配。社会资源是有限的，如何把有限的资源更有效地配置到社会需要的众多领域、部门、产品的生产上去，以最大限度地满足社会的需求，实现资源配置效益的最大化，有赖于价格机制的充分作用。在市场经济中，价格的变动所形成的价格比价关系直接反映市场供求关系的变化，调节国民经济各部门、各行业乃至各产品生产经营者之间的经济利益，从而引导供求双方做出决策，使资源配置发生调整。这种价格形成变动以及所导致的资源配置过程，就是市场价格机制发生作用的过程。正是这种供给与需求的相互竞争，供求与价格的彼此作用，使价格趋向于价值，使供求趋于平衡，资源得到合理配置，这就是市场机制合理配置资源的作用。价格法保障着市场价格机制正常发挥作用。同理，价格机制对国民经济各部门、各行业经济利益的调整也使得国民收入在各行业部门乃至各具体经营者和从业人员之间的分配得到合理调节。

(3) 稳定市场价格总水平。价格总水平是国民经济的综合反映，稳定价格总水平是国家宏观经济管理的主要目标。价格总水平的剧烈波动，不利于经济的稳定、协调、发展，也不利于整个社会的安定和谐，价格法对价格总水平的调控是其重要作用之一。

(三) 我国的价格立法

在我国，价格法是由《中华人民共和国价格法》(以下简称《价格法》)和大量的行政法规、部门规章、地方性法规、规章等组成的体系。按照法律效力的不同，我国价格法律规范分为三个层次：第一层次是由全国人大及其常委会制定的价格法律；第二层次是由国务院颁布或转发的价格法规以及有立法权的地方人大颁发的地方性法规；第三层次是由国务院价格主管部门和国务院有关部门颁发的部门价格规章以及有立法权的地方人民政府颁发的地方性价格规章。

新中国成立以来，在高度中央集权的计划经济体制下，国家采取的是用行政手段来严格控制价格。改革开放以后，1987 年 9 月 11 日，国务院发布了《中华人民共和国价格管理条例》，我国对价格的管理从行政手段开始向法律手段转变，价格体制从完全国家定价开始向市场化定价为主转变。1997 年 12 月 29 日，第八届全国人大人大常委会第二十九次会议通过了《中华人民共和国价格法》。《价格法》共分 7 章 48 条。第 1 章为总则，它规定了《价格法》宗旨、调整范围和基本原则；第 2 章至第 6 章为分则，分别规定了经营者的价格行为、政府的定价行为、价格总水平调控、价格监督检查和法律责任等；第 7 章为附则，规定了本法的例外适用内容及生效日期。《价格法》规定了我国的基本价格制度，为调整价格关系确立了基本原则，并规定了基本的价格行为准则。此后，国务院及其相关职能部门相继颁行了一系列的行政法规和部门规章，如《价格监督检查管辖规定》、《关于商品和服务实行明码标价的规定》、《禁止价格欺诈行为的规定》、《政府价格决策听证办法》、《价格行政处罚程序规定》、《政府定价行为规则》等，这些法规和规章与《价格法》一起构成了我国的价格法律体系。

第二节 价格法的基本制度

一、经营者价格行为

（一）经营者定价行为

《价格法》第3条规定："本法所称经营者是指从事生产、经营商品或者提供有偿服务的法人、其他组织和个人。"经营者的形式有三种：(1) 法人，就是依法取得法人资格的企业组织、社会团体组织、事业组织、机关单位等；(2) 其他组织，就是指没有取得法人资格而从事经营活动的一些组织，如合伙企业等；(3) 个人，就是以个人身份从事生产经营活动的经营者，如个体工商户等。此外，根据2003年9月18日《国家发展改革委办公厅关于对〈价格法〉中的"经营者"如何认定的复函》，没有取得经营资格或超出经营范围经营的非法经营者：(1) 不是《价格法》在价格行为上的规定享有权利的经营者；(2) 在经营活动中有《价格法》规定的应受处罚的价格违法行为，不论违法者是否依法取得经营资格，都应依法处罚。

按照价格法的规定，除依法适用政府指导价或政府定价外，其余商品和服务的价格均由经营者自主制定。政府指导价、政府定价的范围由《中央定价目录》和《地方定价目录》规定，目录以外的商品和服务则由经营者自主定价。经营者自主定价，应当遵循公平、合法和诚实信用的原则。

根据《价格法》的规定，经营者在自主定价时享有下列价格权利。

(1) 自主定价权。经营者自主定价的范围是适用市场调节价的商品或服务，它们基本上属于竞争比较充分并且适宜于在市场竞争中形成价格的项目，这些项目完全可以由经营者根据市场供求的变化来制定和调整价格，从而充分发挥市场机制的作用。

(2) 在政府指导价规定的幅度内制定价格的权利。政府指导价是指对于某些商品和服务，由政府制定基准价格和浮动幅度，经营者可以根据市场需求，在政府规定的浮动幅度内自主制定销售价格。

(3) 除特定产品外，制定属于政府定价、政府指导价产品范围内的新产品的试销价格。新产品一般是指全国范围内没有生产过的产品，或在原理、用途、性能、材质等方面具有新改进的产品。试销价格是工业品试制阶段的销售价格。由于新产品一般尚未定型，质量和效用也不稳定，试制成本可变性大，且没有同类产品可供比较，新产品试销价格的定价原则，既要考虑生产者的试制成本的实际情况，以利发展生产，又要考虑消费者和使用单位的承受能力，以便推广应用。因此，把新产品的试销价格定价权限交由经营者根据成本情况和市场优先原则自主制定，有其逻辑上的合理性和实践上的可行性。试销价格经过一段时间后可根据产品产量、质量趋于稳定情况，转为正式定价，按照定价权限制定政府指导价或政府定价。

(4) 检举、控告权。经营者对侵犯其自主定价权的行为，有权向有关部门或人民法院检举、控告。

经营者在享有价格权利的同时，须依法承担下列义务：

(1) 遵守法律、法规，不从事价格不正当行为，执行依法制定的政府指导价、政府定价和法定的价格干预措施、紧急措施的义务。国家价格法律法规的制定和国家定价行为、价格干预行为，其目的是为了规范价格行为，维护竞争秩序，稳定市场价格总水平，发挥价格合理配置社会资源的作用，促进社会经济的健康发展和社会稳定。因此，遵守国家价格法律法规，执行政府指导价、政府定价和法定的价格干预措施，是经营者价格活动的首要义务。

(2) 明码标价的义务。经营者销售、收购商品和提供服务，应当按照政府价格主管部门的规定明码标价，注明商品的品名、产地、规格、等级、计价单位、价格或者服务的项目、收费标准等有关情况。经营者不得在标价之外加价出售商品，不得收取任何未予标明的费用。

(3) 健全内部价格管理制度，提供价格监督检查所必需的资料。经营者应当根据其经营条件建立、健全内部价格管理制度，准确记录与核定商品和服务的生产经营成本，不得弄虚作假。经营者接受政府价格主管部门的监督检查时，应当如实提供价格监督检查所必需的账簿、单据、凭证、文件以及其他资料。

(二) 经营者的不正当价格行为

不正当价格行为是指行为人为谋取非法利益或竞争有利地位，而违反价格规律和市场交易习惯或规则的定价行为。从本质上说，不正当价格行为是一种不正当竞争行为。它是违反价格活动的基本规则，采用不正当的竞争手段，破坏正常的价格秩序，损害消费者和其他经营者合法权益的行为，因此必须予以禁止。根据我国《价格法》、《禁止价格欺诈行为的规定》、《制止价格垄断行为暂行规定》等法律法规的规定，禁止经营者从事下列不正当价格行为。

(1) 价格垄断行为。是指经营者通过相互串通（价格垄断协议）或者滥用市场支配地位，操纵、控制市场价格，侵害消费者、其他竞争者合法权益和社会公共利益的行为。主要包括利用垄断协议或市场支配地位操纵价格以牟取暴利、低价倾销以排挤竞争对手以及价格歧视行为等。

(2) 价格欺诈行为。是指经营者通过提供虚假或引人误解的价格信息欺诈、诱骗消费者或者其他经营者与其进行交易的行为。现实中,价格欺诈的表现形式多种多样,根据2001年11月国家计委发布的《禁止价格欺诈行为的规定》,价格欺诈行为主要包括:① 标价签、价目表等所标示商品的品名、产地、规格、等级、质地、计价单位、价格等或者服务的项目、收费标准等有关内容与实际不符,并以此为手段诱骗消费者或者其他经营者购买的;② 对同一商品或者服务,在同一交易场所同时使用两种标价签或者价目表,以低价招徕顾客并以高价进行结算的;③ 使用欺骗性或者误导性的语言、文字、图片、计量单位等标价,诱导他人与其交易的;④ 标示的市场最低价、出厂价、批发价、特价、极品价等价格表示无依据或者无从比较的;⑤ 降价销售所标示的折扣商品或者服务,其折扣幅度与实际不符的;⑥ 销售处理商品时,不标示处理品和处理品价格的;⑦ 采取价外馈赠方式销售商品和提供服务时,不如实标示馈赠物品的品名、数量或者馈赠物品为假劣商品的;⑧ 收购、销售商品和提供服务带有价格附加条件时,不标示或者含糊标示附加条件的;⑨ 虚构原价,虚构降价原因,虚假优惠折扣,谎称降价或者将要提价,诱骗他人购买的;⑩ 收购、销售商品和提供服务前有价格承诺,不履行或者不完全履行的;⑪ 谎称收购、销售价格高于或者低于其他经营者的收购、销售价格,诱骗消费者或者经营者与其进行交易的;⑫ 采取掺杂、掺假,以假充真,以次充好,短缺数量等手段,使数量或者质量与价格不符的;⑬ 对实行市场调节价的商品和服务价格,谎称为政府定价或者政府指导价的;⑭ 其他欺骗性价格表示或采取其他价格欺诈手段。

(3) 哄抬价格行为。是指经营者捏造、散布涨价信息,推动商品价格过高上涨,造成消费者恐慌,扰乱市场秩序的行为。

(4) 变相提价和变相压价行为。是指经营者采取抬高等级或压低等级的手段收购、销售商品或者提供服务,从而变相提高或压低商品或服务价格的行为。

(5) 价格暴利行为。是指商品经营者凭借优势地位,通过与处于弱者地位的消费者所缔结的、给付显著不均衡的价格约定以获取超额非法利润的行为。国家计划委员会经国务院批准在1995年1月发布的《制止牟取暴利的暂行规定》对暴利与合理利润做了界定:经营者经营制定价格不得使某一商品或者服务的价格水平超过同一地区、同一期间、同一档次、同种商品或者服务的市场平均价格的合理幅度;或某一商品或者服务的差价率超过同一地区、同一期间、同一档次、同种商品或者服务的平均差价率的合理幅度;或某一商品或者服务的利润率超过同一地区、同一期间、同一档次、同种商品或者服务的平均利润率的合理幅度。

除不当价格行为以外,《价格违法行为行政处罚规则》还规定了经营者不执行政府指导价、政府定价以及政府价格干预等监管、调控措施的违法行为。

二、政府定价行为

（一）政府定价的范围与依据

《价格法》规定，政府作为定价主体应当在法律规定的范围内制定政府指导价、政府定价。政府制定或调整商品和服务的政府指导价、政府定价，以及制定实行政府指导价或政府定价的商品和服务范围的行为，即政府定价行为。政府定价行为作为一种价格调控行为，是政府对价格活动进行直接管理的一项重要内容。政府定价的范围，即政府对哪些商品和服务价格实行政府指导价、政府定价，直接关系到市场形成价格机制的正常运行，从而会影响市场在资源配置中的主导作用的发挥，同时也关系到人民生活的稳定和社会经济的健康发展。因此，依法明确政府行使定价权的界限和定价行为的规范、程序，既可以为政府对价格进行适当干预提供法律保障，又可以规范政府的定价行为，减少政府定价的随意性。

1. 政府定价的范围

根据《价格法》的规定，我国目前实行政府定价和政府指导价的商品和服务主要有：(1) 与国民经济发展和人民生活关系重大的极少数商品价格；(2) 资源稀缺的少数商品价格；(3) 自然垄断经营的商品价格；(4) 重要的公用事业价格；(5) 重要的公益性服务价格。

价格主管部门依据《价格法》的规定和授权，制定中央和地方定价目录，并根据社会经济发展状况进行调整并及时向社会公布。目前，我国中央定价目录执行的仍然是 2001 年 8 月 1 日起开始实行的《国家计委和国务院有关部门定价目录》，在此目录中，大幅放开了诸如黄金、食糖等 108 种商品价格，只保留了包括重要的中央储备物资，国家专营的产品，部分化肥，部分重要药品，教材，天然气，中央直属及跨省水利工程供水，电力，军品，重要交通运输，邮政基本业务，电信基本业务，专业服务等在内的 13 种商品和服务的政府指导价和政府定价。与此相反的例子是，2005 年国家发改委对 2001 年的定价目录进行了修订，新颁布的《国家发展改革委定价药品目录》却是大幅度增加了政府定价药品的种类(从原来的 1 500 种左右扩大到 2 400 种左右)。此后，2009 年 11 月国务院人力资源和社会保障部又公布了《国家基本医疗保险、工伤保险和生育保险药品目录》，随后在 2010 年 3 月，国家发改委重新调整了《国家发展改革委定价药品目录》。几次调整的方向，都是加强政府对药品价格的定价权。

2. 政府定价的依据

我国《价格法》第 21 条规定，制定政府指导价、政府定价，应当依据有关商品或者服务的社会平均成本和市场供求状况，国民经济与社会发展要求以及社会承受能力，实行合理的购销差价、批零差价、地区差价和季节差价。《政府制定价格行为规则》第 5 条规定，商品或者服务价格与国际市场价格联系紧密的，可以参考国际市场价格。

(1) 社会平均成本。这是政府制定价格的基本依据。社会平均成本是指同一行业部门内不同企业生产同种商品或提供同种服务的平均成本。按社会平均成本定价是价值规律的要求，因为生产同种商品或提供同种服务的经营者各自成本虽然不同，但社会对该商品或服务的期望和评价却是基本一致的，对消费者来说，它们具有同等的消费价值。政府在制定价格时，也应充分尊重这一市场经济的基本规律。

(2) 市场供求状况。市场供求不但是经营者制定市场调节价的主要依据，也是政府制定价格的重要依据。政府在制定价格时，在反映商品和服务内在价值或者说社会平均成本的基础上，只有充分考虑市场供求状况，在此基础上制定价格，并随市场供求关系变化而及时调整，才能满足供需双方的需要，才可能为市场、为消费者所接受、认同。

(3) 国民经济和社会发展要求。政府定价担负着国家宏观经济调控的任务，政府制定价格必须适应国民经济和社会发展的需要。一方面，政府定价要合理控制价格总水平，以应对通货膨胀或通货紧缩；另一方面，政府定价要适应国民经济结构调整和产业政策、地区政策、民族政策等的需要，国民经济和社会发展鼓励发展的商品和服务，政府定价时就要予以支持；国民经济和社会发展限制发展的商品和服务，政府定价时就要予以限制。

(4) 社会承受能力。政府定价项目在国民经济和社会发展中的地位决定了它与人民群众日常生活的密切关系，政府制定价格高低及其调整直接影响价格总水平的变动和广大人民群众的切身利益，因此需要充分考虑社会各方面的承受能力，其中既包括经营者、消费者的经济承受能力，也包括他们的心理承受能力。由于历史和体制原因，现在还有部分政府制定价格的商品和服务的价格水平依然偏低，在适应社会经济发展和住房、教育、医疗、公交等各方面体制改革的需要提高相应商品或服务的价格时，既要考虑经营者因成本或需求关系变化而带来的提价需求，也要考虑消费者承受能力；既要考虑个别经营者和个别行业的需要，也要考虑相关经营者和相关行业的需要；既要考虑改革方向和改革速度的需要，也要考虑配套改革措施的跟进和社会稳定的需要。在考虑了社会承受能力后不能调整或放开价格的，对政府定价引起的政策性亏损，可考虑采用财政补贴或其他方式的补偿。

(5) 实行合理差价。差价是指同一种商品在购销、批零、不同地区、不同季节之间形成的价格差额，其本质是商品和服务在生产经营过程中社会必要劳动消耗的差异，是商品在流通环节必然产生的一种经济现象，政府在制定价格的过程中也必须予以充分考虑。

(6) 参考国际市场价格。现代经济已经进入国际化时代，一国商品和服务的价格不仅受到本国因素(本国劳动力成本、原材料成本等等)的影响,而且受到国际市场价格的影响,政府在制定价格时也不得不考虑国际因素。例如政府在制定国内原油、成品油价格时,就不得不参考国际原油价格的变化。

(二)政府定价的程序

1. 申请

政府制定和调整价格,可以由经营者、行业协会、消费者、消费者协会或行业主管部门向价格主管部门提出(调整或制定价格的)书面申请;也可以由价格主管部门根据国家经济政策和市场变化,依法直接确定。

2. 初步审查

价格主管部门收到制定或调整价格的书面报告后,应当对申请报告进行初步审查。初步审查包括以下内容:现行价格水平、建议制定或调整的价格水平、单位调价幅度、调价额;制定或调整价格的依据和理由;制定或调整价格对相关行业及消费者的影响;制定或调整价格的相关数据资料,包括财务决算报表和该行业近3年来的生产经营成本变化情况。

3. 调查评审

在初步审查后,对被列入价格听证目录和定价机关认为需要听证的商品和服务价格的制定或调整,应按照《政府价格决策听证办法》的规定,由政府价格主管部门主持,征求消费者、经营者和有关方面的意见。对没有列入价格听证目录、定价机关认为不需要听证的商品和服务价格的制定或调整,定价机关可以选择座谈会、书面或者互联网等形式,听取消费者、经营者和有关方面的意见,并对市场供求、社会平均成本、社会承受能力等展开调查。制定专业技术性较强的商品和服务价格时,定价机关应当聘请有关方面的专家进行论证。

4. 集体审议

在调查评审后,定价机关应提出制定或调整价格的方案,将该方案提交集体审议机构审议。集体审议可以采用价格审议委员会讨论、办公会议讨论等方式。

集体审议通过的制定或调整价格方案,影响全国的重要商品和服务价格,应当按照规定报国务院批准;定价机关是行业主管部门的,作出制定价格决定前应当书面征求同级价格主管部门的意见。

5. 公告

除涉及国家秘密外,制定或调整价格的决定做出后,由作出决定的定价机关在指定的报刊、网站等媒体上向社会公布。

6. 跟踪调查和监测

制定或调整价格的决定实施后,定价机关应当对价格决定执行情况进行跟踪调查和监测。跟踪调查和监测的内容应当包括:(1)价格的执行情况,执行中存在的问题;(2)企业经营状况、成本、劳动生产率和市场供求变化对价格的影响;

(3) 相关商品或者服务市场供求状况和价格的变化情况；(4) 社会各方面对所制定价格的意见。

（三）价格听证制度

价格听证是指定价机关在依法制定或调整政府指导价和政府定价的过程中，由政府价格主管部门采取听证会的形式，征求消费者、经营者和有关方面的意见，对制定价格的必要性、可行性进行论证的活动。根据《价格法》、《政府制定价格行为规则》、《政府制定价格听证办法》等法律法规的规定，凡是纳入价格听证目录及定价机关认为需要听证的商品和服务的政府指导价、政府定价，都应按《政府制定价格听证办法》的规定举行价格听证。

三、价格总水平调控

（一）价格总水平调控的目标

价格总水平，又称为一般价格水平，是指一个国家在一定时期内所有商品和服务价格平均水平，一般通过价格指数来衡量。价格指数是用来反映不同时期商品和服务价格变动程度和变动趋势的动态相对数（报告期与基期之间的），反映价格总水平的变动就是价格总指数，通常被称为价格指数。价格指数的种类很多，世界上绝大多数国家采用消费价格指数。我国目前统计部门编制和发布的价格指数主要有居民消费价格指数、商品零售价格指数、工业品出厂价格指数等。

价格总水平的基本稳定是保持宏观经济稳定增长的基本前提条件，而且它本身就意味着国民经济的稳定与协调发展。我国《价格法》第 4 章专章规定了价格总水平调控。

《价格法》第 26 条规定："稳定市场价格总水平是国家重要的宏观经济政策目标。国家根据国民经济发展的需要和社会承受能力，确定市场价格总水平调控目标，列入国民经济和社会发展计划，并综合运用货币、财政、投资、进出口等方面的政策和措施，予以实现。"价格总水平是国民经济的综合反映，一方面价格总水平是综合反映经济运行状况的一个重要经济参数，价格总水平高低直接影响利率、汇率、货币发行量等的合理确定；另一方面价格总水平又能积极地作用于经济运行，调节企业和居民的经济行为。可见，价格总水平是国民经济总量是否平衡，经济发展是否健康有序的一个重要标志。一般来说，价格总水平变动，特别剧烈的、大幅度变化不利于经济增长，因而调控价格总水平，保持价格总水平的基本稳定具有十分重要的意义。因此，稳定市场价格总水平是国家价格总水平调控的目标。

（二）价格总水平调控的措施

价格总水平调控是指国家通过经济、法律和行政手段，对价格总水平的变动进行直接或者间接的干预和约束，以保证价格总水平调控目标的实现。

1. 货币、财政、投资、进出口等方面的政策和措施

在市场经济条件下，调控价格总水平应尽量采用经济手段和法律手段，依法运用货币政策和投资政策调节投资需求、控制通货膨胀；运用财政政策平衡收支，通过增加或减少政府财政支出平衡供求关系；运用进出口政策调剂余缺，缓解国内供求矛盾等。通过上述各种政策和措施的施行保持国内总的供需及结构平衡，以达到预期的价格总水平调控目标。

2. 价格总水平调控的特别措施

《价格法》第 4 章中还对价格总水平调控的特别政策措施作了具体的规定。

(1) 重要商品储备制度。重要商品一般是指人民群众必备的主要食品、日用工业品和防灾救灾物资等，目前我国已相继建立粮食、棉花、食油、食糖等重要商品储备制度。

(2) 价格调节基金制度。价格调节基金是政府为了调节商品供求，平抑市场价格而建立的专项基金。主要用于平抑临时和突发性市场价格波动以及对重大节假日的副食品市场价格进行补贴；支持主要蔬菜基地和生猪、鸡、奶牛等畜禽基地建设；加强农贸市场和专业批发市场建设以及重要商品储备设施的建设等。

(3) 保护价格制度。价格保护制度主要用于对粮食等重要农产品价格保护，防止市场价格过低“伤农”，旨在保护农民生产粮食的积极性和农民利益。

(4) 价格监测制度。为适应价格调控和管理的需要，政府价格主管部门应当建立价格监测制度，对重要商品、服务价格的变动进行监测。

3. 特殊或紧急情况下的价格干预措施

当重要商品和服务价格显著上涨或者有可能显著上涨时，国务院和省、自治区、直辖市人民政府可以对部分价格采取限定差价率或者利润率、规定限价、实行提价申报制度和调价备案制度等干预措施；当市场价格总水平出现剧烈波动等异常状态时，国务院可以在全国范围内或者部分区域内采取临时集中定价权限、部分或者全面冻结价格的紧急措施。价格干预措施和紧急干预措施是政府在特定时期对市场价格实施的一种特别管制，它的实施必须具备必要的前提条件（只能在法定的特殊或紧急情况下实施）和一定的时间期限（而不能无限期地实行下去）。因此，《价格法》第 32 条规定，实行干预措施、紧急措施的情形消除后，应当及时解除干预措施、紧急措施。

四、价格监督检查

（一）价格监督检查的机构、职权和内容

价格监督检查包括监督和检查两个方面，其中价格监督又包括国家监督和社会监督两种形式。社会监督，即社会组织、新闻媒体和消费者对经营者和政府的价

格行为所进行的监督，这些组织和个人只有监督权，而无检查权。因此，价格法上的监督检查是指国家价格主管部门依法对经营者价格行为的监督和检查，并对其中的违法行为进行查处，以及社会组织、新闻媒体和消费者对经营者和政府价格行为进行监督的一系列活动的总称。

根据《价格法》第 33 条的规定，县级以上各级人民政府价格主管部门，依法对价格活动进行监督检查，并依照本法的规定对价格违法行为实施行政处罚。可见，行使价格监督检查权和行政处罚权的机构是县级以上各级人民政府的价格主管部门。国家和地方县以上各级人民政府均设有价格主管部门和价格监督检查机构：国家价格主管部门是国家发改委，价格监督检查工作则由其下设的价格监督检查司具体负责；县级以上地方价格主管部门是各级物价局，价格监督检查工作由各级物价局组织实施。

《价格法》第 34 条规定了各级政府价格主管部门进行价格监督检查时的职权：

(1) 询问当事人或者有关人员，并要求其提供证明材料和与价格违法行为有关的其他资料；

(2) 查询、复制与价格违法行为有关的账簿、单据、凭证、文件及其他资料，核对与价格违法行为有关的银行资料；

(3) 检查与价格违法行为有关的财物，必要时可以责令当事人暂停相关营业；

(4) 在证据可能灭失或者以后难以取得的情况下，可以依法先行登记保存，当事人或者有关人员不得转移、隐匿或者销毁。

在价格监督检查过程中，经营者负有在接受政府价格主管部门的监督检查时如实提供价格监督检查所必需的账簿、单据、凭证、文件以及其他资料的义务；政府价格工作人员则要履行不得将依法取得的资料或者了解的情况用于依法进行价格管理以外的任何其他目的、不得泄露当事人的商业秘密的义务。

此外，《价格法》还赋予了消费者组织、职工价格监督组织、居民委员会、村民委员会等组织以及消费者对价格行为的社会监督权，以及新闻单位的价格舆论监督权。

国家价格检查监督的主要内容是监督检查国家价格法律、法规、政策的执行情况和中央及地方各项价格调控措施的落实情况。

(二) 价格违法行为举报制度

根据《价格法》、《价格违法行为行政处罚规定》等法律、行政法规的规定，国家发改委 2004 年制定了《价格违法行为举报规定》。

公民、法人或者其他组织(以下简称举报人)认为经营者有下列行为之一的，可以采用书信、来访、电话等形式，向价格主管部门举报，价格主管部门应当按照本规定予以受理：(1) 相互串通，操纵市场价格，损害其他经营者或者消费者合法权益的行为；(2) 在依法降价处理鲜活商品、季节性商品、积压商品等商品外，为了排挤竞争对手或者独占市场，以低于成本的价格倾销，扰乱正常的生产经营秩序，损害国家利益或者其他经营者的合法权益的行为；(3) 提供相同商品或者服务，对具有同等交易条件的其他经营者实行价格歧视的行为；(4) 捏造、散布涨价信息，哄抬价格，推动商品价格过高上涨的行为；(5) 利用虚假的或者使人误解的价格手段，诱骗消费者或者其他经营者与其进行交易的行为；(6) 采取抬高等级或者压低等级等手段收购、销售商品或者提供服务，变相提高或者压低价格的行为；(7) 违反法律、法规的规定牟取暴利的行为；(8) 不执行政府指导价、政府定价的行为；(9) 不执行法定的价格干预措施、紧急措施的行为；(10) 违反明码标价规定的行为；(11) 在接受价格监督检查时提供虚假资料的行为；(12) 应当由价格主管部门受理的其他价格违法行为。

举报人举报价格违法行为，应当提供以下内容：(1) 被举报人的名称、地址；(2) 被举报人违反价格法律、法规、规章或者规范性文件的事实及有关证据；(3) 举报人要求答复的，应当提供联系方式。

县级以上各级价格主管部门是价格违法行为举报的主管机关，价格违法行为举报由价格违法行为发生地的价格主管部门受理，价格主管部门对受理的价格违法行为举报，应当依法处理，并承担相应的法律责任。价格主管部门应当为举报人保密，对举报价格违法行为的有功人员，价格主管部门可以按有关规定给予鼓励。

第三节　违反价格法的法律责任

一、经营者的法律责任

经营者违反价格法，须承担相应的行政责任和民事责任。

(1) 经营者不执行指导价、政府定价以及法定的干预措施、紧急措施的，责令改正、没收违法所得，可以并处违法所得 5 倍以下罚款，无违法所得的，可处以罚款；情节严重的，责令停业整顿。

(2) 经营者有《价格法》第 14 条所列禁止行为的，责令改正，没收违法所得，可并处违法所得 5 倍以下罚款，予以警告，可并处罚款；情节严重的，责令停业整顿，或者由工商行政管理机关吊销营业执照。有关法律对《价格法》第 14 条所列行为的处罚及处罚机关另有规定的，可按照有关法律规定执行。

(3) 经营者因价格违法行为致使消费者或其他经营者多付价款的，应当退还多付部分；造成损害的，应当依法承担赔偿责任。

(4) 经营者违反明码标价规定的，责令改正，没收违法所得，可并处 5 000 元以下罚款。

(5) 经营者被责令暂停相关营业而不停止的，或者转移、隐匿、销毁依法登记保存的财物的，处相关营业所得或者转移、隐匿、销毁的财物价值 1 倍以上 3 倍以下的罚款。

(6) 拒绝按规定提供监督检查所需资料或者提供虚假资料的，责令改正，予以警告；逾期不改正的，可处以罚款。

二、政府及其相关部门和价格工作人员的法律责任

地方各级人民政府或者各级人民政府有关部门违反《价格法》规定，超越定权限和范围擅自制定、调整价格或者不执行价格干预措施，紧急措施的，责令改正，并可通报批评；对直接负责的主管人员和其他责任人员，依法给予行政处分。

价格工作人员在价格执法过程中泄露国家秘密、商业秘密以及滥用职权、徇私舞弊、玩忽职守、索贿受贿，构成犯罪的，依法追究刑事责任；尚不构成犯罪的，依法给予行政处分。

【复习思考题】

1. 国家为何要对价格进行监管和调控？我国主要从哪几个方面对价格进行监管和调控的？

2. 我国法律规定的不当价格行为有哪些？不当价格行为与价格违法行为的区别与联系。

3. 试论我国政府定价的范围与依据。

4. 试论我国价格总水平调控的主要措施。

图书在版编目(CIP)数据

经济法学/漆多俊主编.—上海:复旦大学出版社，2010.8
(复旦博学·法学系列)
ISBN 978-7-309-07506-9

Ⅰ.经… Ⅱ.漆… Ⅲ.经济法-法的理论-中国 Ⅳ.D922.290.1

中国版本图书馆CIP数据核字(2010)第148526号

经济法学
漆多俊　主编
出品人/贺圣遂　责任编辑/张　炼

复旦大学出版社有限公司出版发行
上海市国权路579号　邮编:200433
网址:fupnet@fudanpress.com　http://www.fudanpress.com
门市零售:86-21-65642857　团体订购:86-21-65118853
外埠邮购:86-21-65109143
上海华业装潢印刷厂有限公司

开本787×960　1/16　印张23.25　字数433千
2010年8月第1版第1次印刷
印数1—4 100

ISBN 978-7-309-07506-9/D·467
定价:36.00元